# Les techniques d'enquête criminelle

Jean-Pierre MOUTASSI

# Les techniques d'enquête criminelle

*Typologie des crimes et constatations médico-légales*

L'Harmattan

**5-7, rue de l'École-Polytechnique, 75005 Paris**
http://www.editions-harmattan.fr
ISBN : 978-2-343-13126-9
EAN : 9782343131269

*Toute écriture est inspirée de Dieu et utile pour enseigner, pour convaincre, pour corriger, pour instruire dans la justice, afin que l'homme de Dieu soit accompli et propre à toute bonne œuvre.*

*2 Timothée 3 :16-17*

# DÉDICACE

À mes enfants :

- *Laeticia à MOUTASSI Maximillienne,*
- *Cassandra à MOUTASSI Lohanna,*
- *Arthur MOUTASSI Christin,*
- *Nassar MOUTASSI Harry*

À mon épouse *Louise Cécile MOUTASSI*

# REMERCIEMENTS

Pour réaliser ce travail scientifique, nous avons bénéficié de l'aide multiforme de certaines personnalités que nous tenons à remercier :

- Monsieur Narcisse Mouelle Kombi, Ministre des Arts et de la Culture,
- Monsieur Nassar Bouhadir Mikhael, Directeur Général CANABOIS,
- Monsieur Jean Pierre Amougou Belinga, PDG Groupe l'Anecdote,

Pour leur apport financier à la réalisation de cette œuvre.

Les Commissaires Divisionnaires :

- Thomas Assiga (Directeur de la formation à la DGSN),
- Ngouanom Pierre Marie (Directeur des ressources humaines à la DGSN), qui ont suivi ce travail de manière particulière. Ils n'ont en aucun moment ménagé de leur temps pour discuter du travail avec nous, pour corriger avec minutie et la rigueur la plus absolue notre tapuscrit.

Que tous ceux qui ont de près ou de loin contribué à la réalisation de ce travail et dont nous n'avons pas pu citer les noms, acceptent l'expression de notre gratitude.

# AVANT-PROPOS

L'initiative d'écrire ce livre relève du fait que la plupart du temps dans les commissariats et brigades de gendarmerie, les enquêtes judiciaires ne sont pas toujours menées selon les règles de l'art. En effet, les méthodes utilisées par les OPJ, même si elles ont pu produire quelques résultats jusqu'ici, méritent d'être repensées et recentrées pour se conformer aux principes de traces et d'individualité, car de nos jours encore, les décisions des juges sont motivées par des aveux, les témoignages et l'intime conviction du juge.

En réalité, certains OPJ n'ont aucune compétence dans les enquêtes criminelles. Il n'y a qu'à observer la confusion qui règne le plus souvent sur la scène de crime. La carence des règles de procédures et les techniques modernes d'investigation sont à l'origine de la non-résolution de la plupart des affaires criminelles.

L'enquête se résume à l'audition des parties, à la garde à vue, qui s'avère être l'arme fatale de l'OPJ, qui espère toujours arracher quelques aveux au suspect pour soutenir son dossier, la confrontation des parties, les perquisitions, les arrestations, etc.

Dans cette logique, les OPJ espèrent toujours arracher les aveux, parce qu'ils sont incapables de réunir des indices susceptibles de trahir la présence du suspect sur les lieux du crime. Lorsque les indices sont déjà détruits, cela laisse la place aux nombreuses tergiversations qui aboutissent malheureusement à la violence.

Certains OPJ ignorent même parfois ce qu'ils doivent rechercher sur la scène de crime pour résoudre l'affaire dont ils ont la charge, à partir du moment où les techniques de révélation et de prélèvement des traces et indices font cruellement défaut. La chaîne des méprises se poursuit alors souvent jusqu'à l'identification des criminels et la condamnation des personnes innocentes, car il peut arriver que les juges rendent des décisions erronées, ce qui pourrait porter un coup dur aux droits de l'homme et aux libertés individuelles que la loi a voulu préserver.

Pour quitter les sentiers battus, Les OPJ doivent s'approprier les nouvelles techniques d'enquête, pour fournir à la justice, les éléments probants pouvant permettre aux magistrats de condamner de bonnes personnes.

Sur le plan pratique, l'ouvrage *Les Techniques d'Enquêtes Criminelles* vient résoudre un problème qui est d'actualité et qui se pose avec acuité. En introduisant la science du crime dans la procédure pénale, le procès pénal sera plus équitable.

Malheureusement, cette science n'est pas encore enseignée partout dans nos écoles de police. Et pourtant, tout pays qui prône l'État de droit et qui veut garantir les droits de la personne humaine ne doit pas rester en marge de cette évolution, puisqu'une procédure qui suit les règles contribue plus que toute autre chose à rendre justice aux justiciables, et rendre justice ma foi, est la manière la plus noble de rendre service à son pays.

Cet ouvrage comporte aussi des thèmes qui relèvent de la médecine légale. Les apprenants et les praticiens du droit criminel vont y trouver des éléments nécessaires pour résoudre les affaires criminelles dont ils auront la charge.

Dans une procédure pénale, l'OPJ intervient souvent comme un médecin généraliste. Lorsqu'il est face à une pathologie, il envoie le patient se faire examiner par un spécialiste et apporter des résultats. Ces résultats sont alors interprétés et un traitement est ensuite prescrit au patient. En d'autres termes, même si l'OPJ n'est pas médecin, armurier, anthropologue, entomologiste, biologiste, balisticien, etc., c'est généralement lui le directeur de l'enquête. En tant que chef d'orchestre, il doit assurer la coordination des opérations sur le terrain, dans les bureaux et au laboratoire. C'est à lui de donner des ordres, orienter les techniciens, en fonction de ses objectifs.

Il y a lieu de relever qu'en police judiciaire, l'expérience acquise sur le terrain, l'intelligence et l'intuition de l'enquêteur demeurent des atouts majeurs pour résoudre des affaires. La théorie apprise dans les Centres de formation ne sert pas à grand-chose.

Sur le plan pédagogique, cet ouvrage a pour vocation d'enseigner, de recycler et d'inciter les praticiens du droit criminel, qui doivent se remettre permanemment en question, afin d'améliorer leurs méthodes de travail. C'est aussi une bouteille à la mer pour les gouvernants et les générations futures, qui voudront promouvoir cette discipline fascinante pour qu'elle soit toujours à même de « faire la magie » que le public attend d'elle. C'est un corpus de réflexion pour ceux qui aimeront explorer ce domaine, dans le sens de l'amélioration des enquêtes criminelles au Cameroun ou ailleurs.

L'ouvrage que nous mettons à la disposition du public en général et des praticiens du droit criminel en particulier rappelle également le caractère sacré de la vérité en police judiciaire. Il rappelle aux uns et aux autres, la nécessité de s'arrêter un instant, pour ne pas tomber dans les travers tant décriés par le public.

Ceci éviterait des préjudices aux personnes victimes innocentes, qui pourraient alors être jetées en prison, sans que l'on soit capable de démontrer que ces personnes, qui ne sont que des suspects, sont de véritables auteurs ou coauteurs du crime qui leur est imputé.

C'est également un chandelier qui va éclairer l'OPJ à travers les méandres de la procédure pénale pour la manifestation de la vérité, un viatique pour la Police et la Gendarmerie, qui doivent faire taire les critiques sur leurs méthodes de travail lorsqu'il s'agit des actes de police judiciaire, qui touchent aux libertés individuelles. Il s'agit notamment : des interpellations ou arrestations, des contrôles d'identité, des fouilles à corps, de la garde à vue, des perquisitions ou visites domiciliaires, des auditions. Bref, tout ce qui touche à la liberté et aux droits de la personne humaine.

Si ces actes font l'objet de tant de critiques, c'est parce qu'ils ne sont pas posés dans les règles de l'art, même s'il a été prouvé qu'en général, les personnes incriminées dans des affaires délictueuses n'acceptent pas d'être arrêtées, ni que leur domicile soit perquisitionné, ni même être questionnées. Elles trouvent toujours la petite bête pour accuser à tort ou à raison les policiers et les gendarmes d'être responsables de nombreux cas d'exactions à leur encontre, dans le but de disqualifier les faits relevés par les enquêteurs.

Toutefois, nous implorons le public d'être indulgent envers ceux qui sont en charge des enquêtes judiciaires. Car, résoudre une affaire criminelle est une tâche ardue, qui se déroule en plusieurs phases, et qui nécessite beaucoup de moyens, qui ne sont pas toujours à la disposition des enquêteurs. L'usager devra donc comprendre et parfois tolérer tel ou tel manquement de la part des enquêteurs, lorsqu'ils auront violé par mégarde ou par nécessité, certaines règles de procédure.

En définitive, l'ouvrage que nous publions présente une série de suggestions, de lignes directrices et de recommandations pratiques à l'intention des praticiens de la police, de la gendarmerie, des experts, des avocats et des magistrats, des médecins, pour l'avènement d'une justice salvatrice pour les innocents et périlleuse pour les criminels.

Nous ne prétendons pas donner aux praticiens un produit parfait, la perfection n'étant pas de ce monde. Il y a certainement des omissions, des insuffisances. Mais en tant que praticiens et intellectuels, nous avons voulu tracer une voie, qui sera aménagée progressivement et complétée par les critiques et les suggestions des praticiens pour qui cette œuvre a été réalisée.

***L'auteur***

# INTRODUCTION

Depuis la société primitive, l'homme a le souci de rendre justice lorsque l'ordre social a été perturbé. Au début du XIVe siècle, la principale technique pour y parvenir était la collaboration avec des informateurs. Ainsi, les premiers enquêteurs s'appuyaient sur les présomptions, telles que les témoignages, les déductions, les dénonciations et les aveux, qui étaient parfois obtenus sous la torture. Ces éléments à eux seuls et l'intime conviction du juge[1] suffisaient au tribunal pour motiver la condamnation du suspect à de lourdes peines d'emprisonnement.

Avec le temps, la société moderne s'est rendu compte que ces preuves étaient légères et sujettes à caution, car elles ne pouvaient garantir un procès équitable aux suspects, à partir du moment où il avait été démontré que les informateurs prenaient parfois eux-mêmes part aux divers crimes, ou pouvaient mettre les enquêteurs sur une fausse piste.

Ces méthodes se sont ainsi avérées pernicieuses, car plusieurs innocents se retrouvaient régulièrement en prison, suite à une dénonciation calomnieuse ou une vengeance de la part d'un faux témoin. D'autres criminels s'évanouissaient carrément dans la nature après leur forfait, sans qu'il soit possible à la police de les appréhender, ce qui encourageait la récidive et provoquait le malaise social.

Pour garantir un procès équitable aux parties, les chercheurs et les hommes de science, en collaboration avec la justice se sont mis à la recherche de nouvelles formes de preuves, plus objectives et plus fiables pour une justice plus humaine

---

[1] Sous la Révolution française, le législateur avait décidé de faire appel à l'intime conviction du juge pour juger des affaires, l'article 342 de l'ancien code d'instruction criminelle français prévoyait que : « La loi ne demande pas compte aux jurés des moyens par lesquels ils se sont convaincus ; elle ne leur prescrit point de règles desquelles ils doivent faire particulièrement dépendre la plénitude et la suffisance d'une preuve ; elle leur prescrit de s'interroger eux-mêmes dans le silence et le recueillement, et de chercher dans la sincérité de leur conscience, quelle impression ont faite sur leur raison les preuves rapportées contre l'accusé, et les moyens de sa défense. La loi ne leur dit point : « Vous tiendrez pour vrai tout fait attesté par tel ou tel nombre de témoins » ; elle ne leur dit pas non plus : « Vous ne regarderez pas comme suffisamment établie toute preuve qui ne sera pas formée de tel procès-verbal, de telles pièces, de tant de témoins ou de tant d'indices » ; elle ne leur fait que cette seule question qui renferme toute la mesure de leurs devoirs : « Avez-vous une intime conviction ? »

et plus juste. C'est ainsi que les nouvelles techniques d'enquête criminelles sont nées.

En suivant la même logique, l'enquête moderne se veut scientifique, elle doit reposer sur des nouvelles *techniques d'enquêtes,* pour élucider des affaires criminelles, même les plus complexes, sur la base des preuves scientifiques jugées irréfutables.

Cette activité dévolue à la police judiciaire vise pour l'essentiel la recherche, la collecte des indices, l'identification des auteurs des crimes, délits et leur traduction devant le Procureur de la République. Dans ce processus, le corps de la police judiciaire et celui de la magistrature agissent de concert pour faire appliquer la loi, le terme « loi » désignant ici les règles et normes formelles du Code pénal et du Code de procédure pénal.

Ces techniques font leur apparition à la fin du XIXe siècle, lorsqu'Alphonse Bertillon découvre la criminalistique en mettant au point *l'anthropométrie judiciaire*[2], qui est une technique d'évaluation et de classement des mensurations des suspects. Mais très vite, ce système fut remplacé par une méthode d'identification infaillible qui est *la dactyloscopie*[3] ou l'analyse des empreintes digitales, introduite dans l'enquête criminelle comme mode de preuve par Sir Francis Galton[4]. L'enquête judiciaire a connu une évolution avec le temps. Son succès repose aussi sur les indices recueillis pendant les constatations médico-légales, qui visent à prouver hors de tout doute raisonnable qu'un délit ou un crime a été commis et que c'est le suspect identifié ou arrêté qui en est l'auteur.

Avec ces procédés, il est désormais possible d'apporter à la justice des preuves réputées irréfutables sur l'implication d'un suspect dans les actes criminels ou délictueux, quelle que soit son intelligence. En effet, d'infimes traces biologiques ou papillaires laissées sur la scène de crime, toute trace laissée ou emportée par inadvertance par le criminel sur la scène de crime, y compris son mode opératoire, constituent des indices qui peuvent aisément conduire à son arrestation.

L'autre mérite de ces nouvelles techniques d'enquête est qu'elles ont également apporté une certaine célérité dans la résolution des affaires. Elle permet l'incarcération des plus grands criminels, tout en contribuant à disculper

---

[2] *L'anthropométrie* est la technique qui concerne la mesure des particularités dimensionnelles d'un homme.

[3] *La Dactyloscopie* est l'étude des dessins digitaux.

[4] Sir Francis Galton (16 février 1822– 17 janvier 1911) était un homme de science britannique. Il fut anthropologue, explorateur, géographe, inventeur, météorologue, proto-généticien, psychométricien et statisticien. Il est entre autres fondateur de la psychologie différentielle ou comparée. Il a également mis en place de façon systématique la méthode d'identification des individus par empreintes digitales. Il est par ailleurs considéré comme le fondateur de l'eugénisme.

de nombreux innocents qui croupissaient souvent dans les prisons depuis des nombreuses années à la faveur des erreurs judiciaires.

Tout le mérite est pour la science du crime, qui intervient à toutes les étapes de l'enquête : en amont, elle concourt à la recherche des suspects des infractions et des éléments de preuve et en aval, elle intervient dans la reconstitution du crime, jusqu'à la présentation du suspect devant la justice et au transfert des preuves. Du coup, l'aveu qui, pendant des siècles a été la reine des preuves a perdu toute sa crédibilité de naguère, au profit de la « preuve scientifique » qui à son tour, est devenue la reine des preuves.

Mais pour éviter les dérapages, l'enquête de police doit être strictement réglementée par la Loi. Au Cameroun, elle est régie par le Code de Procédure pénale entré en vigueur le 1er août 2006. La particularité de cette loi typiquement camerounaise réside dans le fait qu'elle est essentiellement accusatoire[5], même si elle possède aussi des éléments inquisitoires[6]. Ce code vise essentiellement la sauvegarde des droits du citoyen à toutes les phases de la procédure judiciaire. Désormais, le régime de la police judiciaire se voit ainsi renforcé, pour ce qui est de la constatation des infractions, la recherche de leurs auteurs, l'administration de la preuve et les droits des parties. En même temps, elle garantit le respect des règles de procédure, avec un accent particulier sur les droits de la personne humaine.

Toutefois, si ce code est révolutionnaire sur le plan des libertés individuelles, il est assez vague sur les procédés d'investigations. La science du crime n'y a hérité que d'un rôle subsidiaire, de manière à ce que les présomptions continuent à être au centre des décisions de justice, malgré le risque pour les magistrats de se tromper dans ces conditions qui demeurent malheureusement très élevées. Ainsi, l'enquête peut à tout moment tourner au fiasco et les libertés pourraient se voir bafouées.

L'article 92 (2) du Code de Procédure pénale prévoit que les experts doivent assister les OPJ tout au long des procédures. Mais la principale difficulté demeure l'insuffisance et l'indisponibilité de ces experts. Ceux qu'on trouve la plupart du temps sont les généralistes, qui ne maîtrisent pas les contours d'une enquête criminelle. Par conséquent, cette carence de moyens humains, techniques et matériels amène les enquêteurs à faire appel à toutes les astuces possibles (sans qu'on soit capable de déceler dans leur démarche, une action cohérente, scientifique et objective) pour résoudre les affaires criminelles.

---

[5] Procédure au cours de laquelle l'audience est publique et contradictoire et la recherche de la preuve appartient aux parties.

[6] La procédure inquisitoire consiste à la prépondérance du juge dans la conduite du procès et la recherche des preuves, notamment pour ce qui est de la phase d'instruction, du procès pénal et la procédure administrative.

Parfois, les enquêteurs sont dans une impasse et recourent à la violence pour faire parler le suspect et arracher les aveux. La chaîne des méprises dans ces conditions arrive souvent jusqu'au niveau de la justice, où on enregistre de nombreuses erreurs judiciaires[7]. Certains criminels profitent alors de ces failles pour filer entre les mailles de la justice, tandis que les innocents sont écroués.

Pour ce qui est des infractions, la loi portant code pénal camerounais a prévu plusieurs catégories d'infractions qui se définissent selon leur gravité, la manière avec laquelle elles ont été commises et le préjudice causé au(x) tiers.

Ainsi, aux termes de l'article 21 (a) du Code Pénal Camerounais, « sont qualifiés *crimes* les infractions punies de la peine de mort ou d'une peine privative de liberté dont le maximum est supérieur à dix ans ». Dans cette catégorie, les peines vont du simple emprisonnement, à des condamnations à mort[8].

Les délits (b) qui sont « les infractions punies d'une peine privative de liberté ou d'une amende, lorsque la peine privative de liberté encourue est supérieure à six jours et n'excède pas dix ans ou que le maximum de l'amende est supérieur à 25 000 F.CFA »

L'alinéa (c) du même article qualifie de *contraventions*, les infractions punies d'un emprisonnement qui ne peut excéder dix jours ou d'une amende qui ne peut excéder 25 000 F.CFA.

On le voit bien, le crime est lourdement sanctionné par la Loi et ceci depuis l'assassinat d'Abel[9] par son frère aîné Caïn[10], l'homicide est sévèrement réprimé aussi bien par le Créateur lui-même que par la société. La condamnation de Caïn à l'errance perpétuelle, puis à la mort, montrent à suffisance le degré de gravité du crime d'homicide. C'est pour cette raison que l'enquête criminelle objet du

---

[7]Une erreur judiciaire est une « erreur de fait commise par une juridiction de jugement dans son appréciation de la culpabilité d'une personne poursuivie ». C'est une erreur de fait, c'est-à-dire une « erreur portant sur l'existence d'un fait ou dans l'appréciation d'une situation ». L'erreur judiciaire consiste souvent en la condamnation d'un innocent ou en l'acquittement (ou la relaxe) du véritable auteur de l'infraction. C'est l'autorité judiciaire elle-même qui reconnaît l'existence d'une erreur judiciaire.

[8] La peine de mort, ou peine capitale, est une peine prévue par la loi. Elle consiste à exécuter une personne reconnue coupable d'une faute qualifiée de « crime capital ». Fortement en recul dans la deuxième moitié du XX^e^ siècle, et actuellement, elle tend à disparaître.

[9]Abel est un personnage de la Genèse et du Coran. Il est le deuxième fils d'Adam et Ève. Il est tué par son frère aîné Caïn, parce que Dieu a préféré son offrande à celle de son frère.

[10]Caïn, mot hébreu, peut signifier « forger » ou encore, à l'aide de la racine « j'ai acquis » est un personnage de la Bible et du Coran. Dans ces textes qui fondent les croyances judéo-chrétiennes et musulmanes, il est le fils aîné du premier couple Adam et Ève, et tue son frère cadet Abel, devenant ainsi le tout premier meurtrier de l'humanité.

présent ouvrage, s'intéresse exclusivement aux infractions qualifiées de crimes et délits de droit commun, notamment les crimes de sang, car la vie humaine étant sacrée, l'ôter quel que soit le mobile n'est pas autorisé, d'où la lourdeur des peines prononcées à l'égard des criminels.

Il arrive souvent qu'un crime économique comporte des aspects de crime de sang. C'est le cas du vol aggravé qui peut être entaché de pertes en vies humaines. Dans ce cas, les nouvelles techniques d'enquête offrent les solutions appropriées pour résoudre l'affaire.

Au départ, l'OPJ constatera le crime. C'est-à-dire qu'il établira son existence, les moyens par lesquels il a été commis, ainsi que l'heure et la date de sa commission. C'est l'ensemble des réponses à ces questions qui déterminera la suite de l'enquête. Les constatations qui se font sur la scène de crime, si elles ont été bien faites, contribuent à la résolution de l'affaire et l'identification de l'auteur du crime sera une question de jours, voire de semaines. Si par contre, elles ont été mal faites, le criminel va certainement échapper à la justice, sauf en cas de repentir spontané de l'auteur.

Pour une meilleure utilisation, le livre comporte 28 chapitres organisés en deux parties.

La première partie comporte 13 chapitres qui traitent de la typologie des crimes et de l'homicide maquillé en suicide, tandis que la seconde partie en comporte 15 consacrés aux constatations médico-légales.

Chaque chapitre a la spécificité de donner à l'OPJ des éléments probants pour soutenir un dossier d'affaire de crime violent.

# PREMIÈRE PARTIE :

# TYPOLOGIE DES CRIMES

Dans cette première partie, il sera question de reconnaître un homicide maquillé en suicide, de résoudre des affaires de noyade, pendaison, homicide par arme à feu, par arme blanche, les coups et blessures, coups mortels, bref, toute mort violente survenue dans les lieux publics ou privés, dans l'eau ou dans les airs, etc.

Il sera également question de reconnaître les différents types de crimes de sang, les qualifier et rassembler des éléments probants pour démontrer l'implication ou la culpabilité du suspect.

# CHAPITRE I

# LES PRE-REQUIS

On entend par prérequis, les conditions ou l'ensemble de conditions à remplir pour entreprendre une action, exercer une fonction, etc. C'est aussi un ensemble de connaissances de base préalables dans le domaine médico-légal qui permettent aux différents experts d'enquêter. On peut aussi parler de préalables, c'est le cas par exemple de prérequis pour le poste d'enquêteur qui est la parfaite maîtrise du droit pénal. Parmi les notions que doit maîtriser les enquêteurs, il y a notamment :

## I. NOTION DE POLICE JUDICIAIRE

### 1. Missions de la police judiciaire

Légalement, la Police Judiciaire (PJ) a des missions régaliennes en tant qu'activité (a), institution (b) et en tant qu'ensemble de personnels (c).

En tant qu'activité, la PJ est chargée de mener des investigations lorsqu'un crime survient. Le Code de Procédure pénale en son article 82 lui confère le pouvoir de constater les infractions à la loi pénale, d'en rassembler les preuves, d'en rechercher les auteurs et complices et, le cas échéant, de les déférer au parquet. Elle exécute également les commissions rogatoires des autorités judiciaires.

De par cette activité, la PJ se met au service de la vérité et éclaire le magistrat qui doit réparer le préjudice causé à la société en permettant à la victime d'une infraction d'obtenir réparation du préjudice subi, en même temps punir l'auteur de l'infraction conformément à la loi. Sans cette vérité, la justice agirait dans l'arbitraire en marge des principes de l'Etat de droit. L'activité de la PJ permet ainsi à l'État qui est garant de la sécurité des hommes et des biens, de rétablir l'ordre et la cohésion sociale lorsqu'ils viennent à être troublés.

En tant qu'institution, la PJ exerce des missions de contrôle, de coordination et de formation sur l'activité de police judiciaire. À cet effet, le décret n° 2002/003 du 04 janvier 2002 portant organisation de la Délégation Générale à la Sûreté Nationale prévoit que la police judiciaire représentée par la Direction de la Police Judiciaire a le pouvoir de :

- coordonner les techniques de la recherche criminelle ;

- lutter contre la grande criminalité nationale, internationale et transnationale ;

- diligenter les enquêtes criminelles et économiques, de diffuser et faire exécuter les directives des magistrats du parquet ;

La PJ a également un volet économique et financier, car elle s'occupe des infractions à caractère financier à savoir : les détournements de deniers publics, la corruption, les cas d'escroqueries et d'abus de confiance, le chèque sans provision, pour ce qui est des montants supérieur ou égal à cinq cent mille F.CFA et économique tels que les faux poids et mesures, la concurrence déloyale, etc.

Au Cameroun, la PJ est structurée comme suit :

- Au niveau national :

  - la direction de la Police Judiciaire dotée de quatre sous-directions à savoir :

    - une sous-direction des enquêtes criminelles ;
    - une sous-direction des enquêtes économiques et financières ;
    - une sous-direction de la police scientifique et de l'identification ;
    - une sous-direction des stupéfiants.

- Au niveau régional :

Chaque région est dotée d'une division régionale de la police judiciaire.

En tant qu'ensemble de personnels, la Police Judiciaire désigne l'ensemble des fonctionnaires qui exercent au sein de cette institution et qui ont la charge de poser les actes. Selon leurs grades, on distingue : les officiers et agents de police judiciaire. Toutefois, bien qu'agents et officiers de police judiciaire soient investis de la même mission pour ce qui est de la constatation des infractions et le rassemblement des preuves, ils n'ont pas pour autant les mêmes pouvoirs, en ce sens que les agents de police judiciaire (APJ) ne peuvent prendre des décisions sur des actes de procédure, ils assistent simplement les OPJ qui sont les seuls à prendre les décisions et rendre compte au Procureur de la République.

Aux termes de l'article 79 du Code de Procédure pénale, les Officiers de Police Judiciaire sont les gradés, les sous-officiers de la gendarmerie nationale, ainsi que les gendarmes ayant obtenu le diplôme d'OPJ. Au niveau de la police, ce sont soit les Commissaires et les Officiers de Police, soit les Inspecteurs de Police habilités OPJ. Ceci signifie que tout le monde ne peut donc pas se prévaloir de la qualité d'OPJ.

**2. Les fonctions de la Police Judiciaire**

D'après l'article 78 du Code de Procédure pénale camerounais, les fonctions de la Police Judiciaire diffèrent selon que le Procureur de la République ou le Juge est saisi ou non :

### *2.1. Avant l'ouverture d'une information judiciaire*

Le rôle de la police judiciaire est de :

- constater les infractions à la loi pénale. Cela se traduit notamment par : le transport sur les lieux, les constatations d'usage, la perquisition des domiciles des particuliers, la saisie des objets suspects, la recherche des indices, la réquisition des experts ;

- l'ouverture des enquêtes en cas de flagrant délit ou d'initiative du service, la réception des plaintes, les dénonciations ;

- l'audition des témoins ;

- la vérification de l'identité des personnes et l'interpellation des suspects ;

- la garde à vue le cas échéant ;

- l'infiltration des réseaux liés à la criminalité organisée.

Parfois, on peut faire appel à la sonorisation de certains lieux et véhicules pour obtenir la preuve objet de l'enquête. Mais certains de ces actes sont préjudiciables aux libertés individuelles et par conséquent ne sont permis que dans l'intérêt supérieur de la justice et de la manifestation de la vérité. C'est pourquoi ils sont strictement réglementés par la loi.

### *2.2. Après l'ouverture d'une information judiciaire*

L'OPJ se limitera strictement aux actes que le magistrat en charge de l'affaire lui demande de poser. Il doit avoir une bonne maîtrise des éléments constitutifs de l'infraction en cause, afin de pouvoir rechercher les preuves à l'appui de chacune des infractions suspectées.

## 3. Origine de la police judiciaire

En France, au début du XX^e^ siècle, il y a avait les bandes organisées répondant au nom de « bande à Bonneau ». Ces bandes de malfaiteurs de plus en plus nombreuses perpétraient des attentats, des attaques et la délinquance organisée.

À cette époque, *l'enquête préliminaire*[11] n'existait pas encore, même si le code d'instruction criminelle de 1808 était déjà entré en vigueur. Mais ce dernier ne

---

[11]En droit français l'enquête préliminaire est une enquête de police judiciaire. Elle a été créée initialement par la pratique policière, qui souhaitait enquêter hors les cas de flagrance. Elle vient en appui aux cadres de flagrant délit et de commission rogatoire. L'ancienne appellation de l'enquête préliminaire était « l'enquête officieuse ». Son régime, défini dans le code de procédure pénale est moins coercitif que celui de l'enquête de flagrance même s'il tend aujourd'hui à s'en rapprocher, par le biais d'exceptions. C'est l'enquête avant l'introduction de l'instance. Elle peut être faite d'office s'il y a eu dépôt de plainte, dénonciation, ou relevé d'infraction. Elle peut également être déclenchée par le parquet.

prévoyait que deux types d'enquêtes : *l'enquête de flagrance*[12] et *l'enquête sur commission rogatoire*. Cependant, l'enquête sur commission rogatoire était très rarement employée, car le juge d'instruction travaillait seul. Face à l'explosion de la criminalité évoquée supra, il lui était devenu impossible de mener les actes d'investigation. Désormais, il n'était plus en mesure de mener seul ces actes d'investigation. C'est ainsi qu'il s'est vu obligé de déléguer certaines missions d'investigation aux OPJ, par le biais de leur propre initiative ou par commission rogatoire, pour avoir le temps de mieux étudier les affaires et rendre un jugement équitable.

Au départ, la police cumulait peu d'expérience dans ce domaine et vu la diversité des affaires, elle ne pouvait mener à bien ses missions. C'est pour y remédier que Georges Clemenceau[13] crée une Police Judiciaire dont la vocation n'était que la résolution d'enquête judiciaire. Ce nouveau service était chargé de seconder l'autorité judiciaire dans les recherches et la répression des crimes et délits.

Ainsi apparaîtront dans le schéma de l'organisation policière dès le 30 décembre 1907 douze brigades régionales de police mobile placées chacune sous l'autorité d'un commissaire divisionnaire, assisté de trois commissaires de police et dix inspecteurs. Chaque acteur intégré dans ces unités avait pris la qualité d'Officier de Police Judiciaire. Le succès enclenché par ces unités a fait d'elles une arme très efficace dans la lutte contre la criminalité. Leur réputation a rapidement enflé, d'où le surnom de « brigades du tigre », en référence au surnom politique de CLEMENCEAU, leur créateur et en raison de leur ténacité.

Il y a également des appellations telles que : la police criminelle, la brigade criminelle.

---

[12] L'enquête de flagrance est l'enquête de police mise en œuvre dans les cas de flagrance. Définie par les articles 92 et suivants du Code de procédure pénale, elle se caractérise par l'urgence de la situation, et se restreint aux crimes et délits punis d'une peine d'emprisonnement. Ce cadre d'enquête a été créé par le législateur pour faire face à la nécessité d'une rapide réaction pénale pour mettre fin au trouble causé par l'infraction et pour conserver les preuves. Elle donne alors des pouvoirs importants aux enquêteurs pour leur permettre de remplir efficacement leur mission de police judiciaire.

[13]Georges Clemenceau, né le 28 septembre 1841 à Mouilleron-en-Pareds (Vendée). Ancien homme d'État français, il fut tour à tour : Maire du XVIII$^{e}$ arrondissement de Paris, composé pour l'essentiel de l'ancienne commune de Montmartre, de 1870 à 1871, Conseiller municipal de Paris (1871-1876), président du conseil municipal de Paris (1875), Député à l'Assemblée nationale (1871 puis 1876-1893), Sénateur, (1902-1920), Ministre de l'Intérieur (1906), surnommé *le Tigre*, Président du Conseil (1906-1909 et 1917-1920), surnommé *le Père la Victoire* et Membre de l'Académie française, élu en 1918, il n'y siègera jamais. Il est mort le 24 novembre 1929 à Paris.

À l'intérieure de la Police Judiciaire, il y a la *Police criminelle*, connue sous le vocable de « Crim », désigne les services de police ayant pour compétence principale les crimes, parmi lesquels :

- les homicides ;
- les viols ;
- les enlèvements ;
- les attentats ;
- les affaires d'incendies volontaires

En 1910, les Apaches et la bande à Bonnot[14] perpétraient de nombreux actes de criminalité. Face à l'insécurité croissante provoquée par ces hors-la-loi, le Préfet de Police de la Seine, Louis Lépine, qui était très critiqué par la presse et le conseil municipal de Paris pour son incapacité à mettre un terme à la criminalité galopante, créa la brigade criminelle. Face aux succès engrangés par les Brigades du Tigre mises en place dans les régions par Clemenceau, celui-ci récidive en créant le 1er décembre 1924 la section criminelle de la sûreté de Paris.

Cette section, estimée à 200 hommes, était armée de PA et équipée de véhicules. Un luxe auquel ne pouvaient prétendre plusieurs services de police à cette époque. Son nom de baptême était : « Brigade Spéciale n° 1 », qui deviendra par la suite « Brigade spéciale criminelle », puis le 22 août 1944, elle devint « Brigade criminelle », dans le but d'éviter la confusion avec les Brigades spéciales des renseignements généraux.

La Brigade criminelle est une structure rattachée à la DRPJ. Celle de Paris a inspiré de très nombreuses fictions (romans, séries télévisées...) qui la mettent en scène, parmi lesquelles : Brigade criminelle, film français réalisé par Gilbert Gil en 1947, Brigade criminelle, film franco-hongkongais réalisé par Sergio Gobbi en 1980, *Engrenages*, série télévisée française produite par Canal+, *La Crim'*, série télévisée française produite par France 2 de 2000 à 2008, Commissaire moulin, série télévisée française, créée par Paul Andréota et Claude Boissol, diffusée du mercredi 4 août 1976 au jeudi 5 juin 2008 sur TF1.

**4. La police scientifique**

La police scientifique est l'ensemble des sciences et méthodes qui visent à établir la preuve externe de la culpabilité d'une personne, à partir de la recherche et de l'exploitation des indices matériels. C'est une activité qui vise à sortir la preuve de l'indice, c'est-à-dire à étudier en laboratoire des traces et des indices matériels des faits récoltés sur la scène de crime. Elle s'appuie sur un ensemble

---

[14]Jules Joseph Bonnot est un anarchiste français, né le 14 octobre 1876 et mort le 28 avril 1912. Il fut le meneur de ce que la presse appela la « bande à Bonnot », un groupe illégaliste ayant multiplié les braquages et les meurtres en 1911 et 1912.

de sciences complexes telles que : la médecine légale, les analyses digitales et génétiques, la balistique judiciaire, la biologie moléculaire, la chimie judiciaire, la toxicologie, l'entomologie, la graphologie, la psychologie, etc. L'activité policière a particulièrement profité de ces découvertes scientifiques dans le domaine criminel à partir du moment où dans une procédure, toutes ces disciplines concourent désormais à la recherche de la vérité. La création de la police scientifique remonte en 1985 en France, lorsque les pouvoirs publics ont décidé de regrouper au sein d'une seule entité, les différents services pouvant apporter leur aide à la police dans l'exécution de ses missions, notamment :

- des recherches criminelles ;

- l'identité judiciaire ;

- les travaux d'analyses réalisés en laboratoire de police scientifique avec l'apport significatif des outils informatiques ;

- la lutte contre les homicides, le terrorisme, le crime organisé au quotidien.

La plus grande partie du travail de la police scientifique s'effectue en laboratoire, constituée en sections suivantes :

- une section balistique qui étudie les armes, les munitions, les trajectoires de tir et les résidus de poudre ;

- une section de biologie pour effectuer des analyses de sang, sperme, cheveux, et la recherche d'empreintes génétiques ;

- une section de documents-traces chargée de l'analyse de faux documents et écritures ;

- une section incendies-explosions pour l'étude des explosifs et liquides inflammables ;

- une section physique-chimie chargée de l'étude des peintures, résidus de tir, verres, terres… ;

- une section de stupéfiants chargée de l'analyse de substances chimiques (échantillons de saisie, stupéfiants…) ;

- une section de toxicologie pour les recherches de substances toxiques dans les milieux biologiques.

Pour ce qui est du personnel, la police scientifique mobilise plusieurs types de personnels, appartenant aux différents corps de métiers, à savoir :

- les scientifiques : sections biologie, incendie explosion, physico-chimie, stupéfiant, toxicologie, documentation, document et balistique. Leur grade varie entre les ingénieurs, les techniciens et les aides techniques.

- les policiers dont les commissaires, les officiers de police et les gardiens de la paix, avec une section document et balistiques.

- les administratifs regroupant les attachés, les secrétaires et les agents et adjoints.

*Au point de vue juridique*, les activités de la police scientifique nécessitent le respect strict des droits de la personne humaine, à cause de multiples intrusions dans la vie des personnes. En même temps, le grand principe de la procédure pénale demeure la présomption d'innocence, le respect des droits de la défense et la liberté de la preuve.

Dans un État de droit, la loi recommande fortement de ne pratiquer ces techniques qu'avec le consentement du suspect et ceux qui ont la charge des expertises doivent être inscrits sur une liste d'experts judiciaires. C'est le cas dans l'identification d'une personne par ses empreintes génétiques où les techniques d'examen et d'identification ne peuvent être exécutées que dans des laboratoires et par des personnes agréées. Il en est de même de l'autopsie.

En conséquence, les analyses effectuées en dehors de ce cadre juridique peuvent entraîner une peine d'emprisonnement et des amendes pour les contrevenants. Il est donc interdit aux membres de la famille de la victime de faire exécuter une demande d'autopsie adressée à un médecin légiste assermenté dûment désigné par une autorité judiciaire, par leurs proches exerçant dans le domaine médical.

**5. La police technique**

La police technique est une activité qui vise la réalisation des constatations et des prélèvements sur la scène de crime. Elle vise le rassemblement et conditionnement des indices, en vue de leur exploitation scientifique future en laboratoire. C'est une activité sur le terrain.

Sa mission est de fixer l'état des lieux où s'est produit le crime, de rechercher et de recueillir d'éventuelles traces ou indices, d'exploiter les éléments découverts par des méthodes comparatives et enfin, d'identifier les personnes impliquées dans l'affaire.

La police technique se charge également de la protection, l'enregistrement de la scène de crime, les méthodes de recherches des indices, la photographie, la dactyloscopie, l'anthropométrie, le portrait-robot, la topographie, les plans et croquis et l'identité judiciaire.

## II. LA MÉDECINE LÉGALE OU THANATOLOGIE

### 1. La médecine légale

La médecine légale serait née en Allemagne au XVI^e^ siècle. La *Lex Carolina*[15] promulguée par Charles Quint en 1532 obligeait des experts en médecine, notamment les chirurgiens de l'époque, à intervenir sur des cadavres en cas d'homicide volontaire ou involontaire, car à cette époque, l'importance de la peine était proportionnelle aux lésions causées à la victime.

En 1536, François I^er^[16] rédigea pour le Duché de Bretagne une ordonnance organisant une ébauche de médecine légale.

Un autre pionnier de la médecine légale est Mathieu Orfila[17] qui publie notamment un Traité des exhumations juridiques en 1830 et un Traité de médecine légale en 1847.

En France, la médecine légale au sens actuel du terme est née à la fin du XIX^e^ siècle avec des médecins légistes comme Léon Thoinot, Victor Balthazar, Paul Brouardel[18] ou Auguste Ambroise Tardieu. En 1877, l'université entre dans la

---

[15] *La Constitutio Criminalis Carolina* est une loi de l'empire germanique votée en 1532, sous Charles Quint, dont elle reçut le nom. Elle réglait la procédure criminelle dans toute l'Allemagne et mettait un terme à l'arbitraire qui régnait dans cette partie de l'administration. Comme innovation, elle prescrivait la publicité des débats et la publication des jugements. Rédigé entre 1530 et 1532, elle est entrée en vigueur dans de nombreux pays d'Europe jusqu'au XIX^e^ siècle. *La « Caroline »* fut également reçue dans certains cantons suisses, tels que Fribourg qui l'appliqua de 1741 à 1799. Puis de 1803 jusqu'en 1849, date d'entrée en vigueur d'un code criminel propre à ce Canton. Jusqu'à la Révolution, elle s'est même appliquée aux troupes suisses placées au service du Roi de France, suivant le principe de la personnalité des lois (et non celui de la territorialité des lois). Le nom de « La caroline » viens de l'adjectif dérivé du latin « carolina », qui a trait à Charles.

[16] François I^er^ (1494-1547), roi de France le 25 janvier 1515, jusqu'en 1547. Son règne permet un développement important des arts et des lettres en France. Sur le plan militaire et politique, son règne est ponctué de guerres et d'importants faits diplomatiques. Il avait introduit une série de réformes touchant à l'administration du pouvoir et en particulier à l'amélioration du rendement de l'impôt.

[17] Mateu Josep Bonaventura Orfila Rotger, né à Mahón (Minorque) le 24 avril 1787 et mort le 12 mars 1853 à Paris fut un médecin et chimiste français d'origine espagnole. Il fut un pionnier de la toxicologie médico-légale et auteur d'un manuel de chimie qui fut publié pendant l'été de 1817. Orfila est naturalisé français le 24 décembre 1818, et il est nommé le 1^er^ mars 1819 par la Commission d'Instruction Publique « professeur de médecine légale » à la Faculté de Médecine de Paris. En 1821, il publie ses *Leçons de médecine légale* qui deviendront la source de son *Traité de Médecine Légale*, qui sera publié et traduit à plusieurs reprises pendant les années 1830 et 1840.

[18] Paul Camille Hippolyte Brouardel (né le 13 février 1837 et mort le 23 juillet 1906), fut membre de l'Académie de médecine. En 1879, titulaire de la chaire de médecine légale,

médecine légale avec l'élection de Tardieu au poste de chargé de conférences de médecine légale pratique à la Faculté de médecine de Paris en 1877.

Il s'agit d'une discipline médicale spécifique, qui sert d'interface entre la justice et la médecine. Elle éclaire le magistrat sur tous les aspects médicaux des problèmes qui lui sont posés. Ce volet de la médecine est en relation avec le droit, et vise à examiner les dommages physiques du corps humain. Elle est différente de la police technique et scientifique, même si les deux disciplines demeurent assez proches et souvent imbriquées et associent d'autres techniques telles que : l'histologie, la radiologie, la bactériologie, etc.

Cette branche de la médecine a trait à l'activité thanatologique dont le principal support est l'autopsie, ainsi qu'aux aspects légaux des pratiques médicales s'appuyant sur les législations qui régissent la médecine. Certains utilisent parfois le terme « médecine forensique ».

En collaboration avec la justice, le médecin légiste donne ses conclusions sur les causes de la mort dans les cas de morts suspectes. Le corps des médecins est régi par des lois, des directives, des conventions et surtout le code de déontologie de leur profession qui s'applique à leur champ d'activité. En cas de mort suspecte, c'est à l'OPJ ou au magistrat de lui adresser une réquisition dans laquelle il précise des actes à poser par ce praticien.

En d'autres termes, la médecine légale est une discipline médicale qui met au service de la justice des connaissances médicales qui lui permettent d'affiner l'appréciation des faits et de leurs auteurs d'une part et qui soumet l'exercice médical aux textes légaux qui le régissent d'autre part. De nos jours, la médecine légale est de plus en plus indispensable au bon fonctionnement de la justice, du fait de sa technicité et des explorations à réaliser. Elle apprécie l'importance de l'agression et en évalue les conséquences afin d'aider à la réparation du dommage subi.

**2. La thanatologie**

*La thanatologie* est la science de la mort ou l'étude de la mort. Elle a été découverte en 1903 par le scientifique russe Ilya Ilitch Metchnikov[19]. Il recommande que sans une étude systématique de la mort, les sciences de la vie ne seraient pas complètes. La thanatologie connaît un regain d'intérêt après la

---

il instaure l'enseignement pratique de la morgue en créant les premiers laboratoires de recherche pour les étudiants. Expert auprès des tribunaux, il a contribué par sa pratique à construire cette fonction en l'ancrant dans la recherche objective de la preuve.

[19]Ilya Ilitch Metchnikov, est né le 15 mai 1845 et mort le 15 juillet 1916. C'est un zoologiste, anatomiste et bactériologiste ukrainien. C'est l'auteur de la découverte des mécanismes de défense immunitaire contre les bactéries au moyen des globules blancs (phagocytose). Il est avec Paul Ehrlich co-lauréat du Prix Nobel de physiologie ou médecine de 1908.

Seconde Guerre mondiale. Au cours de cette période de réflexion, de nombreux intellectuels existentialistes avaient examiné des questions de vie ou de mort, en particulier Herman Feifel[20], psychologue américain qui publie en 1959 son livre Le sens de la mort (*The Meaning of Death*).

Elle étudie les mécanismes et les aspects médico-légaux de la mort tels que les changements corporels qui accompagnent la mort et la période post-mortem, ainsi que d'autres aspects sociaux plus larges liés à la mort. Cette science fait appel à de nombreuses disciplines universitaires telles que la biologie, la sociologie, la théologie, l'art et la littérature.

Le thanatologue est une personne qui pratique la science de la mort. La profession de thanatologue est très diversifiée et la formation va de l'embaumeur ou thanatopracteur, conseiller funéraire, directeur funéraire, préposé à la crémation, préposé au transport ou à l'accueil ainsi que directeur ou administrateur de funérarium.

## III. CRIMINALISTIQUE ET CRIMINOLOGIE

### 1. La criminalistique

*La criminalistique* est la branche de la science qui étudie les techniques d'identification des individus et de recherche de preuves matérielles sur la scène de crime. La notion de preuve est par conséquent intimement liée à cette discipline qui a pour objet principal l'identification des indices matériels des faits. On la définit aussi comme l'art et la science de découvrir, d'analyser et d'identifier les indices. Elle démontre et établit la vérité d'une chose ou d'un fait. C'est une science convaincante, évidente et formelle. C'est à travers cette évidence que la justice procédera à la condamnation de l'auteur du crime.

C'est en 1870 que le criminologue français Alphonse Bertillon fonde le premier laboratoire de police scientifique d'identification criminelle. Il inventa l'anthropométrie judiciaire, appelée « système Bertillon » ou « bertillonnage », un système d'identification qui fut par la suite adopté dans toute l'Europe, puis aux États-Unis, et utilisé jusqu'en 1970.

---

[20]Herman Feifel auteur du rôle et la pratique de la psychologie existentielle dans un pays où, par tradition, prédomine en ce domaine un point de vue de stricte objectivité et indique la contribution des psychologues américains au courant existentiel. Il tente de montrer que les concepts dégagés par l'existentialisme peuvent faire l'objet d'une clarification et d'une vérification expérimentale sur des exemples précis, et indique comment des propositions empiriquement vérifiées peuvent conduire à dégager des instruments opératoires et à fonder une psychothérapie.

En 1909, Rodolphe Archibald Reiss,[21] un adepte du Français Alphonse Bertillon, avait à son tour créé le premier institut de police scientifique au monde à Lausanne. Cette école réunissait l'institut de police scientifique et celui de criminologie et de droit pénal. La même année, les autorités suisses créent l'institut de police scientifique. Rodolphe Archibald Reiss développe la photographie des scènes de crime et standardise les photographies de signalement (de face et de profil).

Dans les années 1910, Edmond Locard[22] avait déjà commencé à appliquer les principes de la recherche scientifique aux enquêtes policières et avait créé ce qu'on pourrait appeler de nos jours l'ancêtre du laboratoire de police. Il s'intéresse alors aux plus petits éléments de preuve qui étaient jusqu'alors ignorés, en analysant des éclats de verre, les empreintes digitales, l'ADN, etc. En 1912, en recueillant de la poudre de riz, utilisée à l'époque par les femmes pour se maquiller, sous les ongles d'Emile Gourbin, il était parvenu à prouver que le suspect avait étranglé la victime qui par ailleurs, était sa petite amie. Par cet acte, Locard devient célèbre et entera dans l'histoire comme le premier criminaliste de l'histoire. On utilise encore ses méthodes aujourd'hui, près d'un siècle plus tard, dans tous les laboratoires.

De ces techniques sont nées les méthodes de la police scientifique qui ont tiré d'immenses bénéfices des progrès scientifiques et techniques au cours des deux derniers siècles. Ces méthodes s'appliquent par exemple à la recherche et l'identification des personnes à partir d'indices divers, à la caractérisation sur les scènes de crimes de traces biologiques ou chimiques, même les plus infimes, ou encore à l'établissement de la date du décès lors de la découverte d'un cadavre.

La criminalistique s'affirme aujourd'hui comme un élément important de l'enquête criminelle. Au cours des dernières décennies, la science a apporté une aide considérable à l'enquête criminelle, au point où tout objet peut désormais devenir un élément de preuve dans une enquête. Pour cela, il existe plusieurs gammes de procédures variées qui sont utilisées pour analyser et interpréter une preuve dans une affaire criminelle. C'est le cas dans l'examen des armes à feu, des tests sérologiques et toxicologiques où on examine des cheveux, des fibres textiles, des tâches de sang, de salive, des traces de pas, de pneus et bien d'autres

---

[21]Rodolphe Archibald Reiss, est né le 8 juillet 1875 à Hechtsberg et mort le 8 août 1929. Il fut enseignant de criminologie et de photographie vaudois, pionnier de la police scientifique, fondateur de l'Institut de police scientifique de l'Université de Lausanne, première école de police scientifique au monde (1909), et formateur des spécialistes de plusieurs pays dont la Serbie, le Brésil, les États-Unis, les Pays-Bas, la Russie.

[22]Edmond Locard, né à Saint-Chamond le 13 décembre 1877 et mort à Lyon, le 4 mai 1966. Il est le fondateur du tout premier laboratoire de police scientifique à Lyon en 1910. C'est aussi le créateur de la criminalistique (*forensic sciences*) qui a servi d'expertise auprès de la police française et qui allait devenir Interpol.

encore. La criminalistique demande des compétences pluridisciplinaires basées sur les disciplines telles que :

- Les sciences fondamentales : mathématiques, physique, chimie, biologie, bactériologie...

- Les sciences naturelles : anthropologie, zoologie, botanique, géologie, minéralogie, entomologie.

- Les sciences appliquées : électronique, informatique, méthodes analytiques, médecine légale, dommage corporel et traumatologie...

- Les Sciences humaines : psychologie, psychiatrie, sociologie, criminologie, victimologie...

- Les technologies diverses : télécommunications, armement, thermographie, infrarouge, laser, dont la diversité des champs d'application concerne le phénomène criminel dans son ensemble. Elles forment alors un ensemble hétéroclite appelé « sciences criminelles ».

Il y a quelques années, ces disciplines spécialisées s'intéressaient uniquement aux cambriolages et aux crimes de sang. De nos jours, on s'aperçoit qu'elles interviennent de plus en plus dans les enquêtes les plus diverses liées au terrorisme, au trafic de stupéfiants, aux agressions sexuelles, à la délinquance économique et financière, au banditisme, aux faux documents, aux faux moyens de paiement, au trafic d'œuvres d'art et aux autres fraudes diverses.

La mort est suspecte : c'est quand il existe un doute quant aux véritables circonstances de la mort.

La mort naturelle : c'est quand elle survient suite à un état pathologique ou physiologique connu ou non.

La mort violente : c'est lorsqu'elle est consécutive à une action violente provoquée par l'intervention d'un agent extérieur dont l'origine peut être criminelle, accidentelle ou suicidaire. Dans ce cas précis, l'intérêt devient d'ordre public. Le but est alors de vérifier s'il existe bien une relation directe entre l'acte violent et la mort, afin d'apporter le maximum de renseignements médico-légaux permettant de qualifier le plus justement possible le contexte de la mort.

### 2. La criminologie

La criminologie est la science qui étudie les caractéristiques, les processus et les causes du phénomène criminel, pris à la fois sous son aspect individuel et social. C'est un champ de recherches pluridisciplinaires qui englobe plusieurs autres disciplines telles que la psychologie, le droit, la sociologie, l'économie. La criminologie recherche les causes internes et externes au crime et les moyens de le circonscrire : on dit que c'est *le pourquoi* du crime. Elle étudie l'individu, son contexte social, la sociologie, la psychologie, la démographie du criminel, les lois et trouve les moyens pour y apporter la solution.

À l'opposé du criminaliste, le criminologue ne travaille sur aucune pièce à conviction, il s'intéresse essentiellement aux statistiques, aux tendances criminelles, au progrès des méthodes de réinsertion du condamné, à l'évolution de la criminalité dans le temps, il n'aura jamais accès aux dossiers de procédure.

## IV. L'ENQUÊTE DE POLICE

### 1. Qu'est-ce « enquêter » ?

Au sens médico-légal, « enquêter » signifie rechercher les indices ou les preuves. C'est recueillir des données matérielles, vérifier les alibis, les déclarations du suspect, ainsi que celles des témoins et de l'entourage du suspect, en vue de la manifestation de la vérité. C'est aussi l'expertise et la contre-expertise qui peuvent être demandées par l'OPJ, le magistrat instructeur ou l'une des parties au procès.

Enquêter, c'est aussi chercher à comprendre l'être humain dans ses actes, parce que c'est lui qui commet le crime, ou qui en est la victime ou le témoin. C'est également lui qui détient souvent une partie de la vérité et c'est cette parcelle de vérité que l'enquêteur doit absolument découvrir et mettre à la disposition de la justice.

Enquêter c'est aussi rattacher un crime dont l'auteur est inconnu à la personne qui l'a effectivement commis. Cette démarche qui procède du crime vers son auteur présumé est en réalité la plus fréquente.

Lorsque l'auteur de l'infraction n'est pas connu, la victime porte plainte contre inconnu ou contre X, et c'est ce X dont il faut trouver l'identité. Jean-Paul Brodeur, Directeur du Centre international de criminologie comparée à l'École de Criminologie de l'Université de Montréal écrivait : « le but de la résolution d'une enquête, c'est l'identification et l'arrestation de l'auteur et co-auteurs éventuels d'un crime pour les besoins de poursuites judiciaires ».

### 2. L'enquête d'identification

L'enquête d'identification consiste à identifier l'auteur d'un crime. Les facteurs qui permettent cette identification peuvent être regroupés en trois sources :

- Les sources humaines : elles sont le premier facteur de résolution. Ce sont généralement les informateurs de la police ou de simples témoins ayant vécu les faits. La plupart des affaires sont élucidées par des témoins présents sur la scène du crime ou par d'autres témoins. En revanche, très peu d'affaires sont élucidées par une arrestation effectuée sur la scène du crime. De même, l'apport des indices matériels traités par la police scientifique pour élucider des affaires criminelles demeure assez modeste.

- Les sources policières (l'intervention des patrouilleurs, l'enquête de routine, la surveillance et l'investigation),

- Les sources techniques (les parades d'identification, la police scientifique, le renseignement et le « facteur autre »).

### 3. L'enquête de localisation

En général, lorsque le suspect principal d'un crime prend la fuite ou qu'on ignore l'endroit où il se trouve, les enquêteurs effectuent une enquête de localisation pour tenter de le retrouver. Pour cela, ils utilisent des moyens qui diffèrent complètement de l'enquête d'identification. Dans ce cas, l'enquête devra déterminer l'endroit où le crime a eu lieu et là où se trouve le suspect qu'on recherche. Dans le jargon des OPJ, on parle de la localisation d'un suspect, plutôt que de son arrestation, bien que les deux opérations coïncident la plupart du temps.

La localisation est par conséquent une démarche de recherche (d'enquête), alors que l'arrestation est une capture physique qui nécessite parfois l'intervention des unités spécialisées quand il s'agit d'utiliser la force. Quand une enquête de localisation est entreprise dans le cadre d'un homicide, elle constitue en général une enquête de routine dont le moyen le plus habituel est la surveillance physique. Lorsqu'elle implique plusieurs auteurs, il est plus aisé de recourir à l'écoute électronique, qui est très efficace contre les groupes de personnes. Dans ce cas, les banques de données sont d'un grand apport pour les enquêteurs.

### 4. L'enquête de concentration

C'est un procédé qui vise à résoudre plusieurs crimes à la fois. Il comporte deux variantes : la première variante consiste en une enquête de concentration mineure, qui est enclenchée par la constatation du fait que les crimes sont perpétrés de la même manière c'est-à-dire avec le même mode opératoire. Ce constat permet de savoir si on a affaire à un même auteur, ou à un même gang. Dans pareil cas, on regroupe alors les affaires semblables et on tente de les résoudre toutes d'un seul coup en découvrant leurs auteurs ou le groupe de personnes qui les ont commises.

La seconde variante se réfère à des opérations policières beaucoup plus complexes. Il s'agit de vastes opérations par lesquelles on s'attaque au crime organisé et par lesquelles on tente de briser le monopole exercé par un gang sur des trafics illégaux.

Les commissions d'enquête mixtes police-gendarmerie mises sur pied dans les affaires impliquant les policiers et les gendarmes, par exemple, appartiennent à ce type d'enquête. Lorsque ces enquêtes sont conjointes et requièrent la participation de plusieurs corps, elles débordent de la catégorie de l'enquête de concentration et font appel à d'autres experts, comme les proches de la victime, les témoins du crime, des informateurs de la police et des fonctionnaires non policiers, le personnel des institutions carcérales qui peut également contribuer à l'élucidation des crimes.

## 5. Les qualités d'un bon enquêteur

Le plus souvent lorsque le concours de recrutement est lancé à la police comme à la gendarmerie, tout le monde accourt : chômeurs, étudiants, élèves, vendeurs à la sauvette, revendeuses, etc. Tout le monde veut décrocher une place au soleil et ne se pose pas de questions quant à la véritable vocation dans cette profession. Mais seulement, après les deux années de formation à l'École Nationale Supérieure de Police ou à l'École de Gendarmerie, les encadreurs eux-mêmes ont du mal à orienter leurs anciens élèves vers une branche bien déterminée. Même quand ils tentent de le faire, des interventions qui fusent de toutes parts viennent brouiller sa démarche et finalement, le nouveau fonctionnaire est affecté dans le service de son choix comme la PJ, quand bien même il n'a pas les aptitudes nécessaires. Les « petites recettes » du métier ne s'apprennent pas en quelques mois, ni le temps d'un stage pratique dans une unité ou pendant les deux années de formation. Ces courts instants ne peuvent suffire à un étudiant venant de la faculté de Droit pour devenir un enquêteur chevronné, un spécialiste de l'enquête, de la recherche de criminels ou de renseignements. Parmi les qualités recherchées, il y a notamment :

### *5.1. Le devoir de réserve, la discrétion et le secret professionnel*

Le devoir de réserve, la discrétion et le secret professionnel font partie d'une notion très ancienne dans les services de sécurité. Il est admis de longue date que les policiers n'ont pas le droit de faire des déclarations sur leur travail, ou prendre position dans des affaires publiques à caractère politique. Ces fonctionnaires n'ont pas le droit de manifester leurs opinions, en tant que policiers, lorsqu'ils sont dans l'exercice de leurs fonctions. En fait, ils sont soumis au devoir de réserve, une obligation qui concerne le mode d'expression des opinions, ainsi que leur contenu. Il en est de même du secret professionnel.

### *5.2. Devoir de réserve*

Le code de déontologie de ce corps professionnel prévoit que tout policier doit faire preuve de réserve et de mesure dans l'expression écrite et orale de ses opinions personnelles. Cette obligation continue de s'appliquer aux policiers pendant et hors du temps de service, lorsqu'ils sont suspendus de leurs fonctions et même lorsqu'ils sont en disponibilité.

Cette obligation vise à éviter en toutes circonstances les comportements susceptibles de porter atteinte à la considération du service public par les usagers.

### *5.3. Discrétion professionnelle*

Un enquêteur ne doit pas divulguer les informations relatives à son activité. L'obligation de discrétion concerne tous les documents non communicables aux usagers dont il a connaissance et ceux découverts lors d'une perquisition ou une saisie.

Cette obligation s'applique à l'égard des subordonnés, mais aussi à l'égard de collègues qui n'ont pas, du fait de leurs fonctions, à connaître les informations sur une enquête. D'ailleurs, le code de procédure pénale prévoit que l'enquête est secrète.

### *5.4. Secret professionnel*

Un enquêteur ne doit pas divulguer les informations d'un dossier dont il a connaissance. Cette obligation s'applique aux informations relatives à la culpabilité ou non, au bulletin de santé, au comportement, d'un suspect, etc.

La divulgation du secret professionnel ne peut survenir en cas de :

- protection des personnes (révélation de maltraitances, par exemple) ;
- préservation de la santé publique (révélation de maladies nécessitant une surveillance, par exemple),
- préservation de l'ordre public (dénonciation de crimes ou de délits) et le bon déroulement des procédures de justice (témoignages en justice, par exemple).

### *5.5. L'éthique professionnelle*

Elle se rapporte aux qualités telles que l'honnêteté, la probité, l'impartialité et la compétence dans la conduite des enquêtes criminelles. Elle fait également appel au secret professionnel et au respect de la vie privée des personnes ;

### *5.6. Les compétences professionnelles*

L'enquêteur doit avoir des compétences multiples, liées à l'investigation elle-même, faisant aussi référence à des savoir-faire tels que :

- l'observation : tout bon enquêteur se doit d'avoir un sens de l'observation supérieur à la moyenne, car chaque détail compte ;
- la patience : une enquête ne pouvant se résoudre du jour au lendemain, il faut prendre tout le temps nécessaire pour analyser et savoir être réactif le moment venu ;
- la perspicacité : Il ne faut jamais se décourager, il faut toujours être prêt à suivre une piste au pied levé et surtout savoir prendre de bonnes décisions au bon moment ;
- la maîtrise de l'art de la filature : la filature est un élément clé du métier qui consiste à voir sans être vu, entendre sans être entendu ;

- le carnet d'adresses : il est important de se constituer un réseau de contacts et d'informateurs efficaces et fiables, afin de pouvoir faire avancer les enquêtes ;
- le carnet de notes : c'est l'outil principal de l'enquêteur, il lui permet de noter ses différentes idées et de retenir tous les détails découverts pendant ses recherches ;
- le sang-froid : c'est également une qualité requise pour un enquêteur, qui parfois se retrouve dans des situations difficiles à gérer et qui requièrent du sang-froid ;
- le dévouement à son métier : le policier et le gendarme doivent être totalement dévoués. Ils doivent être capables de planquer dans une ruelle sombre des heures durant, même sous la pluie lorsqu'il faut débusquer un criminel ;
- l'incorruptibilité : c'est la qualité essentielle de tout enquêteur. Car certains suspects peuvent tenter de le corrompre en vue de tronquer les faits.

### *5.7. D'autres aptitudes*

Un bon enquêteur doit aussi avoir des aptitudes techniques, juridiques et administratives, ainsi qu'un bon sens de l'écoute du public, de la conduite de réunion, en dehors des qualités de rédaction synthétique. Il doit être capable de contextualiser, comprendre et hiérarchiser les enjeux techniques, socio-économiques, politiques, environnementaux et sociaux et anticiper pour l'avenir.

Il doit comprendre les différents points de vue s'exprimant à propos de ces enjeux et peut le cas échéant prendre les initiatives qu'il juge nécessaires pour permettre un débat contradictoire, éclairer ou clarifier le débat pour pouvoir rendre un avis clair, en toute indépendance.

Il doit être un bon manager : c'est-à-dire avoir la capacité de savoir choisir ses collaborateurs, avoir des connaissances suffisantes sur le *corpus delicti*, *modus operandi*, et *dramatis personae* c'est-à-dire le corps du délit, le mode opératoire et le corps de la victime.

Il doit suivre la logique : c'est-à-dire axer sa démarche sur un processus déductif, sur l'établissement des faits à partir des indices et des témoignages et inductif ou l'enchaînement des faits vers l'explication, la solution du cas.

Il doit être rompu en matière de renseignements : c'est-à-dire savoir exploiter un renseignement criminel, notamment sa valeur et ses sources.

Il doit être méthodique : c'est-à-dire sur les lieux du crime, il doit connaître les tâches urgentes à exécuter en priorité, notamment porter secours à la victime si elle est encore vivante et préserver la preuve. En même temps, il doit pouvoir rechercher des indices et reproduire des lieux par les photos et les plans.

Il doit être professionnel : c'est-à-dire être capable de mener une perquisition en vue de retrouver des objets susceptibles d'avoir aidé à commettre un crime ou fruit de ce crime. (Armes, argent, etc.), installer un poste d'observation avec lequel il pourra communiquer et faire des notes et des rapports pour mettre son dossier à jour.

Il doit être expérimenté : car l'expérience montre que les bons enquêteurs criminels sont le fruit non pas tellement de leur bonne forme physique, de leur formation et de leur éducation, mais de leurs qualités personnelles, par exemple le sens de la curiosité, l'intuition, la patience et la capacité de juger le caractère d'une personne et d'analyser des éléments de preuve. Ces qualités, bien plus que les aptitudes techniques ou juridiques apprises pendant sa période de formation, sont des éléments essentiels de l'enquête criminelle.

### 6. Le directeur de l'enquête

Le directeur de l'enquête est un officier de police judiciaire servant dans une unité de police judiciaire. Son rôle est de concevoir, diriger et/ou commander une entité en charge d'une enquête de police judiciaire. Ses principales activités consistent à :

- constituer, organiser et gérer un pool chargé de diligenter une enquête judiciaire complexe ;

- organiser, diriger et commander un service opérationnel ;

- diriger, commander, animer, coordonner et contrôler l'activité des équipes sur le terrain ;

- diriger une enquête judiciaire présentant un niveau de complexité nécessitant la mise en œuvre d'une équipe de travail ;

- participer à l'élaboration des doctrines d'emploi, à l'évaluation des besoins en moyens matériels et humains afin de garantir une efficacité opérationnelle constante ;

- diriger, piloter et/ou participer à des enquêtes de police judiciaire d'initiative ou en exécution de délégations judiciaires ;

- définir et gérer, en collaboration avec le magistrat (Procureur de la République ou juge d'instruction) la stratégie de communication relative à l'enquête judiciaire (témoignage devant les tribunaux, compte rendu hiérarchique, communiqué à la presse, information des magistrats...) ;

- assurer en permanence les fonctions d'interlocuteur privilégié (conseiller technique) des magistrats saisis et des juridictions de l'ordre judiciaire, du début de l'enquête (connaissance de l'infraction) jusqu'à la transmission du dossier au parquet. Pour cela, il doit :

- maîtriser le droit pénal et la procédure pénale (justification procédurale, qualification d'infraction, procédures judiciaires particulières, procédures judiciaires internationales (Cemac, UA, UE, Interpol, EUROPOL...) ;

- appliquer les règles de déontologie (secret professionnel et secret de l'enquête, respect de la personne humaine, des croyances et des coutumes...) ;

- se doter d'une méthode de raisonnement et de travail pour la conduite de l'enquête ;

- maîtriser certains aspects de sociologie et des sciences criminelles (analyse comportementale, criminologie...) ;

- avoir des connaissances de base en matière de médecine légale ;

- étudier une situation criminogène à partir d'un dossier photographique (analyse de la situation et choix du cadre juridique conduisant à la rédaction d'un dossier de procédure) ;

- pouvoir gérer les situations de crise, d'urgence et dangereuses ;

- contribuer à l'élaboration des stratégies de réduction de la criminalité, en liaison avec les autorités administratives, policières, judiciaires et municipales ;

- analyser les exigences du contexte opérationnel pour mettre en œuvre le cadre procédural adapté ;

- être disponible pour assurer la continuité du service 24 h/24 h.

- savoir rédiger les rapports d'enquête.

## V. LA SCÈNE DE CRIME

La scène de crime ou scène du crime ou des lieux du crime, ou encore scène d'infraction sont les lieux où s'est produit un crime, un délit ou tout autre acte criminel. La scène de crime comprend l'ensemble des différents lieux où se sont produits un ou des événements donnant lieu à l'intervention de la police technique et scientifique, ou celle d'un expert en criminalistique, pour constater leur état au moment de l'intervention et le prélèvement de tout élément physique présent sur ces lieux (butin, preuves, indices, traces).

### 1. Les indices

Au niveau de l'enquête, on ne parle pas encore de preuves, mais d'indices. Ce sont les preuves en devenir. Elles sont d'une importance capitale, car ce sont les facteurs qui permettent de résoudre une enquête.

### 2. La preuve

D'après le dictionnaire juridique, « la preuve » est la démonstration de la réalité d'un fait, d'un état, d'une circonstance ou d'une obligation. L'administration en incombe à la partie qui se prévaut de ce fait ou de l'obligation dont elle se prétend créancière. Son offre n'est admissible que si son administration qui sera la conséquence de sa démonstration peut être utile à la solution de la prétention sur laquelle le juge doit statuer. On dit que la preuve offerte doit être « pertinente ».

# CHAPITRE II

# NOTIONS DE CRIME, D'HOMICIDE ET D'ASSASSINAT

*« Il ne faut pas dire qu'un acte froisse la conscience commune parce qu'il est criminel, mais qu'il est criminel parce qu'il froisse la conscience commune. » (Émile Durkheim / 1858 - 1917 / De la division du travail social)*

## I. NOTION DE CRIME

### 1. Définition du crime

Étymologiquement, le mot crime signifie accusation ou chef d'accusation, faute ou souillure. Le crime désigne la catégorie des infractions les plus graves prévues par la loi de tous les pays et de tous les systèmes judiciaires. On utilise aussi le terme crime pour désigner un homicide, sauf dans certains pays où les homicides involontaires ne sont pas reconnus. Cependant, il faut noter que tous les crimes ne sont pas des homicides. C'est le cas du viol, du proxénétisme, de la torture, du vol avec violence, ou encore du faux-monnayage qui sont différents de l'homicide.

Ainsi, une infraction est considérée comme crime, lorsqu'elle porte atteinte au bien-être collectif de la société, ou lorsqu'elle déroge de manière significative aux normes socioculturelles qui régissent l'évolution normale d'une personne.

### 2. Les différents types de crimes

Généralement, les crimes découlent soit d'une atteinte à l'intégrité corporelle, soit d'une atteinte aux biens. On parle ainsi de crimes contre la personne et de crimes contre les biens. Les crimes sont, de par leur nature, soit des actes de confrontation (les braquages, les agressions et les infractions d'ordre sexuel), soit des actes de découverte (vol de voiture, effraction et la fraude). Notons que le crime peut être découvert par la victime elle-même, un témoin ou un agent des forces de maintien de l'ordre.

Certaines catégories de crimes sont préméditées et commises de façon délibérées, alors que d'autres sont des actes spontanés et non prémédités. D'autres encore arrivent de manière accidentelle. Selon les circonstances, on parle ainsi d'assassinat, d'homicide volontaire, et d'homicide involontaire. Certains crimes sont commis par des personnes atteintes d'anomalies psychologiques, tandis que d'autres sont l'œuvre d'êtres exceptionnellement brillants. Tous ces cas de figure doivent être minutieusement étudiés par des experts avant d'être transmis au juge.

En Droit pénal camerounais (art 21 du Code pénal) : « Sont qualifiés de crimes, les infractions punies de la peine de mort ou d'une peine privative de liberté dont le maximum est supérieur à dix ans ». Ici, le crime (à ne pas confondre avec le « meurtre » puisqu'il ne s'agit pas ici d'une appellation de l'infraction elle-même, mais d'une qualification de son degré de gravité), se détermine par sa sanction, et plus précisément par la peine encourue (peine d'emprisonnement supérieure à dix ans)

**3. La législation**

Dans le Code pénal français, les crimes sont punis par la réclusion criminelle, tandis que les délits sont punis d'une peine d'emprisonnement. Les peines d'emprisonnement délictuelles maximales sont de dix ans, tandis que la réclusion criminelle va au-delà de dix ans. C'est le domaine de la Police Judiciaire qui, de par son prestige en tant qu'institution, ne se met en branle que pour des infractions à caractère criminel, notamment :

- les atteintes à l'intégrité corporelle : homicides, coups mortels, coups et blessures, etc. ;

- les actes .visant les biens d'autrui : vol à mains armées, cambriolages, incendies d'origine criminelle. Les crimes contre les biens rentrent également dans cette catégorie, à partir du moment où l'intégrité physique du propriétaire est menacée ;

- le trafic : le trafic de personnes, le trafic de drogue pour ce qui est de la criminalité douce ;

- cas de découverts de cadavre par un témoin ou par la police, un suspect que l'on interpelle ou qui se rend à la police pour avouer un homicide ;

- le crime organisé : au Cameroun, il touche les domaines aussi variés que ceux du trafic des voitures, du trafic des stupéfiants, des « coupeurs de route », des enlèvements avec demande de rançon, le trafic des femmes et des enfants ;

- les crimes sexuels tels que le viol, de par leur gravité et la sévérité des peines encourues par son auteur ;

Dans ces crimes, l'auteur utilise très souvent une grande violence physique, de la contrainte ou des matières inflammables pour commettre l'infraction. Ensuite, il dissimule son identité, d'où le recours à la science pour élucider l'affaire.

Le crime est sévèrement puni dans tous les pays du monde, y compris dans les sociétés primitives où il existait une sorte de justice pour les criminels. En d'autres termes, depuis l'aube des temps, l'homme a toujours lutté contre le crime, pour maintenir la cohésion sociale.

## II. NOTION D'HOMICIDE

### 1. Définition

L'homicide est l'action d'une personne humaine qui tue une autre personne humaine. C'est le fait de mettre fin à la vie d'un être humain. Selon le Dictionnaire Robert, « l'homicide est une action de tuer un être humain ». Pour la science criminelle, l'homicide consiste à « causer, par son fait, le décès d'un être humain, depuis sa conception jusqu'à sa mort ». C'est un acte qui porte atteinte tant à l'intérêt privé qu'à l'intérêt général.

### 2. Origine des homicides

Les homicides découlent de trois types d'agression : l'agression expressive, l'agression instrumentale et l'agression préméditée. Les deux premiers sont caractérisés par les buts ou les récompenses qu'ils offrent au criminel, tandis que le troisième relève d'une « maladie » mentale.

En effet, l'agression expressive ou spontanée répond à une colère provoquée par une insulte, une attaque personnelle, une humiliation ou un échec. Son but est de faire souffrir la victime, de la punir.

Par contre, l'agression instrumentale elle, provient d'un désir de possession ou d'appropriation. Par exemple, obtenir des bijoux, de l'argent, un territoire ou du pouvoir. Pour le criminel instrumental, le meurtre n'est pas une fin en soi, mais peut survenir si quelqu'un s'interpose entre lui et l'atteinte de son objectif.

Enfin, l'agression préméditée est celle qui survient lorsque le criminel a une obsession anormale par rapport à une personne ou un objet dont il veut s'approprier. Cette obsession devient parfois maladive, ce qui pousse le sujet à passer à l'acte.

### 3. Les catégories d'homicides

Au regard de la loi, il existe plusieurs catégories d'homicides qui ne présentent pas tous la même gravité. Par ordre de gravité décroissante, il y a l'homicide volontaire et l'homicide involontaire.

#### *3.1. L'homicide volontaire*

C'est celui qui se commet avec préméditation (assassinat). Il est qualifié de « meurtre » s'il n'y a pas de préméditation. Dans ce cas, l'auteur agit en son âme et conscience et sait qu'il est en train d'ôter la vie à un tiers. Les homicides peuvent donc être qualifiés d'assassinats ou de meurtres selon la méthode employée par son auteur. Certains peuvent être maquillés en suicide selon l'habilité du criminel. Dans ce cas, la victime est généralement retrouvée pendue ou noyée, ou encore décède des suites d'un empoisonnement en absorbant des substances nocives ou se fait tirer une balle dans la tête. Dans cette catégorie, on distingue plusieurs types d'homicides :

- l'homicide volontaire avec préméditation (assassinat) : il consiste pour le criminel à tuer une personne après avoir prémédité et préparé son acte. Ici, l'acte est volontaire : c'est un assassinat.

- l'homicide volontaire sans préméditation : il consiste à étrangler une victime dans un accès de rage lors d'une bagarre. C'est aussi le cas lorsqu'une victime abat un cambrioleur en fuite sans pouvoir invoquer la légitime défense : c'est un crime.

- les violences volontaires ayant entraîné la mort sans l'intention de la donner : c'est le cas où un une personne tue une autre sans intention de le faire, en faisant usage d'une violence qui, elle, est volontaire ;

- violences ayant entraîné la mort sans intention de la donner : c'est le cas où quelqu'un tue une autre personne au cours d'une bagarre.

Aux États-Unis, on parle du « meurtre au premier degré » (*First Degree Murder*), qui correspond à l'assassinat. Il y a également le « meurtre au second degré » (*Second Degree Murder*), qui correspond au simple homicide et l'involuntary manslaughter qui correspond à « l'homicide involontaire ».

Sur le plan religieux, l'homicide est sévèrement condamné : le judaïsme considère le meurtre comme un grave péché. Il est énoncé dans les dix commandements (Deutéronome : 20.13 : « Tu ne tueras point. ») Selon la traduction classique de ce commandement.

Tandis que l'islam punit par la peine de mort en vertu de la loi du talion tout homicide volontaire sans raison de guerre ou de légitime défense, sauf si les parents de la victime accordent leur pardon, auquel cas, une compensation doit être versée à ces derniers. Le verset 17:33 : « Ne tuez pas l'âme que Dieu a interdite, sauf à bon droit. Quiconque est tué est opprimé, alors nous avons donné autorité à son allié. Que celui-ci n'excède pas en tuant, car il est déjà secouru ». En revanche, l'homicide involontaire ouvre droit à une simple compensation. Cette mesure est venue limiter le recours à la vengeance, autrefois invoquée en toutes circonstances.

Dès lors, toute vie humaine est sacrée, parce que la personne humaine a été créée à l'image et à la ressemblance du Dieu vivant et saint. Le meurtre d'un être humain est gravement contraire à la dignité de la personne et à la sainteté du Créateur. Sont considérés comme homicide : l'avortement volontaire, l'euthanasie, la guerre, le suicide. La légitime défense est un devoir grave.

### *3.2. L'homicide involontaire*

C'est le fait de causer la mort à autrui par une action ou une omission relevant de la maladresse, de l'imprudence, de la négligence, de l'inattention, de l'indifférence.

Le Code pénal camerounais, notamment à son article 221-6 définit, l'homicide involontaire comme : « Le fait de causer, dans les conditions et selon les distinctions prévues à l'article 121-3, par maladresse, imprudence, inattention, négligence ou manquement à une obligation de sécurité ou de prudence imposée par la loi ou le règlement, la mort d'autrui ».

Il s'agit d'un fait au cours duquel un être humain en tue un autre, par accident en commettant un crime ou par négligence criminelle[23]. Cette infraction s'apparente à l'homicide accidentel, car on suppose que le suspect n'a pas prévu que son acte allait causer un décès (par exemple donner un produit à quelqu'un qui lui cause une allergie mortelle). C'est aussi le cas lorsqu'un automobiliste tue un piéton suite à une défaillance de son véhicule.

Dans cette catégorie, on relève aussi :

- l'homicide involontaire par coups et blessures ayant entraîné la mort sans intention de la donner : c'est le cas d'une personne qui tue une autre personne au cours d'une bagarre. Ici, les coups et blessures volontaires constituent un délit.

- l'homicide accidentel : c'est lorsqu'un être humain en tue un autre alors qu'il ne pouvait pas prévoir que son acte soit la cause d'un décès (par exemple donner un produit à quelqu'un qui lui cause une allergie mortelle) ou que cet acte soit involontaire (par exemple accident de voiture).

### 4. Les éléments constitutifs de l'homicide

D'après le principe de légalité des délits et des peines en droit pénal selon Cesare Beccaria[24], on ne peut être condamné au pénal qu'en vertu d'un texte pénal précis et clair (en latin, *Nullum crimen, nulla pœna sine lege*). On associe généralement à ce principe, ceux de la non-rétroactivité de la loi pénale plus

---

[23]L'Homicide involontaire par négligence, c'est lorsqu'un chauffeur imprudent cause la mort d'une personne dans un accident de la circulation par exemple. En France, cet acte est qualifié de coups et blessures involontaires, ce qui est un délit (Art 132-16-2 et 223-1 du Code Pénal) au Cameroun, cela est qualifié d'activité dangereuse (art 229 CPC) ou d'homicide involontaire (art 289 et art 290 CPC).

[24]Cesare Beccaria Bonesana, marquis de Gualdrasco et Villareggio (né le 15 mars 1738 à Milan où il est mort le 28 novembre 1794), est un juriste, philosophe, économiste et homme de lettres italien rattaché au courant des Lumières. Dans *Des délits et des peines*, il est le fondateur du droit pénal moderne et se signale notamment en développant la toute première argumentation contre la peine de mort.

sévère et la rétroactivité de la loi pénale plus douce. Ainsi, l'homicide est un fait composé d'un acte positif, d'un acte matériel et d'une intention coupable :

### *4.1. L'acte positif ou l'élément légal*

Il signifie que le meurtre est une infraction de commission, qui est le fait de donner la mort. Dans ce cas, on peut alors se demander si une simple omission ayant entraîné la mort peut être incriminée en tant que meurtre (commission par omission). L'homicide est prévu et puni par une loi, et presque tous les pays au monde punissent le fait d'ôter la vie à autrui.

### *4.2. L'acte matériel ou élément matériel*

Il est lié à la présence du cadavre. C'est le corps du délit qui prouve qu'il y a effectivement eu homicide. En effet, l'acte d'homicide doit être dédoublé, car pour parler de meurtre, il faut une victime et un acte homicide. L'acte matériel doit, soit avoir entraîné la mort, ou susceptible d'entraîner la mort. Peu importe sa nature, si on fait exception de l'administration du poison, qui donne lieu à une incrimination spéciale, tous les moyens matériels peuvent être utilisés pour commettre un homicide. Ça peut être les coups portés à main nue ou avec un objet rigide, le fait de pousser quelqu'un dans le vide, tirer sur autrui avec une arme à feu, ou lui donner un coup de couteau, etc. Peu importe qu'il y ait un ou plusieurs actes matériels, il suffit de prouver que le dernier coup a entraîné la mort.

### *4.3. L'élément intentionnel ou l'intention coupable*

C'est la nature de l'élément intentionnel qui résulte du fait que l'auteur agit en sachant que l'acte qu'il pose est interdit. Le dol spécial[25] consiste en l'intention de donner la mort à autrui. Généralement on parle *d'animus necandi*. Cela implique que lorsque le sujet agit, il doit avoir conscience des conséquences de son acte. En l'absence de cet élément intentionnel, la qualification de l'infraction change et on peut se trouver soit en présence d'un homicide involontaire ou inintentionnel, soit en présence de coups mortels sans intention de donner la mort.

---

[25] En droit pénal, le dol spécial est la volonté de parvenir à un résultat déterminé. Avoir conscience de ses actes et vouloir agir en violation de la loi pénale ne suffit pas à caractériser l'élément intentionnel d'une infraction. Exemple : le meurtre requiert une intention de tuer : c'est le dol spécial. En son absence, il s'agirait de violences ayant entraîné la mort sans intention de la donner. Le résultat requis par le dol spécial est parfois fixé par la loi. L'infraction concernée suppose un résultat et la rédaction de l'incrimination peut être suggestive quant à ce résultat, avec certaines expressions comme « en vue de… », « dans le but de ».

Dans le système judiciaire camerounais, ce sont ces trois éléments qui constituent une infraction pénale (l'élément légal[26], l'élément matériel[27] et l'élément moral[28] ou l'intention coupable).

### *4.4. Le système de la Common law*

Contrairement aux systèmes juridiques relevant de la *common law*, où une personne est qualifiée de criminelle lorsque seuls deux éléments fondamentaux constituant le crime sont réunis, à savoir : l'acte coupable (*actus reus*) et l'intention coupable (*mens rea*).

Dans ce contexte, le principe de la responsabilité criminelle d'un individu se résume par cette phrase latine : « *Actus non facit reum nisi mens sitrea* » qui signifie que « l'acte ne rend pas un individu criminel à moins d'une intention coupable ». En d'autres termes « la responsabilité criminelle d'une personne n'est révélée que s'il existe une intention de commettre l'acte coupable ».

Ceci veut dire qu'un individu ne peut être déclaré coupable d'un homicide involontaire. Puisque le caractère involontaire de l'acte empêche la formation de l'intention coupable. Cependant, un meurtre peut être considéré comme un homicide involontaire coupable, dans le cas où l'acte est commis par suite d'un accès de colère causé par une provocation soudaine. Bien que l'intention de commettre l'acte n'est pas présente avant la perpétration du crime, il est généralement reconnu que, dans ces circonstances, l'intention s'est formée à l'instant même où celui-ci a été commis et que par conséquent, *l'actusreus* et la *mens rea* sont réunis au moment où l'acte est commis envers la victime.

Alors, puisqu'une intention doit obligatoirement être rattachée à un acte pour qu'un individu soit reconnu criminel, l'accusé déclaré coupable, à tort, n'est pas criminel. Il est cependant réputé l'être jusqu'à ce que l'erreur juridique soit découverte. À l'inverse, un individu est criminel s'il a commis un acte coupable avec une intention, et ce, même s'il n'est pas découvert. Dans une enquête bien menée, l'enquêteur doit connaître tous les éléments d'un crime avant de commencer une enquête, de façon à recueillir les éléments de preuve à l'appui de chaque élément du dossier.

---

[26]L'élément légal est le texte législatif ou réglementaire qui prévoit l'infraction et la peine correspondante.

[27]L'élément matériel est l'acte (action ou omission) par lequel est révélée l'infraction (par exemple, la soustraction de l'objet dans le cas du vol).

[28]L'élément moral met en évidence la volonté de l'auteur, qu'il s'agisse d'une infraction intentionnelle (meurtre, vol, etc.) ou d'une infraction non intentionnelle (maladresse, imprudence, négligence).

## 5. Cas spécifique de l'euthanasie

Pour ce qui est de l'euthanasie, le consentement de la victime est souvent nécessaire. Il doit être donné sans influence et peut laisser subsister le caractère criminel, même si les magistrats se laissent souvent influencer par le mobile. Le plus souvent, il n'y a pas de poursuites, soit s'il y en a, mais elles n'aboutissent pas à une condamnation, car les magistrats considèrent qu'il y a eu une absence d'intention ; soit ils condamnent, mais pour le principe.

On a tendance à faire une distinction entre ce qui est qualifié d'euthanasie active, qui est le fait d'administrer un produit létal (qui devrait juridiquement être un meurtre), et l'euthanasie passive, qui consiste à abandonner les soins, à faire cesser l'acharnement thérapeutique (là, comme il n'y a pas véritablement d'acte matériel positif, il n'y a pas de meurtre, mais l'acte peut être qualifié de défaut d'assistance à personne en danger).

## 6. Les auteurs d'homicides

Parmi les auteurs connus des homicides, il y a :

- Les hommes : les homicides sont en grande partie perpétrés par des hommes. Dans les pays occidentaux, les analystes estiment entre 85 et 90 %, les auteurs identifiés par les services de police et de gendarmerie.

- Les femmes : elles font leur entrée ces dernières années dans l'entreprise criminelle, pas comme agresseurs, mais comme complices et facilitatrices. Elles sont en revanche impliquées dans les meurtres conjugaux, des infanticides et les crimes passionnels.

- Les enfants : ce sont de jeunes adultes, entre 18 et 35 ans qui sont très actifs dans ce domaine, même si de temps en temps, on appréhende des quinquagénaires. Les homicides commis par des mineurs demeurent très rares, au même titre que ceux commis par des individus âgés de plus de 50 ans.

- L'environnement des criminels : le dénominateur commun, quel que soit le pays, repose sur le fait que la quasi-totalité de ces criminels est issue des milieux populaires, principalement des familles les plus pauvres. En France par exemple où des études sur la criminalité sont régulièrement menées, près de 90% des auteurs de crimes sont des enfants des milieux populaires et se situent dans les franges les plus démunies, c'est-à-dire parmi les ouvriers, les employés, les chômeurs ou inactifs au moment des faits. Ces analystes tentent d'expliquer que c'est la pauvreté qui explique les taux de criminalité les plus forts dans les zones urbaines où règne la misère.

Toutefois, dans cette entreprise criminelle, il peut arriver qu'on retrouve aussi des enfants issus des familles nanties, tout dépend de la nature des relations entretenues par les jeunes criminels avec leurs parents. Selon les psychologues, le conflit se traduit fréquemment par la violence physique entre les parents et/ou des parents sur les enfants. Autrement dit, les mêmes spécialistes affirment que l'adulte auteur d'homicide a souvent été soit un enfant privé de parents, soit un enfant élevé dans un climat de conflit et qui a assisté et/ou subi la violence physique.

Le passé des auteurs des homicides et beaucoup plus précisément leur enfance ont logiquement des conséquences sur leur profil psychologique, car ils restent fortement liés à l'histoire familiale. Mais il y a aussi la trajectoire sociale des individus marquée par les difficultés scolaires, l'inactivité et la pauvreté. C'est le plus souvent la conjugaison de ces handicaps sociaux qui détermine la santé mentale et physique du criminel.

Les antécédents judiciaires jouent aussi un rôle déterminant auprès des auteurs d'homicides, même si les proportions divergent selon les pays.

### 7. Les victimes d'homicides

Dans le cas de violences conjugales par exemple, les femmes sont les premières victimes. Elles représentent près d'un tiers des victimes des homicides. Les études classiques menées par Hans Von Hentig[29] dans les années trente et quarante sur les relations entre agresseurs et agressés ont montré que dans la majorité des cas, la victime connaît presque toujours son agresseur. La proportion varie des deux tiers aux quatre cinquièmes selon les pays et les époques.

Pour analyser ces relations, la plupart des auteurs s'accordent avec Maxfield[30] qu'il existe au moins quatre types de situations :

- Le premier groupe représente les personnes qui vivent ensemble, ou bien qui ont eu dans un passé proche, des relations amoureuses. Ces conflits se focalisent le plus souvent sur la jalousie, la séparation (effective ou annoncée) et l'accusation réciproque dans l'échec du couple.

- La seconde catégorie regroupe les personnes qui ont des relations familiales. Ici, les recherches sociologiques ont relevé la diversité des situations et des motivations, même si l'amour, le statut et l'argent semblent les sujets les plus fréquents de dispute.

- La troisième catégorie regroupe les personnes qui se connaissaient également, mais sans entretenir des liens affectifs ou familiaux. Ce sont le plus souvent les voisins directs, ou des personnes connues en raison de la

---

[29]La victimologie est apparue en 1958 avec la publication de *The criminal and hisvictim* de H. von Hentig. Elle prend en considération le rôle de la victime dans la genèse du crime. C'est le concept du « criminel-victime » (par exemple : un enfant abusé qui plus tard deviendra délinquant), de la « victime latente » « sur laquelle va peser un potentiel de victimité » et de la relation « criminel-victime ».

[30]Michael G. Maxfield, est Professeur de droit criminel à Rutgers University, Newark. Il est l'auteur de plusieurs articles et ouvrages traitant du sujet de la victimisation.

fréquentation des mêmes lieux : lieu de résidence, lieu de sortie nocturne, débit de boissons, etc. Les empoisonnements, les guets-apens, la sorcellerie et les embuscades tiennent ici une place centrale.

- La quatrième catégorie regroupe les situations très diverses et très minoritaires où on note l'absence de toute relation entre auteurs et victimes. C'est le cas d'un homme qui tue son cambrioleur ou l'inverse, le cas du braqueur qui tue sa victime qui refuse de lui remettre son portefeuille, ou l'homme qui suit une femme inconnue pendant un moment et la tue parce qu'elle refuse la relation sexuelle, ou encore le crime raciste, ou enfin l'individu hors de lui et ivre qui décharge son agressivité sur la première personne qu'il rencontre, etc.

- Une autre catégorie est constituée d'une mixture entre les proches de la victime et les malfaiteurs inconnus appelés à la rescousse occasionnellement.

D'après l'Institut de victimologie de Paris, une victime est une personne (physique ou morale) qui a subi un préjudice reconnu par un texte, une loi ou un règlement. Cette victime a droit à une enquête impartiale, à l'assistance, à l'information, à un procès équitable, à la justice, à une indemnisation, à la protection, à une prise en charge, etc.

### 8. L'importance du corps de la victime

En cas de mort suspecte ou de disparition de personne, le corps de la victime doit être retrouvé, car il est d'une importance capitale, vu l'importance des informations qu'il apporte, peu importe que son identité soit connue ou non. Si le corps n'a pas été retrouvé, il suffira de prouver qu'il y a une victime et que cette victime était vivante au moment du geste fatal qui a causé la mort. Elle doit être préexistante, c'est-à-dire vivante au moment des faits.

La découverte du corps de la victime facilite l'enquête, d'autant plus qu'elle apporte des renseignements précieux aux enquêteurs, qu'elle soit morte ou vivante. En effet, le corps va parler en ce moment et les enquêteurs doivent avoir des aptitudes à le faire parler. Cela passe par l'observation, l'autopsie, les analyses toxicologiques, les études balistiques, l'étude des traces de sang, pour déterminer les causes de la mort, l'heure de l'agression, l'arme utilisée, éventuellement l'identité du criminel. C'est pour cela que les criminels aguerris cachent souvent le corps après leur forfait. Ils savent que sans la présence de la victime ou de sa dépouille, l'affaire ne peut être élucidée. Évidemment quand la victime survit à l'agression, elle peut elle-même donner des indications, voire décrire son agresseur.

En cas d'erreur sur la victime, on sait par principe que l'erreur exclut l'homicide volontaire et laisse subsister l'homicide involontaire, lorsqu'une faute d'imprudence a été commise par l'auteur.

Par exemple, lors d'une partie de chasse, un chasseur A tire sur un autre chasseur B en le prenant pour un gibier. Ici, il y a erreur, mais aussi imprudence.

Il existe également des cas dans lesquels l'erreur peut rester indifférente. C'est par exemple lorsqu'il y a erreur sur la personne. C'est-à-dire l'auteur voulait tuer X, mais a tué plutôt Y, en croyant que c'était X. Dans ce cas-là, il y aura meurtre et non homicide par imprudence.

Il en est de même lorsqu'un individu est en conflit avec son adversaire et lui envoie un colis piégé. En l'absence de la vraie cible, c'est un membre de sa famille qui réceptionne le colis et ouvre le paquet qui explose : personne n'est tué, mais il y a plusieurs blessées. Ici, il y a une tentative d'assassinat à l'égard des personnes effectivement atteintes. On peut également retenir une tentative d'assassinat et de blessures involontaires envers les personnes blessées.

Un autre cas de figure est celui de l'erreur matérielle. Ici, l'auteur veut tuer X, il le vise, mais la maladresse l'amène à rater X et tue Y qui est juste à côté. La jurisprudence ici retient le meurtre sur Y et la tentative de meurtre sur X.

Même le fait de jeter une bombe dans une foule constitue un assassinat pour les personnes tuées, et une tentative d'assassinat pour celles qui ont été blessées ou qui n'ont pas été touchées. Peu importe l'indétermination de la victime, la volonté de l'auteur est de tuer.

Cependant, tous les crimes comportent des éléments essentiels qui doivent tous être prouvés hors de tout doute raisonnable, avant qu'une personne n'en soit déclarée coupable.

**9. Les circonstances des homicides**

Les circonstances des homicides jouent également un rôle primordial et font l'objet d'une attention de la part des investigateurs. Pour connaître les circonstances d'un homicide, il faut s'intéresser au lieu, au moment où il s'est déroulé, au mode opératoire, à l'arme du crime et au mobile du crime.

- Le lieu : dans au moins la moitié des cas, le crime a lieu au domicile de l'auteur et/ou de la victime. Inversement, même si certains crimes d'interconnaissance se déroulent sur la voie publique, cette dernière est plus souvent le théâtre des crimes crapuleux (autres que cambriolages), des bagarres, des vengeances, des crimes à caractère sexuel, des vols à l'arraché.

- L'heure : les crimes sont nettement plus fréquents en fin de semaine, c'est-à-dire au moment où les jeunes adultes sortent et boivent, le plus souvent en soirée, voire la nuit. Ceci se comprend d'abord par le fait que la plupart des individus passent l'essentiel de leur journée hors de leur domicile et pour les y surprendre, les criminels savent qu'ils doivent venir le soir. Ensuite, sauf quelques artères, la voie publique est quasi déserte la nuit, on ne décèle aucune présence de témoins ou de gêneurs dans les parages. Enfin, la consommation de stupéfiants et l'alcool atteint généralement son paroxysme en fin de journée, après 18 heures.

- Facteurs stimulants : la possession d'une arme à feu dans ce cas est également un facteur qui peut aggraver la propension à perpétrer les crimes, même si l'arme à feu n'est pas nécessaire pour tuer, d'autant plus qu'un nombre considérable de criminels utilise des armes blanches dissimulées dans leurs vêtements.

D'autres tuent à l'aide des objets trouvés dans l'environnement matériel immédiat (gourdin, fil de téléphone, lacet et.).

D'autres encore utilisent la force physique pour étrangler ou administrer des coups mortels.

La consommation excessive de l'alcool et de la drogue joue également un rôle prépondérant dans le passage à l'acte meurtrier, à partir du moment où près de la moitié des affaires criminelles se produisent après que le criminel a consommé des stimulants. L'alcool ou la drogue permettent donc à l'individu d'exprimer émotionnellement et physiquement un ressentiment d'ordinaire contrôlé ou simplement verbalisé. Ces substances agissent alors comme un stimulateur émotionnel extrêmement puissant, qui libère le malaise psychologique des individus sous la forme d'une violence soudaine et dévastatrice. Ainsi les crimes d'alcooliques et de toxicomanes sont consécutifs à des réactions disproportionnées avec l'incident de départ, voire, exceptionnellement, des méprises sur les personnes.

## III. NOTION D'ASSASSINAT

### 1. Définition

Un assassinat est un meurtre commis avec préméditation. C'est-à-dire la prise de décision de tuer autrui et la réflexion sur la mise en œuvre de cette décision. Depuis que le droit pénal existe, cet acte est considéré comme le plus grave des crimes contre la personne et pour lequel les peines sont les plus sévères comme l'emprisonnement à vie ou la peine de mort.

En droit pénal français, l'assassinat est défini par l'article 221-3 du Code pénal comme un meurtre prévu et préparé par son auteur. Il désigne également le meurtre commis avec guet-apens, qui constitue une forme particulière de préméditation. Le même code reconnaît et réprime le mandant criminel, qui est, selon l'article 221-5-1, le simple fait de faire à une personne des offres ou des promesses ou de lui proposer des dons, présents ou avantages quelconques afin qu'elle commette un assassinat.

En Suisse, l'assassinat est défini par l'art. 112 du Code pénal comme un meurtre commis avec une « absence particulière de scrupules, notamment si son mobile, son but ou sa façon d'agir est particulièrement odieux ». Tel est le cas par exemple d'un crime d'honneur, d'un homicide dans le but d'un brigandage, d'un homicide par fanatisme religieux, politique ou par dédain.

Aux États-Unis, l'assassinat est qualifié de « meurtre au premier degré » (*First Degree Murder*), tandis que le « meurtre au second degré » (*Second Degree Murder*) désigne un homicide volontaire non prémédité. À savoir que le meurtre au premier degré est aussi un meurtre non prémédité commis durant l'accomplissement de certains crimes (incendies volontaires, braquage, etc.).

*Au Cameroun,* l'article 276 du Code pénal camerounais définit l'assassinat comme le fait de commettre un meurtre avec préméditation. Il peut être commis « pour préparer, faciliter ou exécuter un crime ou un délit, ou pour favoriser la fuite ou assurer l'impunité des auteurs ou complices de ce crime ou délit ». C'est le meurtre au stade maximum. Le Code pénal camerounais prévoit à son article 276 (2) « qu'il y a préméditation même si l'identité de la victime n'est pas déterminée, et même si l'auteur subordonne son projet à la réalisation d'une condition quelconque ».

**2. Les éléments constitutifs de l'assassinat**

Pour qu'un assassinat soit constitué, il faut que les éléments constitutifs du meurtre soient réunis. C'est-à-dire :

- une loi qui doit soutenir l'infraction (c'est l'élément légal) ;

- la préméditation ou acte intentionnel (c'est l'élément moral) ;

- la constatation du meurtre, c'est-à-dire un corps inanimé (c'est l'élément matériel),

- le *modus operandi*, la manière dont la victime a été tuée (arme, substance nocive, strangulation, etc.)

- le mobile qui ne pourra clairement apparaître que lorsqu'on aura mis la main sur un suspect.

L'assassinat étant le degré le plus élevé d'un crime, même la tentative est punissable. Toutefois, l'auteur d'une tentative d'assassinat peut être exempté de peine s'il a permis d'éviter la mort de la victime et d'identifier, le cas échéant, ses complices, en avertissant la police.

Dans cette catégorie, même celui qui fait des offres ou des promesses ou qui propose des dons, présents ou avantages quelconques à une personne afin qu'elle commette un assassinat peut faire l'objet de poursuites pénales, même si cet assassinat n'a été ni commis ni tenté. Mais si l'assassinat a été commis, il encourt la même peine que l'exécutant.

## 3. Les types d'assassinats

Selon leurs mobiles, on peut avoir affaire à plusieurs types d'assassinats :

### *3.1. L'assassinat politique*

C'est l'action de tuer une personnalité politique ciblée à l'avance. Ce concept politique remonte à l'Antiquité et consiste à se débarrasser d'un adversaire politique. Il se distingue d'un meurtre ordinaire par les enjeux de pouvoir et/ou idéologiques qui le caractérisent. Il s'agit d'une exécution extrajudiciaire, qui est souvent qualifiée d'illégale.

Dans l'histoire, la mort de Jules César constitue le prototype de l'assassinat politique par un complot « démocratique », tout comme celle de Patrice Emery Lumumba, figure emblématique de l'indépendance du Congo ou encore de Ruben Um Nyobe, Père de l'indépendance du Cameroun.

De nos jours, les assassinats politiques sont souvent perpétrés sur ordre, avec la complicité ou l'assentiment des autorités ou sous l'autorité d'une entité politique. Ils sont généralement mis dans la même catégorie que les exécutions extrajudiciaires et sont considérés comme une violation des droits humains.

Certains assassinats ont produit des conséquences politiques très graves dans l'histoire contemporaine, comme celui de Sarajevo en Bosnie qui déclenchera la Première Guerre mondiale en 1914, ou encore celui de Juvénal Habyarimana en 1994, qui conduisit au génocide au Rwanda. Dans certains pays, l'assassinat politique est devenu une pratique courante à l'encontre des opposants, même si le caractère politique est souvent difficile à prouver.

### *3.2. Les sacrifices humains*

C'est un rite religieux ancestral qui est pratiqué dans une civilisation dans le but de s'attirer les faveurs des dieux, pour conjurer un sort qui peut être la sécheresse, la famine, une succession d'échecs, accompagner les personnages importants tels que les souverains dans l'au-delà, comme ce fut le cas chez les Incas. Les sacrifices humains sont aussi pratiqués par des personnes qui aspirent au pouvoir et à l'enrichissement facile.

Ces sacrifices humains ont été pratiqués dans les religions polythéistes à d'autres fins, tandis que les religions monothéistes les interdisent comme c'est le cas dans la Bible. Mais ils ont une importance centrale sur le plan symbolique dans les trois religions abrahamiques[31].

C'est le cas de la substitution du fils d'Abraham (Isaac ou Ismaël, selon les traditions juive ou musulmane) par un bélier lors du sacrifice demandé par Dieu

[31] L'expression religion abrahamique désigne principalement le judaïsme, le christianisme et l'islam, dont les Écritures, respectivement la Torah, la Bible et le Coran, évoquent la figure d'Abraham

à Abraham. Pour les chrétiens, le sacrifice du Christ sur la croix expie tous les péchés des hommes. C'est aussi dans cette catégorie qu'on classe les crimes rituels censés apporter le pouvoir et la prospérité selon certaines croyances.

### *3.3. La légitime défense*

C'est l'autorisation légale de faire cesser une agression contre soi ou autrui, par des moyens interdits en d'autres circonstances. C'est le cas lorsqu'on surprend un cambrioleur armé dans son domicile et que celui-ci tente de vous tuer. Si vous parvenez à le tuer en premier, on évoquera la légitime défense et vous ne serez pas condamné pour cet acte ; mais il faut que le combat soit à armes égales et que la vie de la victime soit réellement menacée.

## IV. LE MODE OPÉRATOIRE DES CRIMINELS

Les criminels ont plusieurs façons de tuer leurs victimes. Parmi les plus connues, il y a :

### 1. Les armes blanches

Une arme blanche est une arme tranchante, perforante, contondante ou asphyxiante, dont l'utilisation est due à la force humaine ou à un mécanisme auquel elle a été transmise, à l'exclusion d'une explosion. Elle peut être constituée de bois, de pierre, d'os, d'arête, de métal et/ou de matériaux composites. Dans cette catégorie, il y a :

- <u>les armes à double tranchant</u> : elles laissent des marques indiquant deux bords tranchants, tandis que les plus fines laissent des marques plus petites et peu visibles. C'est le cas de la machette, du couteau, ou de la hache.

Remarque : les couteaux classiques laissent des blessures « en bateau », plus ou moins identifiables suivant la finesse de la lame, tandis que le couteau cranté laisse des hachures qui indiquent l'emploi d'une lame au fil cranté (avec les dents).

- <u>les armes perforantes</u> : poignard, tournevis, clou, épée ;

- <u>les armes contondantes</u> : gourdin, la batte de baseball (ou bâton au Québec), pierres,

- <u>les armes asphyxiantes</u> : la corde, le lacet, le fil de téléphone…

Les marques dues à ces armes donnent des indices précieux aux enquêteurs, ainsi que le mode opératoire du criminel. Mais les blessures causées par certaines de ces armes ne sont pas toujours visibles. C'est pour cela que les enquêteurs doivent recourir aux techniques spécifiques pour les révéler et déterminer l'arme utilisée par le criminel.

Les coupures et les coups de poignard sont souvent très parlants. Leur forme indique si la lame était à un ou deux tranchants. En même temps, la direction de la plaie permettra de connaître la longueur de la lame. Les marques sur la peau comme les abrasions ou les contusions peuvent également donner des détails sur l'arme utilisée. Par exemple, les chaussures laissent des empreintes moins caractéristiques sur la peau, tandis que le bâton laissera deux hématomes parallèles qui vont orienter les enquêteurs sur la taille et la direction de l'attaque.

En se défendant, les victimes et parfois les suspects peuvent se blesser aux mains et aux avant-bras (à la main et au bras gauche si le criminel est droitier). La forme des blessures indiquera également aux enquêteurs la forme de l'arme utilisée.

En cas de strangulation, les marques sur le cou de la victime peuvent donner des informations sur le mode opératoire du criminel. Des hématomes et la texture de la peau vont permettre de déterminer si un ruban était enroulé ou non, ou si le criminel s'y est repris plusieurs fois. En cas de strangulation à la main, les marques sont floues et les hématomes sont peu visibles.

En cas d'usage d'un bâton ou d'un caillou, les os des jambes, du crâne ou des côtes peuvent être fracturés. La sévérité dc la fracture donnera une bonne indication de la force du coup, tandis que les hématomes et les contusions indiqueront l'arme employée par le criminel.

Dans le même ordre, une arme de grande taille pourra briser la boîte crânienne, sans laisser de traces permettant son identification, de même qu'une agression violente pourra endommager les organes sans laisser de traces. En effet, le foie, la rate peuvent éclater et causer des déchirures de l'estomac. Dans ces conditions, la mort sera causée non pas par les blessures, mais par l'hémorragie interne dans la cavité abdominale.

Les blessures aux poumons sont aussi assez révélatrices pour les enquêteurs. Les coups de couteau profonds portés au thorax peuvent perforer le poumon, tandis qu'un coup contondant violent peut donner le même résultat si une côte brisée pénètre le poumon en profondeur.

**2. Les armes à feu**

Les différents types d'armes à feu utilisées par les criminels sont les suivantes : arquebuse, fusil à poudre noire, carabine, fusil, fusil d'assaut, fusil de chasse, fusil à pompe, fusil de précision.

Elles servent à impressionner les victimes et à donner la mort en cas de résistance. Dans ce cas, les balles, les douilles et les étuis constitueront des indices précieux que recèlera la scène de crime.

**3. Les armes chimiques**

Les criminels peuvent également recourir aux armes chimiques pour perpétrer leur forfait. Selon l'Encyclopédie Wikipédia, « une arme chimique est une arme utilisant des produits chimiques, toxiques contre les êtres humains. Elle peut être létale ou simplement neutralisante, et se révéler toxique pour la faune et la flore.»

Les armes chimiques peuvent être classées en trois catégories :

- les incapacitants, comme les gaz lacrymogènes ;

- les neutralisants psychiques ou physiques ;

- les agents létaux qui provoquent la mort, eux-mêmes classés en plusieurs groupes :

  - les agents vésicants ;
  - les agents suffocants ;
  - les agents asphyxiants ;
  - les agents neurotoxiques.

### *4. Les effets des armes chimiques sur les victimes*

Les chiffres du tableau sont exprimés en hectares couverts par tonne de produits toxiques répandues à densité uniforme sur des objectifs matériels ou du personnel sans protection. Par exemple, par une journée chaude et un temps couvert, 5 kg de Sarin par hectare mettraient hors de combat 50 % des personnes supposées sans masque (attaque surprise).

| Type de gaz | Effets de contamination sur les matériels et le terrain | Effets directs de mise hors de combat des personnels |
|---|---|---|
| **Gaz moutarde (Ypérite-Lewisite)** | 5 ha/t | 30 ha/t |
| **Tabun (GA américain)** | 7 ha/t | 50 ha/t |
| **Sarin (GB américain) et Soman (GD américain)** | fugace | 200 ha/t |
| **Gaz VX, VR 65 (soviétique), SOMAN épaissi** | 25 ha/t | 25 ha/t |

**Tableau 1** : action des différentes armes chimiques

## V. L'ÉLÉMENT MORAL EN DROIT PÉNAL

En procédure pénale, la principale caractéristique est la notion de responsabilité pénale, qui est liée à l'idée de faute de la personne responsable et le mobile du crime a le plus souvent une incidence sur l'élément moral.

### 1. Principes de droit

Le droit pénal ne s'applique qu'à des personnes qui ont commis un crime. Pour qu'il soit imputable au suspect, l'acte doit être accompli avec intelligence et volonté. C'est cette exigence qui exclut toute répression pénale contre les mineurs, bien que ceux-ci ne soient pas exclus du champ du droit pénal. Ici, l'intelligence, ou conscience, correspond à la capacité de comprendre, tandis que la volonté est la capacité de vouloir. Ces deux notions sont différentes, même si en pratique lorsque l'une fait défaut, l'autre n'y échappera pas.

En principe, les crimes et délits sont intentionnels, c'est-à-dire qu'ils sont commis par un suspect ayant la volonté consciente et délibérée de commettre l'élément matériel de l'infraction, étant entendu que la connaissance du caractère infractionnel du comportement est présumée en vertu de l'adage « nul n'est censé ignorer la loi ».

L'imputabilité étant admise, l'infraction ne sera constituée que si son élément moral est établi et cet élément moral varie d'une infraction à l'autre. L'article 17 du Code pénal camerounais pose le principe suivant lequel : « Il n'y a point de crime ou délit sans intention de le commettre ».

Le plus souvent, le texte d'incrimination est imprécis quant au contenu de l'élément moral, et les contours exacts de l'intention sont souvent déterminés par le juge répressif. Mais tous s'accordent cependant à reconnaître que le meurtre est « le fait de donner volontairement la mort à autrui ». *L'élément moral* dans ce cas précis sera naturellement la volonté de donner la mort ou *animus necandi*.

Pour ce qui est du cas du vol, qui est la « soustraction frauduleuse de la chose d'autrui », l'élément moral sera constitué par la volonté du suspect de soustraire, peu importe que ce dernier soit animé de la volonté de se l'approprier définitivement ou seulement temporairement, même sans enrichissement du voleur ni appauvrissement de la victime.

S'agissant des violences volontaires, elles sont constituées lorsque le suspect a eu la volonté de porter atteinte à l'intégrité physique ou psychique d'autrui. C'est par exemple le cas d'une personne en colère qui porte un coup sur une porte vitrée qui se brise et blesse un enfant. Le coup porté à la porte exprime une volonté d'impressionner, de choquer, volonté constituant l'élément moral des violences volontaires et indifférentes au résultat des violences.

Quant à l'empoisonnement défini comme le fait d'attenter à la vie d'autrui par l'administration de substances mortifères, l'élément matériel de l'empoisonnement est l'administration de substances mortifères, indépendamment du résultat. Il s'agit d'une infraction formelle. Par contre, l'élément moral sera la connaissance du caractère mortifère et la volonté d'administrer la substance, soit l'intention de donner la mort. Ce principe fait fi du caractère formel de l'empoisonnement, crime non pas d'atteinte à la vie, mais d'attentat, de geste contre la vie, que cette dernière soit atteinte ou non.

**2. Comment prouver l'élément moral ?**

L'intention de l'infracteur ne doit pas être confondue avec ses mobiles, c'est-à-dire les motifs particuliers pour lesquels il commet son geste. Ainsi, un geste objectivement violent fait dans une intention humoristique pourra être puni au titre des violences volontaires, si son auteur était animé de la volonté de surprendre, de choquer, c'est-à-dire de porter atteinte à l'intégrité psychique d'autrui.

Par contre, lorsque le motif correspond à une cause légale d'irresponsabilité telle que l'état de nécessité, l'erreur de l'infracteur, lorsqu'elle porte sur un élément de fait, n'est pas en principe prise en compte par le droit pénal. Sauf lorsque cette erreur révèle une absence d'éléments matériels (vol de sa propre chose, détournement de majeur), lorsqu'il s'agit du mécanisme de la tentative, ou lorsque l'erreur révèle une absence d'élément moral (je croyais que cette chose était à moi : pas d'intention de soustraire le bien d'autrui ; je croyais que cette personne était consentante : pas de volonté d'imposer des relations sexuelles, donc pas de viol).

La preuve de l'intention est en dehors d'un aveu systématique, déduite du comportement du suspect. Le risque est qu'on peut confondre l'élément matériel avec l'élément moral. On constate d'ailleurs des décisions qui assimilent la prise de risque ou la négligence grave à l'intention. Les juges considèrent que l'auteur avait conscience ou aurait dû avoir conscience de l'infraction commise et que le « laisser-faire » révèle, dans certaines circonstances, une véritable intention délictuelle.

La preuve de l'intention peut être essentielle dans la qualification des faits : par exemple dans la qualification de l'homicide involontaire, les violences volontaires ayant entraîné la mort sans intention de la donner, le meurtre et l'assassinat, en dehors de cette référence à la volonté de l'infracteur. Le plus souvent les juges se servent des présomptions qui s'appuient sur les manifestations extérieures de l'intention.

On voit que prouver l'intention est particulièrement difficile en cas de crime. La preuve de *l'animus necandi*[32] doit normalement être établie par l'enquête de police. Par exemple, l'intention de tuer est présumée lorsque le suspect a utilisé une arme dangereuse (couteau, pistolet, fusil), ou encore lorsqu'il a visé ou frappé une partie vitale du corps ou les parties vitales de la victime : cœur, tête, thorax. Il est évident que l'auteur qui use d'une arme dangereuse ou vise une partie vitale a l'intention malveillante. Dans ce cas, il est animé d'une intention d'homicide, prévoit et pense que les coups vont donner la mort. Dans ces conditions, l'élément requis est l'intention de tuer, à ne pas confondre avec le mobile qui est la raison de l'homicide. Le mobile est indifférent, c'est-à-dire, qu'il importe peu que l'auteur ait agi par vengeance, cupidité, jalousie ou fanatisme.

Pour mieux illustrer l'élément intentionnel, on se réfère le plus souvent au cas du 9 avril 1946, pendant la Seconde Guerre mondiale. Ce jour-là, un soldat avait tiré sur une personne déjà tuée par un autre soldat quelques instants auparavant. Le deuxième soldat fut traduit en justice pour meurtre, car le juge avait émis l'hypothèse selon laquelle l'action des accusés avait été quasi simultanée, même s'il était possible de déterminer que le premier acteur avait été l'auteur de la mort. Le 16 janvier 1986, ce soldat a été jugé et condamné pour tentative de meurtre. La justice avait alors estimé qu'il a agi par le fait qu'il croyait la victime vivante.

Cette jurisprudence est quelquefois présentée comme montrant qu'il n'est pas nécessaire que la personne soit vivante au moment des faits, mais que dans de telles conditions, on peut être condamné non pas pour meurtre, mais pour tentative de meurtre, ce qui montre bien que la victime doit être vivante ou préexistante. C'est la notion de tentative qui est utilisée lorsque l'infraction est impossible à réaliser et que l'auteur a matériellement fait ce qu'il fallait pour réaliser l'infraction et avait l'intention de le faire.

L'exemple précédent démontre comment l'existence d'une personne vivante pour qu'il y ait meurtre peut soulever deux types de difficultés à savoir : à partir de quand la personne était vivante ? Et jusque quand peut-on dire qu'il y a personne vivante ?

---

[32]Élément moral en droit pénal français : le droit pénal ne trouve à s'appliquer qu'à la personne qui a commis une faute, ce qui suppose un acte accompli avec intelligence et volonté. C'est à cette condition que l'acte infractionnel est imputable à l'agent. C'est cette exigence qui exclut toute répression pénale contre les *infans*, les enfants en bas âge, qui ne sont exclus du champ du droit pénal par aucun texte spécifique. L'intelligence, ou conscience, correspond à la capacité de comprendre, tandis que la volonté est la capacité de vouloir. Ces deux notions sont différentes, même si en pratique lorsque l'une fait défaut, il est fréquent que l'autre fasse également défaut. L'imputabilité étant admise, l'infraction ne sera constituée que si son élément moral est établi. Cet élément moral varie d'une infraction à l'autre.

# CHAPITRE III

## L'HOMICIDE MAQUILLÉ EN SUICIDE

L'intérêt de ce thème découle du fait que certains crimes peuvent passer pour des morts naturelles ou accidentelles alors qu'il s'agit des crimes odieux. La résolution de ces cas dépend de l'habileté du médecin légiste et de la police scientifique.

Le meurtre maquillé en suicide est un art assez complexe réservé à une classe de criminels aguerris. Il requiert une maîtrise parfaite de certaines méthodes de mise à mort et permet au criminel d'échapper à la police.

Le suicide en général est défini comme un acte délibéré qui consiste à mettre fin à sa propre vie. Dans le domaine médical, on parle aussi d'autolyse, qui signifie « destruction de soi-même ».

Lorsqu'un homicide est maquillé en suicide, les indices matériels sur la scène de crime permettent aux enquêteurs de rétablir les faits tels qu'ils se sont déroulés au moment du meurtre. Par exemple, un corps qui a été suspendu au bout d'une corde après le décès présente des caractéristiques différentes de celui du pendu.

Ici, le suicidé est une personne décédée par suicide, tandis que le suicidant est une personne qui s'est manifestée par un comportement auto-agressif à finalité plus ou moins autolytique.

La tentative de suicide quant à elle est un acte auto-agressif destiné à mettre fin à sa vie auquel le sujet survit.

L'Idéalisation suicidaire est une idée que se fait un individu selon laquelle le suicide pourrait constituer une solution à la situation dans laquelle il se trouve et qu'il juge insupportable ou bien à la douleur morale et à la détresse qu'il éprouve.

La crise suicidaire est un état au cours duquel l'idéalisation suicidaire devient envahissante.

Un suicidaire est celui-là qui, sans réaliser un geste directement auto-agressif, multiplie par ses comportements, les situations de risque où parfois sa vie, en tout cas sa santé, peuvent être mise en jeu.

Un équivalent suicidaire est un terme qui recouvre différentes situations : il peut s'agir de certains refus de soins au cours de maladies graves, certains accidents, ou prises de risques extrêmes.

Toutefois, il ne faut pas confondre suicide et terrorisme. L'attentat-suicide par exemple relève plus d'une action terroriste ou d'une forme de martyre que d'un suicide. Si le suicide a des conséquences légales, il doit être prouvé qu'il y a véritablement eu intention et mort pour que l'acte soit qualifié comme tel selon la loi. C'est un acte complexe qui ne peut être approché avec une seule discipline. C'est pourquoi il est indispensable de faire appel à la médecine, la psychopathologie, la sociologie, l'anthropologie, la philosophie, la théologie et même à l'histoire, pour mieux cerner le phénomène.

## I. LES DIFFERENTS MODES DE SUICIDES

D'après une étude publiée dans le BEH n°9/2000 de l'Institut de Veille Sanitaire sur les méthodes de suicide en France, il y a plusieurs façons de se suicider. Parmi les moyens de suicide les plus fréquents, on peut citer :

- l'absorption de médicaments à haute dose ou breuvage mortel ;
- la chute d'un lieu élevé ou se jeter dans le vide ;
- la pendaison à l'aide d'une corde ;
- l'usage d'une arme à feu ;
- le fait de s'ouvrir les veines ;
- l'absorption de drogues ;
- la noyade ;
- le gazage.

L'évolution des modes de suicide depuis le début des années 80 indique une augmentation des cas de suicides par pendaison et par arme à feu, quel que soit le sexe, même si on relève une légère hausse pour les hommes. Selon les experts, si le mode de pendaison varie selon le sexe, la pendaison reste le premier mode de réalisation de l'autolyse chez les hommes (38%) et chez les femmes (26%), autres (36%). Le suicide peut s'accompagner du meurtre d'autres personnes (souvent le compagnon, les enfants), on parle dans ces cas de suicide étendu ou élargi, comme le cas de Hitler en 1945 lorsqu'il a perdu la guerre.

## II. LES FACTEURS MENANT AU SUICIDE

Plusieurs facteurs peuvent mener un sujet au suicide à savoir :

### 1. Les facteurs primaires

Ce sont des antécédents personnels de la victime tels que les tentatives de suicide précédentes, les troubles de l'humeur, les antécédents familiaux. Si dans une famille, des proches se sont suicidés, cela peut prendre une valeur d'« exemple » pour la progéniture du suicidé.

Le suicide peut également provenir d'une réflexion sur l'existence même, surtout lorsque le sujet est influencé par une philosophie nihiliste et les troubles psychiatriques qui s'accompagnent parfois de la schizophrénie[33], la toxicomanie et même l'alcoolisme.

### 2. Les facteurs secondaires

Ils englobent la situation sociale : les difficultés psychologiques, notamment une grave dépression, l'isolement, la suite d'un déshonneur, la suite d'une déception amoureuse, la solitude, le chômage et des événements passés traumatisants comme la perte d'un être cher, les abus sexuels, la séparation et la maltraitance. Parfois, des maladies chroniques sont également suicidogènes.

### 3. Les facteurs tertiaires

Il s'agit par exemple de l'âge, où la probabilité la plus forte selon les spécialistes se situe entre 35 et 54 ans, et au-delà de 70 ans chez les hommes. Dans cette catégorie, on peut ajouter la faible estime de soi, et dans certaines croyances, l'époque de l'année a également une influence sur le désir suicidaire, les troubles psychiatriques. En effet, les enquêtes « d'autopsie psychologique » réalisées dans l'entourage de sujets suicidés ont montré que 90 à 95 % des sujets morts par suicide présentaient un trouble psychiatrique.

### 4. Le processus suicidaire

Dans la majorité des cas, le suicide n'est pas un acte impulsif, mais plutôt un acte prémédité, qui résulte d'un processus bien défini. Dans ses travaux sur le suicide, l'INSERM[34] a retenu un modèle de suicidé potentiel, prêt à passer à l'acte : c'est un sujet qui présente une certaine fragilité qui le prédispose à réagir de façon inadaptée lors de situations stressantes. À partir de ce moment-là, une perte quelconque (exemple : perte d'un(e) ami(e) ou deuil d'un proche) peut enclencher le processus de suicide. Cette période dépressive suit souvent cette perte qui précède l'étape de la crise et peut s'accompagner d'idéalisations passagères qui se transformeront en rumination, puis en cristallisation (formation d'un plan précis pour passer à l'acte : où ? Quand ? Comment ?) et aboutir à la tentative planifiée. Dans ce cas, les signes cliniques se résument donc ainsi :

1ère phase : troubles sensoriels : œdème cérébral (anoxie, acidose) ;

---

[33] La schizophrénie est une maladie psychiatrique se développant généralement au début de la vie adulte. Elle est caractérisée par des difficultés à partager une interprétation du réel avec les autres, provoque des comportements et des discours bizarres, parfois délirants. Elle se manifeste principalement, au départ, par un sentiment d'étrangeté, d'implication extrême, voire un sentiment de persécution. Elle engendre des dysfonctionnements cognitifs, sociaux et comportementaux qui évoluent avec des phases aiguës, et des phases quasi asymptomatiques. Elle peut évoluer favorablement dans un délai plus ou moins long.

[34] L'Institut National de la Santé et de la Recherche Médicale (Inserm ou INSERM) est un organisme public français spécialisé dans la recherche médicale, placé sous la double tutelle du Ministère de la recherche et du Ministère de la santé.

2ème phase : perte de conscience (convulsion) ;

3ème phase : mort apparente (réanimation) ;

4ème phase : mort réelle.

## III. LES IMPLICATIONS JUDICIAIRES D'UN SUICIDE PRÉSUMÉ

### 1. En cas de suicide

Le suicide n'est plus réprimé par la loi, puisque la personne qui commet l'acte et qui est supposée purger la peine de mort disparaît. L'action publique s'éteint alors à son encontre.

### 2. En cas d'euthanasie

Des actions telles que l'euthanasie sont condamnées au même titre que l'homicide. Encore appelée aide au suicide, cet acte est prohibé pour abstention volontaire de porter assistance à une personne en danger. Une mort par suicide a des conséquences judiciaires inévitables. Lorsqu'il y a suspicion de suicide, cela impose un « obstacle médico-légal à l'inhumation ». L'obstacle médico-légal permet au Procureur de la République d'ordonner une enquête de police pour réunir des indices matériels venant compléter l'expertise médicale, de façon à déterminer la connaissance précise des causes, ainsi que l'heure de la mort. S'il y a nécessité, faire les prélèvements en vue de rechercher la cause du décès.

### 3. Constatations médico-légales

Afin de réaliser les examens médicaux, le corps de la personne suicidée sera transporté au laboratoire. Les résultats des analyses pourront confirmer les causes et les circonstances du décès. Ils peuvent aussi permettre d'observer un certain nombre de pathologies.

Après les constatations médico-légales, le certificat de décès du suicidé est établi par le médecin légiste qui doit indiquer à sa partie supérieure, l'identité de la personne décédée. En cas d'incertitude, la laisser sous X, mentionner la date et l'heure de la mort, mentionner s'il y a ou non les obstacles médico-légaux à l'inhumation, à la mise en bière immédiate, au don du corps comme cela se fait dans certains pays. En résumé, toute suspicion de suicide impose un examen médico-légal avant l'inhumation. Selon les cultures, le suicide est perçu assez différemment : dans les sociétés occidentales, il est considéré comme immoral et déshonorant. Dans certaines sociétés asiatiques, c'est un moyen de recouvrer un honneur perdu où il existe des formes de suicide ritualisé. Le suicide ici est vu comme une issue honorable face à certaines situations perçues comme trop honteuses ou sans espoir. C'est ce qui explique les actions des kamikazes[35]

---

[35]Un kamikaze est un militaire de l'Empire du Japon qui, durant la Seconde Guerre mondiale, effectuait une mission-suicide pendant la Guerre du Pacifique. Il avait pour objectif d'écraser son avion (technique du Jibaku) ou son sous-marin sur les navires

japonais sur les porte-avions américains pendant la Seconde Guerre mondiale ou l'immolation des Hindous pour payer leur karma[36].

## IV. COMMENT MAQUILLER UN HOMICIDE EN SUICIDE ?

Le meurtre maquillé en suicide est un art assez complexe réservé à une classe de criminels aguerris. Il requiert une maîtrise parfaite de certaines méthodes de mise à mort et permet au criminel d'échapper à la police. Parmi les méthodes employées par les criminels pour maquiller leur forfait en suicide, on peut citer :

### 1. La lettre de suicide

Élément presque indispensable, la lettre de suicide permet aux enquêteurs qui ne veulent pas trop chercher de clore rapidement leur enquête, en concluant à une autolyse. Ce type de lettre apparaît souvent avec une imitation grossière de l'écriture de la victime, ou alors le suspect demande à sa victime d'écrire elle-même la lettre sous la menace, avant de la tuer.

### 2. Le message écrit avec du sang sur le mur

Il s'agit d'une méthode inventée par des psychopathes pour des psychopathes, le message ensanglanté reste une des techniques les plus utilisées pour brouiller les pistes. Cette méthode demande néanmoins un peu d'expérience de la part du criminel parce qu'elle attire rapidement l'attention de la police, qui émet tout de suite une hypothèse de crime déguisé et se met à fouiner partout.

### 3. Cacher un étranglement

Après avoir soigneusement étranglé sa victime, le criminel la transporte dans sa salle de bain, remplit sa baignoire d'eau et lui fait prendre un bain en faisant en sorte que sa tête ne passe pas sous l'eau.

### 4. Cacher un crime avec une arme à feu

L'une des méthodes de camouflage d'un crime avec une arme à feu consiste à forcer sa victime à se tirer une balle dans la tête en l'enivrant de menaces ou de désespoir, en créant en elle un état de névrose. Le criminel peut aussi tuer sa victime et placer l'arme dans sa main. La morphoanalyse et la balistique permettent de démasquer le criminel dans ces cas précis.

---

américains et alliés. C'était une tactique militaire désespérée pour livrer une charge explosive sur une cible avec une probabilité maximale d'atteinte.

[36] Karma signifie : « acte », « action », « rite est un terme sanskrit utilisé dans plusieurs religions orientales. La notion de karma désigne communément le cycle des causes et des conséquences liées à l'existence des êtres sensibles. Il est la somme de ce qu'un individu a fait, est en train de faire ou fera. Les effets de ces actes *karmiques* sont censés se répercuter sur les différentes vies d'un individu. C'est la loi de la cause à effet.

### 5. Cacher un crime avec une arme blanche

Il s'agit de proposer à la victime de se suicider par exemple en s'ouvrant les veines avec un objet tranchant. Cela peut être consécutif à un chantage et la victime se donne la mort pour préserver son honneur ou abréger ses souffrances.

### 6. Brûler le corps dans un incendie

L'auteur du crime peut tenter de faire disparaître ce corps de la victime en le brûlant. Mais certaines parties telles que les dents ne brûlent pas, car elles peuvent résister à de très hautes températures. Elles peuvent donc par des analyses, permettre l'identification de la victime et des auteurs du crime. Cela est possible dans le cas d'un cadavre retrouvé calciné dans une voiture ou dans une maison.

### 7. D'autres méthodes

Il existe bien d'autres méthodes discrètes de mises à mort. Ce sont les actes que le criminel pose sur le long terme pour tuer sa victime sans éveiller de soupçons. C'est le cas de :

- la maladie « discrète » : le criminel peut par exemple substituer habilement les médicaments de sa victime par une substance nocive qui va agir lentement jusqu'à tuer la victime ;

- simulation de l'accident : le cas d'une victime malade, qui ne tient quasiment plus sur ses jambes et le criminel la pousse dans l'escalier ou la balaie d'un franc coup de pied. Il s'en suit une chute conséquente qui entraîne sa mort ;

- recruter un tueur à gages : le criminel peut aussi recruter toute autre personne pour tuer la victime à sa place, moyennant de l'argent pour être hors de tout soupçon ;

- une fausse crise cardiaque : le criminel provoque une situation très choquante ou dit des paroles assez désagréables, susceptibles de faire grimper la tension artérielle de la victime au point de provoquer une crise pouvant faire lâcher son cœur ;

- l'empoisonnement : le criminel fait absorber des substances nocives à sa victime telles que le cyanure, le polonium, etc., et celle-ci décède après avoir absorbé une certaine dose, et l'auteur du crime est hors de tout soupçon ;

- le suicide : l'auteur fait pression sur la victime, en la menaçant de révéler certains secrets compromettants, de manière à l'amener à se donner la mort ;

- l'étouffement : le criminel étouffe sa victime avec ses propres mains pour la tuer. Cela peut aussi arriver dans un couple lorsque le conjoint utilise l'oreiller pour étouffer sa victime ;

- l'accident de voiture : qu'il s'agisse d'un accident de voiture, accident d'hélicoptère, une chute dans les escaliers, une chute dans une falaise ou sur un arbre, qu'il s'agisse d'un accident de chasse, la thèse de l'accident, ardemment décrite par les suspects, résiste mal aux premières constatations des blessures sur le visage et sur le corps de la victime. Ces blessures apparaissaient très souvent peu compatibles avec celles qui auraient pu être provoquées par une simple chute accidentelle. L'autopsie et des prélèvements plus poussés tels que des examens anatomopathologiques réalisés par les médecins légistes, sur réquisition de l'OPJ ou du parquet, vont vite donner à ce supposé accident une tournure criminelle.

- l'accident de chasse : dans ce cas, des expertises balistiques et l'autopsie réalisées vont orienter les enquêteurs sur la piste d'un homicide.

- l'euthanasie : le criminel profite d'une maladie de sa victime pour lui injecter la dose élevée d'un produit nocif et provoque ainsi sa mort.

# CHAPITRE IV

# L'HOMICIDE PAR ASPHYXIE MÉCANIQUE : CAS DE LA SUFFOCATION

## I. NOTION DE L'ASPHYXIE

Le terme asphyxie signifie absence du pouls. Il s'agit d'un trouble occasionné par l'arrêt de la respiration, une souffrance irréversible de l'organisme et surtout du cerveau causés par arrêt de l'apport en oxygène au cerveau. Ce phénomène est dû aux agents mécaniques extérieurs, qui entraînent une obstruction des voies aériennes supérieures ou une atteinte du soufflet thoracique (poumon et cage thoracique). L'asphyxie est dite mécanique quand elle provient de l'empêchement mécanique de la pénétration de l'air dans les poumons.

### 1. Les causes de l'asphyxie

Les causes de l'asphyxie mécanique peuvent survenir lors de la pendaison, de la strangulation, de la noyade et peuvent être provoquées par :

- la raréfaction de l'oxygène dans l'air ;

- la baisse de pression de l'oxygène ;

- l'impossibilité à l'oxygène d'arriver aux poumons ;

- l'incapacité d'utilisation de l'oxygène par l'organisme ;

- l'occlusion des orifices respiratoires (suffocation faciale) ;

- l'obstruction des voies respiratoires : il y'a *suffocation* lorsque l'obstruction provient d'un corps étranger introduit dans la gorge ou dans la trachée, *submersion* si elle est réalisée par un liquide, *enfouissement* s'il s'agit d'un milieu pulvérulent. L'obstruction peut AUSSI être secondaire à l'œdème aigu du poumon, provoqué par un gaz ou une vapeur caustique ;

- la compression des conduits aériens : *pendaison*, *strangulation* à la main ou au lien ;

- la compression ou la perforation des parois thoraciques ;

- le confinement en espace clos ;

Il faut relever que ces diverses formes peuvent être la conséquence d'un accident, d'un suicide ou d'un homicide.

### 2. Physiopathologie des anoxies[37]

Lorsque l'apport en oxygène des cellules de l'organisme est insuffisant, il se produit un état d'anoxie. Ainsi, il existe quatre types d'anoxie :

#### *2.1. L'anoxie de ventilation*

Elle a lieu en cas de :

- baisse de la pression de l'oxygène dans l'air ambiant (réfraction). Cela vient du fait que la saturation de l'hémoglobine dans le sang artériel diminue proportionnellement (anoxémie)

- obstruction ou compression mécanique des voies respiratoires : *asphyxies mécaniques (*strangulation, suffocation, corps étrangers, noyade), atélectasie pulmonaire, bronchite, asthme bronchique.

- l'existence d'un trouble de la dynamique respiratoire : compression thoracique, pneumothorax, pleurésies, emphysème, paralysies toxiques, etc.

- entrave aux échanges gazeux pulmonaires : broncho-pneumonie, œdème aigu du poumon, sclérose pulmonaire, silicose, infiltrations, etc.

#### *2.2. L'anoxie circulatoire et anoxie de stase*

Elles sont dues à un trouble de la grande ou de la petite circulation. Dans ce cas, il y a congestion ou apoplexie pulmonaire, embolie ou thromboses des artères pulmonaires, insuffisance cardiaque, affections congénitales du cœur, insuffisances circulatoires périphériques, hypotension, etc.

#### *2.3. L'anoxie anémique*

Elle est causée par la diminution qualitative ou quantitative de l'hémoglobine. Ça peut se justifier par l'intoxication par dioxyde de carbone ou par les produits méthémoglobinisants, anémie hypochrome, hémorragie, etc.

#### *2.4. L'anoxie tissulaire*

Elle résulte soit de la chute de la tension différentielle artério-veineuse de l'Oxygène, soit de l'inhibition des ferments oxydants intracellulaires qui

---

[37] Anoxie : insuffisance d'apport en oxygène aux organes et aux tissus vivants. Dans les poumons, l'oxygène se fixe sur l'hémoglobine. Il est ensuite transporté par la circulation artérielle vers les tissus de l'organisme, qui en ont besoin pour assurer leurs fonctions. Source : Encyclopédie Larousse en ligne

empêchent l'utilisation de l'oxygène du sang artériel par les tissus (intoxication cyanhydrique).

### 3. Réactions physiopathologiques

En cas d'asphyxie mécanique, la privation brusque d'oxygène provoque la *syncope anoxique,* suivie de la mort en quelques minutes. C'est le cas lors du « coup de plomb » des vidangeurs, la descente imprudente dans une fosse de fermentation). Cette privation progressive d'oxygène (anoxémie) fait apparaître des troubles divers :

- sensoriels : on observe l'affaiblissement des acuités visuelle et auditive, scotome et parfois phosphène, les bourdonnements et les sifflements ;

- moteurs : on observe l'asthénie musculaire intense, une incapacité d'accomplir un effort, une démarche ébrieuse ;

- psychiques : on observe l'ivresse anoxique, altération de l'encéphalogramme, (irréductibles après une anoxémie prolongée), et la perte de connaissance subite ;

- nerveuses : il y a retard des réactions psychomotrices, paresthésies, fourmillement, l'anoxie entraîne toujours une paralysie du vague, qui est la cause des lésions congestives des poumons constantes dans les asphyxies. L'excitation du centre ano-spinal de la défécation par gaz carbonique explique les évacuations alvines chez les asphyxiés ;

- cardio-vasculaires : l'asphyxie provoque la vasoconstriction des vaisseaux abdominaux (taches de Tardieu, ecchymoses sous-séreuses), la constriction de la rate, et la vasodilatation du système artério-capillaire de la peau, des muscles, de la muqueuse buccale de la rétine, du cerveau, et d'autres effets cardio-vasculaires, tels que : l'hypertension artérielle, la tachycardie, l'altération de l'électrocardiogramme ;

- sanguins : polyglobulie réactionnelle précoce par contraction de la rate, ou tardive (vers la 3e ou 4e semaine) et persistante (à long terme), variation de l'équilibre acido-base, hyperglycémie.

- hormonaux : hyperactivité medullo-surrénale (adrénalino-secretion)

- rénaux : hyperglycémie et glycosurie anoxique. Si la victime est à jeun, le glycogène hépatique disparaît et l'asphyxie ne provoque plus de glycosurie.

### 4. Les phases de l'évolution anoxique

En général, l'anoxie avec acapnie évolue en plusieurs phases :

- la première phase ou Polypnée est marquée par des troubles sensoriels, psychiques, moteurs (démarche ébrieuse), élévation de la tension artérielle et de la fréquence du pouls, polyglobulie. Le sujet éprouve certains troubles tels que les vertiges, éblouissements, bourdonnements d'oreilles, angoisses affreuses, puis après une minute et demie environ la perte de la conscience survient brusquement, la respiration est ralentie.

- la seconde phase est marquée par l'excitation des centres nerveux, spasmes musculaires, convulsions et exagération des réflexes, stimulation des secrétions (sueurs, salive, larmes), mydriase, ralentissement de la respiration et du pouls, forte hypertension artérielle, élévation de la pression veineuse, stase du cœur, perte de connaissance.

Ensuite apparaissent des convulsions généralisées, à la face, aux membres, aux muscles respiratoires. Les mouvements péristaltiques déterminent l'émission des urines et l'issue des matières fécales et la sécrétion sudorale et salivaire est activée.

L'érection et même l'éjaculation inconsciente se produisent. La sensibilité et les mouvements réflexes disparaissent progressivement : c'est la phase d'excitation corticale et médullaire qui dure une à deux minutes, le visage se cyanose, le cœur ralentit, tandis que la pression artérielle s'élève.

- la troisième phase est marquée par la dépression des centres nerveux, paralysie de la respiration (apnée), collapsus vasculaire (chute de TA et du pouls, vasodilatation profonde), accélération puis défaillance, et dilatation du cœur, relâchement musculaire et aréflexie, myosis, et la mort progressive.

L'action de l'hypercapnie sur les centres amplifie les réactions de l'anoxie surtout en ce qui concerne la tachycardie, la tension artérielle et la polypnée qui devient une sensation de besoin d'air. Les phases II et III sont influencées principalement par l'anoxémie.

Cette phase a une durée d'une à deux minutes, et est marquée par la mort de la respiration. Il en résulte une insuffisance ventriculaire droite qui ajoute ses effets cyanotiques à ceux de l'asphyxie.

Enfin, le cœur ralentit, s'accélère brusquement, les battements deviennent irréguliers, de plus en plus faibles, imperceptibles au pouls, mais persistants pendant un temps plus ou moins long. À la fin, les ventricules s'arrêtent en diastole alors que les oreillettes présentent encore quelques contractions.

### 5. le diagnostic médico-légal

Deux facteurs interviennent pour déterminer l'asphyxie mécanique à savoir : un facteur asphyxique et un facteur mécanique.

#### *5.1. Le facteur asphyxique*

Le facteur asphyxique est souvent banal, sans spécificité. Du point de vue clinique, l'asphyxie se traduit par :

- un syndrome d'hypercapnie avec cyanose ;

- des sueurs abondantes ;

- un œdème cérébral ;

- une hypertension artérielle et veineuse avec rupture des capillaires. L'asphyxie cause des lésions congestives et hémorragiques localisées :

- *Au niveau de la tête*, on remarquera :

- la cyanose du visage, des lèvres, des oreilles, qui s'atténue après la mort ;

- les ecchymoses sous-conjonctivales, accompagnées ou non de *chémosis*[38] ;

- un piqueté hémorragique sur la face, sur le cou, à la nuque, sur les épaules ;

- la cyanose des ongles est également un bon signe d'asphyxie.

- les méninges, le cerveau et la paroi du crâne sont tantôt hyper-hémies[39], tantôt anémiés ;

L'examen interne du corps révèle de la spume aérée et sanglante dans le larynx, la trachée et les branches dont la muqueuse est rouge et congestionnée. L'analyse des organes présente les résultats suivants :

- *Au niveau du thorax*, on a :

- les poumons sombres, violacés, volumineux, très congestionnés et œdématiés, remplis de sang fluide et noir ou spumeux ;

- parsemés de foyers d'hémorragies diffuses (noyaux apoplectiques saillants et clairs, d'emphysème aigu sous-pleural ;

- les taches de Tardieu surtout localisées aux surfaces inter lobaires et sur les faces antérieures des lobes inférieurs ;

- l'emphysème aigu se forme par rupture d'un certain nombre d'alvéoles superficiels ;

- les efforts respiratoires violents, les cavités droites du cœur sont dilatées et contiennent du sang noir, pauvre en caillots, tandis que le cœur gauche est vide de sang.

---

38 Un chémosis est un œdème (généralement d'origine inflammatoire ou infectieuse) de la conjonctive (membrane tapissant la face avant de l'œil et l'intérieur des paupières) se caractérisant par un bourrelet de forme circulaire situé autour de la cornée.

39 L'hyperémie (qui peut aussi s'écrire « hyperhémie ») est un terme médical peu précis qui désignait autrefois une hausse anormale de l'afflux de sang dans un organe. En 1866 hyperémie du poumon est synonyme de congestion pulmonaire.

- *Au niveau de l'abdomen,*

On remarque que :

- un foie volumineux et gorgé de sang ;

- les reins congestionnés et glomérules hyperémiés ;

- La muqueuse stomacale présente parfois des ecchymoses ponctuées et peut parfois présenter des suffusions sanguines disséminées le long du tube digestif ;

- Le sang est fluide et noir ;

- Les taches de Tardieu ou ecchymoses viscérales, appelées aussi *infiltrations pétéchiales de Welch*, sont un signe fréquent, mais inconstant de l'asphyxie, elles apparaissent au cours de « la lutte contre l'asphyxie » et ont l'aspect de petites taches arrondies qui dépassent rarement la surface d'une lentille. Formées de sang coagulé, elles apparaissent sous la plèvre, sous le péricarde ou le long du tube digestif et résistent à la putréfaction.

Plus fréquentes chez le nouveau-né que chez l'adulte, elles sont aussi spécifiques de l'asphyxie mécanique que les autres lésions viscérales et surviennent également au cours d'un grand nombre d'états pathologiques tels que l'hémorragie cérébrale, les traumatismes crâniens, l'attaque d'épilepsie, d'éclampsie, de tétanos, les intoxications par l'oxyde de carbone, le phosphore, l'arsenic, le mercure, le plomb, les maladies hémorragiques, etc. Lorsque la mort est due à l'inhalation ou à la syncope, l'autopsie est complètement négative.

- *Au niveau des muscles du corps* :

On a :

- les lividités cadavériques précoces, intenses, et sombres ;

- le refroidissement est lent et la putréfaction à marche rapide ;

- la rigidité est plus précoce et intense que les convulsions ont été importantes.

Les lésions de l'asphyxie proviennent de la paralysie *des pneumogastriques*[40], des troubles circulatoires provenant de la dilatation du cœur droit, grande fluidité, de cause asphyxique, du sang qui se répand facilement dans les tissus et les parenchymes par imbibition ou par transsudation.

Ces lésions ne sont ni constantes ni caractéristiques. Sur le plan médico-légal, leur intérêt est restreint, car elles peuvent manquer ou indiquer seulement une asphyxie agonique à étiologie très variée. C'est ce qui se passe en cas

---

[40]Le nerf vague, également appelé nerf pneumogastrique ou nerf cardio-pneumo-entérique, est le dixième nerf crânien. C'est une voie très importante de la régulation végétative (digestion, fréquence cardiaque…) mais aussi du contrôle sensorimoteur du larynx et donc de la phonation.

d'électrocution, d'intoxication par l'oxyde de carbone, par les barbituriques, par la strychnine, par les cyanures ou par l'alcool, l'attaque d'épilepsie, le coup de chaleur ou de froid, la pneumopathie, la grippe, la syncope bleue, les lésions cranio-cérébrales, etc.

### *5.2. Le facteur mécanique*

Il est plus caractéristique et c'est lui qui intéresse le diagnostic médico-légal. Ce diagnostic repose sur la constatation des signes de l'asphyxie et sur la recherche des traces traumatiques laissées par l'agent asphyxiant.

NB : il existe des asphyxies mécaniques par inhibition, chez *les hypervagotoniques*[41]. C'est lorsque l'autopsie ne retrouve pas de signes d'hypercapnie, à part la congestion polyviscérale.

L'autopsie révèle des signes d'hypercapnie[42] non-spécifiques à l'asphyxie, avec cyanose de la face et des ongles, œdème cérébral, œdème pulmonaire, congestion polyviscérale (hémorragies par rupture capillaire) et les taches de Tardieu (ce sont des taches ecchymotiques[43] à la surface du cœur et des organes pleins.

## II. NOTION DE SUFFOCATION

### 1. Définition

La suffocation est une asphyxie mécanique causée par tout obstacle mécanique, autre que la strangulation, la pendaison et la noyade, empêchant violemment l'entrée d'air dans les poumons.

Il y'a suffocation lorsque l'obstruction provient d'un corps étranger introduit dans la gorge ou dans la trachée. On parle aussi souvent de la submersion lorsque la suffocation est réalisée par un liquide, de l'enfouissement s'il s'agit d'un milieu pulvérulent.

---

[41]Trouble de l'excitabilité des nerfs Vague et Sympathique (voir système nerveux autonome) aboutissant, de façon schématique, selon le degré d'hyper, d'hypo ou de normo excitabilité de chacun de ces deux systèmes nerveux à la vagotonie : ralentissement du rythme cardiaque, syncope, anxiété, rétrécissement des pupilles hypersalivation, hypersudation des extrémités, constipation et la sympathicotonie : accélération du rythme cardiaque, irritabilité, amaigrissement, élargissement des pupilles, sécheresse de la peau et des muqueuses...

[42] L'hypercapnie ou l'hypercarbie est un phénomène qui survient lorsque la pression partielle de $CO_2$ dans le sang artériel ($PaCO_2$) normalement voisine de 5,3 kPa ± 0.5 (40 mmHg ± 4) devient trop importante ; on parle alors de surcharge du sang artériel en $CO_2$.

[43] Taches ecchymotiques : Adj. De l'ecchymose. Teinte, tache ecchymotique. Celle-ci [la muqueuse des estomacs et de l'intestin] est parsemée de fines taches ecchymotiques ou de plaques hémorragiques étendues Au point d'injection apparaît une petite lentille ecchymotique, violacée.

Dans la suffocation, la circulation n'est pas entravée, la respiration n'est pas agressée, seule la ventilation pulmonaire est supprimée ; elle est donc le type de l'asphyxie pure par empêchement respiratoire.

Il faut remarquer que l'enfouissement et l'enlisement constituent les causes mixtes de la suffocation (obturation des voies respiratoires et compression thoracique)

**2. Les types de suffocation**

Il y a quatre types de suffocation :

- la suffocation par confinement ou la suffocation environnementale : elle est causée par un manque d'oxygène dans l'air ambiant, lorsque la victime se retrouve enfermée dans un endroit clos (confinement) où l'air s'amenuise, ou lorsque la victime entre dans un milieu déjà dépourvu d'oxygène (environnemental).

- l'étouffement externe : c'est une forme de suffocation causée par l'obstruction du nez et de la bouche, lorsqu'on appose, par exemple, un oreiller sur le visage de la victime.

- l'étouffement interne : c'est l'obstruction des voies internes à savoir, la trachée et les bronches. C'est le cas par exemple où un homme tente de se suicider en avalant des pilules. Mais dans son empressement, les pilules prennent la voie de la trachée, et la victime meurt asphyxiée.

- l'asphyxie mécanique : l'asphyxie mécanique survient lorsque la victime est incapable de respirer en raison d'une pression externe sur le corps.

**3. Formes médico-légales**

En cas de suffocation, l'enquête doit faire ressortir le diagnostic médico-légal, c'est-à-dire les circonstances et les formes médico-légales de la suffocation. Il existe à cet effet trois formes médico-légales de la suffocation : la suffocation accidentelle, la suffocation suicide (elle est rare et assez exceptionnelle).

***3.1. La suffocation criminelle***

C'est le mode habituel de l'infanticide, par application de la main ou d'un papier humide avec violence occasionnant des lésions de la face.

Chez l'adulte vigoureux : la suffocation peut être cause par une obstruction simultanée de la bouche et du nez, presque toujours le meurtrier complète son acte par une strangulation (difficile chez l'adulte).

Chez l'adulte, elle est très difficile à réaliser à cause de la lenteur de l'asphyxie, de la difficulté d'obstruer complètement les orifices respiratoires (bouches, et nez) et des réactions de défense de la victime.

Cependant, la suffocation est plus facile par le maintien de la face contre un sol mou (boue, sable, neige,).

En cas de crime, on retrouve souvent des signes de violence (ecchymoses diverses) et des signes d'hypercapnie (cyanose et stigmates unguéales)

### *3.2. La suffocation accidentelle*

Elle s'observe surtout chez le nouveau-né lors de l'accouchement solitaire si la mère perd connaissance, lorsqu'il est placé sous une couverture ou sur un édredon.

Elle peut survenir chez l'épileptique, le commotionné, dont la face s'appuie sur un corps mou, chez le nouveau-né, elle n'est plus à craindre dès le deuxième mois, car l'instinct et ses forces lui font soulever la tête.

Au Japon, la suffocation criminelle est réalisée par du papier humide posé sur le nez et la bouche du nouveau-né.

Chez l'adulte elle peut être cause par : les syncopes, les comas alcooliques ou épileptiques peuvent entraîner la mort par chute face contre un sol mou, les baillons des sujets en insuffisance respiratoire et des suffocations dans des sacs en matière plastique (sensation particulière provoquée par l'hypoxie)

### *3.3. La suffocation suicide*

Elle est rare et exceptionnelle. Le suicide peut être réalisé en enfermant la tête et le cou dans un sac hermétique. Il en est de même de l'accident qui ne peut survenir que dans le cas où le sujet est dans un état d'ivresse ou de syncope et tombe de face contre un sol boueux qui peut provoquer la mort.

## 4. Les causes de la suffocation

Il existe plusieurs circonstances pendant lesquelles la suffocation peut survenir. La suffocation peut être causée par :

- l'occlusion directe de la bouche et du nez ;

- l'occlusion des voies aériennes par un corps étranger ;

- la compression thoraco-abdominal ;

- la pénétration de corps étrangers dans le pharynx ou la trachée (tétine, ascaris, pièce de monnaie, bille, dentier) ;

- la déglutition anormale du bol alimentaire (chez les enfants, les vieillards, les ivrognes, les épileptiques, les déments) ;

- la régurgitation alimentaire, c'est à dire par le reflux dans les voies respiratoires, chez les comateux, les traumatisés du crâne, les électrocutés, des matières liquides ou semi-liquides contenues dans l'estomac ;

- présence d'un œdème aigu du poumon provoqué par un gaz ou une vapeur caustique, par la compression des conduits aériens (pendaison, *strangulation* à la main ou au lien), par la compression ou la perforation des parois thoraciques et le confinement en espace clos.

- La conséquence d'un accident, d'un suicide ou d'un homicide. En effet, le métabolisme du cerveau est strictement aérobie et par conséquent, l'arrêt de son alimentation en glucose et surtout en oxygène entraîne inévitablement un retentissement proportionnel à la durée de cette privation.

- La vascularisation[44] de l'encéphale est assurée par les carotides et l'arrêt de la perfusion carotidienne peut être dû à :

- Un blocage direct, c'est-à-dire soit par pendaison ou par strangulation, entraînant une anoxie cérébrale[45] brutale avec œdème cérébral et une mort rapide ou à un blocage indirect, c'est-à-dire par atteinte de l'appareil respiratoire ;

- La noyade ;

- un confinement, un enfouissement, un enlisement ou compression par les foules, etc. Le séjour forcé de la victime dans un espace confiné : cette suffocation est caractérisée par les circonstances du fait, puis par la grande humidité des objets, des vêtements et de la peau, par les lésions de défense, par l'usure des ongles et par l'emplacement des déjections. Le syndrome asphyxique est habituel, il résulte de la viciation de l'air du fait de l'appauvrissement progressif de la teneur en oxygène, de l'augmentation du taux de $CO_2$, du dégagement de substances volatiles réductrices et malodorantes provenant de la sueur et de l'air expiré, de l'augmentation de l'humidité et de la température, les perturbations de la fonction thermorégulatrice de l'organisme sont suffisantes pour provoquer des accidents mortels par coup de chaleur.

- chez le nourrisson, elle peut survenir au cours des tétées ;

- chez l'enfant, elle survient en cas de présence d'un corps étranger au niveau du larynx (jouets comprimés, etc.) et par la croupe de la diphtérie (obstruction de la trachée par les fausses-membranes.) ;

---

[44]La vascularisation artérielle du cerveau est assurée par deux systèmes complémentaires : carotidien et vertébral, l'un irrigue la plus grande part de l'encéphale, tandis que l'autre se distribue au contenu de la fosse postérieure et à la moelle. Les deux systèmes sont reliés par des ponts anastomotiques qui encadrent la selle turcique en dessinant un polygone dit de Willis à partir duquel s'épanouissent les troncs artériels destinés à l'irrigation distincte des structures corticales et centrales. Il s'agit d'une circulation terminale, ce qui explique la gravité des lésions ischémiques de l'encéphale.

[45] L'anoxie cérébrale est une pathologie rare, responsable d'une atteinte cérébrale diffuse. Les troubles mnésiques et le syndrome frontal comportemental et dysexécutif sont souvent au premier plan.

- chez l'enfant et chez l'adulte il survient lors des accidents d'anesthésie et l'obstruction trachéale par la canule de trachéotomie.

Dans la suffocation, la circulation n'est pas entravée, la respiration n'est pas agressée, seule la ventilation pulmonaire est supprimée. C'est donc le type de l'asphyxie pure par empêchement respiratoire. L'enfouissement et l'enlisement constituent les causes mixtes de la suffocation (obturation des voies respiratoires et compression thoracique).

**5. Diagnostics médico-légaux**

Le diagnostic médico-légal repose sur la découverte incertaine des traces révélatrices laissées par l'agent asphyxiant :

- présence sur la face de débris de plumes, de papiers, de fibres provenant de l'objet asphyxiant.

- existence de coups d'ongles, d'excoriations suspectes, d'ecchymoses situées autour de la bouche et du nez ; ces lésions sont occasionnées par les ongles et les doigts du meurtrier ;

- plaies de la langue ;

- découverte du corps étranger ou de ses débris dans les voies aériennes ;

- cellules buccales retrouvées sur le chiffon qui avait introduit dans la bouche de la victime ;

Quand il y'a eu aspiration ou régurgitation alimentaires, les parcelles d'aliments se trouvent dans le pharynx, à la hauteur de la glotte, ou encore dans la trachée et les branches, les aliments digérés, pâteux ou liquides pénètrent jusque dans les bronchioles.

L'enquête se poursuit avec l'exploitation des rapports d'autopsie, le reportage et les photos d'investigation sur la scène de crime, l'audition des membres de la famille, le rapport médical, l'histoire de la santé de la victime, la vérification des antécédents judiciaires de la personne qui se trouvait avec la victime au moment du décès, consigner toute information sur les décès antérieurs dans la famille de la victime et toute information sur les difficultés à respirer antérieures de la victime.

***5.1. Examen externe***

Il met en évidence :

- une cyanose cervico-faciale ;

- une coloration bleuâtre des ongles et pigmenté hémorragie conjonctivale ;

Le diagnostic de la forme médico-légale repose surtout sur la constatation de signes en rapport avec l'agent suffocant et éventuellement l'existence de celui-ci :

- les ecchymoses excoriation de la face de la suffocation faciale du nouveau-né ;

- les baillons en place ou ses traces ;

- les sacs en plastique recouvrant la tête ;

- la mise en évidence de vernis caseors sur un objet de literie a pu, dans quelques cas apporter la preuve d'infanticide par suffocation faciale

- les signes de lutte ou de défense = crime chez l'adulte ;

### *5.2. L'autopsie*

Elle met en évidence une congestion viscérale particulièrement marquée au niveau des poumons :

- la Tache de TARDIEU : taches sous pleurale lenticulaire, arrondies ou elliptique, plus rarement linéaire et toujours à bords nettement limités de couleur rouge vif, quelquefois brunâtre, leur nombre est variable groupé souvent pré du hile et aux bases. On le rencontre aussi sur les lèvres pariétales et diaphragmatiques et au niveau du péricarde, résistant longtemps à la putréfaction ;

- l'ecchymose sous pleurale très évocatrice de suffocation ;

- l'œdème cérébral.

### *5.3. Examens complémentaires*

- l'histologie pulmonaire : apporte un élément négatif important, absence d'alvéolite ;

- le dosage toxicologique : une alcoolémie élevée, avec une mousse de la longue permet d'étayer l'hypothèse d'une suffocation accidentelle par chute en sol mou.

## 6. Physiopathologie

En cas de suffocation, la mort survient le plus souvent par asphyxie mécanique (obstruction des conduits aériens supérieurs). À ce processus, s'ajoute un phénomène neurovégétatif réflexe à l'origine d'une hypersécrétion bronchique diffuse aux deux poumons, congestion poly- viscérale, modifications temporales, et dans certains cas hémorragie méningées.

Chez l'enfant de 01 à 05 ans, la suffocation mécanique est le plus souvent le fait d'un objet (bonbons, bille).

### 7. Tableau clinique

On note une dyspnée brutale, souvent suraiguë avec tirage sternal intense, angoisse et cyanose ;

La toux est incessante et parvient quelquefois à expliquer l'objet ou à le faire tomber dans la trachée ;

L'œdème et le spasme aggravent rapidement la dyspnée, la laryngoscopie directe s'impose immédiatement, elle permet de voir et d'extraire le corps étranger ;

En absence d'intervention, après une phase de lutte, l'enfant s'épuise vite, le tirage s'affaiblit, l'enfant livide, meurt une trachéotomie immédiate peut sauver l'enfant.

### 8. Les causes de suffocation médicales

Elles sont non violentes, importantes à connaître et sont à l'origine de la mort subite et donc des morts suspectes se sont :

#### *8.1 Chez le nouveau-né*

Il y a :

- suffocation intra-utérine : inspiration de liquide amniotique
- atrésie du larynx
- fistule trachéo-oesophagienne
- kyste de la base du larynx
- atélectasie pulmonaire (obstruction bronchiolaire de matière amniotique)
- pneumonie par inhalation de liquide amniotique
- maladies des membranes hyalines

#### *8.2. Chez l'enfant*

Il y a :

- la croupe (diphtérie)
- laryngite oedémateuse
- spasme du larynx
- compression médiastinale
- broncho alvéolites massives
- pneumothorax spontané

### *8.3. L'autopsie*

Il y a :

- une obstruction des voies respiratoires trachéo-bronchiolaires par des matières alimentaires de même nature que celles de l'estomac ;

- la présence de bol alimentaire dans la bouche lorsque la mort est survenue au cours du repas ;

- la dissection montre que les fines divisions bronchiques de 2e et 3e division se sont remplies et la pression fait soudre la lumière des bronchioles dans bouchons pâteux et blanchâtres ;

- la section du parenchyme alvéolaire et la pression dans fragments extériorisent des chandelles dans les lumières bronchiques le plus distales ;

- une rhinopharyngite congestion généralisée des viscères.

### *8.4. Examens complémentaires (examen histologique) :*

*On note :*

La présence de substances étrangères obstruant complètement la lumière des branches : petits globules anoxies avec des éléments amorphes de couleurs jaunâtres ;

Le mucus abondant : processus obstructif vital.

L'alvéole rarement atteint par la matière inhalée : aspect d'emphysème avec plages d'œdèmes + quelques macrophages.

L'alvéolite réactionnelle : congestion, alvéolite œdémateuse avec macrophage englobant les matières alimentaires à un stade plus avancé: pneumonie réticulée hypertrophique (dans le cas d'une agonie longue avec envahissement des alvéoles).

## 9. La suffocation par corps étranger chez l'adulte

On retrouve les mêmes types d'accidents que chez l'enfant, avec moins de fréquence et plus de variété :

- le corps étranger le plus souvent rencontré sont les bols alimentaires, d'énormes morceaux de viande non mâchés ou mastiqués minimalement, siègent au niveau du pharynx ou engagés dans la trachée ;

- il peut s'agir également : dentier, cigare, morceau d'orange.

### *9.1. Physiopathologie*

-la mort est souvent due à l'asphyxie, mais la mort subite est possible ;

-trois principales causes : émotion, ivresse et sénescence, l'élément physiopathologique commun étant un trouble de la déglutition ;

- le centre de déglutition voisin du centre respiratoire bulbaire, le pharynx et le larynx participent les deux à la déglutition et à la ventilation ;

- ils sont reliés à ce noyau par des fibres sensitives et motrices dans le nerf glossopharyngien et pneumogastrique.

### *9.2. Causes de suffocation*

- alcool : qui donne une anesthésie des muqueuses du palais et pharynx ;

- barbiturique : anesthésie ;

- antiépileptique ;

- émotion ;

- sénescence (absence de dents, atrophie de la muqueuse et des muscles du pharyngo-oesophagien, déformation ;

-malformation de l'œsophage.

### *9.3. Examen externe et nécrosique*

Recherche du syndrome asphyxique.

## 10. Causes de suffocations médicales chez l'adulte

- inflammation du larynx ;

- œdème allergique ;

- tms aggravées par l'inflammation ou les spasmes ;

- hématome intra pharyngien avec ou sans fracture ;

- rupture de phlegmon amygdalien ou d'un ganglion caséeux dans une branche ;

- encombrement trachéo-cranchique ;

- OAP ;

- état de mal asthmatique ;

- embolie pulmonaire ;

- syndrome bulbaire : paralysie bilatérale des dilatateurs de la glotte ;

- coma : fausse route ou stase dans l'apophyse chute de la longue en arrière (Syndrome Mendelson).

## 11. Accidents d'anesthésie

- Les régurgitations : À la phase d'induction de toute anesthésie chez un sujet à estomac plein, anesthésie sans intubation sujet non à jeun au réveil de toute anesthésie ;

- La ptose de la longue : au coma de la période de réveil ;

- bronchospasme réflexe.

# CHAPITRE V

# HOMICIDE PAR ASPHYXIE MÉCANIQUE (SUITE) : LA STRANGULATION ET LA PENDAISON

## I. LA STRANGULATION

La deuxième forme d'asphyxie mécanique est la strangulation. Elle se définit comme la fermeture des voies internes due à une pression externe sur le cou, entraînant la compression du conduit aérien et surtout du larynx.

### 1. Définition

La strangulation est une forme médico-légale d'asphyxie mécanique très importante, car son origine est habituellement criminelle et son diagnostic parfois délicat si les traces sont discrètes. D'après Tardieu, il s'agit d'un acte de violence consistant en une constriction exercée directement soit autour du cou, soit au-devant du cou et ayant pour effet, par une action mécanique, de s'opposer au libre passage de l'air et parfois de la circulation cérébrale.

On peut donc opposer point par point strangulation et pendaison. En effet, la strangulation est due à une constriction active, transversale et lente, tandis que la pendaison est due à la constriction passive, verticale et brusque. Les deux phénomènes sont donc opposés par leur mécanisme. Ici, il n'y a pas d'intervention du poids propre du corps.

Toutefois, on peut observer des strictions brusques et fortes au moyen d'un lien quelconque dans la strangulation qui comprime les voies respiratoires, les vaisseaux et les fibres nerveuses, ce qui rend la mort analogue dans son processus à celle de la pendaison. Mais cette éventualité est rare, elle est possible dans les cas de suicide où la victime se passe un nœud coulant, l'autre extrémité de la corde étant fixée, par exemple, à un pied de la table ou du lit, et la victime tire brusquement de tout son poids.

La strangulation se divise en trois catégories : la pendaison, la strangulation au lien et la strangulation manuelle. Les deux dernières formes sont un indice d'homicide. Il faut faire une distinction entre la strangulation complète (qui fait tout le tour du cou, **ex :** avec un lien) et la strangulation incomplète (qui ne fait pas tout le tour du cou, **ex :** avec la main)

## 2. Les types de strangulation

Il existe deux types de strangulation : la strangulation au lien ou complète et la strangulation à la main ou incomplète.

### *2.1. La strangulation à la main*

La strangulation à la main ou incomplète renvoie automatiquement à un homicide, car elle est causée par la pression des mains sur le cou de la victime. La compression exercée par les mains sur le larynx ou la trachée provoque l'obstruction au niveau du haut, à l'arrière et la base de la langue. Le syndrome asphyxique produit la cyanose et les ecchymoses ponctuées de la face, avec injection des conjonctives. La strangulation laisse également transparaître les griffures, les stigmates et des *traces unguéales*[46] sur le cou de la victime. On relève également sur le plan profond du cou, des infiltrations hémorragiques des parties molles des gaines musculaires, du corps thyroïde, et du manchon ecchymotique carotidien. Il y a également la fracture de l'appareil laryngé (os thyroïde et cornes de l'os hyoïde et d'autres lésions traumatiques).

#### 2.1.1. Les circonstances médico-légales

- *strangulation criminelle :* la strangulation à la main est presque toujours criminelle (voleurs surpris, rixe après boisson, viol, etc.) ; ici, l'adulte robuste qui fait face à l'agresseur peut lutter, d'où la difficulté de la strangulation chez l'adulte et la nécessité pour l'agresseur de s'aider d'autres violences.

Mais chez le vieillard, l'individu ivre ou débile, la strangulation à la main est assez facile.

Chez le jeune enfant, ou le nouveau-né, la difficulté est nulle et c'était jadis un mode d'infanticide très fréquent.

- *la strangulation accidentelle* : elle survient surtout lors de l'étranglement au judo, des violences laryngées peuvent entraîner la mort par inhibition.

- *la strangulation suicide :* la strangulation à la main suicidaire n'existe pas (la mort par inhibition est théoriquement possible dans ces conditions).

#### 2.1.2. Mécanisme de la mort

La mort peut survenir soit :

- par asphyxie, c'est-à-dire *asphyxie par obturation du conduit aérien* : une pression de 12 à 15 kg suffit à aplatir la trachée contre le plan vertébral, l'acte criminel entraîne le plus souvent l'obturation par lésions du larynx et le

---

[46]Les traces unguéales Certaines maladies graves peuvent laisser des traces sur les ongles, qui deviennent alors une preuve du passé médical du patient. On appelle ces marques les lignes de Beau.

refoulement de la paroi postérieure du larynx contre la base de la langue. Dans ces conditions, l'anoxie cérébrale met un temps variable à se manifester et est fonction des conditions de lutte ;

- par mécanisme réflexe : *l'inhibition et les syncopes :* les voies afférentes de ce réflexe sont constituées par les nerfs trijumeaux, le glosso-pharyngien, et surtout le pneumogastrique, par où les stimuli au niveau du larynx et des sinus carotidiens rejoignent le noyau solitaire dans sa partie moyenne et inférieure ;

- par ischémie cérébrale, qui est réalisée et due à un mécanisme indirect, soit par syncope vaso-vagale, soit par syncope par hypotonie orthostatique consécutive à la compression prolongée des sinus carotidiens, soit par dysrégulation de la circulation cérébrale par sténose de la carotide en aval du sinus carotidien réalisant une sorte de dénervation fonctionnelle de la région du sinus carotidien.

### 2.1.3. L'autopsie

En cas de crime, lors de la levée du corps, la position du corps, l'état des vêtements et le désordre des lieux témoignent généralement de l'existence de lutte.

L'examen externe révèle :

- au niveau de la face : la cyanose avec ecchymoses et excoriations en rapport avec les tentatives de suffocation pour étouffer les cris ;

- au niveau du cou : l'existence de stigmates unguéaux (l'application avec force d'angles sous la peau produit une petite section de l'épiderme) ;

- sur le sujet vivant : une croutelle se forme grâce à un exsudat séreux et à quelques gouttes de sang ;

- sur le cadavre : il y'a par contre parcheminement, consécutif à une déshydratation rapide prenant un teint jaunâtre.

Des incisions au niveau des excoriations cutanées en profondeur révèlent une petite suffusion sanguine traduisant l'ecchymose provoquée par la pression des doigts.

L'importance des stigmates unguéaux est fonction de la force mise en œuvre, de la dureté des angles et leur longueur.

Ces érosions ne sont pas toujours visibles immédiatement après la mort. Elles apparaissent de 10 à 12 heures après le décès, elles sont bien visibles, jaunâtres et parcheminées souvent ecchymotiques. En général, on constate d'autres signes de violences, de lutte et de défense.

L'examen interne du cou met en évidence des lésions cervicales profondes parfois considérables. La dissection plan par plan montre :

- des infiltrations hémorragiques du tissu cellulaire sous-cutané, des gaines musculaires, du corps thyroïdien et des glandes salivaires ;

- un manchon ecchymotique peri-carotidien et souvent constaté, une ecchymose retro-pharyngée existe parfois sous l'aponévrose pré-vertébrale ;

- les lésions du larynx sont constantes, elles témoignent de la distorsion anatomique énorme, les répercussions sur la glotte déterminent une congestion hémorragique qui aggrave l'obstruction lors de la strangulation. Des lésions du larynx comprennent des fractures, des fissures et des luxations.

- des fissures sur le cartilage thyroïdien ;

- les fractures du cartilage cricoïde (qui sont moins fréquentes et difficiles à voir) ;

- les luxations de l'articulation crico-thyroidienne ;

- les fractures ou des luxations (la luxation se traduit par une mobilité anormale) de l'os hyoïde ;

- des lésions des carotides : manchon ecchymotique péri vasculaire, déchirures transversales de la tunique interne, moins élastique que la tunique externe.

Notons que des lésions du pharynx peuvent exister sans lésions visibles des téguments du cou, c'est le cas de mort par inhibition consécutive à un choc violent porté par le bord cubital de la main, c'est en fait une fausse strangulation.

L'autopsie met en évidence, d'autre part, les signes habituels des asphyxies mécaniques :

- les taches de Tardieu ;

- la trachée congestive et œdémateuse, bronches et parenchyme pulmonaire ;

- une hyperhémie de l'encéphale.

Il existe d'autres signes de violences peuvent être observés à savoir :

- les fractures de côtes ;

- l'éclatement du foie ;

- la rupture de la rate.

### *2.2. La Strangulation au lien*

La strangulation au lien ou complète est la compression des nerfs pneumogastriques, et des filets nerveux. Elle est parfois un complément de la strangulation à la main et se fait à l'aide d'une corde, un lacet, un morceau de tissu, un câble ou la force des bras de l'agresseur. Elle consiste en l'occlusion des jugulaires (2 kg), des carotides (5 kg) et de la trachée (15 kg). Elle est aussi souvent d'origine criminelle. La plupart des victimes de strangulation sont les femmes, qui sont principalement visées par les tueurs en série.

### 2.2.1. Circonstances médico-légales

- *la strangulation criminelle :* la strangulation au lien est d'observation fréquente accompagnant en particulier des viols ou alors terminant les effets d'une strangulation à la main ;

- *la strangula accident :* il s'agit le plus souvent de nourrissons attachés à l'aide des ceintures qui glissent jusqu'au cou, ou de concours de circonstances exceptionnelles, elle est assez rare ;

- *la strangulation suicide* : elle relativement fréquent notamment chez les prisonniers et les malades mentaux ;

- *la strangulation supplice :* c'est le mode d'exécution des condamnés à mort (Portugal).

### 2.2.2 Mécanisme de la mort

Le mécanisme de la mort dans la strangulation au lien est l'anoxie cérébrale. En effet, si dans la pendaison la force constrictive est passive et produite par le poids du corps, dans la strangulation au lien, elle est active et dépend de l'effort musculaire qui ne peut donc jamais chez l'adulte atteindre l'intensité de la force mise en jeu dans la pendaison.

### 2.2.3. Constatations anatomiques

Lors de la levée du corps, il faudra étudier la situation et la nature du lien, son mode d'enroulement, le tourniquet éventuel, les traces de lutte qui peuvent être nulles si l'agresseur a agi par surprise en plaçant par derrière un lien autour du cou de la victime.

La face, le cou et la partie supérieure du tronc présentent généralement une cyanose avec des ecchymoses ponctuées et de petites hémorragies sous-conjonctivales. Une spume aérée faisant issue hors de la bouche. La langue serrée entre les dents complète souvent le diagnostic.

Au niveau du cou, il apparaît le sillon de strangulation avec les caractéristiques suivantes : sillon creux en rigole et parcheminé (lien étroit), sillon mou, large, imprécis (lien souple), sillon de strangulation horizontal par rapport à l'axe du cou, placé au-dessous du larynx, complet, moins profond ce qui le distingue du sillon de la pendaison.

Le sillon est multiple si le lien a fait plusieurs tours, la peau présente dans les espaces de séparations une congestion due au pincement entre les cordes.

On constate également de faux sillons qui sont parfois confondus avec les vrais et peuvent être : - naturels, simples replis de la peau, mous, blanchâtres avec épiderme intact, - artificiels, avec plis s'adaptant à la cravate, au col, à un cordon ; ici, l'épiderme est intact. – pathologique, c'est à dire intertrigo chez les enfants et les femmes grasses. Et - putréfactifs, c'est-à-dire avec boursouflure au-dessous et au-dessus d'un col de la cravate, d'un lien.

### 2.2.4. Autopsie

L'autopsie du cou montre

- des lésions moins nombreuses et moins caractéristiques que dans la strangulation à la main, il existe sur le même plan que le sillon des ecchymoses et hématomes des muscles antéro-latéraux du cou, un manchon ecchymotique adventiciel d'une ou des carotides est possible.

- L'ecchymose rétro-pharyngée est plus rare

- Des lésions de l'appareil laryngé sont moins fréquentes que dans la strangulation à la main.

Bref, l'autopsie met en évidence les mêmes signes asphyxiques à ceux de la strangulation à la main, les mêmes lésions de violences peuvent exister.

Un crime par strangulation peut être maquillé en accident de la voie publique, une autopsie incomplète risque de le méconnaître, la dissection systématique plan par plan de la région du cou permettra de découvrir le crime.

### 2.2.5. Éléments de diagnostic différentiel

*En cas de strangulation au lien il y a :*

- sillon généralement horizontal, placé le plus souvent au-dessous du larynx, complètement circulaire, souvent multiple, uniformément marqué ;
- les signes marqués d'asphyxie ;
- des lésions traumatiques du cou plus importantes ;
- les traces de lutte et de violence ;
- les désordres et déchirures des vêtements.

### 3. Formes médico-légales

Au plan médico-légal, la strangulation peut être accidentelle, suicidaire, criminelle. Toutefois, la strangulation accidentelle et la strangulation suicide sont assez rares, elles sont réalisables avec un lien.

#### *3.1. La strangulation criminelle*

Elle se fait à la main et est presque toujours criminelle (voleurs surpris, rixe après boisson, viols, meurtres, infanticides). La facilité d'accomplir une strangulation dépend principalement de l'âge et de la condition de la victime. Si la strangulation s'opère sur un adulte vigoureux, elle sera difficile. En revanche, chez les personnes âgées, l'enfant et le nouveau-né, les malades mentaux ou les personnes ivres, elle sera bien plus facile.

#### *3.2. La strangulation accidentelle*

Elle est rare, sauf dans le cas du nourrisson attaché à l'aide des ceintures qui glissent jusqu'au cou, ou d'autres concours de circonstances exceptionnelles. Chez l'adulte, elle survient surtout au cours des accidents sportifs (judo, il s'agit d'une strangulation par réflexe), des accidents de travail (cas d'école de la personne qui coince sa cravate dans le destructeur de papier), les violences laryngées qui peuvent entraîner la mort par inhibition.

Il peut aussi arriver qu'un crime par strangulation soit maquillé en accident de la voie publique, de manière à ce qu'une autopsie incomplète peut passer à côté du diagnostic. Il faudra alors faire une dissection systématique, plan par plan, de la région du cou qui permettra de découvrir le crime.

#### *3.3. La strangulation suicidaire*

La strangulation à la main suicidaire n'existe pas (la mort par inhibition est théoriquement possible dans ces conditions), car la perte de conscience entraîne un relâchement de la strangulation. Elle peut être observée à l'occasion d'un vol surpris par la victime, dans les bagarres, les viols (ou tentatives), les meurtres d'enfants. Par contre, le suicide par strangulation au lien est fréquent chez les prisonniers et les malades mentaux (par le système du tourniquet).

#### *3.4. La strangulation supplice*

C'est un mode d'exécution des condamnés à mort. Elle a été pratiquée pendant la guerre de libération d'Algérie où les condamnés étaient placés face au mur tandis que deux exécuteurs tiraient chacun son de côté jusqu'à la mort.

## II. LA PENDAISON

### 1. Définition

D'après Tardieu, la pendaison est « l'acte de violence dans lequel le corps pris par le cou, dans un lien attaché à un point fixe et abandonné à son propre poids, exerce sur le lien une traction pouvant entraîner le décès ». C'est aussi un acte de violence au cours duquel le cou est pris attaché à un point fixe et le poids du corps exerce une traction sur le lieu de haut en bas.

En général, la pendaison est le mode de suicide le plus fréquent. Elle représente près de la moitié des cas, surtout chez les hommes. Elle peut aussi être accidentelle ou servir à dissimuler un homicide. C'est la raison pour laquelle il est important de garder le nœud de la corde intact, afin de démontrer s'il s'agit d'un suicide ou d'un homicide. D'après Anny Sauvageau, « contrairement à la croyance populaire, le corps n'a pas à être suspendu dans les airs pour que la pendaison se produise. La pendaison peut se faire en position debout, assise ou même couchée ».

Au cours de la pendaison, la force de contraction est constituée par le poids de la victime et sa répartition est inégale en fonction de la position du nœud. La pendaison est en général un geste suicidaire très répandu en milieu rural, carcéral ou psychiatrique.

**2. Les types de pendaison**

Il existe deux types de pendaison : la pendaison complète et la pendaison incomplète.

***2.1. La pendaison complète***

La pendaison est dite complète lorsque les pieds ne reposent pas sur le sol. Dans ce cas, les lésions sont osseuses et médullaires.

***2.2. La pendaison incomplète***

Elle est dite incomplète lorsque les pieds reposent sur le sol. Dans ce cas, les lésions sont principalement vasculaires.

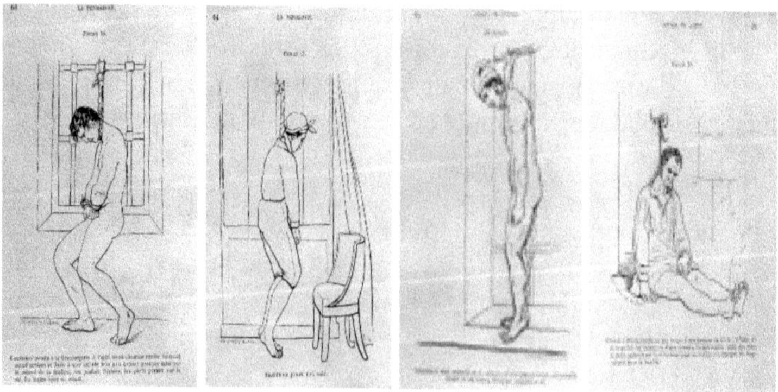

**Figure 1 :** Images représentant une pendaison incomplète

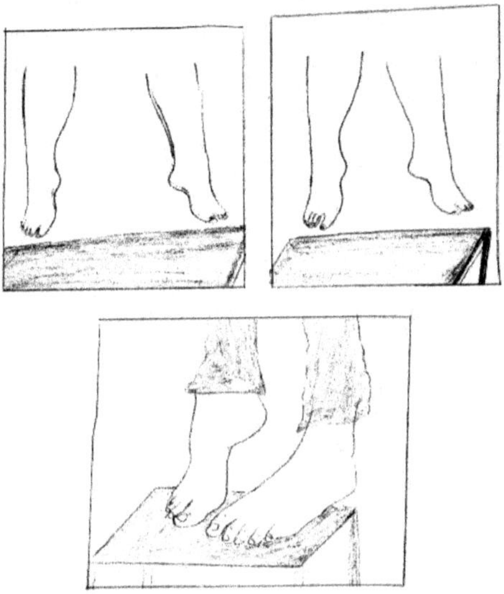

**Figure 1**: pendaison complète et pendaison incomplète

On remarque que dans le cas de la pendaison complète, les pieds touchent le sol. Tandis que dans le cas de la pendaison incomplète, les pieds touchent le sol.

## 3. La physiopathologie du mécanisme de la mort

Trois mécanismes interviennent en cas de mort par pendaison, à savoir :

### *3.1. L'ischémie*

C'est le mécanisme majeur de la mort par compression des carotides et artères vertébrales. L'interruption de la circulation sanguine est généralement bilatérale. En cas de pendaison latérale, la carotide et la jugulaire homolatérales peuvent être épargnées, et il y a persistance d'une circulation céphalique. C'est l'arrêt respiratoire dans ce cas qui donne un aspect cyanosé de la face et provoque ainsi une hyperhémie de l'encéphale. La mort survient au bout de cinq à dix minutes, dans quelques cas, les battements cardiaques persistent pendant plusieurs heures.

### *3.2. L'asphyxie*

Elle est produite par la compression de la trachée et surtout, par le refoulement de la base de la langue contre la paroi postérieure du pharynx. En général, 15 kg suffisent pour obtenir ce résultat et la suspension du corps n'a pas à être totale pour provoquer la mort. La pression exercée par le lien est suffisante dans la pendaison incomplète, c'est-à-dire lorsque le corps repose sur le sol par les pieds, il suffit même que la tête et une partie du tronc soient soulevées car dans cette position, la force de traction est de 10 à 20 kilos.

La mort survient au bout de cinq à dix minutes, dans quelques cas, les battements cardiaques persistent pendant plusieurs heures.

Le tableau se présente ainsi qu'il suit :

- *02 kg = oblitération des veines jugulaires* ;
- *05 kg = oblitération des artères carotidiennes ;*
- *15 kg = oblitération de la trachée* ;
- *30 kg = oblitération des artères vertébrales.*

### *3.3. L'inhibition*

Elle est due au réflexe provoqué par imitation traumatique des nerfs du cou et du sympathique pericarotidien. C'est-à-dire lors de la compression des carotides, les barorécepteurs qui siègent au-dessous des sinus carotidiens, des reflex de tension et de relâchement ralentissent des battements cardiaques.

Il y a une vasodilatation généralisée qui est une hypotension avec ischémie cérébrale. C'est un mécanisme neurologique par lésions bulbaires et médullaires. Ce mécanisme (dans lequel la mort est en général instantanée) se voit surtout dans les pendaisons associées à une précipitation.

### *3.4. Explication du phénomène*

En cas de pendaison, le pharynx est totalement obstrué par la base de la langue. Un œdème laryngé précoce peut aussi intervenir lors de la suffocation mécanique. En cas de pression antéropostérieure, les deux ailes du cartilage thyroïde s'écartent, chacune venant comprimer la bifurcation carotidienne.

L'ischémie cérébrale peut être complète d'emblée (tête blanche), progressive et accompagnée dans ce cas d'une hyperhémie transitoire (cyanose de la face).

Cette cyanose est également retrouvée en cas de disposition latérale du nœud épargnant une carotide. Lors d'une suspension simple (pendaison « haut et court », le facteur mécanique fatal est, comme dans la strangulation, l'interruption de la circulation au niveau des grands axes vasculaires du cou. Ainsi plusieurs mécanismes sont donc associés à ce phénomène :

- obstruction des voies aériennes : complications respiratoires ;

- ischémie cérébrale immédiate : complète d'emblée (tête blanche), progressive (cyanose de la face) ;

- lésions nerveuses, périphériques ou cérébrales ;

- lésions osseuses ;

Comme conséquences de ces mécanismes, il y a notamment :

- des lésions médullaires : mort immédiate (pendaison judiciaire) ;

- l'inhibition réflexe : arrêt cardiaque ;

- l'asphyxie : hypoxie, hypercapnie => œdème cérébral + encéphalopathie post anoxie ,

- l'arrêt circulatoire cérébral : anoxie cérébrale, congestion veineuse => œdème cérébral+ encéphalopathie post anoxie = problème de réanimation.

Les trois situations peuvent se présenter ACR (Arrêt Cardio Respiratoire) Coma d'emblée ou pendu conscient. Les signes pyramidaux (ROT = Réflexes Ostéotendineux; BBK Babinski).

L'immobilité totale avec apnée s'installe et l'activité cardiaque cesse au plus tard une douzaine de minutes après la pendaison. D'une façon générale, l'aspect du visage (pâleur ou cyanose) dépendra, outre de la position du nœud, de la durée de l'agonie et des possibilités respiratoires pendant ce temps. On observe généralement des pétéchies du visage, et plus particulièrement des conjonctives oculaires, ainsi qu'une protrusion et des morsures de la langue. Le sillon cervical typique, plus ou moins marqué selon les circonstances, reproduit sous le maxillaire inférieur toutes les irrégularités du lien.

Le lien est ascendant, profond au niveau de l'anse et absent près du nœud, sauf si celui-ci est réellement coulant. Parfois, d'autres lésions très différentes sont constatées, qui ont pu accompagner ou précéder la pendaison. Il peut s'agir de plaies par arme blanche (section de vaisseaux à la lame de rasoir, coup de couteau dans le thorax ou l'abdomen) ou coup de feu devant entraîner la suspension par affaissement du corps.

Source : (Hennequin C., O'Byrne P. Pendaison. EMC (Elsevier Masson SAS, Paris), Médecine d'urgence, 25-030-D-60, 2007)

### 4. Les différentes étapes de la pendaison

D'après Tardieu, la pendaison présente des troubles cliniques qui se déclinent en trois périodes : la période initiale, la période convulsive et la période terminale. Mais la mort subite est possible par pression sur le plexus carotidien.

#### *4.1. La période initiale*

Cette phase commence au moment où le corps abandonné à son propre poids serre le lien autour du cou et provoque la rougeur de la face allant à la cyanose, une sensation de chaleur au visage, le sifflement dans les oreilles, l'éblouissement, le scintillement et l'alourdissement des jambes.

#### *4.2. La période convulsive*

Dès que la perte de conscience est complète, la victime entre dans la phase des convulsions qui siègent à la face, les membres supérieurs et inférieurs. Ces convulsions peuvent être à l'origine d'ecchymoses traumatiques.

#### *4.3. La période terminale*

C'est la mort apparente. Elle commence avec la cessation des mouvements respiratoires. On dit qu'elle est apparente, car la cessation des mouvements respiratoires précède celle du cœur de plusieurs minutes. Les manifestations cliniques au cours de la période terminale sont diverses :

- l'aspect faciès présente un certain degré de cyanose, suivi d'un syndrome vasomoteur avec un visage rouge et vultueux ;

- les signes respiratoires comprennent : les accidents de suffocation dus à l'œdème laryngé, les apnées dues aux désordres du système nerveux central, l'œdème pulmonaire est fréquent, résultant de l'hypertension veineuse due à une hypoventilation ;

- les signes neurologiques sont constants et le plus grave est le coma anoxique et les signes d'accompagnement sont les manifestations pyramidales, les troubles du tonus, les mouvements anormaux, les états d'agitation et les crises épileptiformes.

- le syndrome neurovégétatif, qui est d'une constance remarquable, il est fait d'hyperthermie, de sueur, d'HTA[47], rougeur, etc.

---

[47] L'hypertension artérielle (HTA) est une augmentation anormale de la pression du sang sur la paroi des artères.

| La pendaison | La strangulation au lien |
|---|---|
| - le sillon est le plus souvent un cercle incomplet ;<br>- souvent en « V inversé » ;<br>- oblique vers le nœud en haut ;<br>- l'emplacement du nœud est une zone dépourvue de sillon ;<br>- et le sillon est plus marqué à l'endroit diamétralement opposé au nœud. | - le sillon est horizontal ;<br>- circulaire ;<br>- complet ;<br>- siégeant au-dessous du larynx ;<br>- souvent multiple car diverses tentatives. |

**Tableau 2** : Différence entre la pendaison et la strangulation au lien

## 5. L'enquête en cas de pendaison et de strangulation

L'enquête en cas de strangulation ou de pendaison présumée sera basée sur la forme médico-légale, la levée de corps et l'autopsie. L'OPJ chargé de l'affaire doit requérir un médecin légiste à l'effet de pratiquer la levée de corps puis l'autopsie. Celui-ci devra procéder personnellement aux constatations en vue de relever certains indices nécessaires pour soutenir la thèse qu'il aura avancée dans son rapport.

### *5.1. Les formes médico-légales de pendaison*

Il existe cinq formes médico-légales de pendaison, à savoir :

#### 5.1.1. La pendaison suicide

Si la pendaison suicide ne constitue un fait judiciaire, il n'en est pas de même lorsqu'elle est utilisée pour dissimuler un crime, par exemple, un homicide par strangulation.

En cas de pendaison suicide, il y a un faisceau d'arguments tirés du mode de suspension, de l'état des lieux. On note:

- l'intention exprimée de se donner la mort, les antécédents neuropsychiatriques (mélancolie, alcoolisme) ;

– l'existence d'un dispositif retrouvé à proximité, ex : échelle, chaise, qui sépare les pieds du sol ;

– l'absence du désordre.

#### 5.1.2. La pendaison accidentelle

La pendaison accidentelle est aussi rare, mais non exceptionnelle. C'est surtout le cas des enfants attachés dans un lit d'adulte par des sangles ou l'accident qui survient au cours de recherches érotiques solitaires chez l'adulte.

### 5.1.3. La pendaison homicide

La pendaison criminelle est rare, car elle est difficile à réaliser. Elle impose une énorme disproportion de forces entre l'agresseur et la victime, ainsi que l'intervention de plusieurs personnes. On note : l'existence de signe de violence ; désordre.

En cas de pendaison criminelle maquillant le meurtre préalable on note généralement :

- un sillon discordant a face à par sa position, par sa forme, sa profondeur, et par la position du nœud ;

- la non correspondance du moyen utilisé pour la suspension (échelle ; chaise à proximité du cadavre) ;

- face à la présence de sillons multiples ;

- l'existence de signe de violence.

Pour le cas des sujets étranglés puis pendus, les difficultés du diagnostic médico-légal sont très grandes si le crime a été accompli avec un lien.

Cependant, il est rare que le sillon de la strangulation et celui de la pendaison post mortem se superposent intégralement. En outre, les signes marqués d'asphyxie, les traces de lutte et de violence concomitantes, de même que l'importance des désordres constatés sur les parties profondes du cou, orientent l'esprit vers le crime, celui-ci sera confirmé si les lividités ont un siège normal au lieu d'être localisés au membre inférieur comme dans la pendaison.

S'il existe sur le cou du pendu, à côté du sillon produit par le lien suspenseur, des lésions traumatiques superficielles et profondes, la strangulation manuelle est facilement dépistée.

– on note des contusions des membres : est-ce qu'elles sont consécutives aux convulsions agoniques ou à des violences criminelles?

– on note enfin l'absence de lésions de violences, même si ça ne peut pas exclure une pendaison criminelle : c'est le cas dans l'anesthésie ou immobilisation ; d'où la nécessité de réaliser des études toxicologiques.

En conséquence, on peut parvenir dans une même affaire à des conclusions opposées.

### 5.1.4. La pendaison supplice

Elle fut utilisée jadis comme châtiment d'exécution et continue d'avoir cours dans certains pays orientaux.

En principe, ce type d'exécution s'effectue avec une chute suffisante pour provoquer des lésions médullaires et /ou cervicales par élongation liée au poids de la quasi-totalité du corps.

Dans le cas de pendaison supplice, le nœud est souvent placé sous l'oreille gauche, rarement sous la mention. La chute est calculée en fonction du poids.

Une chute insuffisante provoque une strangulation et non une rupture cervicale. La chute excessive peut provoquer dans de très rares cas, une décapitation secondaire, conséquence d'une inadéquation entre le poids du condamné et la hauteur de la chute, et généralement avec une corde peu extensible et assez mince.

Il y a une fracture des pédicules de la deuxième vertèbre cervicale (C2 ou axis), l'arc postérieur de C2 restant fixé à la troisième vertèbre cervicale(C3). De même, la première vertèbre cervicale (C1 ou atlas), la dent et l'arc antérieur de l'axis restant en connexion. Les lésions de la moelle cervicale se situent au niveau de C2\C3 et sont provoquées par des mécanismes d'hyper extension et de dislocation du rachis cervical.

Certaines lésions sont parfois associées telles que fractures de l'os hyoïde, des processus styloïdes, de l'os occipital, du corps de C2, des processus transverses de C1, C2, C3, C5.

#### 5.1.5. La pendaison simulation

Ici, le cadavre pendu ne présente pas de lésions vitales au niveau du lien.

### *5.2. La levée de corps*

#### 5.2.1. Intérêt de la levée de corps

L'intérêt médico-légal de la levée de corps vise plusieurs objectifs :

- le diagnostic de la mort,
- l'identification de la victime,
- l'examen des lieux,
- la précision des phases de l'agression,
- les circonstances de lutte,
- la recherche d'indices (tache ou trace suspecte),
- la réalisation des prélèvements, la détermination du délai post mortem, l'appréciation du caractère ante ou post mortem des lésions, la détermination de la forme médico-légale.

### 5.2.2. L'examen de l'état des lieux et des choses

À son arrivée sur la scène de crime, l'OPJ recherchera et notera :

- tout désordre des meubles et des objets entourant le cadavre. Car, ce désordre peut avoir été occasionné soit par le pendu lui-même lors des convulsions organiques ou lors d'une lutte avec son agresseur ;

- toute trace ou indice suspects ;

- l'existence ou non de traces d'effraction, notera s'il existe un dispositif à proximité du corps sur lequel la victime serait montée pour se pendre (il s'agit de toutes les mesures indiquant l'existence d'un dispositif retrouvé à proximité, ex : échelle, chaise, qui sépare les pieds du sol) ;

- photographier les lieux et prendre des mensurations afin de lever le plan, l'emplacement et l'encombrement du mobilier et la recherche des modifications apportées à l'état des lieux, rechercher l'arme en cas d'homicide masqué en suicide, faire des prélèvements et scellés.

### 5.2.3. L'examen du corps

L'OPJ doit noter :

- la position du corps : s'agissant de la position du corps, on mesure la taille, la distance des pieds au sol si la pendaison est complète. Si la pendaison est incomplète, on mesure les angles d'inclinaison des différentes parties du corps ;

- l'attitude du corps : à propos des attitudes du corps, on note l'inclinaison de la tête par rapport à l'anse du lien. La position des bras (sont- ils collés au corps, les mains crispées), les membres inférieurs sont-ils fléchis ? La tête en général est inclinée du côté opposé au nœud et la situation du nœud par rapport au cou est le plus fréquemment nucale et quelquefois latérale, exceptionnellement antérieure. En cas de pendaison complète, le corps est tendu par la pesanteur, les bras sont le long du corps et les lividités cadavériques s'observent aux régions distales.

### 5.2.4. L'aspect du visage

S'agissant de l'aspect du visage, on distingue la cyanose avec ecchymoses et éraflures qui sont en rapport avec les tentatives de suffocation pour étouffer les cris. En général, on distingue le pendu bleu du pendu blanc. La base de la langue se joint contre le palais et la face postérieure du pharynx.

Le pendu bleu a une prédominance de l'asphyxie et des troubles circulatoires dans le mécanisme de la mort. Le visage est en général pâle quand l'anse est antérieure (par compression très complète des vaisseaux du cou), cyanosée quand elle est latérale. La *cyanose* est fonction de l'agonie et prédomine au niveau des oreilles et des lèvres. On a des ecchymoses sous conjonctivales.

En cas de pendu blanc, la mort survient par un réflexe inhibiteur. Le visage du pendu est généralement pâle, tandis que l'anse est antérieure et cyanosée lorsqu'elle est latérale. Cette dernière prédomine au niveau des oreilles, les lèvres et au-dessus du lieu et s'accompagne souvent de taches purpuriques et d'ecchymoses sous conjonctivales.

Dans certains cas, la langue est hors de la bouche et on note l'existence des spumes au niveau de la bouche et du nez, l'exophtalmie est assez fréquente. Parfois on note l'existence d'ecchymoses des membres dus aux convulsions terminales.

Le cadavre dépendu et dévêtu présente à l'examen deux signes essentiels : les lividités distales et le sillon cervical. Les lividités distales apparaissent aux avant-bras, aux mains, ainsi qu'aux jambes et aux pieds. Mais leur intensité dépend de la durée de la pendaison.

### 5.2.5. L'examen du cou

Au niveau du cou, on note :

- l'existence de stigmates (l'application avec force d'angles sous la peau produit une petite section de l'épiderme),

- des lésions traumatiques en raison des violences exercées par le lien,

- des lésions de lutte, de défense, de chute.

- la décapitation ou l'association.

- la présence de traces d'ongles sur la peau du cou (signifiant que la victime a tenté de desserrer le lien),

- des lésions cartilagineuses au niveau du larynx et de la trachée,

- des signes d'asphyxie marqués,

- l'obstruction plus ou moins complète des voies aériennes supérieures.

On examine la situation et la nature du lien, son mode d'enroulement, le tourniquet éventuel, les traces de lutte qui peuvent être nulles si l'agresseur a agi par surprise en plaçant par derrière un lien autour du cou de la victime.

Sur le sujet vivant, on note :

- une croutelle qui se forme grâce à un exsudat séreux ;

- quelques gouttes de sang,

Sur le cadavre, il y'a :

- un cheminement consécutif à une déshydratation rapide prenant un teint jaunâtre ;

- des lésions profondes moins nombreuses, manchon ecchymotique de la carotide.

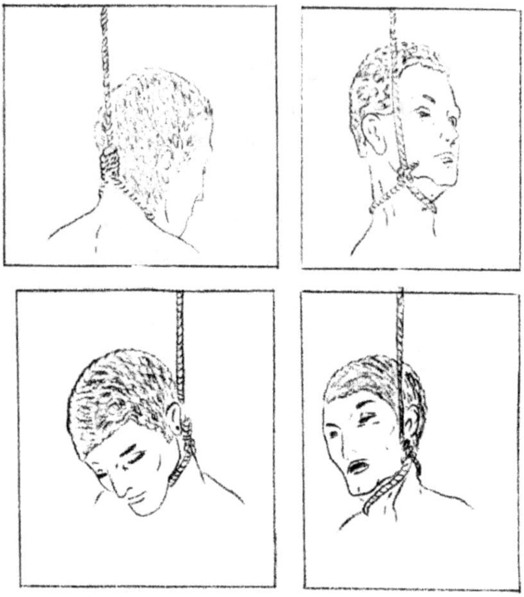

**Figure 3**: position du nœud antérieur, postérieur et latéral de la pendaison

La figure 1 montre la position du nœud antérieur, postérieur et latéral de la pendaison, ainsi que la compression des axes carotidiens, veines jugulaires ou de la trachée (asphyxie) suivant la position du nœud.

N.B : ne jamais dénouer le nœud avant les constatations.

En cas de pendaison incomplète, les attitudes du pendu sont très variées et le sillon de pendaison est atypique.

### 5.2.6. L'étude du lien

L'observation du lien est d'une importance capitale, notamment dans la détermination de l'analogie devant exister entre le lien et le sillon de pendaison.

Le lien doit être coupé par le médecin légiste entre le point fixe et le corps (après mesure de la hauteur), sans défaire le nœud. Il ne doit jamais être coupé en région cervicale et doit donc rester en place. De petits fragments de ce lien peuvent être retrouvés au niveau des mains du pendu. Il faut dès lors éviter la manipulation de celle-ci, sous peine de perdre ces indices précieux au diagnostic différentiel entre la pendaison suicidaire et la pendaison criminelle.

Les nœuds sont très instructifs, à partir du moment où chaque profession a sa manière à elle de faire les nœuds. Mais le lien peut varier, c'est-à-dire qu'il peut être constitué d'une corde, un angle, une cordelière, une ceinture, un foulard, des bas, ou des vêtements. On évaluera leur longueur, la résistance, l'élasticité possible. Le nœud peut être fixe ou coulant. Sa situation par rapport au cou est le plus fréquemment nucale, quelquefois latérale, exceptionnellement antérieure. Enfin, on mesurera la hauteur de la corde et on appréciera la solidité de l'attache.

**Figure 4 :** Exemple de lien, on distingue le nœud

### 5.2.7. L'étude du sillon

Le sillon de pendaison est l'empreinte du lien qui se dessine sur les téguments du cou. Il en existe deux variétés : le sillon creux et le sillon large.

- Le sillon creux : il est en rigole, parcheminé, blanchâtre lorsqu'il est dû à une corde ou à un lien étroit ou rugueux encore appelé ligne argentée. Il est situé sous les mandibules, au-dessus du larynx, il est oblique vers le haut, incomplet (un vide existe au niveau du nœud), il est généralement unique et maximal en plein de l'anse. Sa profondeur dépend du poids du corps, de la durée de la suspension et de l'étroitesse du lien. Le sillon reproduit en creux les irrégularités éventuelles du lien utilisé. Plus le lien utilisé est plus étroit, plus le sillon est plus profond.

- Le sillon large : il est mou, étalé à bord imprécis, lorsque le lien est un foulard ou un linge. Le sillon est oblique, unique, profond, parcheminé, plus marqué au niveau du plein de l'anse, situé à la partie supérieure du cou.

- les faux sillons : ils sont parfois confondus avec les vrais. Ils se présentent sous plusieurs formes et peuvent être : naturels (avec de simples replis de la peau, mous, blanchâtres avec épiderme intact), artificiels (dans ce cas, il y aura des plis s'adaptant à la cravate, au col, à un cordon. Toutefois, l'épiderme restera intact), pathologiques (intertrigo chez les enfants et les femmes grasses) et putréfactifs (boursouflure au-dessous et au-dessus d'un col de cravate, d'un lien).

Le sillon de strangulation présente de nombreuses caractéristiques : l'empreinte du lien est marquée par un sillon horizontal, circulaire, moins profond, moins marqué, il doit être haut, situé au niveau du cou (en général, le sillon passe au-dessus du larynx, juste au-dessous des angles mandibulaires), il doit être oblique (le lien remonte vers le point de suspension) , incomplet (sauf dans le cas de nœud très coulissant réalisant une constriction circonférentielle du cou), il est généralement unique. Le sillon est creux en rigole et parcheminé (lien étroit), il est mou, large, imprécis (lien souple).

Contrairement au sillon de strangulation qui est habituellement horizontal par rapport à l'axe du cou, placé au-dessous du larynx, complet, moins profond.

### 5.2.8. L'examen des vêtements

De point de vue criminalistique, les vêtements de la victime représentent un grand intérêt. Leur description méthodique portera notamment sur : leur aspect, les taches ou traces de perforation et des indices d'identité. Leur aspect sera consécutif aux désordres des déchirures et tous les indices pouvant indiquer une lutte (bouton arraché...), la présence des taches ou des traces suspectes, leur forme, leur nombre et leur emplacement. Les indices relatifs à l'identité seront relevés par les vêtements grâce à leur marque de fabrique, leurs particularités. Même le contenu des poches peut aider à identifier un cadavre et parfois expliquer la mort (ex. : pièces personnelles, lettre de suicide);

## 6. L'autopsie

### *6.1. L'intérêt médico-légal de l'autopsie*

En cas de pendaison l'autopsie repose sur :

- la fixation de la date de la mort ;
- la détermination de la forme médico-légale de la mort ;
- l'identification de la victime ;
- les prélèvements.

### *6.2. L'examen du corps*

L'autopsie commence souvent par la prospection (examen) du corps. Après le déshabillage du cadavre, on réalise l'examen externe du corps. Durant cette phase, le légiste complète la description des caractéristiques physiques (i.e. les signes d'identité :

- le sexe ;

- le groupe ethnique ;

- le groupe d'âge ;

- la taille et la stature ;

- les caractéristiques particulières telles que les cicatrices ;

- les tatouages, les nævus et les anomalies diverses, odontologie) ;

- l'étude des phénomènes cadavériques (refroidissement, rigidité, lividité et putréfaction) ;

On recherche également :

- les signes de violence en explorant l'ensemble du corps et surtout les régions médico-légales : (cuir chevelu, oreille, angle interne des yeux, narines, bouches, aisselles, face inférieure des seins, plis du ventre, organes génitaux --examen gynécologique systématique chez une femme - et l'anus).

- des ecchymoses au niveau des extrémités des membres supérieurs et inférieurs sont-elles le résultat des convulsions (lors de la période convulsive), ou le résultat de coups *ante mortem* ?

- les luxations, les fractures des membres, de la colonne vertébrale (région cervicale surtout), du crâne, du bassin sont repérées par la mobilité anormale que dissimule parfois la rigidité cadavérique.

### *6.3. L'examen des lésions de lutte*

Elle est d'une grande importance chez l'adulte, car la strangulation est souvent précédée ou accompagnée par d'autres violences qui peuvent laisser :

- une plaie contuse de la tête surtout sur la région occipitale, c'est *le coup d'assommoir*[48] ;

- les ecchymoses ou stigmates unguéaux au pourtour du nez et de la bouche, qui révèlent la (tentative d'étouffement des cris, les lésions de défense aux mains et avant-bras (érosion, ecchymose) ;

- les lésions de chute aux coudes, aux omoplates ou à l'occiput (suffusion sanguine) ;

- les ecchymoses au niveau des extrémités des membres supérieurs et inférieurs. Il faut déterminer si elles sont le résultat des convulsions (lors de la période convulsive), ou le résultat de coups *ante mortem* ?

- les luxations, les fractures des membres, de la colonne vertébrale (région cervicale surtout), du crâne et du bassin ;

---

[48] Un coup d'assommoir : c'est un évènement accablant auquel on était loin de s'attendre.

- En cas de viol, les lésions de violence sont localisées à la face intérieure des cuisses, l'abdomen et des reins.

### *6.4. L'examen interne*

Un crime par strangulation peut être maquillé en accident de la voie publique, de manière à ce qu'une autopsie incomplète risque de passer à côté du diagnostic. Il faudra alors faire une dissection systématique, plan par plan, de la région du cou qui permettra de découvrir le crime.

- l'examen interne mettra en exergue les poumons, l'appareil laryngé, les congestifs violacés et œdématiés (poids), des faux sillons, le foyer hémorragique diffus et l'emphysème ;

- l'examen du foie et les reins, de la masse encéphalique permet de rechercher des lésions associées ;

Lors de la dissection, le légiste recherche des signes de vitalité prouvant que la victime était encore vivante au moment de la pendaison. Pour cela, il mettra parfois en évidence une ligne argentine au niveau du plan sous-cutané.

L'autopsie met également en évidence plusieurs indices tels que :

- des lésions par convulsions ;

- l'examen du lien, sa nature, le nœud ;

- des troubles circulatoires ;

- l'hyperhémie ;

- la tuméfaction de la face ;

- des lésions traumatiques en raison des violences exercées par le lien ;

- les lésions traumatiques ;

- des lésions manchon ecchymotique de la carotide, tout comme les signes d'asphyxie marqués ;

- des traces de lutte et de violence avec désordre et déchirures des vêtements ;

- des lésions cartilagineuses au niveau du larynx et de la trachée ;

- l'obstruction plus ou moins complète des voies aériennes supérieures ;

- la base de la langue se joint contre le palais et la face postérieure du pharynx ;

- la présence de traces d'ongles sur la peau du cou prouvant que la victime a tenté de desserrer le lien ;

- parfois, il y a la décapitation ou l'association et des lésions de lutte ;

- de défense et de chute.

### *6.5. L'autopsie du cou*

L'autopsie met en évidence les mêmes signes asphyxiques et les mêmes lésions de violences que ceux de la strangulation à la main. Elle montre des lésions moins nombreuses et moins caractéristiques que dans la strangulation à la main. Il existe sur le même plan que le sillon :

- des ecchymoses et des hématomes ;

- des muscles antéro-latéraux du cou ;

- un manchon ecchymotique d'une ou des carotides est possible ;

- la dissection du cou tissu par tissu permet de déceler l'infiltration hémorragique sur les parties molles du tissu sous-cutané, des gaines musculaires, du corps thyroïdien et de glandes salivaires ;

- la dissection du cou, plan par plan, montre au niveau de la zone de striction, des lésions vitales multiples prédominant au niveau de l'anse. Ces derniers sont représentés par les ecchymoses du tissu cellulaire, digastrique et du stroma cleido-mastoidien ;

- les ecchymoses tissulaires, musculaires, laryngées, rétro-pharyngées ;

- les déchirures musculaires avec ou sans infiltration sanguine ;

- lésions carotidiennes : manchon ecchymotique de la tunique externe, déchirure transversale de la tunique interne (lésion d'Amussat) ;

- fracture des cornes de l'os hyoïde, et plus rarement celles du cartilage thyroïde ;

- lésions rachidiennes : (luxation, décollement ou fracture)

*Lésions agoniques* : les érosions, et ecchymoses diverses s'observent en main, elles proviennent de heurts contre un plan résistant pendant la période de convulsion.

On notera aussi :

- les ecchymoses tissulaires, musculaires, laryngées, rétro pharyngées,

- les déchirures musculaires avec ou sans infiltration sanguine,

- ecchymoses au niveau de l'insertion claviculaire des sterno-cléido-mastoïdiens,

- les lésions carotidiennes (manchon ecchymotique de la tunique externe,

- une déchirure transversale de la tunique interne (lésion d'Amussat),

- les fractures des cornes de l'os hyoïde (et plus rarement celles du cartilage thyroïde et des cartilages laryngés),

- les lésions rachidiennes (luxation, décollement ou fracture), ainsi que les autres signes nécrosiques de la pendaison (congestion multi viscérale, cyanose, taches de Tardieu…) qui sont observés dans toutes les asphyxies, quelle qu'en soit l'étiologie.

*Des lésions carotidiennes types présentent* :

- un manchon ecchymotique de la tunique externe des carotides,

- les déchirures transversales de la tunique interne (c'est la lésion d'Amussat),

- la fracture des cornes de (l'anse) l'os hyoïde,

- la fracture de l'os hyoïde du cartilage thyroïde et la luxation du cartilage aryténoïde,

- les lésions rachidiennes qui sont exceptionnelles (luxation, fracture, décollent).

*La trachée et les grosses bouches présentent* :

- une muqueuse congestive avec existence parfois de mus abondant baveux sanglant,

- les ecchymoses tissulaires, musculaires, laryngées, rétro pharyngées ;

- les déchirures musculaires avec ou sans infiltration sanguine ;

- les ecchymoses au niveau de l'insertion claviculaire des sterno-cléido-mastoïdiens ;

- les lésions carotidiennes (manchon ecchymotique de la tunique externe ;

- une déchirure transversale de la tunique interne (lésion d'Amussat) ;

- les fractures des cornes de l'os hyoïde (et plus rarement celles du cartilage thyroïde et des cartilages laryngés) ;

- les lésions rachidiennes (luxation, décollement ou fracture) ;

### *6.6. L'examen du crâne*

Au niveau du crâne, on relève des taches de Tardieu[49], ainsi que sur l'hyperhémie de l'encéphale.

### *6.7. L'examen du Thorax*

Les viscères sont le siège d'un syndrome asphyxique très discret. Toutefois, on relève plusieurs indices relatifs à la congestion cérébrale avec hémorragie

---

[49] Taches de Tardieu : petites taches arrondies, de la taille d'une lentille, formées de sang coagulé, siégeant sous la plèvre, sous le péricarde ou le long du tube digestif de certains

méningée, l'emphysème sous pleural. On note également l'existence de *spume*[50] dans les bouches, la congestion des voies respiratoires et poumons, le placard d'emphysème pulmonaire, la congestion des centres nerveux avec ou sans hémorragie ponctuée.

L'examen des poumons révèle la congestion des poumons, la tâche de Tardieu, ainsi que des œdèmes cérébraux. On révèle aussi les phénomènes asphyxiques et les troubles circulatoires provenant de la compression jugulaire, le paqueté hémorragique de la muqueuse stomacale, les particularités thanatologiques, la projection de la langue hors de la bouche, l'exophtalmie (rare), l'hémorragie du conduit auditif (rare), la turgescence de la verge et l'éjaculation (phénomènes agoniques), les lividités localisées aux membres inférieurs et particulièrement intenses aux pieds et aux mains (phénomènes cadavériques).

### *6.8. La datation de la mort*

Le Légiste doit fixer la date de la mort et étudier les phénomènes cadavériques (refroidissement, rigidité, lividité et putréfaction), rechercher des signes de violence en explorant l'ensemble du corps et surtout les régions médico-légales (cuir chevelu, oreille, angle interne des yeux, narines, bouches, aisselles, face inférieure des seins, plis du ventre, organes génitaux, examen gynécologique systématique chez une femme et l'anus).

### *6.9. L'identification de la victime*

Le légiste doit aussi relever les caractéristiques physiques de la victime (c'est à dire signe d'identité : la race, le sexe, le groupe ethnique, le groupe d'âge, la corpulence, la couleur de cheveux et des yeux et les empreintes digitales, la taille et la stature, ainsi que les caractéristiques particulières telles que cicatrices, tatouages, nævus et anomalies diverses, l'odontologie). Il doit en outre faire des prélèvements en vue des analyses.

### *6.10. Recherche des signes de vitalité*

Elles témoignent du fait que la victime était encore vivante au moment de la pendaison. On relève *d'autres signes nécropsiques de la* pendaison telle que la congestion multi viscérale et la cyanose, qui sont ceux observés dans toutes les asphyxies quelle qu'en soit l'étiologie. Le syndrome asphyxique est souvent très discret. Les poumons sont congestionnés dans le quart des cas, l'emphysème sous pleural est plus fréquent, on note la rareté des taches de Tardieu. Cependant la congestion cérébrale et l'hémorragie méningée sont inconstantes, parfois on

---

cadavres et résistant à la putréfaction, constituant un signe fréquent, mais inconstant, d'asphyxie

[50]Spume : salive écumeuse, à grosses bulles, qui se montre entre les dents, ou entre les lèvres, ou au fond de la gorge, dans certains accès d'hystérie et autres troubles nerveux

découvre un piqueté hémorragique de la muqueuse stomacale et des suffusions sanguines externes le long du tube digestif.

### *6.11. Les prélèvements pour le laboratoire*

L'absence de lésions de violences ne peut pas exclure une pendaison criminelle, d'où la nécessité de réaliser des études toxicologiques. On peut *parvenir dans une même affaire à des conclusions opposées*.

En effet, l'enquête repose souvent sur la question de savoir si *la mort est due à un suicide, à un accident ou un homicide.* L'analyse des données de l'enquête et celle de l'autopsie vont permettre de répondre à cette question.

*Quelques remarques*

Lors de la pendaison accidentelle, on s'attarde sur le mode de suspension, de l'état des lieux. En cas de suicide, ce sont les indices sur l'intention exprimée de se donner la mort qui doivent attirer l'attention, tout comme les antécédents neuropsychiatriques (mélancolie, alcoolisme), l'existence d'un dispositif retrouvé à proximité, ex : échelle, chaise, qui sépare les pieds du sol, l'absence du désordre sont plus que nécessaires.

En cas de pendaison criminelle, il y a l'existence de signes de violence et le désordre sur la scène de crime. En cas de pendaison criminelle maquillant le meurtre préalable, on relève : un sillon discordant par sa position, par sa forme, sa profondeur, et par la position du nœud, la non-correspondance du moyen utilisé pour la suspension (échelle, chaise… à proximité du cadavre), la présence de sillons multiples, l'existence de signes de violence.

En cas de pendaison criminelle maquillant le meurtre préalable, on relève des signes de violence et le désordre, un sillon discordant par sa position, par sa forme, sa profondeur et par la position du nœud. Il y a non correspondance du moyen utilisé pour la suspension (échelle, chaise, tabouret à proximité du cadavre).

Mais dans le cas des sujets étranglés puis pendus, les difficultés du diagnostic médico-légal sont très grandes si le crime a été accompli avec un lien.

Dans le cas des sujets étranglés puis pendus, les difficultés du diagnostic médico-légal sont très grandes si le crime a été accompli avec un lien. Il est rare que le sillon de la strangulation et celui de la pendaison *post mortem* se superposent intégralement. En outre, les signes marqués d'asphyxie, les traces de lutte et de violence concomitantes, de même que l'importance des désordres constatés sur les parties profondes du cou orientent les enquêteurs vers le crime qui sera confirmé si les lividités ont un siège normal au lieu d'être localisées au membre inférieur comme dans la pendaison.

S'il existe sur le cou du pendu, à côté du sillon produit par le lien suspenseur des lésions traumatiques superficielles et profondes, on conclura à une strangulation manuelle. C'est aussi le cas des contusions des membres. On doit savoir si elles sont consécutives aux convulsions agoniques ou à des violences criminelles.

**7. Les difficultés liées au diagnostic**

La pendaison pose quelques problèmes médico-légaux :

- Premier problème : l'absence de toute ecchymose au niveau cervical pose d'énormes difficultés lorsqu'il s'agit de cadavre frais. Ici, les altérations musculaires traumatiques ressemblent alors à celles des sujets pendus vivants.

Les caractères du sillon ne fournissent aucune indication utile pour résoudre le problème, tout comme dans le cas des cadavres qui ont été suspendus par le cou ;

On note la présence de lésions de violence. L'autopsie révèle soit des lésions ayant entraîné la mort, soit des lésions crâniennes provoquées par l'anesthésie préalable, les cas des sujets étranglés puis pendus (les contusions des membres consécutives aux convulsions agoniques ne peuvent être confondues à des violences criminelles) Mais l'absence de lésions de violences ne peut exclure une pendaison criminelle et l'absence de lividités au niveau du membre inférieur (à moins que le corps ait été suspendu dès la mort).

- Deuxième problème : il faut déterminer si la mort est due à un suicide, à un accident ou un homicide. La réponse à ces questions résulte autant des données de l'enquête que de celles de l'autopsie.

S'il s'agit d'un suicide, c'est à dire l'intention exprimée de se donner la mort, on relèvera les antécédents neuropsychiatriques (mélancolie, alcoolisme), l'existence d'un dispositif retrouvé à proximité (exemple : échelle, chaise qui sépare les pieds du sol, l'absence du désordre, etc. Ensuite, le type de nœud coulant réalisé peut aussi être un indice.

# CHAPITRE VI

# LA NOYADE CRIMINELLE

Selon le Dr M. Segondy[51], « Il y a noyade criminelle s'il y a submersion vitale forcée ». Le cadavre qui se trouve immergé dans un liquide, présente les traits d'une mort violente et l'examen externe de certains organes permet de mettre en évidence des caractères spécifiques de l'organisme noyé.

En termes plus simples, la noyade ou submersion est la pénétration d'un liquide dans les voies respiratoires entraînant une asphyxie à la fois mécanique et atmosphérique. D'après l'OMS, *la noyade* est une insuffisance respiratoire résultant de la submersion ou de l'immersion en milieu liquide. Ainsi, une chute dans l'eau sans conséquence respiratoire n'est donc pas considérée comme une noyade.

De ce fait, tout élément liquide peut être à l'origine d'une noyade (eaux d'une baignoire, d'une rivière, d'un fleuve, d'un étang, d'un lac, d'une mer ou d'un océan). Il en est de même des liquides industriels, des liquides biologiques, des liquides viticoles, des produits alimentaires et des produits de bâtiments.

Sur le plan médico-légal, la noyade est un mode bien connu de suicide employé en général par les hommes. C'est aussi une cause fréquente d'accidents, dont sont victimes les personnes ne sachant pas nager ou les individus ivres ou ne possédant pas toutes leurs facultés.

## I. LES TYPES DE NOYADES

Sur le plan médico-légal, on dénombre trois types de noyades à savoir : la noyade primaire, la noyade secondaire, les accidents de plongée.

### 1. La noyade primaire « vraie noyade » ou « noyé bleu » ou « submersion-asphyxie

Les noyés bleus (cyanose de la face et des oreilles) sont des individus qui sont morts dans l'eau, qui ont lutté pour échapper à l'asphyxie : c'est la submersion-asphyxie. On parle alors de « noyé bleu » cyanosé (noyade primaire). Ici, la victime est consciente avant de se noyer.

---

[51] Docteur Michael Segondy : un spécialiste en médecine de catastrophe, Médecin urgentiste, Médecin généraliste, Pratiques Médico-Judiciaires.

La noyade primaire représente environ 85 à 90 % des cas et survient essentiellement chez les sujets ne sachant pas nager ou chez les bons nageurs qui surestiment leurs forces et qui sont surpris par le froid ou victime de crampes.

### *1.1. Circonstances de la noyade bleue*

La noyade primaire peut survenir en différentes circonstances :

- inhalation d'eau en surface,
- panique,
- panne d'air,
- narcose,
- essoufflement,
- épuisement, manque d'entraînement, etc.

### *1.2. Mécanisme de la mort*

Dans le cas du noyé bleu, le mécanisme de la mort est assez complexe. A l'asphyxie s'ajoute un traumatisme pulmonaire interne, dû au fait qu'après avoir suspendu ses mouvements respiratoires pendant quelques minutes, le noyé accomplit de fortes inspirations irrésistibles commandées par le centre respiratoire, qui est stimulé par l'excès d'acide carbonique du sang asphyxique.

L'eau pénètre alors avec force dans les voies aériennes et atteint les alvéoles qu'elle traumatise, d'où choc alvéolaire, déchirures des parois inter alvéolaires, petite hémorragie, œdème, emphysème.

En même temps le brassage de l'air, de l'eau et de la sérosité sanguine produit l'écume qui envahit les alvéoles et tout l'arbre aérien.

En ce moment précis, une barrière aqueuse et œdémateuse s'oppose à la circulation pulmonaire. Ce qui provoque une insuffisance ventriculaire droite aiguë.

Mais l'eau ne se cantonne pas dans le poumon, elle pénètre dans le sang artériel et le dilue. Enfin, l'estomac du noyé se remplit d'eau.

La phase de la submersion-asphyxie se déroule comme suit :

Au contact de l'eau froide, il y a respiration profonde suivie d'apnée volontaire de courte durée, puis dyspnée expiratoire réflexe d'origine centrale ou laryngée. Ceci provoque :

- la perte de connaissance,
- l'envahissement des voies respiratoires par l'eau,
- les convulsions généralisées,

- l'apnée agonique terminée par une grande inspiration finale,

- la persistance de battement cardiaque pendant 2 à 3 minutes.

## 2. La noyade secondaire ou fausse noyade « ou » noyé blanc « ou » submersion-inhibition

Les noyés blancs (noyade secondaire) et les noyés blancs (face pâle) sont des individus qui ont trouvé la mort dans l'eau sans se noyer réellement.
Ici, la noyade est précédée d'une perte de connaissance dans l'eau. L'organisme continue à produire du CO2 et, à partir d'un certain seuil, le réflexe respiratoire réapparaît, entraînant la noyade.

### *2.1. Explication du phénomène*

Ce phénomène est provoqué par :

- *le choc traumatique* : à la suite d'un plongeon ou d'une chute accidentelle, il y a un choc épigastrique, oculaire, génital ou traumatisme du rachis cervical.

- la *syncope, réflexe d'origine muqueuse :* c'est « l'ictus laryngé » d'origine muqueuse, qui est lié à l'irruption brutale d'eau dans le carrefour pharyngo-laryngé ou dans les fosses nasales.

En général, la victime coule à pic sans un geste ni un cri : c'est la submersion-inhibition dans laquelle un réflexe inhibiteur avec état syncopal est déclenché par le contact brusque de la peau, des muqueuses, de l'appareil vestibulaire avec l'eau froide, ou encore par la douleur provoquée brusquement par le choc du liquide sur l'abdomen, comme dans le cas d'un plongeon.

Le brusque contact de l'eau froide sur la muqueuse nasale ou laryngée peut alors provoquer par réflexe l'arrêt momentané de la respiration et une bradycardie notable.

Les victimes trouvent la mort dans l'eau sans se noyer réellement. Dans ce cas précis, il se produit brusquement une syncope mortelle et le plus souvent la victime coule à pic sans un geste et sans un cri : c'est la submersion-inhibition dans laquelle un réflexe inhibiteur avec état syncopal est déclenché par le contact brusque de la peau, des muqueuses, de l'appareil vestibulaire avec l'eau froide, ou encore par la douleur provoquée brusquement par le choc du liquide sur l'abdomen, elle est consécutive à un plongeon.

Elle peut aussi survenir suite à une sensibilité réflexe exagérée à l'eau froide chez certains individus prédisposés qui se trouvent en période de digestion. Car le bain froid peut provoquer *un collapsus mortel*[52] par *choc anaphylactique*[53] d'origine digestive. Le réflexe inhibiteur naso-respiratoire dû au brusque contact de l'eau froide sur la muqueuse nasale ou laryngée va provoquer par réflexe l'arrêt momentané de la respiration et *une bradycardie*[54] notable.

### *2.2. Caractéristiques de la noyade secondaire*

La noyade secondaire représente 10 à15 % des cas. Elle est caractérisée par :

- une perte de connaissance brève (syncope) qui n'est pas mortelle en soi. Sa survenue en milieu hydrique peut causer le décès de la victime qui ne se débat pas et n'effectue pas de mouvements respiratoires.

- pas de contact entre le liquide et les voies respiratoires, puisque l'arrêt respiratoire est concomitant du contact avec le liquide. Ceci explique le terme de noyé blanc qui existe sous deux formes à savoir :

. *les syncopes traumatiques,* c'est-à-dire le traumatisme survient au niveau d'une zone réflexogène (épigastre, les globes oculaires, les organes génitaux externes et la région carotidienne ou sinus carotidien)

. *les syncopes médicales* (c'est une crise convulsive d'hypoglycémie, de tétanie ou de spasmophilie, voire de cause neurologique (accidents vasculaires cérébraux constitués) ou cardio-vasculaires (infarctus du myocarde, œdème pulmonaire cardiogénique, dissection aortique).

On relève également :

- *l'inhibition émotive :* c'est la noyade par « panique », même dans l'eau peu profonde.

- *le choc allergique :* il peut être provoqué par le contact avec de l'eau froide chez des sujets présentant une urticaire au froid lié à une libération de cryo-globulines dès que la température de l'eau s'abaisse en dessous d'un certain seuil. La sensibilité réflexe exagérée à l'eau froide s'observe chez certains individus prédisposés. Si la victime se trouve en période de digestion, le bain froid peut déterminer un collapsus mortel par choc anaphylactique d'origine digestive.

- le *choc thermique ou « syncope thermo différentielle »* : c'est la cause habituelle de l'hydrocution. Elle s'observe surtout après de longues expositions solaires. Elle est déterminée par l'écart entre la température de l'eau et celle de la peau.

---

[52] Le collapsus est la chute de la pression artérielle, lorsque celui-ci se prolonge, il y aura apparition de l'état de choc. (Cœur qui pompe à vide).
[53] Le choc anaphylactique est une réaction allergique exacerbée, entraînant dans la plupart des cas de graves conséquences et pouvant engager le pronostic vital
[54] La bradycardie se caractérise par un rythme cardiaque trop bas par rapport à la normale. Elle s'oppose à la tachycardie (rythme cardiaque trop rapide).

À la suite de l'immersion, les territoires vasculaires périphériques, préalablement dilatés, vont présenter une vasoconstriction brutale, entraînant une surcharge rapide de la circulation de retour et une syncope. La brutalité de la variation thermique (plongeon), l'exercice physique préalable, l'ingestion d'alcool sont autant de facteurs qui favorisent la noyade secondaire.

### *2.3. Différences entre noyé bleu et noyé blanc*

Les différences entre noyé bleu et noyé blanc se présentent sous forme d'un tableau ainsi qu'il suit :

| *Noyé bleu (noyade primitive)* | *Noyé blanc* |
|---|---|
| ***À l'examen externe*** | |
| 1- Faciès bleu.<br>2- Yeux toniques.<br>3- Peau en chair de poule (ansérine)<br>4- Issu du mucus à travers les orifices naturels. | 1- Faciès blanc.<br>- Absence des autres signes. |
| ***À la dissection*** | |
| 1. Aspect lavé des viscères avec congestion.<br>2. Œdème cérébral et pulmonaire très prononcé.<br>3. Poumons hydro-aériques, crépitants à la palpation avec des marques costales au niveau du parenchyme.<br>4. Corps étranger intra-bronchique (signant la vitalité de la submersion.)<br>5. Estomac et intestins remplis d'eau.<br>6. Sang très fluide. | 1. Congestion viscérale.<br>2. Œdème cérébral et pulmonaire modéré.<br>3. Absence de corps étranger intra bronchique. |

**Tableau 3 :** Différences entre noyé bleu et noyé blanc

Le noyé blanc ne présente pas de lésions, car l'eau ne pénètre pas dans les voies respiratoires par suite de l'arrêt brusque de la respiration et du cœur : on parle souvent d'autopsie blanche. En effet, l'agression subite de l'eau sur le corps peut occasionner des perturbations neurovégétatives importantes, les réflexes vasomoteurs provoquent alors une congestion avec œdème pulmonaire et formation d'écumes composées de sérum, sang et air ; ainsi se réaliserait fréquemment un état asphyxique secondaire succédant à la syncope.

## 3. Les accidents de plongée

Il existe plusieurs types d'accidents de plongée. Parmi les plus fréquemment rencontrés, il y a :

### *3.1. Les accidents mécaniques*

Ils sont dus aux variations de pression, ce sont les barotraumatismes :

- le placage de masque,

- le barotraumatisme des sinus,

- le barotraumatisme des dents,

- le barotraumatisme des oreilles,

- le vertige alternobarique,

- la surpression pulmonaire,

- l'œdème aigu du poumon en apnée.

### *3.2. Les accidents toxiques*

Ils sont dus aux réactions bio-chimiques de l'organisme. Dans cette catégorie, il y a :

- la narcose à l'azote (ivresse des profondeurs) ;

- l'hyperoxie ;

- l'hypoxie ;

- l'hypercapnie ;

- l'intoxication au monoxyde de carbone (CO).

- le syndrome nerveux des hautes pressions (SNHP) ;

### *3.3. Les accidents bio-physiques*

Il s'agit des conséquences des lois de Dalton et de Henry on y compte : les accidents de décompression (maladie de décompression) ;

### *3.4. Les autres accidents*

Il s'agit de ceux dus au milieu :

- la noyade,

- le froid (hypothermie),

- les coupures et plaies, provoquées lors de la pénétration d'épaves,

- les blessures provoquées par des animaux (méduses, murènes, requins, raies, poisson-pierre, corail, animaux venimeux, etc.),

Si certains de ces accidents sont transposables à la plongée en apnée, d'autres sont propres à cette dernière discipline, comme l'hyperventilation ou le rendez-vous syncopal des 7 mètres.

La fausse submersion, c'est-à-dire l'immersion d'un cadavre peut être utilisée pour dissimuler un crime.

**4. Notion de cadavre frais**

On entend par « noyé frais » une victime dont le séjour dans l'eau n'a pas suffisamment entraîné sur le corps des modifications telles qu'elle reste visuellement identifiable.

Les signes externes de la noyade fréquemment observables peuvent être nombreux, mais pas toujours révélateurs d'une submersion asphyxique. Parmi les signes considérés comme des marqueurs de la noyade, on peut citer :

- la cyanose des extrémités, congestion en pèlerine (tête et cou),

- la congestion multi-viscérale,

- les pétéchies sous-conjonctivales ou sous-cutanées,

- la peau ansérine ou « chair de poule »,

- protrusion de la langue,

- la macération palmo-plantaire,

- l'aspect de congestion hydro aérique des poumons (poumons denses, lourds, de teinte violacée à noire, présentant souvent un emphysème sous-pleural diffus),

- les taches de Tardieu,

- les épanchements pleuraux ou péricardiques (seraient plus fréquents en eau douce),

- la fluidité du sang cardiaque,

- l'aspect « mouillé » (tendu, brillant) des viscères, notamment foie et reins,

- la présence d'eau dans l'estomac ou l'intestin.

Mais ces signes témoignent simplement d'un séjour du corps en milieu hydrique, ou d'un décès précédé d'une période agonique quelle qu'en soit l'origine, mais leur prise en compte ne permet en aucun cas à elle seule de confirmer un cas de noyade. Seul le champignon de mousse située au niveau des orifices bucco-narinaires et qui provient d'un brassage de l'air, de l'eau et du mucus tapissant les voies aériennes lors des derniers mouvements respiratoires effectués en milieu hydrique.

Même si le champignon n'est pas extériorisé, la présence de matériel spumeux dans les voies aériennes supérieures à la même valeur diagnostique. Bien que non pathognomonique (on le retrouve également dans l'œdème aigu du poumon), ce signe est cependant très évocateur de la noyade vitale lorsqu'il est présent chez un cadavre immergé ; son absence ne permet pas d'écarter le diagnostic.

### 5. les noyades en eau douce et la noyade en eau de mer

Il fait faire une distinction entre les noyades en eau douce et celle en eau de mer.

#### *5.1. Noyade en eau douce*

En eau douce, l'eau douce est hypotonique par rapport au plasma. Elle passe par osmose en grande quantité dans les alvéoles, ce qui peut doubler le volume sanguin en quelques minutes.

Survient alors une asphyxie aiguë, une hypervolémie, une hémodilution avec diminution relative des électrolytes, une hémolyse par baisse de l'osmolarité plasmatique avec anémie et hyperkaliémie.

L'hypervolémie de surcharge entraîne une hypertension veineuse et pulmonaire.

#### *5.2. Noyade en eau de mer*

En eau de mer, l'eau de mer est hypertonique. Ce qui conduit à de phénomènes opposés. Ici, le plasma qui du fait de l'hypotonicité intralvéolaire, passe la membrane alvéolo-capillaire et envahit les alvéoles, véritable noyade interne.

Ainsi apparaissent un OAP[55], une hémoconcentration rapide, une hypovolémie avec chute de pression artérielle et veineuse.

Cette noyade n'entraîne ni hémolyse ni hyperkaliémie ni fibrillation ventriculaire.

L'arrêt cardiaque se fait par trouble de la conduction et inefficacité cardiaque progressive.

## II. LES CAUSES DE LA NOYADE

Il faut souligner qu'un homme meurt par submersion quand il respire sous l'eau, ou quand il perd la respiration sous l'eau. C'est un mode important de suicide, employé de préférence par les hommes. C'est le plus souvent une cause fréquente d'accident dont sont victimes les personnes ne sachant pas nager ou les individus ivres.

Les causes de l'asphyxie en cas de noyade précise sont multiples :

- la submersion,

---

[55] OAP : œdème aigu du poumon. Il se caractérise par une accumulation anormale de liquide. Dans ce cas, le liquide vient s'accumuler dans le poumon, plus exactement dans les alvéoles (petites poches où ont lieu les échanges gazeux avec le sang).

- la strangulation,

- l'absorption de gaz irrespirable,

- la compression du thorax,

- le rétrécissement du larynx et l'absorption très importante d'alcool.

- il peut arriver que des problèmes durant la naissance soient également la cause de l'asphyxie, comme dans le cas de l'asthme.

D'après la théorie du Dr M. Segondy, deux éléments sont nécessaires pour parler de noyade à savoir :

- la pénétration d'un fluide dans les voies aériennes jusqu'aux alvéoles pulmonaires et l'asphyxie. Sans intervention médicale urgente, l'asphyxie peut mener rapidement à l'inconscience, puis à la mort. Une asphyxie prolongée peut également entraîner des séquelles au niveau du cerveau.

- l'hypothermie : dans une eau à 10 °, la mort survient au bout d'une à deux heures, indépendamment de la quantité d'eau inhalée. Elle peut être aussi un avantage, car elle procure une certaine protection contre *l'hypoxie tissulaire*[56] permettant une récupération malgré une prise en charge un peu plus tardive.

## III. LES DIFFÉRENTES PHASES D'UNE NOYADE

La noyade se déroule généralement en cinq phases consécutives : l'aquastress, la petite hypoxie, la grande hypoxie, la noyade anoxique et le décès.

### 1. Première phase : la pénétration de l'eau dans les poumons

La victime est prise par la surprise ou saisissement, qui dure environ 10 secondes, elle est marquée par la pénétration peu importante de liquide dans les poumons. La victime panique, elle a des gestes désordonnés et fait ce qu'on appelle « le bouchon ». Elle s'enfonce dans l'eau puis remonte progressivement à la surface.

### 2. Deuxième phase : la petite hypoxie

Elle est marquée par une résistance à la respiration, qui dure environ 1 minute au cours de laquelle la victime s'épuise en s'agitant et en effectuant des mouvements bouchonnés en surface, tout en se mettant en apnée réflexe[57] avec la

[56] L'hypoxie (du grec *hupo* : sous, et *oxus* : oxygène) désigne une inadéquation entre les besoins tissulaires en oxygène et les apports. Elle peut être la conséquence de l'hypoxémie (diminution de la quantité d'oxygène contenue dans le sang).

[57] L'apnée désigne l'arrêt de la ventilation. On parle aussi d'arrêt respiratoire ou d'arrêt ventilatoire. Pendant l'apnée, la pression d'oxygène (PO2) diminue dans les alvéoles pulmonaires. L'oxygène est consommé par les cellules tandis que la pression de gaz carbonique s'accroît. Cette différence de pression produit un changement de la

fermeture de la glotte. Elle commence à être épuisée et reste à la surface de l'eau, toujours consciente, mais elle a déjà inhalé ou bu plusieurs fois de l'eau.

### 3. Troisième phase : la grande hypoxie

La victime ne se maintient plus à la surface, elle est complètement épuisée. Elle a déjà inhalé beaucoup d'eau et elle est de moins en moins consciente. Elle effectue une inspiration profonde qui elle, dure environ 1 minute. En ce laps de temps, l'hypercapnie provoque une reprise de la ventilation avec inhalation de liquide due à une inspiration qui provoque l'introduction de liquide dans l'arbre trachéo-bronchique et l'inondation alvéolaire.

### 4. Quatrième phase : l'anoxie

La noyade dure depuis plusieurs minutes, la victime est dans un état de mort apparente, qui dure environ 1 minute au cours de laquelle elle présente un arrêt respiratoire puis un collapsus (trouble) vasculaire. Elle n'est plus consciente, ne respire plus et ne montre plus de signe d'activité cardiaque. Toutefois, il peut arriver que les victimes ne passent pas forcément par toutes ces étapes.

### 5. Cinquième phase : le décès

Le décès survient en l'absence de prise en charge. Car l'arrêt cardiaque se produit trois à six minutes après la submersion.

## IV. LES CARACTERES ANATOMO-PATHOLOGIQUES DE LA NOYADE

Ils concernent la submersion-inhibition, la submersion asphyxie, les lésions particulières et le phénomène cadavérique.

### 1. En cas de submersion-inhibition

Les noyés blancs représentent 15 à 20 % des cas. Il n'y a pas de lésions, puisque l'eau ne pénètre pas dans les voies respiratoires par suite de l'arrêt brusque de la respiration et du cœur : on parle d'autopsie blanche.

Toutefois, l'agression subite de l'eau sur le corps peut occasionner des perturbations neurovégétatives importantes. Les réflexes vasomoteurs provoquent alors une congestion avec œdème pulmonaire et formation d'écumes composées de sérum sanguin et d'air. Il se réalise alors un état asphyxique secondaire succédant à la syncope : on parle des noyés bleu pâle.

---

composition chimique du sang. Lorsque la teneur en $CO_2$ augmente et atteint un seuil critique, des récepteurs neurologiques préviennent le système nerveux du déficit en $O_2$. C'est le niveau de $CO_2$ qui donne le signal. Ce stimulus hypoxique déclenche l'envie de respirer sous forme de réflexes thoraciques et de la glotte. Poursuivre l'apnée au-delà expose à la syncope et au risque de noyade.

On parle également du *noyé frais*, qui est un noyé dont le bref séjour dans l'eau n'a pas entraîné des modifications importantes et qui reste physionomiquement identifiable.

**2. En cas de submersion asphyxie**

On a des lésions d'asphyxie suivantes :

- cyanose de la face quelques fois ecchymotiques. Cette cyanose marquée sur le visage et s'étendant à tout le corps n'est que le signe de l'asphyxie aiguë. Elle s'oppose à la blancheur cireuse des noyés blancs par inhibition.

- les ecchymoses ponctuées à la face et conjonctive,

- la congestion du larynx,

- les ecchymoses sous pleurale,

- la congestion du cerveau, les taches de Paltauf[58] sous pleurales, ecchymotiques, plus ou moins pâles ou bleuâtres, plus grande que les taches de Tardieu, situées aux faces antérieures des lobes et surtout sur les surfaces inter-lobaires. Elles seraient dues à la déchirure des septa inter-alvéolaires.

**3. Les lésions particulières**

Chez les noyés retirés de l'eau peu de temps après la mort, on note les caractéristiques d'origine mécanique et plus caractéristique. Parmi les plus fréquentes, il y a :

- les hémorragies bilatérales : elles siègent au niveau de la musculature thoracique qui présente dans 10 % des cas. Paltauf[59] les attribue aux efforts du noyé et aux tentatives de réanimation ;

- une écume mousseuse à petites bulles égales entre elles formées dans les ramifications bronchiques se présente après plusieurs heures aux orifices respiratoires, sous l'aspect d'une petite masse appelée « champignons de mousse » elle persiste une huitaine de jours en hiver et cinq jours en été, elle manque rarement ;

- la trachée et les bronches contiennent du sable et des matières alimentaires régurgitées par l'estomac ;

---

58 Taches de Paltauf : taches claires rouges qui apparaissent sur la surface des poumons des organes des noyés.

59 Richard Paltauf (9 February 1858-1924) fut un pathologist et bactériologiste austrichien.

- les poumons, remplis d'écume, sont distendus, ballonnés et volumineux. Cet aspect pulmonaire prend le nom *d'emphysème hydro-aérique*[60], le sang est très fluide et dilué et l'estomac est dilaté par l'eau qu'il contient.

Ils apparaissent trop grands pour la cage thoracique et des placards d'emphysème aigu apparaissent à leur surface. Les bords sont arrondis, ils ont une consistance de coussins pneumatiques et les parties claires et ballonnées crépitent sous les doigts. Sectionnés, les poumons ne s'affaissent pas, le parenchyme œdématié garde l'empreinte du doigt et laisse émerger un liquide écumeux qui ne contient ni leucocytes ni fibrine.

- la peau présente un aspect connu sous le nom de « peau en serine », qui n'est pas un signe caractéristique de la submersion,

- les phénomènes cadavériques présentent chez les noyés des particularités, en rapport avec l'imbibition, le charriage, la putréfaction.

- la rétraction du pénis, du scrotum et du mamelon ;

Ces particularités sont sous la dépendance de la contraction ante ou post mortem des fibres musculaires de la peau.

- Les lividités sont précoces et abondantes dans la submersion asphyxique par suite de la fluidité du sang.

- les modifications oculaires (taches scléroticales, affaissement du globe) ne peuvent pas se produire ;

- les conjonctives sont imbibées d'eau et tuméfiées aux angles des yeux.

- l'épiderme de la paume de mains et de la plante des pieds devient blanchâtre, épais, ridé, plus tard il se détache comme un gant.

**4. Diagnostic médico-légal**

Un cadavre retiré de l'eau peut y avoir été jeté pour masquer un crime ou un homicide involontaire. Il importe de rechercher s'il y a eu submersion d'un sujet vivant ou immersion d'un cadavre.

Dans ce cas le seul examen externe du cadavre ne permet pas d'affirmer la mort par submersion, l'autopsie est indispensable.

Quatre questions se posent devant cette situation à savoir:

- quelle est l'identité de la victime ?

---

[60] Emphysème hydroaérique : la destruction des voies aériennes distales par superposition d'une partie liquidienne et d'un épanchement gazeux.

- la mort est-elle le fait de la submersion ?

- est-elle due à un crime, à un accident, à un suicide ?

- quelle est la durée du séjour dans l'eau ?

Le diagnostic médico-légal montre :

- l'écume est présente dans les voies aériennes (champignons de mousse)

- la découverte dans la trachée et dans les bronches de corps étrangers si la mort est récente, car leur pénétration dans les voies respiratoires n'a pu provenir que d'un acte vital.

- la tuméfaction des poumons, l'emphysème hydroaerique, le liquide spumeux abondant qui s'échappe du parenchyme appuie les autres signes auxquels s'ajoute la congestion marquée de la muqueuse du larynx,

On relève ensuite :

- la dilatation du cœur droit,

- la stase veineuse du foie,

- le sang fluide et la réplétion de l'estomac par l'eau.

Ces constatations permettent de conclure à la submersion asphyxique par aspiration.

L'examen histologique des poumons fournit également des signes caractéristiques de submersion qui sont :

- l'emphysème et œdème en foyer

- les déchirures des parois alvéolaires

- l'hémorragie à prédominance peri-bronchique

**5. Les phénomènes cadavériques**

Ils présentent chez les noyés des particularités intéressantes, en rapport avec l'imbibition, le charriage et la putréfaction. Les phénomènes cadavériques chez les corps retirés de l'eau peu de temps après la mort présentent :

- la peau avec un aspect connu sous le nom de « peau en serine », qui n'est pas un signe caractéristique de la submersion.

- la rétraction du pénis chez les hommes, du scrotum et du mamelon. Ces particularités sont sous la dépendance de la contraction ante ou post mortem des fibres musculaires de la peau.

- les lividités qui sont précoces et abondantes dans la submersion asphyxique par suite de la fluidité du sang.

- l'imbibition : l'imbibition cadavérique empêche la déshydratation des tissus. Par conséquent, les modifications oculaires (taches scléroticales, affaissement du globe) ne peuvent pas se produire. Les conjonctives sont au contraire imbibées d'eau et même tuméfiées aux angles des yeux. C'est par l'imbibition que se réalise la macération de la peau. L'épiderme de la paume des mains et de la plante des pieds devient blanchâtre, épais, ridé, plus tard il se détache comme un gant.

- les lésions de charriage et la putréfaction : les lésions de charriage sont issues du voyage accompli sous l'eau par un cadavre. Ce voyage s'effectue souvent en trois étapes :

Première étape : le corps s'enfonce d'abord progressivement puisque sa densité est légèrement supérieure à celle de l'eau, en même temps le courant l'emporte sur une certaine distance, lorsqu'il atteint la région du fond où il n'y a pas de courant, le noyé s'immobilise.

Deuxième étape : le corps s'immobilise jusqu'au moment où sous l'influence des gaz de la putréfaction, il remonte progressivement vers la surface, il se trouve à nouveau entraîné par le courant. Au cours de cc déplacement, le cadavre subit de nombreux traumatismes à la suite des heurts contre les obstacles qu'il rencontre.

Troisième étape : le noyé masculin qui chemine sous l'eau en position ventrale et fortement fléchi, les plaies à bords mâchés taillées en pente douce jusqu'à l'os se forment aux genoux, aux pieds et à la tête, tandis que sur le noyé féminin, il se trouve courbé dans le décubitus dorsal, l'usure se produit à l'occiput et aux talons. On peut retrouver aussi des lésions cutanées réalisées par les morsures des animaux aquatiques.

Au cours de ce déplacement, le cadavre subit de nombreux traumatismes à la suite des heurts contre les obstacles divers qu'il rencontre. Sur le noyé masculin qui chemine sous l'eau en position ventrale et fortement fléchi, des plaies à bord mâché, taillé en pente douce jusqu'à l'os se forment au genou, aux pieds et à la tête. Sur le noyé féminin, il se trouve courbé dans le décubitus dorsal, l'usure se produit à l'occiput et au talon.

## V. ENQUÊTE EN CAS DE NOYADE

Quatre questions se posent devant un cadavre retiré de l'eau : quelle est l'identité de la victime ? La mort est-elle le fait de la submersion ? Est-elle due à un crime, à un accident, à un suicide ? Quelle est la durée du séjour dans l'eau ?

### 1. Formes médico-légales

Un cadavre retiré de l'eau peut y avoir été jeté pour masquer un crime ou un homicide involontaire. Il importe par conséquent de rechercher si le sujet a été submergé vivant ou immergé mort. L'examen externe du cadavre ne permet pas répondre à cette question, une autopsie est indispensable toutefois, il existe trois formes médico-légales de la noyade à savoir : la forme accidentelle, la forme suicidaire et la forme criminelle.

### *1.1. La forme accidentelle*

Il s'agit soit :

- d'un sujet ne sachant pas nager et qui tombe dans un lac ou une rivière, soit d'un nageur imprudent et épuisé. Dans la zone tropicale, elles surviennent pendant la période de rivières en crue et impliquent les sujets ne sachant pas nager et les petits enfants.

- la chute de voiture dans une rivière ;

- la chute de vigneron dans une cuve ;

- la chute d'un ouvrier dans un bac d'huile.

Dans ce cas précis, la submersion peut être incomplète, c'est le cas d'un sujet épuisé ou de vagabond alcoolique trouvé noyé par simple immersion de la face dans une flaque d'eau, un abreuvoir, ou un ruisseau.

### *1.2. La forme suicidaire*

Dans une interview donnée par Alexandre Girod, responsable de l'identité judiciaire du Canton de Vaud (Suisse) au journal Le Temps : « certaines personnes choisissent souvent l'eau pour mourir parce que c'est une manière relativement douce de partir. Le corps subit peu de dommages physiques, un détail qui a son importance pour celui qui veut éviter une découverte macabre à son entourage. Ce sont généralement des femmes, relativement âgées, dépressives ou atteintes par la maladie. Elles planifient scrupuleusement leur départ. En comparaison, les hommes, eux, se suicident plus brutalement, souvent par arme à feu ou par pendaison. »

### *1.3. La forme criminelle*

La forme criminelle s'observe par la submersion qui survient par surprise (par bousculade dans un canal par exemple) ou bien en deux temps en assommant d'abord la victime par des coups portés à la tête, ou enfin en jetant délibérément un homme à l'eau, auquel cas l'intervention de plusieurs individus est indispensable.

La forme criminelle (par submersion) submersion peut aussi avoir lieu après la pendaison, c'est la forme la plus fréquente de suicide réussi. C'est aussi la forme la plus utilisée jadis dans le cas d'infanticide par précipitation dans les fosses d'aisances ou dans les mares. La submersion criminelle

## 2. La levée de corps

L'examen visuel de la dépouille par un médecin légiste sur les lieux de sa découverte est très riche en informations pour l'enquête. Il s'agit d'un acte d'enquête (constatations), mais aussi administratif (certificat de décès) en cas de mort violente, suspecte ou d'origine inconnue.

Le médecin doit intervenir sur les lieux de la découverte du cadavre et procéder à une expertise visuelle et externe du corps pour s'assurer tout d'abord que la mort est réelle (arrêt cardio-circulatoire, arrêt respiratoire…).

Dans le cas de la découverte d'un cadavre en milieu hydrique, la levée de corps doit se pratiquer sous le signe de l'urgence, car un corps hors de l'eau se dégrade très rapidement. La levée de corps étant une phase importante du diagnostic médico-légal, il est essentiel que le médecin légiste examine la victime rapidement sous peine de perdre des données précieuses relatives aux circonstances de la mort.

### *2.1. Des constatations et observations minutieuses de l'état général du corps*

Ici, il sera important de :

- noter la position du corps ;

- relever des lésions et des signes cliniques pouvant expliquer les circonstances et causes du décès ;

- faire des prélèvements si ceux-ci s'avèrent nécessaires ou s'ils risquent de disparaître lors du transport du corps.

- s'imprégner de l'ambiance qui règne autour de la victime et ainsi, mettre en corrélation les constatations sur le corps avec le milieu environnant.

### *2.2. L'examen de la peau*

On recherche la Cyanose qui est la coloration bleuâtre ou mauve de la peau et des muqueuses. Elle se traduit par un aspect violacé des ongles des mains, de pieds, voire de la face du cadavre. La cyanose est un phénomène *peri mortem*, c'est-à-dire qu'elle apparaît dès le décès, même juste avant. L'anémie retarde la cyanose (qui passe parfois inaperçue en présence d'une anémie très grave) et inversement, la polyglobulie (augmentation du nombre des globules rouges) accentue la cyanose.

Ce phénomène s'explique par le fait que lorsque l'oxygène pénètre le corps, une partie va servir à oxygéner les tissus, tandis qu'une autre partie vient s'insérer dans l'hémoglobine. Lorsqu'il y a manque d'oxygène, les organes vont puiser dans l'hémoglobine l'oxygène dont ils ont besoin. Cela représente en quelque sorte une réserve en cas de problème.

Si la personne est en détresse respiratoire, son besoin d'oxygène est très important. L'oxygène que les organes reçoivent va se révéler insuffisant et l'individu en souffrance respiratoire voit son rythme cardiaque augmenter afin de recevoir plus de sang oxygéné. Ses tissus vont donc le puiser dans l'hémoglobine encore en circulation. La cyanose représente ce surplus d'hémoglobine utilisée pour oxygéner les organes. Elle se traduit par une infiltration hématique, c'est-à-dire une coloration des extrémités des doigts, des orteils et dans certains cas de la face.

Lorsqu'un cadavre présente une cyanose très marquée, on peut supposer que la victime était déjà en grand manque d'oxygène avant de mourir. C'est un signe cadavérique particulièrement visible chez les pendus, les asphyxiés ou les individus décédés à la suite d'une mort toxique.

L'examen de la peau montre aussi l'aspect chair de poule ou *cutis anserina* qui survient après l'apparition de la rigidité des muscles horripilateurs et des bulbes pileux apparaissent au maximum dans les 6 à 7 heures après le décès, avant de disparaître rapidement. Des aspects similaires peuvent être observés au niveau du scrotum, du pénis chez l'homme et du mamelon chez la femme.

Cela s'explique par le fait qu'au cours de ses déplacements du corps dans l'eau, celui-ci peut subir diverses agressions. La différence de morphologies entre l'homme et la femme expliquent que le corps de l'homme est habituellement sur le ventre et les lésions sont plus importantes au niveau des genoux, des pieds et de la tête. En revanche, le corps féminin est plus fréquemment sur le dos et les lésions se concentrent sur les régions occipitales et les talons. Ces lésions sont occasionnées par des frottements sur les fonds aquatiques (pierres, graviers, branches…) et les prédateurs aquatiques.

### *2.3. L'examen de la face*

L'examen de la face révèle la physiopathologie de la noyade qui permet de distinguer les noyés blancs des noyés bleus. On remarque la cyanose du visage, des conjonctives hyperhémiées ou ecchymotiques.

Au niveau de *l'œil,* on note le phénomène de *l'œil de poisson* qui survient après le caractère hyperhémié de la conjonctive associé à un œil qui semble être exorbité et hypertonique. Cet aspect turgescent de l'œil est dû au passage de l'eau hypotonique dans les globes oculaires. Les paupières peuvent également être œdématiées.

### *2.4. L'examen de la bouche*

Au niveau de la bouche et du nez, on note le champignon de mousse qui est une spume blanche, légère et tenace, faite de petites bulles irisées avec des stries rosâtres. La compression du thorax provoque son issue par ces orifices, il apparaît deux à trois heures après l'extraction du cadavre hors de l'eau et disparaît avec la putréfaction et se réduit alors à une morve brunâtre. Il résulte du mélange intime d'air, d'eau et du mucus et constitue un signe décisif de submersion vitale, mais il peut manquer dans la mort rapide et il n'est pas spécifique de la noyade.

Sur les lèvres, on note la présence d'une quantité abondante de sérosités sanguinolentes qui vient des poumons, des saillies de mousses de la surface pulmonaire.

La langue est coincée entre les deux arcades dentaires, parfois avec une morsure et une discrète hémorragie. Cet aspect est dû aux crises convulsives pouvant survenir durant la phase d'inspiration profonde.

***2.5 Étude du champignon de mousse***

La spume ou champignon de mousse est une substance blanchâtre ayant l'apparence de l'écume, visible au niveau des voies respiratoires (bouche et nez). Cette mousse s'est constituée par le mixage de l'eau inhalée par la victime de son vivant avec de l'air et du mucus bronchique lors des mouvements respiratoires dans le liquide. C'est un phénomène intéressant qui tend à montrer une inondation des voies respiratoires du vivant de la personne et marque l'existence d'un œdème pulmonaire particulièrement important.

Le champignon de mousse apparaît 2 à 3 heures après le retrait du corps de l'eau. Son évolution à l'air libre se fait vers une liquéfaction brunâtre et épaisse. Il est consécutif à une accumulation de mousse spumeuse au niveau des orifices de la face (nez et bouche).

L'un des signes importants à l'examen externe pour le diagnostic de la noyade est caractérisé par :

- la présence de la mousse dans les orifices respiratoires supérieurs ;

- des écumes mousseuses font suite à l'éruption de l'eau dans l'arbre bronchique ;

- des écumes mousseuses se caractérisent par leurs résistances à la chaleur et à la putréfaction ;

- des écumes mousseuses sont de couleur blanc neige ;

- des écumes mousseuses ne sont pas spécifiques et pathognomoniques de la noyade parce qu'on les retrouve *dans les OAP aussi*).

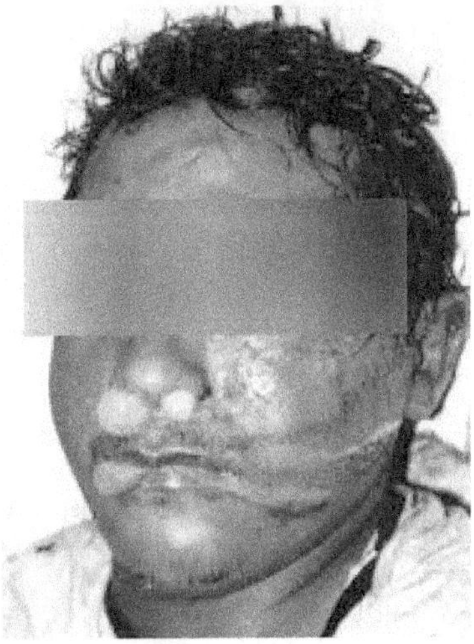

Figure 5 : photo d'un noyé présentant le champion de mousse (Atlas On Line de Médecine Légale)

Le champignon de mousse observé au niveau des narines et de la bouche est un fluide qui provient des poumons. Il s'agit d'un mélange de protéines essentiellement, et d'eau du milieu liquide ou la noyade a eu lieu. Généralement ledit champignon a une couleur blanche, mais il peut être légèrement rose en fonction du taux de sang des poumons, dans le mélange en question. Cette mousse se trouve aussi dans la trachée et dans les bronches.

### *2.6. L'examen des vêtements*

On recherche les éléments circonstanciels tels que les habits s'ils sont très soigneusement rangés et déposés sur la berge, ou des écrits qui constituent ici des éléments probants.

On doit ensuite rechercher dans la vie personnelle de la victime. Selon Alexandre Girod, le fait de retrouver des habits soigneusement pliés sur la rive peut constituer un indice de suicide à partir du moment où les gens qui plongent habillés ont de la peine à nager et à gagner le large et ratent parfois leur acte.

### *2.7. Les prélèvements pour analyses*

L'enquête se poursuit avec les analyses plus poussées. Le but de ces analyses est d'écarter les homicides déguisés en noyade. Pour cela, on recherche les diatomées présentes dans le corps repêché. Ces particules microscopiques de silice reposant au fond des lacs, des rivières et des cours d'eau sont toujours caractéristiques de l'étendue d'eau dans laquelle elles ont été prélevées. Ainsi, deux échantillons de deux lacs différents seront forcément dissemblables l'un de l'autre. Leur présence dans le corps de la victime prouve que cette dernière est bien morte dans l'eau dont elle a été extraite, et non pas dans une baignoire, par exemple.

### *2.8. L'enquête environnementale*

Sur le plan psychologique, il y a souvent chez ces victimes comme une volonté de partir proprement en ordre. Certains prennent le soin de régler leurs affaires, payer les factures, et ranger les vêtements. C'est une forme de respect envers les proches pour le suicidé. Mais indépendamment de tout autre indice, cet acte ne peut constituer une preuve en soi.

## 3. L'autopsie

L'autopsie devra alors fournir un maximum de renseignements ou de prélèvements pour permettre l'identification de la victime.

Il existe plusieurs méthodes pour diagnostiquer la noyade par inhalation d'eau et apporter des arguments supplémentaires au médecin légiste dans son rapport. Le diagnostic de noyade peut être mis en évidence par de nombreuses méthodes telles que l'histologie, la recherche de marqueurs biochimiques et biologiques.

### *3.1. Les marqueurs biochimiques : les méthodes limnologiques (les diatomées et le strontium)*

Les méthodes biochimiques permettent de caractériser le passage dans l'organisme, plus particulièrement dans le sang, d'un élément naturel présent en abondance dans l'eau ou de mettre en évidence des perturbations liées au phénomène de l'osmose (hémodilution en eau douce et hémoconcentration en eau de mer).

La méthode la plus couramment employée est le dosage du *strontium* qui est le marqueur biochimique de référence, caractérisant la noyade vitale et tout particulièrement dans l'eau de mer où cet élément est présent en forte concentration et la recherche des diatomées.

Le médecin légiste ne pourra s'appuyer sur cette technique que sur un sujet frais, qui date de moins d'une semaine environ, puisque la putréfaction détruit toutes les preuves du passage du strontium dans la circulation sanguine. De plus, l'interprétation du dosage de ces marqueurs pour avoir un bon diagnostic, devra être confrontée à la concentration de ces éléments dans l'eau de submersion, notamment dans l'eau douce ainsi qu'à l'environnement alimentaire et médical de la victime (traitement de l'ostéoporose). Pour les besoins de cette analyse, le médecin légiste procédera à trois prélèvements de sang (cœur droit, cœur gauche et périphérique) et si possible en double pour une éventuelle contre-analyse.

Les diatomées et le strontium qui sont d'excellents marqueurs de la noyade vitale sont complémentaires l'un de l'autre et doivent être systématiquement réalisés pour toutes découvertes de cadavres immergés. Il n'est donc pas bon de les apprécier isolément, en raison de tous les éléments parasites qui peuvent venir fausser l'interprétation des résultats.

### 3.1.1 La recherche des diatomées

L'intérêt des diatomées dans une enquête en cas de noyade vient du fait que ces micro-algues sont présentes dans tous les milieux aquatiques : océans, eaux douces courantes ou stagnantes et sols humides, à l'exception des eaux plus chaudes et salées. Ce sont des marqueurs biologiques de la noyade et tout particulièrement dans le cas d'un corps putréfié où ils constituent l'unique signe positif pouvant aider le médecin légiste à se prononcer sur les causes de la mort.

Les diatomées ou algues microscopiques présentes dans tous les milieux aquatiques sont des marqueurs biologiques de la noyade et tout particulièrement dans le cas d'un corps putréfié où ils constituent l'unique signe positif pouvant aider le médecin légiste à se prononcer sur les causes de la mort.

En effet, les diatomées se répandent dans les différents organes lors de leur passage dans le système sanguin jusqu'à la moelle osseuse qui les protège de la putréfaction. Mais dans les cas de noyade en eau de mer où la concentration de ces algues est beaucoup plus faible que dans l'eau douce.

L'analyse des diatomées doit être à la fois qualitative et quantitative. Les espèces retrouvées sur le cadavre doivent correspondre à celles observées sur l'eau de noyade et dans les mêmes proportions. Le test des diatomées, peu sensible, reste encore controversé car il est toujours difficile.

Cette expertise ne donnera aucun élément en cas de décès dans une eau d'adduction urbaine qui est très pauvre en diatomées du fait de son traitement.

En cas de noyade, les diatomées sont inhalées en même temps que l'eau envahit les voies respiratoires et les poumons. Par osmose, cette eau et les diatomées pénètrent le système sanguin et de là, se diffusent dans les différents organes comme le foie, les reins, le cerveau et jusqu'à la moelle osseuse.

En effet, les diatomées se répandent dans les différents organes lors de leur passage dans le système sanguin jusqu'à la moelle osseuse qui les protège de la putréfaction. Mais la concentration de ces algues est beaucoup plus faible dans l'eau de mer que dans l'eau douce.

Il existe de très nombreuses espèces de diatomées qui vivent isolément ou en colonies. Certains vivent en suspension dans l'eau, d'autres vivent fixées à des supports immergés ou déposées au fond de l'eau.

Ces algues sont très sensibles aux variations saisonnières, à la température, à l'intensité lumineuse, à la pollution, aux caractéristiques hydrauliques et nutritionnelles du milieu qu'elles colonisent. Ainsi, on peut ne pas retrouver la même espèce entre deux points distants de quelques mètres seulement dans un même cours d'eau et au même endroit à deux périodes différentes de l'année.

La structure de ces algues présente un squelette constitué de silice, ce qui les rend résistantes aux acides, à la chaleur et à la putréfaction.

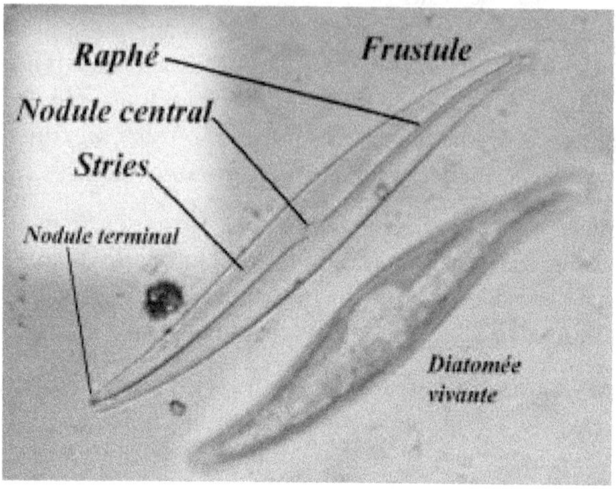


Figure 6 : schéma montrant la coupe d'une diatomée

Toutefois, il est possible de trouver cette algue dans les échantillons d'organes de personnes n'étant pas décédées de noyade. Cela vient du fait qu'il est possible au quotidien d'ingérer ou d'inhaler des diatomées, par exemple dans la nourriture faite de coquillages, ou par contamination passive lors de l'autopsie avec la possibilité de souiller les organes internes avec l'eau d'immersion présente sur la surface du corps. Ainsi, il est important que l'analyse médico-légale des diatomées soit à la fois comparative, quantitative et qualitative :

- l'analyse comparative : elle consiste à comparer, les espèces retrouvées et identifiées dans les tissus de la victime à celles présentes dans l'eau de submersion.

- l'analyse quantitative : elle consiste à l'identification d'un nombre minimum de diatomées par prélèvement au-delà duquel l'analyse pourra être considérée comme fortement représentative de la noyade et ainsi, réduire tout risque de faux positifs ou de contamination.

- L'analyse qualitative : elle consiste à réaliser deux prélèvements d'eaux : l'un en surface et l'autre en profondeur et de renouveler cette opération en amont du cours d'eau, mais également les prélèvements d'échantillons d'eaux doivent être réalisés sur les lieux de la découverte de cadavre ainsi que des tissus lors de l'autopsie.

Le prélèvement des tissus doit se faire sans contamination par les diatomées qui se trouvent d'une part à la surface du corps et pouvant être amenés par l'eau d'immersion et, d'autre part par les instruments et les gants qui peuvent être contaminés par l'eau de lavage lors de l'autopsie. Pour cela, les instruments de dissection et les gants devront être changés après chaque prélèvement.

Les diatomées sont mises en évidence au niveau des poumons, du foie, des reins, du cerveau et de la moelle osseuse. Ces corps microscopiques permettent de savoir si le corps a été jeté dans l'eau avant ou après le décès. La norme reconnue par l'ensemble des experts pour conclure à une noyade asphyxique est de retrouver plus de 20 diatomées dans 10 ou 2 grammes de tissu pulmonaire selon la méthode utilisée par le laboratoire et plus de 5 diatomées dans 10 ou 2 grammes provenant des autres tissus (rein, foie, cerveau, moelle osseuse).

- *l'inconvénient des diatomées* : les diatomées peuvent être retrouvées dans les tissus en dehors de toute noyade du fait de leur présence dans l'air (certaines espèces de diatomées sont aérophiles), dans les aliments (salade, radis cresson, coquillage…). Le mode de pénétration se faisant par inhalation ou ingestion en pré-mortem.

De même, cette méthode ne peut être employée dans les hypothèses de noyades survenues dans de l'eau distribuée par les réseaux urbains (baignoire, piscine). Cela s'explique par le fait que le traitement et la présence de filtres empêchent la colonisation de cette eau par les diatomées qui en sont, soit absentes, soit dans des proportions non significatives pour le diagnostic de la noyade.

Par ailleurs, cette technique semble moins appropriée à la noyade en eau de mer. En effet, le phénomène osmotique typique à ce milieu a pour conséquence par rapport à l'eau douce, de ne pas, ou de peu pénétrer le système sanguin et donc ne pas diffuser les diatomées dans les différents organes.

Selon le professeur LUDES auteur du livre *Diatomées et médecine légale* : « Le principe de l'osmose est certes un phénomène important mais il n'empêche pas la pénétration des diatomées dans les tissus. La négativité fréquente des analyses des tissus des noyés en mer est principalement due à la faible concentration en diatomées dans cette eau, tout particulièrement celle du large. Nous avons bien eu des cas de noyade en mer avec des résultats positifs dans les tissus ».

Il est donc préférable de réaliser cet examen en eau de mer, même si les résultats sont très souvent négatifs. De plus, les enquêteurs ne peuvent écarter la possibilité du déplacement du corps d'un cours d'eau douce vers la mer.

Recommandation : La recherche de diatomées dans les découvertes de cadavres en milieu hydrique devrait être réalisée automatiquement et tout particulièrement sur les corps en putréfaction. Une présence significative de cette algue de la même espèce, aussi bien dans les différents organes analysés et principalement dans la moelle osseuse qui est un tissu particulièrement bien protégé des contaminations, que dans les échantillons de l'eau de submersion, est un élément qui confirme la vraie noyade et permet, en outre de confirmer la localisation de la noyade.

Toutefois, l'absence des diatomées n'exclue pas la noyade des hypothèses des causes de la mort, car la quantité de diatomées dans l'eau peut varier d'un jour à l'autre et même parfois d'une heure à l'autre en fonction des conditions climatiques.

### 3.1.2. La recherche du strontium

Un autre indicateur caractéristique du séjour d'un corps dans l'eau est le strontium, qui est un métal dit « alcalino-terreux ». Sa particularité est qu'il résiste au feu. Ce métal est présent dans les sols et dans les composants de certains minerais. Il est utilisé dans l'industrie, sous forme de sel pour la fabrication de produits pyrotechniques ou revêtements anti-corrosifs par exemple, ainsi que dans certains médicaments dans le traitement de l'ostéoporose.

On trouve également des particules de strontium dans l'air et dans l'eau. Plusieurs de ses composés sont très solubles et se retrouvent donc facilement en suspension dans l'eau ou dans les sédiments, surtout dans la mer. C'est un marqueur de pollution de l'environnement.

Le strontium n'existe pas naturellement dans l'organisme, mais de faibles concentrations sont retrouvées dans tous les êtres vivants. Cette présence résulte de l'alimentation, basée sur la consommation de produits de la mer (coquillages, poissons), de produits d'eaux de source fortement minéralisées et de médicaments.

Les différentes études ont montré que les taux de strontium retrouvés chez des victimes non noyées se situent entre 17,57 µg/l et 64,27 µg/l.

En revanche chez les noyés en eau douce, ce taux se situe entre 27,5 µg/l et 452 µg/l et en eau de mer entre 63,68 µg/l et 3 050 µg/l.

On peut utiliser le strontium comme un marqueur possible du passage de l'eau dans le système sanguin. En principe, lors de la phase d'inondation des voies aériennes et des poumons, les particules de strontium présentes dans l'eau passent dans le système sanguin selon le principe de l'osmose, et augmentent le taux de concentration de ce métal dans le corps humain.

Une élévation significative du dosage du strontium dans le sang certifie le passage de l'eau dans les poumons et confirme le diagnostic de la noyade en cas de mort suspecte.

Cependant, il y a de très grandes variations de concentration de strontium dans le milieu naturel hydrique d'un site de prélèvement à un autre. Ainsi dans certains cas, on remarquera que le taux de ce marqueur est proche de celui présent dans l'organisme, et donc peu discriminant.

Recommandation : vu la grande variabilité de la teneur de strontium dans les eaux et tout particulièrement dans les eaux douces, il est indispensable de prélever un échantillon du liquide d'immersion du cadavre afin d'en vérifier sa teneur exacte en strontium.

Selon l'importance de sa concentration et surtout de l'amplitude du contraste avec le taux moyen chez l'humain, le résultat de cette analyse pourra ou non être un indicateur valable de la noyade.

Le dosage du strontium nécessite d'effectuer sur les lieux de découverte du corps un prélèvement de l'eau de submersion et lors de l'autopsie des prélèvements de sang périphérique et intracardiaque (cœur gauche et droit). Il est recommandé pour le laboratoire de se renseigner sue les habitudes alimentaires et médicamenteuses de la victime.

Mais ce procédé ne doit pas se substituer à la recherche des diatomées ou autres méthodes, car c'est un élément supplémentaire en faveur de la noyade asphyxique lorsque les résultats sont représentatifs.

*Faiblesse de la méthode*

Cette technique présente néanmoins certaines insuffisances :

- elle semble fiable pour les cadavres récents, c'est - à-dire moins de sept jours dans l'eau. Au-delà de sept jours, elle devient très aléatoire, voire ininterprétable lorsque le corps est en état de putréfaction ;

- les blessures importantes favorisent la pénétration passive de l'eau dans le corps et donc du strontium dans les organes et dans le sang ;

- une longue agonie favorise l'augmentation du strontium dans le sang cardiaque ;

- la prise régulière de certains médicaments à base de strontium ;

- une alimentation régulière à base de produits de la mer ou de certaines eaux minérales peut entraîner à terme l'augmentation du strontium dans le système sanguin au-delà de la moyenne généralement constatée chez l'humain.

### *3.2. Les méthodes biologiques*

#### 3.2.1. L'étude du thorax

L'examen du thorax met en exergue trois types de lésions pulmonaires :

La première est l'*hyperhydrie* (elle met en évidence les poumons gorgés de liquide, lourds, distendus, et œdémateux, le parenchyme garde le godet, la pression fait sourdre en jet par les bronchioles un liquide écumeux et brunâtre) ;

La secondaire est l'*hyperaérie* (ici, les poumons ont un aspect léger, soufflé, crépitant et sec, ils donnent l'impression de coussinets pneumatiques bombant hors du thorax)

La troisième est l'*hyperhydroaérie* (c'est l'aspect le plus fréquent, elle réalise un aspect de poumons imbibés avec de multiples bulles d'emphysème sous pleurales minuscules et égales).

Si la mort est récente, on révèle la présence de l'écume dans les voies aériennes (champignons de mousse), ainsi que les corps étrangers dans la trachée et dans les bronches.

Les poumons sont distendus, porteurs d'empreintes costales[61]. Ils sont fermes, crépitants, siège de foyers hémorragiques. On note également la présence de l'œdème mousseux au niveau de l'arbre aérien avec un aspect proche d'un œdème aigu classique.

Les cavités pleurales sont souvent le siège d'un épanchement plus important qu'il n'est habituellement. Enfin, on observe une distension pseudo-emphysémateuse aiguë au niveau des poumons, due à l'étirement et à la rupture des cloisons alvéolaires.

Les ecchymoses sous pleurales à cause de l'hémodilution, sont plus pâles et plus étalées que les taches de TARDIEU, les taches de PALTAUF brunâtres apparaissent quand les poumons ont une couleur pâle ou un aspect tacheté.

Lorsque la noyade se fait en eaux douces ou en eaux salées, il y a destruction des alvéoles pulmonaires avec suintement de sang et la formation des œdèmes pulmonaires, il existe également un lavage du surfactant pulmonaire[62]. La victime peut garder des séquelles persistant après la noyade en fonction de l'importance de l'hypoxie et de sa durée.

Les alvéoles pulmonaires au niveau des poumons peuvent être rompues ou dilatées à la suite de l'inhalation du liquide, ainsi que les traces d'un œdème pulmonaire. Lorsqu'ils sont présents, ils constituent des signes positifs de la noyade vitale.

---

[61]Empreintes costales : dépression se trouvant à la surface des os ou des organes (empreinte aortique de la trachée ; empreinte colique du pancréas ; empreintes costales du foie ; empreinte artérielle, empreinte duodénale, empreinte œsophagique).

[62] Le surfactant pulmonaire est un matériau complexe tensioactif sécrété continuellement dans la lumière alvéolaire par les pneumocytes de type 2. Il est constitué d'un grand nombre de molécules différentes : lipides, phospholipides et protéines. Le surfactant pulmonaire est indispensable à une fonction respiratoire normale. Le déficit en surfactant est la cause de la maladie des membranes hyalines du nouveau-né prématuré, et participe aussi au syndrome de détresse respiratoire aiguë de l'adulte.

Les bronches doivent être vides lors de la dissection. On peut cependant y retrouver des particules de sable, de vase voire des algues et il y a tuméfaction des poumons ;

Le larynx est congestif, on y retrouve des *taches de PALTAUF* au niveau de l'épiglotte. Il y a congestion marquée de la muqueuse du larynx.

La plèvre présente un épanchement constant de 500 ml ;

Le cœur présente un épanchement péricardique presque constant, la dilatation du cœur droit,

#### 3.2.2. L'étude de l'abdomen

L'estomac contient de l'eau, des algues et les diatomées, le sang est fluide ;

Le foie se présente comme une tache noire violacée. Sa palpation donne une sensation de tension, il augmente de volume, sa coupe laisse sourdre un sang noir. On note un arrêt veineux du foie ;

Les reins sont rouge-violacé, par congestion diffuse plus des hémorragies punctiformes fréquentes ;

#### 3.2.3. L'étude du crâne

Le crâne présente une congestion intense de toutes les parties profondes du cuir chevelu. L'encéphale présente une congestion diffuse avec réplétion importante de tous les sinus veineux.

Ces constatations permettent de conclure à la submersion asphyxique par aspiration. D'autres examens sont nécessaires.

Remarque : la noyade n'entraîne pas nécessairement la pénétration d'une grande quantité d'eau dans les poumons. En effet, la pénétration même d'une infime quantité d'eau dans les voies respiratoires peut provoquer une apnée réflexe. C'est-à-dire que l'épiglotte se ferme par spasme laryngé pour protéger les voies respiratoires, empêchant le sujet de respirer même lorsque la tête se retrouve hors de l'eau. Par conséquent, l'oxygène disponible dans l'organisme diminue, provoquant l'hypoxie. Si l'hypoxie cérébrale se prolonge, le spasme se lève et laisse l'eau pénétrer dans les voies respiratoires. Ainsi, le cœur s'accélère dans un premier temps puis ralentit et s'arrête en quelques minutes. Ce délai peut très sensiblement s'allonger en cas de noyade en eaux froides.

### *3.3. L'histologie des cellules*

#### 3.3.1. Les prélèvements pour analyse

Les examens histologiques ou anatomopathologiques seront basés sur l'étude macroscopique et microscopique des tissus biologiques et des cellules qui les composent, afin d'y découvrir d'éventuelles anomalies. Pour cela, le médecin légiste prélève des organes en intégralité ou des fragments de quelques grammes et les place dans une solution de formol, afin de supprimer toute activité de l'organe et ainsi le fixer dans un état proche duquel il se trouvait au moment de la mort. En laboratoire, les prélèvements sont ensuite recouverts de paraffine puis coupés en fines lamelles de quelques microns pour y être observés sous microscope.

Les prélèvements donnent des informations sur des lésions, les traumatismes, l'altération et les pathologies non spécifiques de la noyade. L'étude de ces lésions (plaies, amputations ...) présentes sur le corps sera réalisée en fonction de l'état du cadavre.

En cas de putréfaction, le légiste pourra avoir du mal à les interpréter (plaie par arme blanche ou acte d'un rongeur) ou à évaluer dans le temps (*ante* ou *post mortem*).

En cas de doute, le praticien procédera à un prélèvement de la lésion pour déterminer son origine et si elle a été occasionnée du vivant de la victime (caractère hémorragique).

Il procédera ensuite à des prélèvements de poumons, rate, rein, foie qui peuvent être complétés selon les cas par le cœur, l'encéphale, le pancréas. Ces examens sont malheureusement impossibles dans le cas d'un corps putréfié.

Des prélèvements de sang cardiaque, des poumons, du foie, de reins, de moelle osseuse et de cerveau doivent être réalisés en tout début d'autopsie et faire l'objet d'un traitement par digestion chimique ou enzymatique.

### 3.3.2. L'expertise toxicologique

Les expertises toxicologiques porteront sur les prélèvements de sang, d'urine, la bile, le contenu gastrique ou bien même les cheveux, les poils en fonction de l'état du corps, la putréfaction faisant disparaître partiellement ou en totalité les fluides corporels.

Le but de ces analyses est de connaître au moment de la mort ou dans un temps proche, la victime a consommé de l'alcool, de stupéfiants, de médicaments. Ces résultats pourront évaluer son état de vigilance au moment du décès et ainsi orienter le médecin légiste et les enquêteurs en privilégiant une hypothèse accidentelle, suicidaire ou criminelle.

Cette analyse permet également de comprendre les circonstances de la noyade par une absorption excessive d'alcool ou d'un produit stupéfiant par exemple.

Dans le cadre d'un cadavre putréfié, on pourra effectuer des recherches à partir de fragments d'organes, voire de muscles. Mais ces expertises ont des limites, car elles sont uniquement qualitatives, c'est-à-dire qu'elles peuvent montrer la présence de produits médicamenteux, stupéfiants ou toxiques, sans toutefois les quantifier. Il est donc impossible d'imputer l'hypothèse du décès à la présence d'une ou plusieurs substances, puisqu'elles ne peuvent être dosées.

Les prélèvements doivent être analysés au microscope électronique qui permet de mener une étude des pneumocytes de type 1 au niveau des membranes alvéolo-capillaires et une étude de la chlorophylle du plancton par spectrofluorophotomètre, qui est un procédé permettant de retrouver des taux de chlorophylle proches des taux observés dans l'eau lors des cas de noyade vitale et des taux faibles ou nuls lorsque la submersion survient après la mort.

L'analyse du sang est également un indicateur crédible, de par sa densité comparée. En effet, le sang des noyés subit, du fait de la dilution par l'eau une chute de densité de 8 à 20 U. La différence de densité entre le cœur droit et le cœur gauche est de l'ordre de 2 à 3 U. toutefois, l'immersion d'un cadavre dans l'eau ne modifie pas la densité sanguine.

L'abaissement du point de congélation du sang est proportionnel à sa concentration moléculaire, de sorte que la dilution du sang par l'eau de rivière diminue la concentration moléculaire et élève le point de congélation, tandis que l'eau de mer produit un phénomène inverse.

On relève l'hémodilution[63] qui est le passage d'eau douce dans le sang veineux pulmonaire. Des prélèvements comparatifs au niveau de l'oreillette gauche et au niveau de l'oreillette droite apporteront des explications à cette dilution. Le résultat révèle une concentration en protéines plasmatiques plus faible dans l'oreillette gauche par rapport à l'oreillette droite. Ces analyses seront par contre irréalisables en cas de putréfaction du fait de l'autolyse plasmatique des tissus.

### *3.4. D'autres indicateurs de la noyade*

On peut observer les signes suivants :

- Langue protuse : la langue est parfois retrouvée coincée entre les dents, avec présence d'une morsure. Cela peut être la conséquence de crises convulsives intervenues pendant la noyade ;

- l'œil de poisson : les yeux ont un aspect enflé, exorbité. Les paupières peuvent être boursouflées ;

- La peau ansérine : la peau peut être ansérine (*du latin anser = oie*). L'épiderme à un aspect chair de poule qui est provoqué par la rigidité des muscles fixés à la base des bulbes pileux ;

- la macération de la peau : l'épiderme du noyé en fonction du temps passé dans l'eau et de la température du milieu hydrique dans lequel il se trouve, évolue

[63] L'hémodilution est la dilution du sang. Elle peut se produire lors de l'afflux de liquides des tissus vers le sang.

rapidement. La macération dans l'eau donne à la peau du front, aux mains et aux pieds s'ils ne sont pas protégés, un aspect blanchâtre et ridé. Avec le temps, s'opère tout d'abord un décollement cutané du derme suivi de son détachement complet comme un gant pour les mains, en chaussettes pour les pieds et le front entraînant les ongles, les poils et les cheveux.

- les protozoaires ciliés : on retrouve également les protozoaires ciliés qui sont des organismes unicellulaires. Le type le plus caractéristique à mettre en évidence dans le diagnostic de noyade vitale est la tetrahymena[64], dont la mise en évidence se fait par prélèvement stérile de quelques millilitres de sang au niveau de l'oreillette gauche avec mise en culture de ce sang. Ils jouent le même rôle que les diatomées dans la datation de la mort et le lieu de décès.

- La recherche du plancton : l'eau de rivière tient à suspension de très fins corpuscules solides de la grosseur d'un globule rouge appelé plancton. Au cours de la submersion-asphyxie, ces particules passent des poumons dans le sang avec l'eau qui les charrie.

### 4. La datation de la mort

La datation de la mort par noyade peut se faire à partir de l'état du corps. Les signes de putréfaction se manifestent par des odeurs nauséabondes, une couleur verdâtre, la dilatation de la tête et du tronc, la saillie des yeux, pas de tache scléroticale. Le marquer essentiel est la putréfaction.

Il faut être assez prudent lors qu'on est face à un cadavre putréfié retiré des eaux. La putréfaction en milieu hydrique revêt quelques signes semi-spécifiques, à savoir la macération cutanée et le phénomène des dents rosées qui est la conséquence de la migration d'hématies lors de la putréfaction (peut se voir aussi dans d'autres phénomènes anoxiques telle que la noyade).

Pour le noyé, la putréfaction est un indicateur certain. Car l'évolution de la décomposition s'accélère deux fois plus rapidement lorsqu'il se retrouve à l'air libre. Le fait de retirer de l'eau sur un corps accélère la putréfaction. Cela peut modifier totalement en quelques heures et de manière irréversible l'aspect général du corps, au point de le rendre méconnaissable. Le légiste devra donc pratiquer une autopsie afin d'orienter les enquêteurs sur le caractère suspect ou non de la mort, l'intervention possible d'un tiers, les causes présumées du décès, l'identification du cadavre, le délai *post mortem* et enfin, la délivrance d'un certificat de décès avec un obstacle médico-légal ou non.

La putréfaction intestinale produit une quantité de gaz importante qui dilate l'abdomen et refoule les organes thoraciques, l'appareil pulmonaire en

---

[64]Le tetrahymena est un protozoaire cilié pouvant être commensal ou pathogène, ils sont très courants dans l'eau douce, les chercheurs en biochimie utilisent les espèces *Tetrahymenathermophila* et *Tetrahymenapyriformis* comme organisme modèle.

particulier. C'est cette dilatation gazeuse qui est responsable de la remontée du corps en surface.

Le corps quitte progressivement le fond pour se situer entre deux eaux puis, remonte complètement en surface.

Cette phase de flottaison survient après quelques jours en ou quelques semaines selon l'influence du climat.

Cette putréfaction fait disparaître ou masque des hématomes, des *ecchymoses* et/ou d'autres signes cutanéo-muqueux pouvant orienter vers des coups et blessures volontaires criminels. De même, la découverte de plaies ou d'autres effractions cutanées est d'interprétation difficile entre des lésions *ante mortem* et des lésions *post mortem* de charriage par exemple.

La putréfaction générale débute habituellement par la tête, le cou, la région thoracique antéro-supérieure et se manifeste par une coloration verdâtre de la peau. Elle rend difficile l'identification cadavérique. La putréfaction gazeuse envahit ensuite le tissu cellulaire sous-cutané : les paupières et les lèvres se tuméfient. Les traits de la face deviennent bouffis, celle-ci prend l'aspect dit « tête de nègre ».

La décomposition d'un corps plongé dans l'eau froide se présente comme suit :

- en 24 heures, la macération atteint la pulpe des doigts, la paume des mains et la plante des pieds. L'épiderme prend un aspect ridé et blanchâtre, débutant au niveau des loges thénars et hypothénars.

- Entre 2 et 4 jours, l'épiderme présente des phlyctènes (boursouflures) et se décolle ;

En eau douce le cadavre fait surface en 4 à 7 jours ;

- du 4ème au 8ème jour l'épiderme de la paume des mains est très blanc ;

- du 8ème au 12ème jour l'épiderme de la face dorsale des doigts se blanchit à son tour ;

- vers le 15ème jour, l'épiderme palmoplantaire[65] peut être détaché en doigts de gant au niveau des mains ou en chaussette au niveau des pieds, les cheveux et les poils s'arrachent par touffes ;

- à deux ou trois semaines, la saponification (hydrolyse *post mortem*) des graisses aboutit à une tégumentation *lardacée* au niveau du menton, des joues, des cuisses et des seins. Cette substance est résistante à la putréfaction. L'épiderme et les ongles des mains sont détachés. Au niveau des pieds, les ongles adhèrent encore ;

---

[65] L'épiderme palmoplantaire Relatif à la paume des mains et à la plante des pieds

- à la fin du premier mois : épiderme des pieds et des mains blanchâtres ridés se détachent d'un bloc ;

- du 2ème au 3ème mois, les graisses se transforment en adipocire ;

- au 4ème mois, des incrustations calcaires apparaissent au niveau de la cuisse par un processus endogène ;

- après le 4ème mois, le cuir chevelu se décolle et se détruit avec mise à nu du crâne et extension progressive au nez, paupières et autres tissus superficiels, les graisses de la face, du cou, des aires inguinales et de la face antérieure des cuisses sont saponifiées, les ongles sont totalement détachés ;

- entre le 4ème et 5ème mois, le cuir chevelu est détruit.

- au 6ème mois, le corps à un aspect totalement *adipocire*[66].

Le champignon de mousse apparaît 2 à 3 heures après le retrait du corps de l'eau. Son évolution à l'air libre se fait vers une liquéfaction brunâtre et épaisse. Il est secondaire à une accumulation de mousse spumeuse au niveau des orifices de la face (nez et bouche).

Les lividités sont en général plus pâles que sur le cadavre normal, la tonicité des globes oculaires est conservée.

**5. L'identification de la victime**

En cas de noyade comme dans toute mort suspecte, l'identification est une nécessité car les noyés sont rapidement méconnaissables, les traits sont vite altérés par l'imbibition aqueuse de la peau et par le boursouflement putride. Si le cadavre est méconnaissable par la putréfaction, les enquêteurs et le médecin légiste pourront être confrontés à une difficulté de l'identification formelle de la victime.

Mais après une immersion de longue durée, il peut arriver que les renseignements ainsi obtenus soient insuffisants pour identifier les victimes, surtout lorsque les cadavres sont retirés de l'eau complètement nue et putride. Il ne reste alors qu'à appliquer les méthodes spécifiques d'identification. On peut alors faire appel à divers procédés.

Les victimes peuvent ainsi être reconnues par :

- l'inventaire et la description détaillés des effets vestimentaires,

---

[66] L'adipocire ou gras de cadavre correspond au gras d'un cadavre qui s'est transformé en une substance savonneuse grise blanchâtre, molle et grasse au toucher. Elle résulte de la saponification du cadavre qui se produit dans certaines conditions bien spécifiques d'humidité et de froid. Ces cas sont rares. Le corps ressemble alors à une statue de cire et lorsqu'on le touche, la texture ressemble à celle d'un pain de savon mouillé.

- des objets et les documents découverts sur le corps,

- le contenu des poches et les bijoux,

- les radiologies ou scanners (présence et identification de prothèses, fractures, opérations chirurgicales ...),

- les critères anthropologiques (sexe, âge, taille, ethnie, morphologie ...),

- les tatouages, les cicatrices,

- l'examen ou la comparaison odontologique (déterminer les caractéristiques d'un individu à partir de ses dents ou effectuer une comparaison avec le dossier dentaire d'une victime supposée),

- la comparaison des empreintes digitales et palmaires dans le Fichier Automatisé des Empreintes Digitales (FAED) pour les personnes connues des services de police et de gendarmerie,

- l'ADN (Acide Désoxyribo Nucléique) soit par comparaison avec un membre de la famille de la victime ou bien avec l'ADN de la victime supposée (brosse à dents, à cheveux, vêtements ...), ou encore par comparaison dans le Fichier National Automatisé des Empreintes Génétiques (FNAEG).

## VI. DIFFÉRENCE ENTRE NOYADE ET HYDROCUTION

Il y a une différence entre l'hydrocution, encore appelée crise d'hydrocution, est une syncope qui survient à la suite d'une immersion brutale dans l'eau, pouvant entraîner une noyade.

Cependant, les deux accidents ont un point commun : ils ne sont pas irrémédiablement suivis de mort si la victime réussit à sortir de l'eau dans de brefs délais et qu'elle bénéficie de la respiration artificielle, un massage cardiaque externe voire, dans des cas de syncope simple, un tapotement des joues.

En cas d'hydrocution, la victime peut, en état d'immersion reprendre sa respiration, d'où la découverte d'eau dans les poumons laissant alors supposer qu'il y a eu noyade par immersion.

Dans ce cas, la trace d'eau dans les poumons n'est pas le signe incontestable d'une noyade par immersion. En conséquence, elle n'induit pas automatiquement une faute de surveillance. Les causes de la mort, si elles ont une importance significative au niveau de l'appréciation d'une éventuelle faute de surveillance, ne seront pas déterminantes.

# CHAPITRE VII

# L'HOMICIDE PAR EMPOISONNEMENT

## I. GÉNÉRALITÉS

Un poison, ou toxique est une substance capable de perturber le fonctionnement normal d'un organisme vivant. Il peut être de source naturelle (ex. : poussières, pollen) ou artificielle (ex. : urée-formaldéhyde), ou de nature chimique (ex. : acétone) ou biologique (ex. : aflatoxines, anthrax).

L'empoisonnement est le fait d'attenter à la vie d'autrui par l'emploi ou l'administration de substances nocives capables d'entraîner la mort. Cette infraction est classée dans la catégorie des crimes et est punie, comme un homicide, c'est-à-dire la peine de mort. (Articles 275 et 276 du Code pénal) c'est une infraction formelle. Toutefois, il n'est pas nécessaire que le résultat soit la mort de la victime pour que l'infraction soit constatée. Il suffit que la substance soit suffisamment nocive pour donner la mort. L'évènement qui déclenche la répression n'est pas la mort de la victime, mais le simple emploi ou la seule administration de substances mortifères.

En cas d'empoisonnement, des méthodes spéciales d'analyses chimiques permettent de faire des examens toxicologiques pour déterminer la nature et la quantité du poison administrée. En cas d'empoisonnement, les spécimens examinés sont des échantillons humains provenant d'organes vitaux ou des échantillons de sang ou d'urine ou encore des aliments, de la boisson ou le poison suspecté lui-même. La substance administrée doit être objectivement et systématiquement mortelle, peu importe que son action soit foudroyante, immédiate ou lente. Selon sa consistance, la substance peut être solide, gazeuse, liquide, en poudre, naturelle, végétale, animale, minérale, microbienne ou virale.

Sur le plan légal, l'empoisonnement est une infraction de commission. La jurisprudence a une conception extensive des modes d'administration possibles. Dans les pays occidentaux comme la France, la Cour de cassation refuse de retenir la qualification d'empoisonnement pour une personne atteinte du sida suite à des relations sexuelles non protégées en connaissance de cause. Cela démontre plus l'élément moral qu'en raison du mode d'administration.

Il existe à cet effet quatre types de poisons : le poison gazeux (oxyde de carbone, hydrogène sulfuré), le poison volatile (alcool, chloroforme, benzène, phosphore, acide cyanhydrique), le poison minéral (mercure, plomb, arsenic, acides et bases, caustiques) et le poison organique fin (barbituriques, glucosides). À chaque groupe correspond une méthode particulière d'extraction du poison.

## II. LES ÉLÉMENTS CONSTITUTIFS DE L'EMPOISONNEMENT

Pour retenir le crime d'empoisonnement, il faut tout d'abord une victime, tierce personne et vivante. Il faut ensuite le produit, qui doit être mortifère, c'est-à-dire une substance qui est susceptible de donner la mort. Ce caractère mortifère sera apprécié en fonction de l'état du produit donné, soit par sa qualité qui le rend mortifère comme un poison, soit par son mélange avec d'autres produits, soit par sa quantité (comme le fait d'administrer sur une longue période des doses qui, prises isolément, ne sont pas mortelles).

### 1. L'administration (élément matériel)

Cet élément est primordial, peu importe la façon dont l'agent a administré le poison à la victime. Cela peut être mélangé à la nourriture ou à un breuvage, une inoculation par piqûre, une absorption par la respiration ou encore une imprégnation par la peau.

Cet élément est constitué par l'emploi ou l'administration d'une substance de nature à entraîner la mort de la victime. Peu importe le mode d'administration (il suffit qu'il y ait un acte positif. L'abstention dans ce cas précis n'étant pas réprimée sur ce fondement. L'administration peut faire intervenir la victime elle-même ou une tierce personne ignorant le dessein criminel, ex : nourrice, etc.).

L'exigence du caractère mortifère des substances distingue l'empoisonnement de l'administration de substances nuisibles qui est de nature à porter atteinte à l'intégrité d'une victime et non à la vie. De plus, il importe peu qu'il soit administré par la personne qui a préparé le poison. Mais le tiers de bonne foi n'est pas poursuivi, c'est la personne ayant fourni la substance au tiers qui est l'auteur principal de ce crime. Néanmoins, si le tiers qui administre la substance est de mauvaise foi, le tiers est l'auteur principal, la personne ayant fourni la substance devient un complice. Seule la personne qui a matériellement fait prendre le poison à la victime se rend coupable d'empoisonnement.

### 2. La loi (élément légal)

Le crime d'empoisonnement n'engage pas physiquement l'intervention de l'auteur qui n'intervient que de façon lâche. Cette infraction reste difficile à identifier malgré sa dangerosité. C'est un crime punissable au même titre qu'un meurtre (Articles 275 et 276 du Code pénal camerounais). Il faut noter qu'il y a empoisonnement même si le suspect utilise les produits inoffensifs, mais donc la combinaison avec d'autres produits devient mortelle. Il convient de tenir compte des circonstances et des conditions dans lesquelles la substance a été administrée pour en apprécier le caractère mortifère, afin d'avoir une certitude si la personne a bien voulu empoisonner une autre avec une substance qu'elle savait mortelle, mais dont les facultés mortelles ont disparu (cas du médicament qui perd ses propriétés toxiques en raison d'une exposition au froid, à la chaleur ou à la lumière).

C'est une infraction formelle qui punit l'emploi des moyens indépendamment du résultat. Ici, la mort de la victime n'est pas forcément un élément matériel de l'infraction. L'infraction est consommée dès qu'un produit mortel a été administré, peu importe que la victime décède ou non. D'ailleurs, le repentir actif ne disculpe pas l'auteur de l'infraction (ex. : donner un antidote) puisque l'infraction a été consommée au moment de l'absorption du poison.

La tentative est aussi punissable. L'exemple le plus cité est celui d'une personne qui jette une quantité de pesticides dans l'eau du puits du voisin. C'est un produit de nature à provoquer la mort après absorption. C'est aussi le cas d'une remise d'un flacon contenant le breuvage empoisonné, mais présenté comme un médicament utile à un tiers chargé de l'administrer. Même si la victime survit ou n'absorbe pas ledit produit, il y a tentative d'empoisonnement pour le simple fait que l'auteur a remis une substance dont il avait connaissance du pouvoir nocif à un tiers.

En revanche, se procurer simplement une substance mortifère n'implique pas le crime, mais peut être qualifié d'actes préparatoires. La prescription en matière d'empoisonnement est de 10 ans à compter du jour où les substances mortelles sont administrées.

### 3. L'Intention (élément moral)

Le crime d'empoisonnement ne peut être retenu que si l'auteur a agi avec l'intention de donner la mort. C'est l'élément moral commun de l'empoisonnement avec les autres crimes d'atteinte volontaire à la vie de la personne. Cet élément suppose la connaissance du caractère mortel de la substance puis un caractère délibéré de l'administration. L'empoisonnement et le meurtre nécessitent une intention de tuer. Pour l'empoisonnement, il suffit d'une volonté d'administrer une substance sachant qu'elle a une nature mortifère, pour que l'infraction soit consommée.

Les substances nocives possèdent généralement des propriétés chimiques distinctives. L'identification de substances chimiques est souvent cruciale pour élucider un crime. Pour connaître la nature du produit qui a donné la mort, on peut faire appel à la chromatographie. Cette méthode permet de séparer les différents constituants d'un échantillon. On peut ainsi les identifier et les mesurer, grâce au chromatographe.

La jurisprudence s'est contentée d'un simple dol général en matière d'empoisonnement, en l'occurrence la volonté d'administrer les substances en toute connaissance de leur caractère mortifère, selon la lettre du texte d'incrimination de l'empoisonnement et de l'article 121-3 code pénal français par exemple où la chambre criminelle a exigé un dol spécial, c'est-à-dire l'intention de tuer sans ambiguïté, allant ainsi à l'encontre de la lettre du texte d'incrimination. Si le suspect a voulu attenter à la vie de la victime en utilisant ou en employant une substance mortifère, la simple connaissance du pouvoir mortifère de la substance ne suffit plus à caractériser l'élément moral de l'empoisonnement. L'empoisonnement se rapproche ainsi du meurtre et de la tentative de meurtre, la différence principale étant désormais l'utilisation de substances mortifères.

## III. ENQUÊTE EN MATIÈRE D'EMPOISONNEMENT

En cas d'empoisonnement présumé, les constatations médicolégales sont obligatoires et ont pour but : de rechercher des traces de produits stupéfiants ou autres, responsables de l'intoxication présumée d'une victime. Les tests immunochimiques de dépistage des toxiques reposent sur les antigènes et les anticorps, qui permettent d'effectuer des dosages de toxiques à très faible concentration dans le sang, les urines, etc., sans avoir à extraire le poison du milieu biologique qui le contient.

### 1. La levée de corps

Le diagnostic médico-légal chez un sujet décédé concerne les commémoratifs (en faveur d'une intoxication), l'examen externe (les lividités paradoxales en brassière sans remaniement corporel et une absence de toute autre lésion.

Les signes *ante-mortem* d'un empoisonnement concernent l'altération du niveau de conscience, les nausées, les vomissements, les troubles digestifs, douleur abdominale, la décoloration des lèvres, les brûlures buccales, la respiration difficile ou toux, les céphalées, les hallucinations, la somnolence, les éruptions cutanées et l'état de choc.

### 2. L'autopsie

S'il y a suspicion d'empoisonnement, on effectue des prélèvements systématiques de sang périphérique, d'urine, du contenu de l'estomac, de bile, de foie et de rein, un prélèvement de tissu cérébral, de graisse sous-cutanée, du tissu pulmonaire et un fragment de vêtement, sans oublier ceux du liquide cérébro-spinal, du tissu cérébral, des points d'injection et des cheveux, ou, à défaut, de poils. Ces prélèvements doivent être regroupés comme suit :

- les médicaments hypnotiques, sédatifs, et plus généralement psychotropes ;

- les médicaments à visée cardio-vasculaire et analgésique ;

- les pesticides, au niveau des prélèvements précédemment mentionnés ;

- les stupéfiants ;

- des substances volatiles liposolubles, telles que les agents inflammables et les solvants ;

- une intoxication alimentaire.

En cas de suspicion d'intoxication chronique (métaux lourds, stupéfiants, pesticides, etc.), on ajoute aux prélèvements précédemment mentionnés, l'examen d'une mèche de cheveux, d'un fragment osseux, d'un prélèvement de tissu adipeux et le contenu intestinal qui seront analysés au laboratoire.

### 3. La physiopathologie de l'empoisonnement

C'est le cycle pharmacologique suivi par un poison à travers l'organisme comprend :

- l'absorption,
- la répartition,
- la fixation,
- la transformation,
- l'élimination.

L'absorption qui est la pénétration des poisons dans l'organisme se fait par le tube digestif, les poumons, la peau et les muqueuses, en thérapeutique par la voie hypodermique ou intraveineuse.

L'absorption gastro-intestinale est la plus fréquente, elle est souvent suivie de vomissement et de diarrhée qui contribuent à l'évacuation du toxique.

L'absorption pulmonaire est la plus redoutable car les gaz toxiques pénètrent directement dans la circulation artérielle, sans traverser au préalable un filtre antitoxique tel que le foie, d'où leurs effets foudroyants.

L'absorption cutanée est aussi foudroyante. Seul l'épiderme joue le rôle de barrière. Les follicules pileux, les glandes sébacées, une lésion peuvent faciliter le passage du poison dans l'organisme.

Le poison s'élimine par : les reins (les urines), la voie digestive (les sels), la bile complète, l'élimination rénale (ce sont surtout les toxiques de fort poids moléculaire qui sont ainsi éliminés), la voie pulmonaire et les voies accessoires.

### 4. Les examens toxicologiques

Les méthodes chromatographiques informatisées peuvent confirmer la caractérisation du toxique, par séparation des substances et analyse spectrale à la lumière ultraviolette. L'analyse de divers milieux biologiques informe sur la vitesse de diffusion du toxique dans les différents organes et par là même, sur les conditions et la rapidité de la mort. Par exemple, un taux d'héroïne élevé dans le sang et une faible quantité de molécules dérivées, associées à des taux urinaires bas, justifieront une mort rapide par surdose.

D'autre part, l'élimination de certains toxiques se fait par les phanères (poils, cheveux, ongles). Ainsi, en analysant les divers segments d'une mèche de cheveux, d'un morceau d'ongle, il est possible de dater les périodes auxquelles la victime a commencé à absorber le poison, qu'on peut détecter à des concentrations infinitésimales (de l'ordre du milliardième de gramme par milligramme de poil), et donc de déterminer si l'empoisonnement de la victime est proche ou éloigné de la date de sa mort et si l'administration d'un stupéfiant a été intermittente ou continue.

La médecine légale permet aussi à base de certains procédés anthropométriques et dactyloscopiques, de distinguer sur un cadavre la présence de l'arsenic[67] à partir d'humeur ou de tissu humain. L'examen au microscope optique et électronique des poils et des cheveux permet d'identifier leur nature et leur état pour avoir des informations précises sur les circonstances de la mort. Car les cheveux et les poils ont la faculté de fixer les substances étrangères présentes dans l'organisme comme les médicaments, les stupéfiants, les dopants ou les poisons.

[67] Elément chimique de symbole As non métallique de numéro atomique Z=33. L'Arsenic est un élément chimiquement proche du phosphore et naturellement présent dans la croûte terrestre dans les minerais appelés Réalgar et Orpiment. Ce métalloïde comporte plusieurs variétés allotropiques jaune, noir et gris.

# CHAPITRE VIII

# LES CRIMES SEXUELS

Avec l'avènement des nouvelles technologies de l'information et de la communication, on observe une recrudescence de crimes sexuels un peu partout dans le monde. Les médias ont vulgarisé des pratiques sexuelles qui sont considérées pour la plupart comme des crimes. Face à ces égarements, la Police Judiciaire et la Justice doivent sévir pour maintenir la paix et la cohésion sociale.

## I. LES CATÉGORIES DE CRIMES SEXUELS

Il existe plusieurs catégories de crimes sexuels :

### 1. Le harcèlement sexuel

Il concerne toute avance sexuelle intempestive, généralement répétée et sans réciprocité, les attentions sexuelles non sollicitées, la demande de faveurs sexuelles, l'allusion sexuelle ou tout autre comportement verbal ou physique à caractère sexuel.

Il y a également exhibition de documents pornographiques qui empiètent sur le travail, et présentés comme une condition d'emploi ou crée un environnement de travail intimidant, hostile ou choquant. Il peut être perpétré par les employeurs, les superviseurs ou les collègues, ou toute autre personne en position de pouvoir, d'autorité ou de contrôle sur les employés dans le cadre d'une entreprise par exemple.

### 2. L'abus sexuel

C'est la pénétration physique réelle ou menace de pénétration physique de nature sexuelle, incluant les attouchements déplacés, effectués de force ou dans les conditions de rapports inégaux ou de coercition. Le suspect est toute personne en position de pouvoir, d'autorité ou de contrôle. Il peut ainsi être un membre de la famille/communauté, collègue de travail, y compris les superviseurs étrangers.

### 3. La souillure et l'inceste

Ils sont commis à l'encontre des enfants et se réfèrent à tout acte dans lequel un enfant est utilisé à des fins de gratification sexuelle. Il s'agit ici de toute relation/interaction sexuelle avec un enfant, perpétrée par une personne en qui l'enfant a confiance, y compris un parent, un frère, un membre de la famille élargie, un mari ou un étranger, enseignant, aîné, dirigeant ou toute autre personne en charge de la victime, toute personne en position de pouvoir, d'autorité et de contrôle sur l'enfant.

**4. La sodomie forcée ou viol anal**

Il concerne des relations anales imposées par la force ou la contrainte, généralement d'un homme à un homme ou d'un homme à une femme, perpétrée par toute personne en position de pouvoir, d'autorité ou de contrôle.

**5. Les mutilations génitales féminines**

Il s'agit de l'ablation partielle ou totale, élongation des organes génitaux féminins ou encore, l'introduction de substances corrosives pour des raisons culturelles. Elles sont perpétrées par des praticiens traditionnels, appuyés, tolérés ou assistés par la famille et la communauté tout entière.

**6. La pédophilie**

C'est l'attirance sexuelle des adultes vers les très jeunes enfants ou entretien des rapports sexuels entre adultes et très jeunes enfants. Elle est le plus souvent perpétrée par les adultes de deux sexes.

**7. La violence ou agression sexuelle**

Elle se définit comme toute atteinte sexuelle commise avec violence, contrainte, menace ou surprise. C'est « tout acte sexuel, l'essai d'obtenir un acte sexuel, avances ou commentaires sexuels non voulus ou actes visant à exploiter la sexualité d'une personne en utilisant la coercition, des menaces, des blessures ou la force physique par toute personne, quelle que soit sa relation avec la victime, quel que soit le contexte, y compris le domicile et le lieu de travail (ou dans tout autre endroit) » (OMS, Rapport dans le monde sur la violence et la santé).

La violence sexuelle recoupe tout acte sexuel essayé ou complet avec une personne qui est incapable de comprendre la nature ou la condition de l'acte, incapable de refuser la participation ou incapable de communiquer qu'elle ne souhaite pas s'engager dans l'acte sexuel (par exemple, pour cause de maladie, infirmité ou sous l'influence d'alcool ou autres drogues ou encore suite à l'intimidation ou la pression) »

**8. La violence sexuelle comme forme de torture**

Il s'agit de tout acte sexuel ou menace de nature sexuelle par lesquels une forte douleur mentale ou physique est provoquée pour obtenir des informations, une confession ou une sanction de la victime ou d'une tierce personne, pour intimider la victime ou une tierce personne ou pour détruire, en tout ou partie, un groupe national, ethnique, racial ou religieux. Ce crime est souvent commis par des militaires, des policiers, des groupes armés ou d'autres parties en conflit.

**9. La violence sexuelle comme arme de guerre et de torture**

Il s'agit de crimes contre l'humanité, y compris le viol, l'esclavage sexuel, l'avortement ou la stérilisation forcés ou toute autre forme de prévention des naissances, la grossesse forcée, l'accouchement forcé entre autres. Cette infraction est également commise par des militaires, des policiers, des groupes armés ou d'autres parties en conflit.

**10. L'atteinte sexuelle**

C'est le fait par un majeur d'exercer sans violence, contrainte, menace, ni surprise, une atteinte sexuelle sur la personne d'un(e) mineur(e) de moins de 15 ans.

Toutefois, l'infraction d'atteinte sexuelle est constituée même si elle est commise sans violence ni contrainte dès lors que la victime est un(e) mineur(e) de moins de 15 ans.

**11. Le viol**

C'est un acte de pénétration de toute partie du corps par un organe sexuel, ou de l'orifice anal ou génital de la victime par tout objet ou toute autre partie du corps par la force, la menace de la force, la coercition, la mise à profit d'un contexte coercitif, ou à l'encontre d'une personne incapable de donner un consentement authentique (Cour pénale internationale), perpétré par toute personne en position de pouvoir, d'autorité ou de contrôle, y compris le mari, le partenaire intime ou la personne en charge de la victime.

Le viol nécessite donc l'emploi de la violence, la contrainte, la menace ou la surprise. Le Code pénal précise d'ailleurs que le violeur est « celui qui, à l'aide de la violence physique ou morale, contraint une femme, même pubère, à avoir avec lui des relations sexuelles. La volonté du législateur de réprimer sévèrement les violences sexuelles dans notre pays est matérialisée par l'article 296 CPC.

## II. TYPOLOGIE DU VIOLEUR

Il existe quatre types de violeurs connus, à savoir : le violeur festif, le violeur rangé, le violeur isolé et le sadique.

**1. Le violeur festif**

Il ressemble au délinquant en général. C'est quelqu'un d'antisocial. Ses relations interpersonnelles sont marquées par l'hostilité, le manque d'empathie et la satisfaction des besoins immédiats. D'après les psychologues, il est soumis aux influences prônant la domination de la femme par l'homme.

En général, il entretient des contacts réguliers avec la famille immédiate, garde une bonne hygiène corporelle, il est le plus souvent célibataire, consomme régulièrement de l'alcool et a au moins un ami intime. Il a l'habitude de consommer l'alcool avant le délit et fait recours à une approche coercitive pour commettre le délit et ne masturbe pas sa victime.

**2. Le violeur rangé**

Il possède souvent un beau véhicule automobile en excellent état, il garde une bonne hygiène corporelle, il est propriétaire de son habitation, fréquente les bars érotiques. C'est un bon consommateur de matériel pornographique avant le délit qui prémédite toujours son acte. Il aime pratiquer la pénétration anale, le cunnilingus, ou la masturbation de la victime. Il a une approche coercitive pour commettre le délit et mutile souvent sa victime.

**3. Le violeur isolé**

Il a une vie sociale inexistante. Toutefois, il fréquente les restaurants, possède un véhicule automobile en excellent état, affiche une bonne hygiène corporelle, il est généralement propriétaire d'une habitation, fréquente les bars, il est célibataire, occupe un emploi stable et il a au moins un ami intime.

En outre, il consomme le matériel pornographique avant le délit, prémédite son acte, pratique toujours la pénétration vaginale et jamais anale. Avant de passer à l'acte, il demande le plus souvent une fellation à sa victime et adopte une approche coercitive. En plus, il aime les fantasmes sexuels déviants avant le délit et contraint sa victime à poser des actes sexuels et des attouchements aux parties génitales. Il mutile ses victimes et agresse même les victimes handicapées. Il est le plus souvent issu d'un milieu nanti.

**4. Le sadique**

Le sadisme est la recherche de plaisir dans la souffrance (physique ou morale : domination, contrôle) volontaire infligée à autrui. Il est fréquemment associé à des activités sexuelles. Les individus animés par une sexualité sadique ne peuvent avoir de relations sexuelles satisfaisantes sans infliger de souffrances à autrui.

Dans certaines circonstances, le viol peut être qualifié de viol aggravé. On dénombre au total huit critères aggravants du viol, notamment : il a entraîné une mutilation ou une infirmité permanente, il est commis sur un mineur de moins de 15 ans, il est commis sur une personne vulnérable (infirme, déficient mental ou psychique, en état de grossesse), état connu de son auteur, il est commis par un ascendant naturel ou adoptif ou par toute autre personne ayant autorité sur la victime, il est commis par une personne qui abuse de l'autorité que lui confèrent ses fonctions, il est commis par plusieurs personnes agissant en qualité d'auteurs ou de complices, il est commis avec ou sous la menace d'une arme, quand il a entraîné la mort de la victime.

## III. LE VIOL SUIVI D'HOMICIDE

Certains cas de viol peuvent être suivis d'un homicide. Ce type de viol est généralement planifié, même si le meurtre lui demeure une réponse non planifiée à une escalade de violence qui vise à contrôler la victime.

Les mobiles de passage à l'acte peuvent être les suivants :

- Le désir du pouvoir : certains viols sont motivés par le désir de l'auteur de se faire l'idée d'une réassurance du pouvoir. Le criminel s'engage donc dans un viol planifié, mais où l'homicide n'est pas planifié. L'auteur essaie simplement de démontrer ses compétences sexuelles à travers la séduction. Toutefois, lorsque la victime ne coopère pas à ses scénarios et fantasmes, un sentiment d'échec et de panique pousse celui-ci à commettre le meurtre.

- La colère : une autre catégorie de criminels sexuels est motivée par la colère et la vengeance et planifie le viol et l'homicide.

- La vengeance : dans ce type de crime, le criminel cherche à se venger d'une personne en attaquant une victime symbolique. Parfois, le criminel ajoute l'excitation à la colère. Dans ces conditions, le viol et l'homicide sont planifiés et le but recherché est la gratification par l'infliction de douleurs et de terreur à la victime.

- Le fantasme : la torture prolongée de la victime alimente les fantasmes du tueur et satisfait temporairement son besoin de domination et de contrôle.

Le suspect dans ce cas précis est impulsif ou ritualiste dans ses actions. Ce type de criminel agit impulsivement, prend peu ou aucune mesure afin de protéger son identité et est apparemment inconscient des risques associés au fait de commettre un crime. Le suspect impulsif est un type courant de criminel sexuel, facilement identifiable, ce qui facilite le plus souvent son interpellation.

Quant au suspect ritualiste, celui-ci est beaucoup moins courant et contrairement à l'impulsif, il a beaucoup de succès dans ses actions et devient très difficile à identifier et à appréhender. Ce type de criminel consacre beaucoup de temps et d'efforts à planifier et répéter ses actions criminelles.

## IV. LE PÉDOPHILE

Il existe plusieurs catégories de pédophiles, parmi lesquels : le festif, le rangé, l'isolé, le récréatif, le sexuellement compulsif et l'utilisateur à risque.

### 1. Le pédophile festif

C'est celui qui ressemble au délinquant en général, il est antisocial, mais garde des contacts réguliers avec sa famille immédiate. Il aime pratiquer un sport, garde une bonne hygiène corporelle, habite avec quelqu'un, consomme régulièrement de l'alcool et de la drogue, et connaît au moins un membre de la famille de la victime.

**2. Le pédophile rangé**

C'est celui qui garde un contact régulier avec la famille immédiate, il a une bonne hygiène corporelle, habite avec quelqu'un, est presque toujours propriétaire de son habitation et d'un véhicule moteur. Il consomme toujours des stupéfiants avant le délit. Sa victime est une connaissance intime, il est souvent membre de la famille de la victime, ses actes sont prémédités, sa victime est souvent sous l'effet d'une drogue ou de l'alcool.

**3. Le pédophile isolé**

C'est celui qui a une vie sociale inexistante, mais garde le contact régulier avec la famille immédiate, il est le plus souvent célibataire. Il consomme des médicaments/solvants avant le délit, et son acte est prémédité. Il existe aussi les consommateurs et les producteurs de cyberpédophilie, classés en trois groupes de la manière suivante :

**4. Le pédophile récréatif**

Il trouve sa satisfaction dans la curiosité sexuelle

**5. Le pédophile sexuellement compulsif**

C'est celui qui a des comportements sexuels non-conventionnels (consommateur de pornographie, partouses, recours aux services de prostituées, etc.) ;

**6. L'utilisateur à risque**

C'est celui qui n'a pas d'antécédents de sexualité compulsive, mais ses habitudes en ligne ont des répercussions sur sa vie (dépressive ou réactionnelle).

## V. MÉTHODES DE RECHERCHE DES VICTIMES

Les criminels sexuels utilisent une panoplie de tactiques pour « chasser » leur proie. Ces scénarios sont constitués à partir de quatre méthodes de recherche de victimes et de trois méthodes d'attaque.

**1. Les chasseurs**

Ce sont les criminels sexuels qui cherchent spécifiquement leurs victimes à partir de leur lieu de résidence.

**2. Les braconniers**

Ils cherchent leurs victimes dans les lieux d'activités autres que leur lieu de résidence. Parfois, ils sont amenés à se rendre dans une autre ville durant le processus de recherche.

### 3. Les pêcheurs à la traîne

Ils trouvent leurs victimes de manière opportuniste, pendant qu'ils s'adonnent à des activités non prédatrices.

### 4. Les trappeurs

Il s'agit des hommes bien placés, avec un poste de responsabilité. Ils créent souvent une situation qui leur permet de rencontrer leurs victimes potentielles sur le territoire qu'ils couvrent dans le cadre de leurs fonctions.

### 5. Les rapaces

Ce sont des personnes qui attaquent leurs victimes dès qu'ils entrent en contact avec elles.

### 6. Les harceleurs

Ils ont l'habitude de suivre d'abord leurs victimes avant d'entrer en contact avec elles et de les attaquer.

### 7. Les piégeurs

Ils assaillent leurs victimes seulement après les avoir attirées dans un endroit où ils peuvent mieux exercer leur contrôle.

## VI. LES ÉLÉMENTS CONSTITUTIFS DU VIOL

Constitue également un viol, toute introduction de corps étrangers dans le sexe ou dans l'anus. Ces actes peuvent être commis ou subis indifféremment par un homme ou par une femme. Ainsi, sans pénétration avec violence ou contrainte, il n'y a pas viol. Trois éléments sont nécessaires pour parler du viol à savoir : l'acte matériel, l'usage de la force et l'intention coupable.

### 1. L'acte matériel

Il implique l'existence des rapports sexuels (à défaut de cet acte, il n'y aura que tentative de viol ou attentat à la pudeur). L'Élément matériel vient du fait que le viol est un acte de pénétration sexuelle de quelque nature qu'il soit. Cela étant, constitue un viol, toute pénétration par le sexe : pénétration buccale (fellation), pénétration vaginale, pénétration anale (sodomisation). À noter que la pénétration doit être subie par la victime, car l'élément matériel du crime de viol n'est caractérisé que si l'auteur réalise l'acte de pénétration sexuelle sur la personne de la victime.

### 2. L'usage de la force

C'est-à-dire la violence directe et physique ou violence morale sur la victime elle-même en l'absence de consentement de la victime.

### 3. La menace

C'est toute forme d'oppression physique et morale.

### 4. La surprise

Il s'agit de toute supercherie permettant l'obtention du consentement de la victime. C'est une situation où l'on abuse de la personne qui n'a pas toutes ses facultés mentales, que ce soit permanent ou temporaire (hypnose ou ivresse).

Dans le cas spécifique des époux, il y a toujours une présomption de consentement, qui tient jusqu'à ce que l'un des époux apporte la preuve du contraire.

### 5. l'intention coupable

L'auteur de l'infraction doit afficher une volonté de réaliser l'acte et la connaissance de son illégalité. Car le viol est un crime, donc une infraction intentionnelle. Cette intention est constituée dès lors que l'auteur a la volonté ou la conscience d'imposer des rapports non désirés à la victime. C'est la preuve de l'élément matériel qui détermine l'élément moral.

## VII. LES PRÉLÈVEMENTS ET CONSERVATIONS DES PREUVES

Les prélèvements médico-légaux en cas d'agression sexuelle doivent se faire avec des gants, et numérotés dans l'ordre de réalisation puis, étiquetés rigoureusement. Ils doivent comporter le nom de la victime, le siège, la date et l'heure du prélèvement. Ces détails doivent être répertoriés dans le certificat médical initial et le dossier clinique de la victime, saisis et scellés par les enquêteurs.

### 1. Conditions de prélèvement

Les prélèvements doivent être effectués le plus tôt possible après l'agression, sans toilette préalable. L'expert doit utiliser un spéculum ou un anuscope non lubrifié, ou un écouvillon de coton sec (type écouvillon pour bactériologie). Il faut les sécher ensuite pendant 30 à 60 minutes à l'air libre après leur prélèvement, avant de les replacer dans leur tube protecteur et les conserver entre 18 ° C et 4 ° C pendant 48 h.

Les limites des délais de réalisation des prélèvements en fonction des sites se présentent ainsi qu'il suit :

- Vagin : 72 à 96 heures ;
- Anus : 72 heures ;
- Bouche : 48 heures ;
- Peau : 24 heures.

### 2. Évaluation et description du type de blessure

L'évaluation et la documentation de toute blessure pour une évaluation médico-légale doivent prendre en compte trois (03) caractéristiques :

- le mode ou la forme de la plaie, à savoir contour, taille, aspect ou toute autre caractéristique qui permet d'expliquer le mécanisme de survenue ;

- l'âge de la blessure qui est très difficile à déterminer avec exactitude. Il vaut mieux décrire exactement des caractéristiques qui pourraient être indicatives de l'âge (couleur, présence de croûte, etc.) ;

- la présence de matériel-trace autour de la blessure. Exemples : échardes dans les lacérations, herbe/cailloux dans les abrasions, etc. évoquant l'environnement dans lequel est survenue l'agression.

### 3. Les preuves médico-légales

Les preuves médico-légales des violences sexuelles se trouvent dans l'examen médico-légal et englobent les interventions suivantes : la collecte des indices physiques et psychologiques éventuels, des blessures et autres symptômes de violences sexuelles, l'évaluation de la corrélation entre les constatations médicales et l'agression dénoncée par la victime et l'utilisation adéquate des informations obtenues pour faciliter l'établissement des faits et les investigations ultérieures par les autorités judiciaires.

Il est recommandé de collecter les preuves médico-légales le plus tôt possible après la violence sexuelle, soit dans les 72 heures après l'acte. Ces preuves médico-légales permettent de confirmer un contact sexuel récent, de démontrer qu'il y a eu usage de la force ou de moyens de coercition, de confirmer le récit de la victime, d'identifier l'agresseur si possible et de déterminer la gravité du préjudice subi par la victime.

Documenter les blessures et de prélever les échantillons (sang, cheveux, salive, et sperme) dans les 72 heures qui suivent l'agression vise également à confirmer le récit de la victime et à identifier son/ses agresseur(s). Si la victime se présente 72 heures après le viol, le viol devient difficile à prouver, la quantité et le type de preuves collectées en ce moment dépendent de chaque situation spécifique.

Ces preuves en devenir reposent essentiellement sur l'exploration corporelle qui comprend : un historique détaillé des examens complémentaires (labo, échographie…), un examen général fouillé, un examen gynécologique ou anal soigneux et l'audition de la victime qui permettent de recueillir les informations en rapport avec le viol et guider le légiste sur le type d'examen physique à faire. Par exemple, la survivante peut indiquer qu'elle a été giflée et son bourreau lui a immobilisé les poignets avec les lacets de ses chaussures. Le médecin examinera la femme ou l'enfant aux endroits où elle a été attachée pendant l'examen afin de relever les indices physiques (blessures).

**4. Chez la jeune fille**

L'examen clinique général concerne : l'âge apparent, la présentation, le développement pubertaire par l'état d'avancement des caractères sexuels secondaires de la fillette ou l'adolescente, la note soigneuse de tout indice de résistance de la victime ou de violences subies (dégâts vestimentaires ou aux accessoires tels que les bijoux et les traces traumatiques corporelles. Enfin, une attention particulière sera portée aux zones de maintien (poignets et chevilles), les traces traumatiques, les stigmates des préhensions brutales (ecchymose bras, avant-bras, mains), les lésions de la face interne des cuisses ou des seins, les coups d'ongles et les cheveux arrachés.

Il faut également tenir compte des traces suspectes d'autoactes, photographier toute plaie, bosse, ecchymose ou lésion érosive, masque asphyxique, rechercher des traces biologiques de l'auteur des faits sur le corps ou les vêtements de la victime et des traces matérialisant les lieux où ils se sont passés.

Les deux facteurs qui indiquent la présence d'indices probants à l'examen d'un enfant agressé sexuellement sont les suivants : l'existence d'un saignement lors des faits, l'examen des vêtements et des draps qui peut fournir des preuves criminalistiques, l'examen de la sphère anale et de la cavité orale, l'examen attentif de la bouche (fellation) et de l'anus (sodomisation) et les lésions de la marge anale type fissure, plaie, rougeur, gonflement avec disparition des plis radiaires, hématome et rupture totale ou partielle du sphincter anal ;

## VIII. RAPPORT MÉDICAL ET D'EXPERTISE MÉDICO-LÉGALE

Il faut distinguer le rapport médical du rapport médico-légal :

**1. Le rapport médical**

Le rapport médical est le résumé de l'état de santé d'une personne à un moment donné. Il est établi à partir du dossier médical de la victime. Il y a lieu de ne pas confondre le rapport médico-légal qui est l'aboutissement de l'expertise médico-légale ordonnée par une réquisition et le rapport médical simple qui n'est que le résumé du tableau clinique du patient, comportant les plaintes principales, l'examen clinique, les examens para cliniques, le diagnostic, le traitement et le pronostic.

**2. Le rapport d'expertise médico-légale**

C'est le document qui fait foi en Justice. Si tout médecin est habilité à prêter son concours à la Justice, la pratique médico-légale elle, n'est pas à la portée de tout médecin. Elle requiert une compétence qui doit être garantie par une formation et une qualification adéquates. Il en résulte que le rapport médico-légal, établi sur réquisition de l'OPJ ou Procureur de la République est un témoignage écrit d'ordre médical concernant un fait judiciaire dont il envisage les causes, les circonstances, les conséquences. Ce rapport engage la responsabilité du médecin légiste.

Il inspire largement et parfois exclusivement les décisions des juges. Ce rapport comporte obligatoirement le serment du requis sous peine de nullité. Le praticien doit mentionner : « Je jure d'accomplir ma mission et de faire le rapport en honneur et conscience ». Il ne peut être remis qu'à l'autorité qui l'a requis et jamais à la victime, ni à son Conseil, encore moins à la partie défenderesse. À cause du principe contradictoire, les parties ne peuvent prendre connaissance du rapport d'expertise médico-légale que via le juge.

Le rapport d'expertise médico-légal est réservé en primeur à l'OPJ qui l'a prescrit. Il peut aussi être directement adressé au Procureur de la République ou au Juge d'Instruction. Il comprend : l'identité de la personne, l'âge et le sexe, sa fonction ou son métier, son adresse, le numéro de son dossier médical ou de sa fiche médicale avec l'adresse du centre médical ou cabinet médical ayant réalisé l'expertise, ses antécédents médico-chirurgicaux, son tableau clinique (ses plaintes principales et leur évolution, ses signes vitaux), les examens para , demandés et leurs résultats, le diagnostic avec les diagnostics différentiels, les traitements prescrits et leurs résultats et l'évolution ou pronostic qui est souvent utilisé lors du transfert d'une malade d'un cabinet médical à une autre sur place ou à l'étranger. Sa finalité c'est la continuité des soins.

Avant d'établir le rapport médico-légal, le médecin devra écouter attentivement la victime pour recueillir des informations utiles pour obtenir les détails sur les preuves juridiques de l'agression. Cette audition doit être méthodique et les procédures suivies à la lettre, car elle représente l'outil le plus important qui permet de collectionner les preuves médico-légales et pour évaluer les besoins de la victime. Elle sert également à relier l'agression à l'examen physique et informe sur l'évaluation physique.

Le rapport contient aussi les antécédents réunis pendant l'audition à savoir, le récit de l'agression documenté de manière explicite, claire et concise. Il donnera aussi des informations sur la description des événements de l'agression, l'heure et la date de l'agression, les blessures gardées/plaintes courantes (pertes vaginales, saignement, etc.), l'arme ou les objets utilisés, le contexte physique ou environnemental, les formes physiques de violence (morsures, brûlures, fractures, etc.)

Le rapport doit également comporter les détails de l'attaque notamment. Par exemple : « Il m'a ligoté les poignets bras », la réponse à cette partie de l'attaque, « j'ai crié et je l'ai griffé », ses émotions pendant l'examen « cela fait tellement mal », ses constatations physiques « zone ovale à la partie supérieure du bras gauche 1 cm par 2 cm, tuméfaction violette ».

Il relève les formes sexuelles de violence (pénétration du vagin, de l'anus/rectum par le pénis, un doigt, un corps étranger, rapports sexuels par voie orale, autre violence génitale), le nombre d'assaillants ou utilisation de drogues, l'utilisation de matériels ou corps étrangers, l'évaluation et la documentation de manière exhaustive de l'état physique et émotionnel de la victime, la documentation avec précision, les déclarations importantes faites par la victime, par exemple les menaces proférées par l'agresseur.

Il faut également noter le nom de l'agresseur lorsqu'il est connu, en utilisant des tournures du type « la patiente affirme » ou « la patiente déclare » et éviter d'utiliser le mot « présumé », car il pourrait faire penser que la victime a exagéré ou menti.

Une fois rassemblés, ces indices seront présentés au Procureur de la République accompagné du suspect afin que celui-ci réponde de ses actes devant la justice.

# CHAPITRE IX

# CAS DE DÉCOUVERTE DE CADAVRE ET DISPARITION DE PERSONNES

La découverte de cadavre et la disparition de personnes sont assimilables au cas d'homicide, car ils relèvent du cadre de flagrant délit qui donne aux OPJ des pouvoirs inhérents à ce cadre juridique.

## I. DÉCOUVERTE

### 1. Législation

Le *cadre juridique de la découverte de cadre* est l'article 92 et suivant du Code de Procédure pénale camerounais, qui assimile la découverte de cadavre à un cas de flagrant délit, notamment lorsque les causes de la mort semblent suspectes ou lorsqu'elles sont inconnues.

Lorsqu'il y a des doutes sur les circonstances du décès, une enquête doit être ouverte pour déterminer si la responsabilité d'un tiers peut être engagée ou pas. En effet, la nature et les circonstances du décès vont permettre d'établir si la mort est naturelle, accidentelle, suicidaire ou d'origine délictueuse ou criminelle. Une enquête de flagrant délit ou de crime flagrant sera alors ouverte pour en rassembler les preuves et en interpeller les auteurs. Dans le cas contraire, les investigations pourront s'effectuer dans le cadre d'une enquête préliminaire ou sur commission rogatoire.

### 2. L'enquête

Dès qu'il est saisi d'une découverte de cadavre, l'OPJ doit immédiatement :

- informer le Procureur de la République ;

- se transporter sans délai sur les lieux et de vérifier la matérialité des faits ;

- recueillir les premiers renseignements (identité de la victime ;

- auditionner des témoins ;

- noter les blessures apparentes, les photographier.

- informer les autorités municipales, judiciaires, administratives, faire prévenir la famille de la victime (si cela ne gêne l'enquête), recueillir les premiers renseignements et procéder aux premières constatations.

Cette présence physique de l'OPJ sur les lieux lui permet de prendre les mesures conservatoires nécessaires pour préserver la scène de crime,

Dans ce type de procédure, l'OPJ doit agir avec la réserve et la discrétion que nécessite un décès. Il doit se faire assister des TIC qui vont faire les principaux prélèvements nécessaires dans le cadre de l'enquête de découverte de cadavre à savoir.

Avant toute manipulation du corps, il est recommandé aux enquêteurs de :

- réaliser les prises de vues photographiques ;

- établir un croquis et décrire le corps ;

- demander au médecin (requis) de déterminer la température du cadavre et, si possible, l'heure ou la date du décès, puis de préciser les traces ou blessures apparentes sur le corps. Il faut également déshabiller le cadavre en vue de procéder à son examen, prendre éventuellement des photographies, noter et décrire les vêtements ainsi que les traces ou blessures découvertes.

- Les constatations sur les lieux : elles consistent à effectuer des observations en fonction de la nature de l'environnement et des faits, faire les prises de vues photographiques, les croquis, la description précise des lieux et procéder à une enquête environnementale. L'OPJ a la possibilité d'effectuer d'autres investigations. Il peut notamment faire des saisies, requérir des personnes, entendre des témoins, demander une autopsie ou des expertises diverses.

- Les saisies : la pratique judiciaire demande à l'OPJ de procéder à la saisie des objets ou tout indice (arme, corde, médicaments, lettre…) impliqués dans la commission de l'infraction concourant à la découverte des causes de la mort, en présence de témoins sur les lieux. L'OPJ dressera alors un PV de saisie, qu'il signera lui, ses assistants et les témoins.

- Les perquisitions : elles visent essentiellement à découvrir les objets pouvant apporter la preuve sur la commission de l'infraction, ainsi que sur son auteur.

- Les réquisitions : au terme de l'article 92 (b) (2) du code de procédure pénale, l'OPJ peut requérir un médecin pour examiner le corps afin de déterminer la nature des circonstances du décès et rédiger un certificat médico-légal détaillant ses constatations ainsi que le certificat de décès, toute autre personne capable, en raison de son art ou de sa profession, d'expliquer les causes ou circonstances de la mort (armurier, électricien, mécanicien.), ou toute personne capable d'apporter une aide nécessaire à l'enquête (serrurier, biologiste, chimiste, physicien, botaniste, entomologiste, etc.). Si le médecin a été appelé sur les lieux par une tierce personne avant le transport de l'OPJ, il est mentionné dans le PV de transport. Le médecin n'est requis que si l'OPJ le sollicite pour qu'il accomplisse une mission précise.

- Les auditions : l'OPJ doit s'efforcer de recueillir tous les renseignements de nature à élucider les causes de la mort de la victime. Il peut ainsi procéder aux auditions des membres de la famille et des fréquentations de la victime, mais aussi de tout témoin utile.

- Les mesures de garde à vue : l'OPJ peut décider d'une garde à vue s'il existe des indices graves et concordants qui laissent penser que le suspect est l'auteur ou a pris part à la commission de l'infraction.

- L'autopsie ou les expertises diverses : si un doute subsiste sur l'origine de la mort, l'OPJ peut ordonner une autopsie ou diverses expertises, en requérant le médecin légiste et les experts compétents (toxicologues, radiologues…).

Le rôle du Procureur de la République est assez déterminant : lorsqu'il se transporte sur les lieux, il peut requérir tout expert (mécaniciens, armuriers, photographes, un médecin légiste, etc.) pour effectuer une autopsie en vue de déterminer les causes du décès. Il peut également procéder à une enquête de flagrant délit si le décès est récent et si les indices apparents laissent penser à un crime puni d'une peine d'emprisonnement et si les indices sont susceptibles de disparaître rapidement ; ou encore, procéder à une enquête préliminaire, si les indices apparents sont de nature à laisser penser à l'existence d'une infraction et si les conditions de la flagrance ne sont plus réunies, ordonner l'ouverture d'une enquête dès les premières constatations ou à la suite de l'enquête de flagrance ou préliminaire.

Mais quand il ne se transporte pas sur les lieux, le Procureur de la République va prescrire à l'OPJ de mener les premières investigations, c'est-à-dire :

- requérir les experts et les témoins, en faisant mention de la délégation reçue ;
- l'assistance des personnes capables d'apprécier la nature et les circonstances du décès (médecin, armurier…) ;
- leur faire prêter serment, d'apporter leur concours en leur honneur et conscience (sauf si elles sont inscrites sur la liste d'expert) ;
- rechercher les causes de la mort (suicide, mort naturelle ou crime) ;
- s'il y a présomption de crime ou délit flagrant, agir selon la procédure de flagrant délit ;
- après en avoir référé au Procureur de la République, procéder à une enquête préliminaire si les conditions du flagrant délit ne sont pas réunies ou s'il y a eu interruption dans les recherches.

Dans ces conditions, l'OPJ ne pourra alors agir que sur commission rogatoire. Si la personne découverte est grièvement blessée, lorsque la cause de ses blessures est inconnue ou suspecte, les dispositions d'enquête et de procédure applicables en matière de découverte de cadavre sont mises en œuvre par l'OPJ.

La clôture de l'enquête survient alors. Après avoir posé ces actes, le Procureur de la République peut classer l'affaire sans suite si l'autopsie a permis d'établir que la mort résulte d'une cause naturelle, ou qu'il s'agit d'une mort violente survenue dans des circonstances qui ne permettent pas de retenir une imprudence, une inattention, une négligence ou une inobservation des règlements imputables à un tiers, tel que le suicide. Dans ce cas, le Procureur de la République autorise l'inhumation du corps, ou décide de l'ouverture d'une enquête préliminaire ou de flagrance si au contraire, l'enquête a permis d'établir que la mort résulte d'un crime.

## II. CAS DE DISPARITION DE PERSONNE

La disparition d'une personne laisse toujours croire que « quelque chose de grave est arrivé ». Alors une enquête pénale doit être ouverte. L'enquête sur la disparition d'une personne est également assimilée à un flagrant délit. Ainsi les enquêteurs peuvent procéder de la manière suivante :

### 1. Méthode mixte

La disparition doit être signalée rapidement aux forces de l'ordre par les proches de la victime ou le conjoint, le concubin, un descendant, un ascendant, un frère, une sœur, un proche, le représentant légal ou l'employeur dès qu'elle est constatée et une enquête doit immédiatement être ouverte en vue de retrouver la personne disparue.

- L'enquête environnementale : l'OPJ procédera à toutes les recherches et auditions utiles à l'enquête pour retrouver les traces de la victime. Il peut dans le cadre de cette enquête requérir directement des organismes publics ou des établissements privés détenant des fichiers nominatifs, pour se faire communiquer tout renseignement permettant de localiser le suspect.

- La géolocalisation : l'OPJ devra faire appel aux moyens techniques tels que la géolocalisation, l'informatique, la fouille de l'ordinateur du disparu et l'enquête environnementale pour retrouver le disparu.

- Perquisition, réquisition, garde à vue : s'il s'agit de la disparition d'une personne malade ou adulte présentant un caractère suspect, les OPJ, assistés le cas échéant des APJ peuvent sur réquisitions du Procureur de la République procéder à des perquisitions, réquisitions, rétentions de témoins, convocations et auditions de personnes, selon les dispositions de l'enquête de flagrance, afin de retrouver la personne disparue. Une enquête environnementale en vue de retrouver la personne disparue ou des raisons de cette disparition doit être méticuleusement menée.

- Étude des relevés téléphoniques : on examinera aussi la mémoire du téléphone de la victime, le disque dur de l'ordinateur, les relevés téléphoniques de la victime à l'effet de voir si la personne avait des projets de voyage ou même pouvoir la localiser.

Si la victime est retrouvée vivante, elle pourra elle-même témoigner de sa disparition, mais au cas où elle est retrouvée morte, une enquête pour homicide sera ouverte.

**2. Méthode classique et simple**

Plusieurs procédés peuvent permettre à la police de retrouver une personne disparue :

- des techniques « geeks » qui sont uniquement basées sur d'Internet et permettent de pister ou de retrouver une personne disparue. Mais cette méthode nécessite beaucoup de moyens.

Il existe d'autres techniques moins modernes mais très efficaces pour mener une enquête et retrouver une personne disparue. Parmi ces méthodes, il y a:

- les filatures,
- les interrogatoires des proches ;
- recherches dans des archives ou des annuaires, coups de téléphone anonyme.
- créer un dossier sur chaque victime qu'on recherche avec les photos des disparus au mur pour organiser les pistes. Il s'agit de regrouper toutes les informations que l'on peut trouver sur la victime. Cela permet de débloquer des situations compliquées. Connaître absolument les informations suivantes:

- nom, prénom,
- date de naissance, si possible lieu de naissance,
- connaître le dernier domicile connu,
- connaître n'importe quelle adresse e-mail, ancienne ou nouvelle,
- connaître n'importe quel numéro de portable,
- connaître le nom du conjoint ou ex-conjoint,
- avoir les coordonnées d'un ami ou d'un collègue ou d'un ancien voisin,
- connaître les noms des parents,
- études réalisées, et dans quelle ville,
- connaître l'employeur,
- connaître les loisirs pratiqués par le disparu,

- si on connaît la plaque d'immatriculation du disparu, on pourra alerter les compagnies d'assurance ou les gestionnaires de parking pour alerter au cas où ils auraient aperçu le véhicule,

- consulter l'annuaire téléphonique est une valeur sûre lorsqu'on ne trouve rien sur quelqu'un grâce à Internet,

- enquêter auprès des amis, collègues, membres de famille,

- consulter la généalogie,

- consulter, les archives et les journaux.

## III- PROCÈS-VERBAL TYPE DE CONSTATATIONS DE DÉCOUVERTE DE CORPS

RÉPUBLIQUE DU CAMEROUN

---------------------

DÉLÉGATION GÉNÉRALE À LA SÛRETÉ NATIONALE

---------------------

DELEGATION REGIONALE A LA SURETE NATIONALE DU CENTRE

-------------------

DIVISION REGIONALE DE LA POLICE JUDICIAIRE DU CENTRE

--------------------

SERVICE DES COMMISSIONS ROGATOIRES, DÉLÉGATIONS JUDICIAIRES, INSTRUCTIONS DU PARQUET ET DU SUIVI DES ACTIVITÉS BCN-INTERPOL

N° __________/DRSNC/DRPJ

**OBJET** : **Assassinat et vol**

Le PV de constatation de découverte de corps est constitué de plusieurs rubriques essentielles à savoir :

**1- La Saisine**

Dire comment on a été saisi (téléphoniquement, par un témoin, par une patrouille de police) à quelle heure, à quel moment de la journée.

**2- L'adresse du lieu de découverte**

Mentionner exactement le lieu où se trouve le corps de la victime : ville, quartier, rue, numéro de la maison ou situer les lieux par rapport à un point de repère qui peut être un carrefour, un immeuble, etc.

**3- Le transport sur les lieux**

Comment l'OPJ est descendu ? Avec le véhicule du service, du requérant ou autre moyen de locomotion ?

**4- Les constatations proprement dites**

Les constatations prennent en compte les éléments suivants :

*- La Position du Corps*

On dira par exemple, de l'autre côté de la route, en face du kiosque du PMUC et à 05 m de celui-ci, se trouve le cadavre d'un homme allongé parallèlement à la route et légèrement en retrait de l'asphalte, dont la tête est en direction de la boulangerie Acropole et les pieds en direction du chenal de la rivière Mfoundi. Une natte recouvre le corps. Il faut s'accroupir pour apercevoir la tête et les pieds du cadavre. Son corps repose légèrement sur le côté droit. Il est un peu recroquevillé. Son poing droit est à la hauteur de la tempe droite, tandis que son bras gauche est replié sur l'abdomen. Cet homme, d'un âge apparent de 65 ans, est vêtu d'un tricot noir et d'un pantalon rouge, de chaussettes bleu et chaussé d'une paire de tennis, non lacées. Le cadavre repose entre deux touffes d'herbes et se trouve à 10 m de l'angle arrière droit d'une voiture abandonnée. A priori, il semble que cet homme a été touché par deux balles, qui ont traversé la poitrine. Le visage, qui est violacé, porte des traces de sang coagulé. Ses yeux sont fermés. La main gauche présente une plaie entre le pouce et l'index, provoquée, semble-t-il, par un arrachement de la peau dont le morceau manquant pourrait être celui qui a été découvert à l'extrémité gauche du pare-chocs arrière. La victime porte une montre-bracelet en métal ordinaire à son poignet gauche ainsi qu'une bague ordinaire, genre chevalière.

À gauche de la voiture, nous constatons la présence d'un cadavre de femme, enroulé dans une couverture. La tête est dirigée vers la voiture et les pieds sont en bordure de la route, à côté des arbres. La victime repose sur le ventre, les pieds sont joints. La tête se trouve à 3 m de l'angle arrière gauche de la voiture, et à 2m30 de l'angle du pare-chocs avant, côté gauche. Le corps est entièrement recouvert d'une couverture, et ne laisse apparaître que les deux pieds. Un siège de voiture se trouve pris sous la jambe gauche (deuxième siège manquant dans la voiture). Cette personne, âgée approximativement de 50 ans, elle a des cheveux noirs et est d'une corpulence moyenne. Elle est vêtue d'une robe multicolore, à fleurs. Elle est pieds nus, avec deux alliances à l'annulaire gauche. L'une est en métal blanc et porte à l'intérieur l'inscription « platinum » tandis que la seconde, en métal blanc également, est sertie de petits brillants. A priori, cette femme semble avoir reçu plusieurs blessures provoquées par les balles, qui ont atteint principalement la poitrine. Son bras droit, au-dessus du coude, porte la trace d'une blessure. Sa bouche est entr'ouverte. Son œil droit est fermé, tandis que la paupière gauche est légèrement relevée. Une trace de sang coagulé est visible à la racine du nez. De plus, cette femme a un soutien-gorge coupé ainsi que la manche droite de sa robe.

Sur la partie herbeuse à 4 mètres de la roue avant gauche du véhicule, se trouvent à 2 mètres de la tête de cette victime, en direction du coussin qui recouvre la paire de sandales sont découvertes la douille et la cartouche non percutée.

Après avoir franchi le pont en béton qui enjambe la voie ferrée, et à l'endroit où le sentier se divise en deux branches, un talus descendant en pente douce, conduit au bord de la rivière Mfoundi. C'est dans ce talus, à 15 mètres de la sortie du tunnel et dans le prolongement de son axe, que nous découvrons le cadavre d'une fillette. Elle paraît avoir une dizaine d'années. Son corps repose sur le dos, mais légèrement sur la gauche, la tête vers le haut du talus, les pieds en direction de la rivière. Les jambes sont légèrement infléchies. Le bras droit est allongé normalement le long du corps, tandis que sa main gauche repose sur l'aine gauche. A priori, il semble que cette fillette est décédée à la suite de violents coups qui lui ont été portés sur le crâne à l'aide d'un objet contondant. On relève deux plaies apparentes sur toute la largeur de son front, et en forme de « T ». Son visage est complètement maculé de sang. On constate également une grosse flaque de sang sur l'herbe, qui laisse supposer que la victime a été tuée sur place. Elle porte un pyjama rose, elle est pieds nus. La plante de ses pieds, sans être sale, est marquée de légères traces d'empreintes de cailloux, à l'exclusion de toute égratignure. Le cadavre se trouve à 30 mètres de la voie ferrée.

Au bord de l'angle formé par le tournant du sentier et le début de la descente du talus, on relève l'empreinte d'un talon portant 3 ventouses disposées en forme de triangle. Cette empreinte a été laissée par quelqu'un qui a franchi le talus pour revenir sur le sentier. Les experts de l'Identité Judiciaire, qui avaient entre temps pris toutes photographies utiles des lieux et des cadavres, ont pu relever l'empreinte de ce talon qui sera exploitée plus tard. Nous avons photographié cette empreinte le matin, dès notre arrivée sur les lieux.

Indépendamment des constatations relatives aux cadavres, nous remarquons des taches de sang imprégnées sur le gravier, à 4 m de l'arrière du véhicule, près d'un arbre bordant le ravin, et à proximité du bac à ordures. Trois taches de sang sont également nettement visibles en travers de la route et en direction du cadavre de l'homme. Les deux couvertures découvertes ne portent aucune trace de balles ni de sang.

À 07h45 et après toutes constatations faites, les experts de l'Identité Judiciaire ont relevé les empreintes des 3 victimes, aux fins de comparaison éventuelle avec celles présentes dans le fichier. Sitôt cette opération terminée, les 3 corps sont enlevés, chargés sur une camionnette et transportés à l'Hôpital Central de Yaoundé pour y être autopsiés par le Médecin Légiste ESSAME OYONO.

Après avoir enlevé le cadavre de la fillette et à l'emplacement de sa nuque, il est découvert un éclat de crosse d'une arme, éclat que nous saisissons comme indice pouvant servir de preuve à conviction.

Au moment du départ pour l'autopsie, à laquelle assistent le Procureur de la République près du Tribunal de Grande Instance du Mfoundi, le Chef de la Division Régionale de la Police Judiciaire du Centre, les autorités administratives et municipales présentes et nous-mêmes, laissons sur place les inspecteurs de police MBOCK , NDOUM et MISSONGO, ainsi que les Gardiens de la Paix POUFON, EBONG et NDOMO, sous la supervision de l'Officier de Police NAMONDO aux fins de procéder à des recherches en vue de la découverte éventuelle de l'arme ou des armes qui ont servi à perpétrer ce crime et d'une manière générale à la recherche de tout autre indice susceptible de faire évoluer l'enquête.

À 08h30, les autopsies n'étant pas encore terminées, nous avons regagné les lieux du crime. Toutefois, le Médecin Légiste nous a fait savoir que l'homme avait reçu deux coups de feu dans le dos. Un orifice est situé à 2 cm de la base omoplate gauche et à 1 cm de la colonne vertébrale. L'autre orifice, de même dimension, à 3 cm au-dessus du mamelon du sein droit.

Le cadavre de la femme porte les blessures suivantes : un coup de feu avec orifice d'entrée au-dessous du sein gauche et sortie au-dessus et en arrière du sein droit, ayant entraîné la fracture de l'humérus droit au tiers moyen. Un autre coup de feu avec entrée à 2 cm de la base de l'omoplate droite et à 1 cm de la colonne vertébrale.

La fillette présente un enfoncement et un écartement du crâne par objet contondant.

À I8h50, l'Inspecteur MBOCK qui effectuait des recherches dans les environs, en compagnie de l'Inspecteur POUFON, rend compte qu'il vient de découvrir, dans un endroit de la rivière, la crosse d'une arme, qui flottait à proximité d'une charogne de mouton, parmi des détritus. En remontant le lit de la rivière et à 30 mètres de l'endroit où était la crosse, cet Inspecteur a aussi retrouvé la partie métallique de l'arme. Elle était immergée à une profondeur d'environ 50 cm, au milieu du bras de la rivière qui longe la rive, et à 20 mètres en aval, à partir de l'à-pic de l'endroit où avait été découvert le corps de la fillette. Une partie du fût de l'arme était encore accrochée à la partie métallique, le chargeur était en place, vide de toute cartouche. De même, il n'y avait pas de cartouche engagée dans le canon. Cette arme, à nous remise, a été rapidement reconstituée à l'aide de fils de fer torsadés. L'éclat de bois découvert à l'emplacement de la nuque de la fillette s'applique parfaitement à la crosse et constitue la partie manquante qui existait au-dessous de la culasse et à droite de la gâchette.

Ce détail permet donc d'affirmer que l'assassin s'est servi de la crosse de cette arme pour tuer la jeune fille. Cette arme est une carabine américaine à répétition, marque « Rock-Ola ». Elle porte les inscriptions suivantes :

- sur la partie métallique : U.S. CARBINE, cal. 30, d'une part ; Rock-Ola n° 1.702.864, de l'autre.

- sur la crosse : deux bouches à feu entrecroisées dans un cercle, surmontées d'un rectangle dans lequel sont marquées les lettres majuscules "R.M.C.". Ces lettres sont reproduites dans l'évidence du passage de la courroie.

Cette carabine est en mauvais état. Elle est démunie de bretelle, ainsi que du garde-main supérieur ; elle est, non pas réparée, mais rafistolée à l'aide d'un collier en aluminium, ressemblant à ceux qui servent à fixer une plaque d'identité sur les bicyclettes. Ce collier a deux trous à chaque extrémité. Une vis et un écrou ont servi pour consolider et maintenir le canon plaqué sur le fût. En outre, un fil de fer, du genre élément câble de frein de bicyclette, a été passé dans l'anneau grenadière dont il n'y a qu'une partie, et dans un des trous de la bague.

Cette arme est soumise sur-le-champ à l'examen des Inspecteurs de l'Identité Judiciaire. Ceux-ci ne peuvent relever aucune empreinte en raison du séjour prolongé de la carabine dans l'eau boueuse.

Disons qu'aussitôt après cette découverte et à la suite de notre communication téléphonique à l'Hôpital Central de Yaoundé, le Procureur de la République et le Chef de la Division Régionale de la Police Judiciaire du Centre reviennent immédiatement sur les lieux pour examiner cette arme.

M. le Procureur de la République nous délivre séance tenante, une commission rogatoire, contre X..., du chef d'assassinats, vol, pour la poursuite de nos investigations.

**5- Mentions**

Mentionnons que l'arme découverte, les douilles et cartouches ainsi que tous objets saisis sur les lieux, seront placés sous scellés, soit pour être déposés au Greffe du Tribunal de Grande Instance du Mfoundi, soit pour être examinés par les techniciens du laboratoire de la police technique et scientifique, commis à cet effet. Disons que ces différentes saisies feront l'objet de procès-verbaux séparés qui seront joints à la procédure.

Mentionnons également que la position des trois cadavres est décrite telle que nous les avons vus. Mais, disons que la position des victimes est sujette à des réserves car le Pr ESSAME OYONO requis le 08 décembre à 9 heures du matin par le Commissaire de Police MOUTASSI Jean Pierre, pour examiner les cadavres, a procédé à 9 h. 30 à cette opération, en notre présence et celle de monsieur le Procureur. Le légiste a retourné les cadavres, a coupé le soutien-gorge et la manche de la robe de la femme, de même qu'il a relevé le tricot de peau de l'homme.

Mentionnons enfin que suivant les instructions de M. le Procureur, et après inventaire, tous les objets trouvés éparpillés au sol ont été replacés dans le véhicule, et conduits à la DRPJ, en attendant la conclusion de l'enquête.

Disons qu'à la demande de M. le Procureur de la République, nous lui remettons : les deux alliances que portaient la femme et le carnet de notes contenant le billet de banque en coupure de 5.000 francs CFA, portant le n° 77.583, ainsi que les deux carnets d'épargne découverts dans le compartiment gauche du tableau de bord du véhicule.

Et ce jour, huit décembre deux mil quinze, à 11h45, disons que les fonctionnaires sur le terrain, nous communiquent téléphoniquement l'état-civil des trois victimes qu'ils ont relevé sur leurs CNI, laissés en garde au domicile de la famille EKOBENA, résidant à Yaoundé et qui est le suivant :

- ABANDA Jean, né le 12 janvier 1961 à Otélé ;
- EYENGA Marie, née le 9 décembre 1974 à Ebolowa
- NGONO Esther, née le 22 mars 2007 à Mbankomo.

**Transmission** : à 12h30, n'ayant plus rien à constater, signons le présent procès-verbal fait et clos à l'heure, jour, mois et an que dessus mentionnés, pour être transmis à Monsieur le Procureur de la République.

***Le Commissaire de Police***

# CHAPITRE X

# LES COUPS ET BLESSURES

Les coups et blessures visent souvent les actes qui portent atteinte à l'intégrité physique et/ou psychologique d'un être humain. Ces actes sont dits volontaires lorsque leur auteur a eu la volonté de commettre un acte violent. L'auteur est alors responsable de toutes les conséquences de son acte, y compris de celles qu'il n'aurait pas souhaitées. C'est le cas par exemple d'une personne qui, en cherchant à faire peur ou intimider l'autre, le blesse gravement.

## I. LÉGISLATION

### 1. Notion de coups et blessures en droit camerounais

La notion de coups et blessures se rapporte généralement aux infractions de coups mortels (Article 278, CP), coups avec blessures graves (Article 279 CP), blessures simples (Article 280 CP), blessures légères (Article 281 CP). La procédure judiciaire en matière de coups et blessures est déclenchée par la plainte de la victime. L'agression peut être qualifiée de délit ou de crime, selon les critères suivant le degré de vulnérabilité de la victime (mineur, handicapé…) ou son degré d'autorité (fonctionnaire de police, magistrat…) ou les conséquences physiques et psychologiques pour la victime, mesurées en termes d'incapacité totale de travail (ITT). Cette qualification de délit ou crime détermine en principe le tribunal devant lequel passera le dossier (première instance ou grande instance), car le Code pénal qualifie les infractions et répartit les peines y afférentes ainsi qu'il suit :

Blessures graves : emprisonnement de dix à vingt ans pour « celui qui cause à autrui la privation permanente de l'usage de tout ou partie d'un membre, d'un organe ou d'un sens ».

Coups mortels : (1) emprisonnement de six à vingt ans pour « celui qui, par des violences ou des voies de fait, cause involontairement la mort d'autrui ».

(2) « La peine est l'emprisonnement à vie au cas où les violences ou les voies de fait sont exercées au cours d'une pratique de sorcellerie, de magie ou de divination. »

Coups avec blessures graves : (1) emprisonnement de cinq à dix ans et s'il y a lieu d'une amende de 5 000 à 500 000 francs CFA pour « celui qui, par des violences ou des voies de fait, cause involontairement à autrui des blessures telles que prévues à l'article 277. »

(2) L'emprisonnement est de six à quinze ans lorsqu'il est fait usage d'une arme ou d'une substance explosive, corrosive ou toxique ou d'un poison ou d'un procédé de sorcellerie, magie ou divination. »

- Blessures simples : emprisonnement de six mois à cinq ans et d'une amende de 5 000 à 200 000 francs CFA ou de l'une de ces deux peines seulement pour « celui qui, par des violences ou des voies de fait, cause même involontairement à autrui une maladie ou une incapacité de travail supérieure à trente jours. »

Blessures légères : emprisonnement de six jours à deux ans et d'une amende de 5 000 à 50 000 francs CFA ou de l'une de ces deux peines seulement pour « celui qui, par des violences ou des voies de fait, cause même involontairement à autrui une maladie ou une incapacité de travail de plus de huit jours et jusqu'à trente jours. »

Lorsqu'on est victime de l'unc des infractions citées plus haut, la victime doit porter plainte au commissariat ou au poste de gendarmerie le plus proche du lieu de l'agression, le jour même ou les jours qui suivent. La victime doit ensuite chercher à se faire délivrer un certificat médico-légal pour la suite de la procédure et la détermination de la peine encourue par l'auteur de l'infraction. Le certificat médico-légal doit préciser la nature et la gravité des lésions ainsi que la durée de l'incapacité totale de travail (ITT).

Ce document doit aussi faire ressortir la réalité, la nature, l'origine, la gravité et les conséquences probables du dommage et son incidence judiciaire possible. Signer ce document constitue un devoir déontologique dont la finalité principale est d'aider le patient à faire valoir ses droits et il s'impose à tout médecin qui constate dans l'exercice de sa profession, des lésions traumatiques pouvant résulter de violences volontaires ou involontaires provoquées par un tiers. Il faut enfin présenter les témoins et dans la mesure du possible, fournir aux services de police les noms et coordonnées desdits témoins.

**2. Cas de violences conjugales**

Les violences conjugales peuvent correspondre à des violences psychologiques (harcèlement moral, insultes, menaces), physiques (bastonnade, torture), ou sexuelles (viol). C'est-à-dire que la victime et l'auteur peuvent être mariés, concubins ou simples amants, les faits sont également punis si le couple est divorcé, ou séparé, mais sans que cette relation de couple justifie qu'une personne soit forcée d'avoir des relations sexuelles avec son conjoint.

La tentative de violences est punie comme si les violences avaient été effectivement commises. Il y a tentative lorsqu'une infraction a débuté, mais a été stoppée en raison de circonstances indépendantes de la volonté de son auteur. Par exemple, si un mari essaie de frapper sa femme mais qu'elle s'est défendue.

En cas de violences physiques, les peines sont aggravées lorsque la victime est l'ancien ou actuel époux, concubin ou amante. Si les violences sont fréquentes, elles peuvent être qualifiées de violences habituelles.

En cas de violences ayant entraîné la mort sans l'intention de la donner, la peine encourue est de : 20 ans de prison, si la justice vise un seul cas de violences et de 30 ans de prison, si la mort a été causée par des violences répétées.

En cas de meurtre ou de tentative de meurtre (si l'auteur a agi dans l'intention de tuer sa victime), la peine encourue est la prison à perpétuité.

## II. LES TYPES DE BLESSURES

D'après le diagnostic médico-légal des blessures élaboré par Djama Kamel[68], médecin légiste, « la Blessure est toute lésion faite au corps humain par une cause violente ». En médecine légale, la blessure représente une trace organique, objective, actuelle, d'un fait judiciaire passé qu'il s'agit d'établir et de reconstituer. C'est sur cette trace, affirme le Dr Djama Kamel que prendra appui l'inculpation et la condamnation de l'auteur de l'infraction. C'est pourquoi l'étude médico-légale des blessures revêt une importance capitale. Les blessures posent généralement de nombreux problèmes notamment :

- les problèmes d'ordre étiologique (*ante* ou *post mortem*),

- les problèmes de recherche de leur cause (action contondante, piquante, tranchante, arme à feu, par griffure, par morsure, par écrasement ...),

- leurs conséquences (contusion, plaie simple, plaie contuse, fracture ...),

- les circonstances qui les ont déterminées (accidentelle, criminelle, suicidaire).

Ces blessures en général se présentent de la manière suivante : les contusions, les plaies, les plaies contuses et les fractures.

### 1. Les fractures

Les fractures sont les accidents osseux dont l'aspect peut faire évoquer la violence. En cas de fracture directe, on examinera la zone de choc et la direction du choc et en cas de fracture indirecte ou complexe, on cherchera le mécanisme de torsion ou de compression. Les fractures peuvent s'accompagner ou non de lésions associées. Les fractures sont ouvertes en cas de plaies associées.

---

[68] Docteur Djama Kamel médecin légiste privé installé à EL HARROUCH Algérie RUE BACHIR BOUKADOUM en face HOPITAL PSYCHIATRIQUE.

## 2. Les blessures

L'aspect de certaines blessures est assez évocateur. Ces blessures ont des caractéristiques qui sont évocatrices des circonstances de leur survenue.

Les blessures liées à des automutilations sont habituellement multiples, superficielles, évitant les zones très sensibles ou réputées dangereuses telles que le cou, les poignets, le triangle de Scarpa.

Les blessures en cas de suicide sont souvent incomplètes, superficielles, multiples, parallèles, réalisant des coupures d'hésitation. Elles sont surtout présentes au niveau des extrémités (poignets, avant-bras, racine des cuisses). Elles sont de siège plus à gauche chez le droitier, dans des zones accessibles. Elles nécessitent toujours de vérifier leur faisabilité.

Les blessures en cas d'homicide sont plus franches, plus profondes, moins nombreuses, pouvant être localisées dans des zones anatomiques inaccessibles. Elles sont souvent associées à des lésions de défense (ex. : coupures présentes aux mains chez une victime cherchant à se protéger ou à saisir l'arme de son agresseur). En cas de crime sexuel, les blessures sont souvent multiples, et peuvent être localisées dans les régions génitales ou au niveau des seins.

Les blessures iatrogènes relèvent de la présence de points de piqûre au niveau des régions latérales du cou (jugulaires), sous-clavière, fémorale. Un aspect de plaie par arme blanche peut s'observer après la pose d'un drain thoracique. Des fractures costales étagées peuvent être constatées après des manœuvres de massage cardiaque externe vigoureux et un trou de trépan crânien est observé en cas d'évacuation d'un hématome ou prise de pression intracrânienne.

Les blessures post mortem peuvent être constatées dans de nombreuses circonstances telles que le dépeçage criminel afin d'empêcher l'identification de la victime, l'acharnement *post mortem* en cas de crime passionnel ou sexuel, cas de nécrophilie, l'action d'animaux carnassiers (chien, chat, rat ...). Elles ont pour caractéristiques l'absence d'hémorragies et d'ecchymoses périphériques.

## 3. Les contusions

Ce sont des lésions traumatiques les plus fréquentes et qui sont le résultat de l'impact d'un objet contondant sur le corps humain. Elles se présentent sous divers aspects et sont étudiées par degrés croissants avec la profondeur et l'importance de la suffusion sanguine.

Les contusions sont administrées par une arme « de choc », type matraque, les plaies simples sont l'œuvre des armes blanches type poignard, les plaies contuses sont faites par les armes à feu type pistolet automatique.

Parmi les blessures de ce type, on relève : les contusions du $1^{er}$ degré ou ecchymoses, les contusions du $2^{ème}$ degré ou hématomes, les contusions du $3^{ème}$ degré ou écrasements et les contusions du $4^{ème}$ degré ou broiements.

Les Contusions du $1^{er}$ degré et du $2^{ème}$ degré sont constituées d'ecchymoses et d'hématomes :

Les contusions du $3^{ème}$ et $4^{ème}$ degré quant à elles sont caractérisées par l'écrasement des tissus anatomiques, tandis que celles du $4^{ème}$ degré sont caractérisées par le broiement des muscles, des vaisseaux et des nerfs. Du point de vue local, le membre blessé est livide, inerte, enflé, froid, à la fois douloureux et insensible, alors que la peau pourtant est intacte au départ, se couvre d'ecchymoses et de Phlyctène, tandis que du point de vue général, la victime a des nausées, les vomissements, les douleurs lombaires, tout comme le syndrome I.R.A qui est souvent dû à une néphrite aiguë myohémoglobinurique, qui évolue en trois phases.

Après une latence de plusieurs semaines, il apparaît une myohémoglobinurie[69] avec hémoconcentration. (Elle croisse avec le gonflement du membre). Puis il y a la constitution progressive d'une néphrose (urémie, cylindrurie, oligurie, anurie), le tout évoluant de 6 à 8 jours soit vers la guérison soit vers la mort trop souvent.

**4. Les plaies**

Contrairement aux contusions qui ne s'accompagnent ni de destruction, ni d'effraction des téguments, les plaies présentent une solution de continuité des téguments, avec participation ou non des tissus sous-jacents. On distingue alors : l'excoriation, la plaie simple et la plaie contuse.

La plaie simple présente simplement une effraction sans destruction des téguments. Les bords de la plaie sont nets, réguliers, linéaires, sans aucune perte de substance.

La plaie contuse quant à elle réunit à la fois les caractères d'une excoriation, d'une plaie simple et d'une ecchymose. Les bords de la plaie sont déchiquetés, irréguliers, décollés, la perte de substance étant plus au moins considérable. Quel que soit le type de plaies, il faut déterminer si elle est d'origine *ante mortem* (vitale). Pour le savoir, trois critères doivent être pris en compte : l'hémorragie avec infiltration des tissus, la coagulation du sang, l'écartement des lèvres de la plaie.

L'excoriation (érosion, éraillure, éraflure, égratignure, écorchure) est la plaie la plus minime, qui résulte de l'abrasion de l'épiderme. Sur un sujet vivant, l'excoriation se couvre d'un exsudat lymphatique qui devient une croûtelle et la

---

69 La myohémoglobinurie se caractérise par la présence de myoglobine (pigment respiratoire du muscle, voisin de l'hémoglobine) dans l'urine.

cicatrisation se fait en une semaine. Tandis que sur le cadavre, le derme ainsi dénudé se dessèche, bruni : « c'est la plaque parcheminée ». Leur forme, leur répartition et leur direction renseignent souvent sur leur mode de production et leur siège peut être d'un grand intérêt en expertise : au niveau du cou, elle signifie qu'il y a eu strangulation. Au pourtour de la bouche et du nez, elle met en évidence la suffocation. Au niveau de l'anus, elle révèle un attentat pédérastique. Au visage ou aux mains, cela signifie la lutte, tandis qu'au niveau des cuisses, elle explique une agression sexuelle.

**5. Les ecchymoses**

Les ecchymoses indiquent le point où s'est produite la prise de corps (une chute, un choc ou une violence quelconque) et renseignent sur la date de la violence par leur couleur et révèlent parfois la forme de l'instrument responsable de leur apparition. Enfin, elles témoignent si le sujet était vivant au moment de leur production. Elles se présentent sous plusieurs aspects : macroscopique, physiologique et étiologique.

Du point de vue macroscopique, ces ecchymoses se présentent comme des taches d'un rouge livide au départ, plus ou moins importantes en étendue comme en profondeur, constituées par du sang extravasé et coagulé qui infiltre les tissus et y adhère. Elles ne s'effacent pas à la pression et peuvent se former à tous les niveaux, dans toutes les régions (dans les tissus celluleux sous-cutanés, sous la peau, sous les muqueuses, sous le cuir chevelu, sous les séreuses, dans les os même) et leur étendue dépend de la violence du traumatisme, de la vascularisation de la région, de la laxité du tissu, du plan sous-jacent (dur ou mou).

Tandis que du point de vue physiologique, une ecchymose correspond à la rupture de petits vaisseaux jusqu'à une profondeur et une étendue variables, avec la violence et la surface de l'agent traumatisant. Le sang épanché puis coagulé se dégrade *in vivo*, selon un processus régulier :

- Vers le 2$^{ème}$ jour, les G.R se gonflent et se décolorent ;

- Vers le 3$^{ème}$ jour, apparaissent des cellules phagocytaires qui englobent une partie des globules rouges et des globules blancs ;

- Vers le 5$^{ème}$ ou 6$^{ème}$ jour, l'hémoglobine disparaît, se transformant en un pigment dont la dégradation se fera pour son propre compte, donnant les aspects colorés successifs déjà cités ;

- Vers le 10$^{ème}$ jour, on ne retrouve plus les globules rouges ;

- Vers le 23$^{ème}$ jour, les amas pigmentaires se désagrègent en fines granulations ;

- Vers le 2$^{ème}$ mois, on retrouve ces pigments cristallisés dans le réticulum conjonctif, jamais en intra cellulaire.

Enfin du point de vue étiologique, on distingue deux types d'ecchymoses : (les ecchymoses spontanées causées au cours des asphyxies, les infections, les affections hépatiques-rénales et sanguines, les affections carentielles et neurologiques, de traitements et de simulations) et les ecchymoses traumatiques (ecchymoses dites de forme).

En conclusion : l'ecchymose étant une lésion vitale, elle ne peut donc pas se former après la mort, car le sang ne coagule plus.

**6. Les hématomes**

Les hématomes sont des lésions cutanées dues à un choc (traumatisme). On observe que lorsque les vaisseaux sanguins qui se trouvent sous la peau sont victimes d'un choc, le sang commence à se diffuser dans les tissus (hémorragie).

Les hématomes se caractérisent par une couleur bleutée-rouge-noir, sous la peau. On distingue les hématomes des ecchymoses, car ces dernières sont plus superficielles et la poche de sang est plus petite.

En cas d'hématomes, les lésions cutanées sont les plus fréquentes suivies par les lésions sous cutanées et musculaires.

Ce phénomène s'explique par le fait qu'en cas d'hématome, le choc provoque une rupture au niveau des capillaires (petits vaisseaux sanguins) de la peau, ce qui aboutit généralement à une accumulation de sang au niveau des tissus et mène à l'hématome.

***6.1. Les causes des hématomes***

Les hématomes sont causés par un choc violent et/ou brutal comme un coup (lors une bagarre), le sport (football par ex.) ou encore un accident (chute d'objet, choc en voiture).

Les hématomes peuvent aussi être causés par un surdosage de médicaments anticoagulants (anti vitamine K par ex.) ou être la conséquence de maladie de la coagulation sanguine ou par une chirurgie esthétique comme une liposuccion.

Parfois les hématomes peuvent apparaître sans choc ou traumatisme pour des raisons psychologiques comme un grand stress, une dépression ou un état anxieux. Ces hématomes sont en général de couleur pourpre et disparaissent après avoir soigné la cause (anxiété, dépression, etc.). Dans de rares cas des hématomes peuvent être le signe d'une leucémie.

***6.2. Couleur des hématomes***

Les hématomes présentent des lésions bleutées-noir et gonflées au début (après le choc), puis par la suite après quelques jours, il prend en général une couleur plus verte, brune ou jaune. Finalement, après une semaine, l'hématome disparaît et reprend une couleur normale (chair).

### *6.3. Durée des hématomes*

Les hématomes peuvent mettre plusieurs jours ou même jusqu'à un mois avant de disparaître, cela va dépendre de la gravité et de la surface des hématomes ainsi que de la capacité de chaque organisme à reformer le tissu abîmé.

Il y a l'hématome « normal » (sur un bras par exemple) des hématomes localisés dans certaines parties du corps et qui peuvent nécessiter une surveillance accrue comme :

– Au niveau de l'œil, on parle d'œil "au beurre noir". Pour ces hématomes il faut toujours consulter un médecin.

– Au niveau de l'oreille : hématome de l'oreille.

– Au niveau de l'ongle : hématome de l'ongle.

### *6.4. Complications (risques)*

Les complications des hématomes dépendent de plusieurs facteurs liés à sa localisation :

– Pour l'hématome de l'œil (œil « au beurre noir ») il peut y avoir un décollement de la rétine ou une hémorragie interne à l'œil. Il est donc important de consulter dans tous les cas un médecin lors d'hématome à l'œil.

– Pour l'hématome de l'ongle, ce dernier peut tomber.

Les hématomes en général peuvent s'infecter (surinfection) ou compresser un organe voisin. Toujours consulter un médecin lors de complications.

## III. LES BLESSURES PAR ARMES BLANCHES ET INSTRUMENTS CONTONDANTS

### 1. Les armes blanches

Selon la forme de la lésion, on peut déterminer l'arme utilisée, car les plaies sont souvent assez caractéristiques pour permettre l'identification de l'arme. Les armes blanches causent des plaies simples qui se répartissent en quatre catégories : les armes contondantes, les armes piquantes, les armes piquantes et tranchantes, les armes tranchantes.

### *1.1. Les armes piquantes*

Ce sont caractérisées par leur percussion punctiforme et se présentent sous deux aspects selon le type d'arme.

Les armes sans arêtes sont cylindriques ou coniques (aiguille, poinçons, dents de fourche…). Lorsqu'on en fait usage, la plaie prend l'aspect d'une fente et non d'un orifice arrondi.

Les armes avec arêtes sont triangulaires ou carrées ou hexagonales (flèche). La plaie ici prend un aspect étoilé, dont les branches correspondent au nombre d'arêtes, mais non à la taille et à la forme exacte de l'instrument du fait des rétractions cutanées.

### *1.2. Les armes piquantes et tranchantes*

Ce sont des armes à arêtes tranchantes, qui se terminent en pointe. Elles ont la particularité de sectionner les tissus à mesure que la lame s'enfonce. Elles peuvent se présenter sous plusieurs formes : une seule arête est tranchante (baïonnette) et le couteau ordinaire. Parfois, les deux arêtes sont tranchantes (poignard ou stylets). Elle occasionne généralement les plaies plus profondes que larges, avec les caractéristiques suivantes : la forme de la plaie est généralement en boutonnière, les bords de la plaie sont nets, réguliers, à angles aigus ou arrondis, la largeur de la plaie peut être plus petite que celle de la lame du fait de l'élasticité de la peau. Elle peut aussi être plus grande que celle de la lame si celle-ci a été enfoncée ou retirée obliquement. Le trajet de la lame chez un vivant est suivi à l'aide d'un guide lors de l'exploration, tandis que sur le cadavre, on le suit plan par plan, en se guidant sur le siège des infiltrations sanguines. Enfin, la profondeur qui peut être supérieure à la longueur de la lame en raison de la dépression des parties molles au moment où le coup a été porté.

### *1.3. Les armes tranchantes*

Ces armes quant à elles sont des armes qui peuvent sectionner les tissus soit par leur fil, soit par leur poids, suivant la manière dont elles sont maniées et appliquées. Elles reproduisent une section rectiligne des parties molles et les plaies qu'elles occasionnent sont simples, longues, généralement rectilignes, peu profondes, à bords nets et réguliers. De même, les extrémités de la plaie sont en pente douce et se prolongent souvent par une érosion linéaire de l'épiderme seul, appelée « queue de rat » qui indique la terminaison de la lésion.

### 2. Les armes contondantes

Un instrument est dit contondant lorsqu'il présente une surface mousse. Les résultats selon la violence du choc donneront soit une contusion, soit une plaie contuse, causés soit par un instrument naturel (pieds, poings, talons, la tête, ongles, les dents), improvisé (bâton, pierre, marteau…) ou préparé (casse-tête…). La forme de la lésion détermine aussi la forme de l'instrument utilisé.

## IV. LES BLESSURES PAR ARMES À FEU

### 1. Les types de blessures

D'après le Docteur Djama kamel, l'étude des blessures par arme à feu est un ensemble de démarches dont l'aboutissement logique est la recherche de la réalité des faits tels que la réalité de l'acte dans le déterminisme de l'accident, du suicide ou de l'homicide et la réalité de la mort dans la recherche de ses causes exactes. Lorsqu'on est face à une victime présentant des blessures par arme à feu, les constatations médico-légales doivent suivre un protocole bien établi, qui commence par l'examen des lieux du crime ou du délit, les constatations médico-légales, et l'autopsie.

Les blessures par projectile d'arme à feu sont divisées en quatre grandes catégories en fonction de la distance de tir : tir à bout touchant (a), tir à bout portant (b), tir à distance intermédiaire (c), tir à distance (d) et la direction de la balle (e).

### *1.1. Le tir à bout touchant*

Il existe deux types de tirs à bout touchant à savoir, le tir à bout touchant simple et le tir à bout touchant appuyé.

Lors d'un tir à bout touchant, la bouche du canon de l'arme est en contact avec le corps de la victime. Si la bouche du canon est appuyée fermement contre la peau, il s'agit d'un tir à bout touchant appuyé. L'aspect d'un orifice d'entrée en rapport avec un tir à bout touchant appuyé se présente avec les berges de l'orifice brûlées (par les gaz chauds de combustion), les berges de l'orifice noircies de suie (les gaz de combustion sont chargés de suie), la possibilité de chambre de mine (en fonction du siège) qui résulte de la détente des gaz de combustion dans les tissus, la présence d'une abrasion en périphérie de l'orifice reproduisant l'empreinte du canon voire du viseur et l'absence de collerette de suie.

Généralement, la présence d'une chambre de mine modifie complètement l'aspect de l'orifice d'entrée. Celui-ci prend alors un aspect de plaie contuse éclatée, en raison de la brusque expansion des gaz de combustion et l'effet chambre de mine peut renforcer l'empreinte du canon sur la peau.

Le tir à bout touchant simple a l'aspect d'un orifice d'entrée et se présente avec les berges de l'orifice brûlées, la présence d'une collerette de suie (zone d'estompage) autour de l'orifice, la collerette concentrique si le canon est perpendiculaire à la surface de la peau et une collerette excentrique en cas d'angulation, située dans ce cas à l'opposé de la position du canon.

### *1.2. Le tir à bout portant*

Le tir à bout touchant a l'aspect d'un orifice d'entrée, il présente une zone de peau brûlée en périphérie de l'orifice et une collerette de suie (les dépôts de suie sont observés pour des distances inférieures à 30 cm environ). Lorsque le canon fait un angle avec la surface de la peau de la victime, ces deux zones sont excentriques, siégeant du côté du canon.

### *1.3. Le tir à distance intermédiaire*

Le tir à distance intermédiaire a l'aspect d'un orifice d'entrée avec un tatouage de poudre concentrique si le canon était perpendiculaire à la surface de la peau et excentrique en cas d'angulation avec tatouage siégeant du côté du canon.

Le tatouage de poudre correspond à l'ensemble des abrasions punctiformes consécutives à l'impact sur la peau des grains de poudre (taille millimétrique). Le tatouage de poudre est différent du pseudo-tatouage occasionné par l'impact sur la peau de fragments de projectile ou de cibles intermédiaires. Les marques sont dans ce cas plus larges et plus irrégulières que celles observées dans le vrai tatouage de poudre. Il peut s'associer au tatouage de poudre des dépôts de suie (absents au-delà de 30 cm environ). La densité du tatouage de poudre diminue avec la distance de tir. Il s'observe jusqu'à une distance d'environ 1 m pour les armes de poing.

### *1.4. Le tir à distance*

Il se fait à une distance de tir supérieure à 1,5 m. L'aspect d'un orifice d'entrée en rapport avec un tir à distance se caractérise par la présence d'une collerette érosive (directement liée au passage du projectile, non à sa chaleur ou à sa rotation), concentrique, excentrique en cas d'angulation, du côté d'où vient le projectile. On note également la présence d'une collerette d'essuyage grisâtre, mieux visible sur les vêtements.

L'orifice de sortie est le même quelle que soit la distance de tir et quel que soit le type de balle. L'aspect d'un orifice de sortie peut être plus grand et plus irrégulier qu'un orifice d'entrée, ne présentant pas de collerette érosive, sa forme est très variable (étoilée, circulaire, en croissant, pouvant aussi prendre la forme d'une plaie par arme blanche). L'observation à la loupe binoculaire permettra de montrer s'il s'agit d'un tir à bout touchant, à bout portant ou à distance.

### *1.5. La direction de la balle*

Après avoir perforé un crâne par exemple la trajectoire de la balle peut être déterminée grâce à l'aspect des orifices osseux. Un orifice d'entrée osseux est rond ou ovale, à bords taillés à l'emporte-pièce au niveau de la table externe et se présente comme un cône évasé vers l'intérieur sur le versant endocrânien. L'orifice de sortie osseux quant à lui présente un aspect à l'emporte-pièce sur le versant endocrânien et un cône évasé vers l'extérieur sur le versant exocrânien.

## 2. Constatations médico-légales

En cas de coup de feu, les plombs font un effet balle à courte distance puis, se dispersent. Ainsi, dans les cas de tir à bout touchant, tir à bout portant et tir intermédiaire, l'aspect de l'orifice d'entrée se superpose de façon générale à celui observé avec un projectile à balle.

Les constatations consistent à déterminer :

- l'orifice d'entrée : il est unique pour une distance de moins de 60 cm. À partir de 90 cm, l'orifice est unique mais présente des berges festonnées, crénelées en « trou de rat ». Vers 120 cm, l'orifice d'entrée principal est associé à des orifices satellites, correspondant à un début de dispersion des plombs. Vers 200 cm, il existe une couronne d'orifices satellites autour de l'orifice principal. À plus de 10 cm, il ne persiste que de multiples orifices dispersés. La mesure du diamètre maximum de cette dispersion permet une estimation du diamètre de la gerbe de plombs lors de son impact et peut aider à la détermination de la distance de tir.

- L'examen des lieux et du corps du délit : il montre que les projectiles sont prélevés soit dans le cadavre (projectiles ayant percé la victime), soit aux environs (projectile ayant manqué le but). Les enquêteurs vont noter le point où seront trouvés les projectiles et la hauteur de ce point. Ils vont ensuite rechercher au niveau du sol, la bourre que la déflagration de la poudre projette à une distance variable et il peut même arriver que la cartouche brûlée ou la douille soit jetée derrière l'auteur par un geste machinal. Quant aux armes découvertes sur les lieux de l'infraction, elles peuvent avoir servi au crime, ou alors avoir été disposées à dessein par le criminel pour faire croire à un suicide ou utilisées par la victime elle-même. Avant de se saisir de cette arme, il faut d'abord noter son emplacement, sa disposition et mise sous sellée aux fins d'expertise.

- L'expertise des plaies : elle se fait par les constatations et les prélèvements. Il est souhaitable que dès la découverte d'un corps tué par arme à feu, un médecin légiste soit sur les lieux pour les constatations d'usage. Il notera notamment les éléments suivants : la position du cadavre, la position de l'arme éventuelle, l'examen succinct des orifices avec un minimum de manipulation, prendre des dispositions pour éviter qu'une balle glissée dans les vêtements puisse s'échapper au moment du transport. Et il est indispensable de placer les mains de la victime à l'intérieur de sacs en papier pour protéger des indices éventuels.

Au niveau du service de médecine légale, on fait la radiographie du corps avant tout acte : déshabiller minutieusement le corps, ne pas laver le corps avant l'autopsie.

- l'examen minutieux du corps : il consiste notamment à déterminer l'orifice d'entrée et de sortie, compter les orifices, les décrire et les positionner sur le corps, les numéroter avant de prendre les indispensables photographies. Faire une mensuration de la situation des orifices par rapport à des repères anatomiques du corps (ex : plante de pieds : sujet ayant pu être blessé debout ou partie inférieure du pubis : sujet ayant pu être blessé assis), faire les prélèvements des orifices, pour différencier un orifice d'entrée d'un orifice de sortie. Faire des prélèvements de balles ou de plomb avec le plus grand soin en proscrivant les instruments métalliques.

- le certificat médico-légal : après les constatations, le médecin doit délivrer un certificat médico-légal à la victime. Il s'agit d'un acte médical qui survient à une écoute et un examen clinique obligatoires de la victime. Cet acte engage la responsabilité du médecin qui le signe. Il permet au médecin de fournir à l'autorité de justice, les éléments qui lui permettront de statuer sur la juridiction compétente qui aura à juger le suspect. La loi donne donc aux médecins un pouvoir médico-légal, qui est celui d'attribuer la qualification de compétence des tribunaux.

Ce document peut être demandé par la victime majeure, ses parents ou tuteurs pour un mineur ou un majeur sous tutelle, la police ou la justice par réquisition. Toutefois, le certificat médico-légal doit être établi à la demande de la victime, chaque fois qu'il y a eu traumatisme, même minime, qui peut mettre en cause la responsabilité d'un tiers. La victime, lorsqu'elle se fait consulter par un médecin, doit le transmettre à l'autorité judiciaire (police, gendarmerie, Procureur), il fait valoir ce que de droit. Il peut aussi être remis directement à l'autorité judiciaire dans le cadre d'une réquisition. Selon l'ITTP (Incapacité Totale de Travail Personnel), l'autorité de justice qualifiera l'infraction (contravention, délit, crime).

## V. LES BRÛLURES

Il existe plusieurs types de brûlures :

### 1. Les brûlures par agent physique

Ils regroupent les brûlures thermiques causées par le feu et la chaleur, les brûlures électriques et les brûlures par radiations ionisantes. Elles sont souvent accidentelles, rarement suicidaires (immolation par le feu) ou criminelles (torture, dissimulation secondaire d'un homicide par un incendie).

L'aspect des brûlures thermiques diffère selon la gravité. Il peut s'agir de l'érythème, la phlyctène, l'escarre ou la carbonisation. Il faut relever que la majorité des décès qui a lieu au cours d'un incendie sont consécutifs à l'inhalation de monoxyde de carbone ou d'autres gaz toxiques comme le cyanure d'hydrogène. L'étape de carbonisation si elle a lieu survient donc le plus souvent après le décès.

### 2. Les brûlures électriques

En cas d'électrocution, une marque électrique focale discrète peut être identifiée au point d'entrée du courant électrique, siégeant fréquemment au niveau des mains. Il s'agit le plus souvent d'une lésion cutanée à type de bulle, mesurant de quelques millimètres à quelques centimètres, entourée d'une couronne de peau très pâle en rapport avec une vasoconstriction locale. Ce type de brûlure électrique peut aussi présenter un aspect de petite zone déprimée, parcheminée.

### 3. Les brûlures par radiations ionisantes

Ces brûlures sont très rares et très particulières par leur évolution et leur profondeur. Leur étiologie est toujours connue : accidents iatrogènes, accidents professionnels.

### 4. Les brûlures par agent chimique

Elles sont consécutives à l'action de produits corrosifs (bases, acides). Les traces de brûlures caustiques observées autour de la bouche sont classiquement brunâtres pour l´ingestion d´acides et blanchâtres dans le cas de bases. Les bases fortes produisent des effets corrosifs surtout dans l'œsophage alors que les effets corrosifs des acides forts sont surtout observés au niveau de la petite courbure de l´estomac. Les brûlures chimiques n'aboutissent jamais à une carbonisation. Souvent des aspects de coulures ou une topographie particulière orientent vers cette étiologie.

## VI. L'ENQUÊTE MÉDICO-LÉGALE

### 1. La levée de corps

En cas de décès, l'enquête se poursuit avec la levée de corps. Les techniciens en investigations criminelles vont passer au crible les vêtements de la victime, les lieux de crime et l'examen du blessé au cas où il survit à ses blessures. Cela se fait en étroite coopération entre le médecin légiste, les techniciens en identification criminelle (TIC) ou les gestionnaires de scène d'infraction de la police (GSI) et le balisticien pour l'examen du cadavre et des lieux. Les TIC doivent notamment relever : les conditions météorologiques, les conditions initiales de découverte du corps et existence de cibles intermédiaires, les photographies initiales avec plans d'ensemble, plans moyens et rapprochés et les photographies de la position du corps dans son environnement, la position de l'arme ou des éléments de munitions, les traces de sang, les orifices.

#### *1.1. L'examen des vêtements*

Il se fait avec des loupes binoculaires. On examinera l'orifice d'entrée, les fibres du tissu et leur inclinaison, ainsi que la présence ou l'absence de grain de poudre. Cet examen peut également se faire par caméra télévisée en lumière I.R + U.V ou filtres colorés pour avoir la précision de la distribution des grains de poudre et l'aspect de l'orifice.

#### *1.2. L'examen des lieux*

Il implique les constatations sur le corps de la victime. Elles doivent se faire sur les lieux de découverte, à l'effet de conserver certains indices qui pourraient être perdus ou déformés. En plus, les éléments fictifs peuvent être introduits par inadvertance lors des manipulations malencontreuses du corps. Pour ce faire, les règles à respecter sur les lieux de découverte du cadavre sont les suivantes : ne toucher au corps qu'avec les mains gantées et le moins possible afin d'éviter de faire disparaître des indices directeurs qui pourraient se trouver sur les vêtements ou sur la surface du corps du défunt, ne pas ouvrir les mains de la victime ou de procéder à une prise d'empreinte digitale, car l'encre noire utilisée pour la prise d'empreinte peut soit affecter, soit introduire des matériaux contaminants qui pourraient compromettre le résultat de l'examen ultérieur des mains à la recherche de résidus de tir. En outre, la manipulation des mains ou du corps par un O.P.J n'ayant pas pris les précautions nécessaires de ganter ses mains peut transférer des résidus du même OPJ s'il vient d'effectuer le tir. Enfin, il faut prendre les photographies sur les lieux (vues instantanées de repérage et les vues en gros plan).

**2. L'autopsie**

L'autopsie survient après la réception du corps de la victime à la morgue ou au service de médecine légale.

***2.1. L'examen général du corps***

Le médecin légiste fait successivement les examens suivants :

- examiner le projectile s'il demeure encore dans le corps ou lorsqu'il est ressorti.

- relever les résidus de tir sur les mains, à l'aide d'écouvillons imprégnés d'acide nitrique à 5% ou grâce à un ruban adhésif.

- prélever les empreintes de paume de mains qui peuvent se révéler utiles.

- Le corps est examiné toujours revêtu de son habillement, afin de vérifier si les pertes de substances des habits correspondent par leurs localisations à des blessures du corps, ainsi que la recherche de résidu de poudre et de suie.

- placer les sacs en papier autour de ses mains lors du transport, pour éviter la perte d'indices. Ces sacs sont préférables aux sacs en plastique, car les sacs en plastique placés autour des mains ou en contact du corps réfrigéré produisent une humidité par condensation dans les sacs et cela peut diluer les résidus de tir de l'ordre du nanogramme.

- envelopper le corps dans un drap ou placé dans un linceul propre, ceci dans un but de prévenir la perte d'indices apparents qui existent sur le corps et d'éviter l'apport de traces contaminantes provenant du véhicule utilisé pour le transport du corps jusqu'à la morgue ou le service de médecine légale.

***2.2. L'examen des blessures***

Il concerne les plaies laissées par le projectile. Ces plaies sont généralement contuses se rapportent à :

- le trajet de la balle,

- l'orifice de sortie.

Les prélèvements peuvent être effectués pour déterminer les résidus de tir (sur les orifices et mains d'un individu) par différentes techniques : absorption atomique, microscope électronique à balayage et activation neutronique.

Si la victime n'est pas morte tout de suite après avoir été touchée et qu'elle a été transportée à l'hôpital, un certain nombre de démarches médico-chirurgicales doivent être faites. Pour cette raison, les comptes rendus médicaux détaillés concernant la victime depuis son admission jusqu'à sa mort devront être consignés et établis.

Les sites d'injections devront être entourés d'un trait à l'encre par l'équipe médicale, pour indiquer qu'il s'agit d'une lésion d'origine thérapeutique et qu'ils ne sont pas antérieurs à l'hospitalisation ;

Les thoracotomies[70], les laparotomies[71] et les incisions chirurgicales devront aussi être repérées ou décrites dans le rapport médical, tandis que la balle récupérée lors de l'acte opératoire sera prise sans l'aide d'instruments de chirurgie, afin d'éviter d'ajouter des artefacts conférant aux comparaisons balistiques.

### *2.3. La recherche des lésions internes*

- la recherche de lésions internes (étude du trajet de la balle) suivie du prélèvement sanguin pour rechercher le groupe sanguin et les recherches toxicologiques nécessaires.

- <u>récupération de balles :</u> celles qui ne sont pas ressorties du corps (pour une étude balistique comparative). Dans les cas de blessures par cartouche de fusil de chasse, on récupère la bourre et un échantillon représentatif de plomb tout en évitant de sonder une blessure, afin d'éviter de créer de faux trajet de blessure, de déformer la blessure ou voir déplacer le projectile.

L'orifice d'entrée présente les caractères constants qui ne sont pas influencés par la distance de tir. Il s'agit notamment de : l'orifice de pénétration (perforation), qui peut être de forme circulaire (tir perpendiculaire), ovale ou en boutonnière (tir tangentiel ou oblique), avec un diamètre variable suivant le type de projectile.

---

70 La thoracotomie consiste en une incision chirurgicale de la paroi thoracique. La chirurgie peut nécessiter l'ouverture du thorax ou simplement une incision entre les côtes.

71 La laparotomie, ou paratomie, est un acte chirurgical consistant en l'ouverture de l'abdomen par une incision laissant le passage direct à d'autres actes chirurgicaux sur les organes abdominaux et pelviens

- La collerette érosive : elle occasionne une abrasion épidermique sur le pourtour de l'orifice de pénétration et peut se présenter sous formes circulaires (tir perpendiculaire), en croissant ou allongées (tir oblique).

- L'examen de la collerette d'essuyage : elle est liserée noir et faite de particules de poudre qui se déposent sur le bord de l'orifice d'entrée, donc sur la collerette érosive (sauf en cas de superposition de vêtements).

- L'examen de l'orifice d'entrée : il présente également les caractères secondaires qui apparaissent lorsque le tir est effectué dans certaines conditions : à bout touchant et à bout portant, la force d'expansion des gaz provoque une plaie contuse à l'orifice irrégulier, déchiqueté, étoilé surtout une cavité anfractueuse.

À courte distance, il se forme autour de l'orifice une tache noire (dépôt pulvérulent de produit de combustion) et un tatouage (produit de combustion de grains de poudre non brûlés ou partiellement brûlés).

- L'examen de l'orifice de sortie : il est inconstant et ne comporte ni collerette d'essuyage, ni tatouage, ni estompage. Elle peut être contuse, à bords relativement nets et correspond généralement à une plaie plus grande que celle de l'orifice d'entrée. Elle peut être aberrante en cas de rebondissement (dans la boîte crânienne) ou de migration dans un gros vaisseau du projectile.

- L'étude du trajet de la balle : elle est suivie chez le blessé lors de l'intervention chirurgicale par l'exploration et chez le cadavre plan par plan lors de l'autopsie. Il s'accompagne d'une ecchymose d'accompagnement et d'autant d'orifices d'entrée et de sortie que d'organes traversés. Par ailleurs, il n'est pas toujours rectiligne et dépend des obstacles que le projectile rencontre, ainsi que de la mobilité des organes. Ainsi, il est rectiligne dans un organe plein (foie, rate, rein), et sinueux dans un organe mobile (poumon, cœur).

Si par contre la mort se produit en l'espace de quelques heures après l'admission à l'hôpital, les sacs en papier devront être placés sur les mains de la même façon que quand la mort survient sur les lieux du crime. Ensuite, le corps et la totalité des habits portés par la victime devront être transférés au laboratoire. Tous les rapports médicaux détaillés des examens et des actes pratiqués devront accompagner le corps. Enfin, tout le sang prélevé lors de l'admission à l'hôpital devra être récupéré pour d'éventuelles recherches toxicologiques et groupage sanguin.

On confronte les données d'autopsie, de balistique et de morphoanalyse pour la reconstruction des faits avant de rédiger un rapport détaillé et le transmettre à l'autorité requérante pour la suite des investigations.

- La datation des blessures : c'est une étape assez importante de l'enquête. Le diagnostic *ante* ou *post mortem* des blessures et la détermination de leur chronologie sont assez difficiles en médecine légale. Toutefois, la présence d'une réaction inflammatoire témoigne généralement du caractère vital d'une blessure et le degré d'inflammation présent est fonction du temps écoulé depuis le moment où la blessure a été infligée, permettant d'évaluer approximativement son ancienneté. Il existe cependant une période d'incertitude *peri mortem* liée au phénomène de supra vitalité. En effet, les tissus conservent souvent leurs fonctions vitales après la mort durant un certain temps, en fonction de leur capacité à résister à l'anoxie.

La datation des blessures sur le cadavre peut être précisée par des techniques biochimiques et anatomo-pathologiques. Leur intérêt est surtout comparatif. Ces techniques nécessitent impérativement des contrôles internes (prélèvements de peau non lésée du même individu dans la région anatomique où siège la blessure). Seuls les résultats positifs ont une valeur et sont interprétables de façon fiable.

De nombreux marqueurs immuno-histochimiques permettent d'estimer l'âge d'une blessure. La mise en évidence histologique d'une réaction inflammatoire témoigne du caractère vital de la blessure. La présence de *polynucléaires neutrophiles* en dehors de la zone de saignement est l'élément cellulaire le plus précoce, survenant dans un délai d'au moins 20 à 30 minutes (en moyenne 30-120 minutes).

Une infiltration macrophagique importante traduit généralement une blessure âgée d'au moins un à deux jours. Les macrophages prédominent sur les polynucléaires après une période d'au moins 12 à 24 heures et un tissu de granulation apparaît entre un et trois jours.

L'estimation est plus précise si plusieurs marqueurs sont recherchés conjointement. L'immunohistochimie exige un délai *post mortem* court et la réalisation de contrôles négatifs et de contrôles internes. Les zones hémorragiques, les zones de destruction du tissu conjonctif de la blessure et les limites de résection du prélèvement sont des sources de faux positif.

La détection de collagènes[72] de type I, III, V et VI et de composants de la membrane basale épidermique permet d'estimer l'âge de la blessure pour des blessures récemment infligées de l'ordre de quelques jours.

L'analyse morphologique est complétée par la biochimie. Il existe une augmentation des taux d'histamine, de sérotonine, de cathepsine lors des blessures vitales. La cathepsine D, protéinase acide contenue dans les lysosomes des polynucléaires neutrophiles est un bon marqueur vital des blessures (ainsi que l'histamine produite par les mastocytes et la sérotonine) en l'absence de putréfaction.

[72] Le collagène est une famille de protéines, le plus souvent présente sous forme fibrillaire. Il est présent dans la matrice extracellulaire des organismes. Ces protéines ont pour fonction de conférer aux tissus une résistance mécanique à l'étirement.

### 3. La réquisition

Une Réquisition doit être adressée au légiste pour l'examen du corps. S'il n'y a pas de légiste dans la localité, tout médecin peut être requis en tant que « personne qualifiée » pour constater les blessures. Lorsqu'il est requis, il doit préalablement à sa mission, prêter serment par écrit « d'apporter son concours à la justice en son honneur et en sa conscience », sauf s'il est inscrit sur une des listes d'experts dressées par la Cour d'Appel. La réquisition intervient souvent dans le cadre d'une enquête préliminaire (le Procureur de la République ou l'officier de police judiciaire), dans le cadre d'une enquête de flagrant délit (l'officier de police judiciaire peut faire procéder à des constatations ou à des examens techniques ou scientifiques par toute personne qualifiée) ou dans le cadre d'une commission rogatoire (la réquisition émane alors du Procureur de la République ou du juge d'instruction).

Le médecin requis dans tous les cas doit informer la victime du cadre dans lequel il est amené à l'examiner. Il est tenu de répondre à toutes les réquisitions. Le fait, « sans motif légitime » de refuser ou de négliger de répondre à une réquisition est passible de sanctions pénales. (Art 174 Code pénal). S'il s'estime insuffisamment compétent pour répondre à la mission, il doit prendre contact avec son requérant pour s'en expliquer et demander à ne pas être saisi ou à être dessaisi. Il peut également faire valoir un conflit d'intérêts (famille, amis).

### 4. L'établissement du certificat médico-légal

La description précise des lésions initiales se fait dans un certificat médical et constitue la première étape de la procédure judiciaire. C'est à partir de ces constatations médicales initiales que pourra ensuite être évalué l'ITT. Si la durée d'ITT constitue un élément aggravant de la peine encourue par l'auteur, la qualité de la victime peut aussi constituer une autre circonstance aggravante : la vulnérabilité selon l'âge de la victime (mineur de moins de 15 ans), l'état de la blessure, l'atteinte d'une maladie ou d'une infirmité, une déficience physique ou psychique, ou encore l'état de grossesse.

# CHAPITRE XI

# LE VOL QUALIFIÉ

Le vol est la soustraction frauduleuse de la chose d'autrui. D'après l'article 318 du Code pénal camerounais (a), le vol est la soustraction de la chose d'autrui ; le vol est un acte de soustraction frauduleuse qui porte atteinte à la fortune d'autrui. Les peines privatives de liberté vont de cinq à 10 ans, tandis que les peines pécuniaires vont du paiement d'une amende allant de 100 000 F.CFA à 1 000 000 F CFA.

## I. LES ÉLÉMENTS CONSTITUTIFS DE VOL QUALIFIÉ

Comme toute infraction pénale, le vol qualifié comporte trois éléments à savoir : l'élément légal, l'élément matériel et l'élément moral ou l'intention coupable.

### 1. L'élément légal

L'élément légal ou l'incrimination envie à la loi qui définit l'infraction. En vertu du principe de légalité, il faut nécessairement un texte de loi pour définir une incrimination, faute de quoi la responsabilité pénale de la personne ne pourra être établie. C'est une mesure de politique criminelle consistant pour l'autorité compétente, à ériger un comportement déterminé en infraction en déterminant les éléments constitutifs de celle-ci et la peine applicable.

### 2. L'élément matériel

L'élément matériel est l'atteinte à la propriété publique ou privée par la soustraction. Il faut que cette soustraction soit frauduleuse, que ce qui est soustrait soit bien une chose (et non une personne) et que cette chose appartienne à autrui au moment où la chose est soustraite. Par extension, la remise de la chose par la victime sous la contrainte n'exclut pas la soustraction.

### 3. L'élément moral

Il s'agit de l'intention frauduleuse ou l'intention coupable. L'auteur avait-il prémédité son acte ou était-il conscient d'enfreindre la loi à travers son acte ?

## II. LE VOL À MAIN ARMÉE

L'expression « hold-up » ou vol à main armée se réfère à ce type particulier de vol qualifié, caractérisé par l'agression à mains armées. Les armes utilisées dans ce genre d'opération sont généralement les PA, les calibres 12 au canon scié et les armes de fabrication artisanale. D'autres utilisent simplement des machettes, des poignards ou des pistolets en plastique, copie conforme d'une vraie arme. Ce matériel est également très efficace, mais surtout très dissuasif. Toutefois, le braquage avec le pistolet en plastique expose son auteur à de lourdes peines d'emprisonnement autant que ceux qui utilisent de vraies armes.

### 1. Législation

Les textes de pénalité définissent la peine applicable qui peut être aggravée si l'infraction a été commise sous certaines circonstances, en l'occurrence la criminalité en bande organisée, avec violence, avec une arme, avec un véhicule, etc.). Mais au-delà de la définition des infractions, c'est au juge qu'il revient de procéder à la qualification pénale des faits, en définissant si tel ou tel fait constitue l'infraction incriminée. Les articles 318 et suivants du Code pénal camerounais définissent clairement cette infraction. Au terme de l'article 320 du Code pénal camerounais, complété par les articles 277 et 279 du même code, le vol est aggravé dans les cas suivants :

- Il est précédé, accompagné ou suivi de violences sur autrui sans incapacité temporaire de travail ;
- Il est précédé, accompagné ou suivi de violences sur autrui ayant entraîné une incapacité totale de travail pendant plusieurs jours ;
- Il est commis dans un véhicule affecté au transport collectif de voyageurs ou dans un lieu destiné à l'accès à un moyen de transport collectif de voyageurs ;
- Il y a eu effraction extérieure, par escalade ou à l'aide d'une fausse clé ;
- Il est précédé, accompagné ou suivi d'un acte de destruction, dégradation ou détérioration ;
- Il est commis soit avec usage ou menace d'une arme, soit par une personne porteuse d'une arme soumise à autorisation ou dont le port est prohibé ;
- Il est précédé, accompagné ou suivi de violences sur autrui ayant entraîné une mutilation ou une infirmité permanente ;
- Il est précédé, accompagné ou suivi soit de violences ayant entraîné la mort, les actes de torture ou de barbarie ;
- Il est commis par plusieurs personnes agissant en qualité d'auteur ou de complice, sans qu'elles constituent une bande organisée ;

- L'article 320 (nouveau) du CPC prévoit que les peines de l'article 318 sont doublées si le vol a été commis à l'aide de la violence, une arme, un véhicule ou par effraction extérieur, par escalade ou à l'aide d'une fausse clé.

**2. Le braquage ou hold-up**

Le braquage fait partie de cette catégorie de crimes sévèrement punis par la loi, à partir du moment où il se déroule avec les armes à feu et menace les vies. Lorsqu'il est perpétré, une expertise balistique est recommandée. Les étuis, les douilles et d'autres éléments sont ramassés et analysés au laboratoire. De même, le véhicule ou la moto utilisés intéresseront l'enquête, notamment pour ce qui est de l'immatriculation, la marque, la couleur ainsi que le ronflement.

Il faut également faire appel aux témoins en vue de la description de l'engin ayant favorisé la fuite. Si les objets ont été emportés (numéraires, téléphone portable, tableaux, bijoux, appareils électroménagers, rechercher les recéleurs et remonter la chaîne. Dans l'affaire Zewing[73] par exemple, les meurtriers ont été rattrapés grâce aux devises étrangères qu'ils ont volées à la victime, grâce aux jeunes qui avaient procédé au change quelques heures plus tard.

Pour combattre les gangs de braqueurs, il est conseillé aux enquêteurs de répertorier leur nombre dans leur circonscription, ainsi que leur *modus operandi* pour savoir comment frapper en cas de nécessité. Le mode opératoire du braquage est presque le même. Il consiste à persuader ses victimes par des menaces dans la rue, dans un taxi ou dans un domicile et les dépouiller de tout ce qu'elles possèdent comme argent, téléphone portable et autres objets de valeur.

Les auteurs de braquages n'ont rien d'extraordinaire. Ils sont *moto taximen*, vendeurs à la sauvette, chômeurs, « SDF », les éléments égarés de l'armée, de la gendarmerie, de la police et parfois des élèves. C'est après avoir consommé les produits dopants qu'ils acquièrent le courage pour opérer.

Il faut noter que les « braqueurs » connaissent toujours leurs victimes à l'avance et l'opération se fait presque toujours avec la complicité d'un proche qui connaît bien la maison de la victime ou qui sait que la victime a des numéraires en ce moment précis. Les malfaiteurs ont un réseau d'information assez développé et il faut que celui de la police et la gendarmerie supplantent celui des malfrats pour opérer avec efficacité.

Le mobile est généralement de s'emparer des objets de valeurs et des numéraires, des véhicules de luxe, des bijoux, des appareils électroménagers, des motos. Une autre catégorie vole le bétail, les produits agroalimentaires, etc.

---

[73] Zewing : cette chinoise avait été attaquée à l'arme blanche devant son appartement par des inconnus alors qu'elle sortait d'un voyage vers deux heures du matin. C'est grâce aux billets de banque volés sur celle-ci que les suspects ont été interpellés.

Le « braquage » peut parfois s'accompagner de prise d'otages, objet de versement de rançon aux ravisseurs. Il peut aussi se terminer par la mort d'hommes ou des blessures graves lorsque la victime résiste aux malfaiteurs.

Lorsqu'on est victime d'un vol à main armée, on ne doit rien tenter et il est interdit de jouer au héros, même si parfois, on peut penser que l'agresseur a une fausse arme en plastique. Dans le feu de l'action, le braqueur est sur les nerfs et capable de tout, y compris appuyer sur la détente. Il vaut donc mieux le laisser prendre tout ce qu'il veut et s'en aller. Car il est rare que les forces de l'ordre interviennent en ce moment précis, c'est-à-dire « à chaud ». Le plus souvent, l'intervention arrive après l'action et on intervient alors « à froid », quand les criminels se sentent plus en sécurité, dans leur fief.

Il faut par conséquent relever le maximum d'informations pouvant aider la police (signalement précis de l'individu, couleur des vêtements, signes particuliers, direction de fuite, numéro d'immatriculation et marque du véhicule ou de moto s'il y en a un, etc.). À la limite, si l'individu est seul et qu'il s'enfuit à pied, on peut le suivre de loin et discrètement tout en essayant de prévenir la police avec son téléphone portable à travers les numéros verts mis à la disposition des populations. On ne doit prendre aucun risque inutile, en mettant sa vie et celle des autres en danger.

### 3. Le cambriolage

Le cambriolage est une forme de vol aggravé qui consiste en l'effraction d'un domicile dans l'intention d'y commettre un vol, ou le fait de s'introduire en un lieu par effraction avec l'intention de le faire. C'est enfin la sortie d'un endroit par effraction soit après y avoir commis un acte criminel, soit après s'y être introduit avec l'intention de le faire.

Le suspect est passible de l'emprisonnement ferme si l'infraction est commise par effraction extérieure, par escalade ou à l'aide d'une fausse clé. Le Code pénal à cet effet a établi des infractions pour des activités liées au cambriolage. Ces actes sont qualifiés de vols qualifiés qui demeurent l'un des crimes les plus anciens et les plus graves. D'après le Code pénal camerounais (art. 320), le vol qualifié est passible de l'emprisonnement de 10 à 20 ans.

Ainsi, est coupable d'un acte criminel et passible d'un emprisonnement, quiconque, sans excuse légitime, s'introduit ou se trouve dans une maison d'habitation avec l'intention d'y commettre un acte criminel. D'autres infractions ont trait à la possession d'outils de cambriolage, au port d'un déguisement dans l'intention de commettre un acte criminel et à la vente, à l'achat ou à la possession non autorisée d'un passe-partout d'automobile.

- Les mobiles des cambrioleurs : ils peuvent être variés selon l'intérêt du criminel.

- Les détournements des deniers publics : dans l'administration publique, un cambriolage peut être organisé pour des raisons similaires. Les gestionnaires indélicats peuvent organiser un cambriolage pour effacer des preuves de détournement de deniers publics afin d'échapper à la justice. Mais il peut aussi arriver que les locaux soient mal gardés et que les cambrioleurs s'y glissent assez facilement. C'est le cas il y a quelques années à Yaoundé où les édifices publics ont été régulièrement cambriolés et des dizaines de millions emportées.

Pour le cas de la société à capitaux privés, le gérant, le comptable matières ou tout autre cadre haut placé peut vouloir dissimuler les preuves d'un détournement. Le seul moyen de se tirer d'affaire est de tout mettre sur le dos des cambrioleurs. Il peut aussi arriver que ce soit l'affaire du vigile. Dans ce cas, il faut faire une visite domiciliaire, vérifier son alibi. Dans tous les cas, en cas de cambriolage, la loi retient la « négligence de gardien »

- Le vol : le cambriolage peut aussi être motivé par le vol des documents compromettants. Ici, le cambrioleur ne vise pas les numéraires ou d'autres objets de valeur, mais des éléments de preuve pour une affaire devant les tribunaux ou faire du chantage en vue de se faire payer une rançon.

**4. Les modes opératoires des cambrioleurs**

Dans une ville où il y a une fréquence de cambriolages, les auteurs se distinguent souvent par leur *modus operandi.* Il existe cependant plusieurs techniques de cambriolage :

L'étude de terrain : Lorsqu'il décide de passer à l'acte, le criminel a le choix entre plusieurs possibilités, en fonction de ses moyens, de ses opportunités et de son expérience.

Avant de passer à l'acte, le cambrioleur étudie le terrain, dans le but de savoir la méthode la plus appropriée pour mettre son projet à exécution. Dans un premier temps, il peut effectuer un ou plusieurs repérages, généralement nocturnes, voire espionner un lieu durant quelques jours et parfois quelques semaines avant d'agir.

Le cambrioleur choisit souvent sa cible en fonction des habitudes des personnes qui vivent dans la maison, le terrain, les points de fuite d'une zone qu'il aura étudiés au préalable, son but étant de minimiser les risques. On considère habituellement que les maisons isolées, donc bien en vue, ainsi qu'un village isolé où tout le monde se connaît intéressent statistiquement moins les cambrioleurs au contraire d'un immeuble en pleine ville où l'anonymat prévaut. Il tient aussi compte du fait que plus un endroit est luxueux, plus il risque d'être efficacement protégé.

L'effraction de la porte : dans la plupart des cas, le voleur pénètre par la porte. C'est donc la porte qui est visée dans plus de 90% des cambriolages. Ici, le ou les voleurs cassent la porte d'entrée ou une fenêtre, pour pénétrer à l'intérieur de l'habitation. Ils peuvent utiliser des outils tels que le pied-de-biche, l'arrache-clou, un tournevis ou une fausse clé, etc. Lorsque la porte est bien protégée, les cambrioleurs l'ouvrent par effraction en utilisant l'une des techniques suivantes : effraction du cylindre, effraction des points de verrouillage, effraction côté paumelles, découpe ou défoncement du panneau de porte.

L'effraction du cylindre : l'arrachage est une technique très courante sur les portes munies de cylindre qui dépassent à l'extérieur. Le cambrioleur, avec un outil adapté, attrape le cylindre qui est soit tourné en force jusqu'à ce qu'il se casse, soit arraché de la porte. Il ne reste plus qu'à glisser un crochet et la serrure est ouverte. Le temps d'ouverture total est de moins d'une minute dans la plupart des cas. C'est un mode d'effraction courant, avec serrure multipoints encastrée.

L'effraction des points de verrouillage : ce type d'effraction se déroule le plus souvent du côté de la serrure, le cambrioleur a plusieurs possibilités : soit il arrache la gâche du montant et/ou les vis de fixation, soit il déchire la gâche (le métal cède sous la poussée), et fait éclater le montant en bois, ou il arrache simplement la serrure ou le verrou de la porte avec des outils spécialisés.

L'usage du pied de biche : Une autre technique généralement utilisée pour l'ouverture par effraction des battants est le pied de biche ou pince monseigneur. Cet outil est inséré en force entre la porte et l'huisserie. Les points de verrouillage, s'ils n'ont pas été renforcés, cèdent les uns après les autres sous la poussée qui est considérable, car l'effet de levier démultiplie la pression exercée. On voit depuis l'intérieur, ce qui reste après une effraction réalisée au pied de biche côté paumelles, c'est-à-dire du côté où la porte pivote.

L'effraction des paumelles : le cambrioleur attaque la porte du côté des paumelles (charnières), par exemple, si la porte est munie d'une serrure multipoints solide. Ce mode d'effraction est de plus en plus courant, notamment sur les portes blindées d'ancienne génération munies d'un blindage plat.

L'effraction de la fenêtre : dans les appartements individuels ou ceux situés au rez-de-chaussée, les voleurs entrent par la fenêtre. Dans les appartements se trouvant dans les immeubles, la configuration des lieux fait qu'on compte plus de cambriolages au rez-de-chaussée à cause des facilités d'accès et de fuite et au dernier étage, parce qu'on y croise logiquement et potentiellement le moins de locataires. Parfois, les cambrioleurs font une petite entaille au niveau de la fenêtre en fer (antivol). Ils font ensuite pénétrer le complice de petite corpulence à l'intérieur, celui-ci ouvre la porte de l'intérieur lorsque les clés sont sur la porte et les complices entrent et vident toute la maison, parfois pendant que les occupants dorment. Une fois à l'intérieur de la maison, le bureau et les chambres à coucher sont prioritairement visités et font l'objet d'un grand désordre de la part des cambrioleurs.

Le vol par escalade : il consiste à grimper sur le toit d'une maison et à partir de là, ils sautent de toit en toit, jusqu'à la fenêtre d'une habitation qu'ils ont repérée à l'avance. En général, ce genre de vol est commis par un seul individu qui a des qualités d'acrobate (souples, agiles et minces), ce qui leur permet de se faufiler partout, même dans les conduits d'aération. Les immeubles n'ayant pas de toit, mais une terrasse sont plus faciles à cambrioler. Les voleurs y accèdent plus facilement par les appartements situés au dernier étage, surtout s'il y a des balcons.

L'usage d'une fausse clé : un cambriolage peut également se faire sans effraction. Dans ce cas précis, le voleur utilise alors la copie de la clé de la porte qu'il aura subtilisée avant son acte. La technique de la copie de clés est une forme très subtile de cambriolage. La victime peut se rendre compte des jours ou des semaines après, lorsque des indices ont déjà été effacés. Avec cette méthode, le même auteur peut faire plusieurs coups avant d'être démasqué. Le premier réflexe dans ce cas est de changer les serrures et les verrous après les constatations d'usage. Chercher dans l'entourage immédiat de la victime et dans les environs, chez le serrurier, épier et signaler systématiquement tous les comportements suspects, écouter toutes les conversations à propos dudit cambriolage, car un renseignement anodin peut être utile et aider les enquêteurs.

Le crochetage et le retrait de serrure : ils consistent en l'effraction de la porte à l'aide d'un crochet et le retrait de la serrure. Ce sont des méthodes violentes de cambriolage. La victime se rend compte à l'immédiat qu'il a été visité par les malfaiteurs, parce que la porte reste ouverte. Reste pour les enquêteurs à gérer le problème des « charognards » qui peuvent passer après le cambrioleur, mais qui oublient souvent de refermer les portes, ce qui complique encore davantage le travail de la police.

La technique du trou d'homme : elle consiste à réaliser un « trou d'homme » pour passer la main dans la porte. La porte-plane alvéolaire non blindée ne présente aucune résistance face à une attaque à la masse ou à la scie. Le cambrioleur n'a plus qu'à se glisser par le trou et souvent, il trouve un double des clefs à l'intérieur lui permettant d'ouvrir la porte pour repartir avec le butin. La porte « à panneaux », avec montants massifs et des panneaux de bois moins épais enchâssés cède sous un coup de pied violent ou aidé d'une scie ou d'une masse, le panneau du bas est éjecté, et les malfrats peuvent s'introduire dans la pièce.

Cette technique s'est développée dans de grandes agglomérations où de nombreux résidents ont pris la précaution de poser une serrure 3 ou 5 points et des cornières antis pince, mais sans blinder le battant de la porte. Deux techniques permettent une effraction facile de la porte si celle-ci s'ouvre de l'intérieur avec un ou plusieurs boutons : dans le cas d'une porte vitrée, le cambrioleur découpe ou casse la vitre, passe la main, et tourne les boutons. Si c'est une porte en bois qui n'est pas blindée, il découpe en quelques secondes de quoi passer la main dans le panneau de la porte (à hauteur des serrures ou verrous) et tourne les boutons. Le cambriolage et les activités connexes sont reconnus comme des infractions graves par la loi.

Hormis la fracture des portes et fenêtres, les cambrioleurs utilisent une autre technique appelée « à la poussée ». Elle consiste, au cas où la porte se trouve dans un couloir, à la casser en prenant appui sur le mur et en poussant très fort avec les pieds. Si le mur est loin de la porte, les voleurs se mettent dos à dos pour effectuer cette manœuvre. Cette technique est réalisable sur les portes en panneaux, généralement faites en contreplaqués.

Le cambriolage avec les moyens lourds : Lorsque les locaux convoités sont bien sécurisés, les malfrats optent souvent pour les moyens lourds dans le but d'y pénétrer. En ce moment-là, ils utilisent les crics, les pinces monseigneur, les barres à mine, les meules électriques, les massettes pour défoncer les portes et les fenêtres. Dans le cas des attaques de Limbé[74] par exemple, le commando est passé à la vitesse supérieure en utilisant de la dynamite pour faire exploser des ouvertures et les coffres. Ce *modus operandi* augure une nouvelle ère dans le domaine du cambriolage. Les cambrioleurs ont arraché le mur complet et du coup, tous les dispositifs de protection, les alarmes, les vigiles n'ont plus servi à grand-chose. L'usage des moyens lourds et bruyants a remplacé des moyens doux utilisés habituellement. Le commando qui attaque ainsi semble n'avoir peur de personne, ni même des forces de défense et de sécurité qui ne se donnent pas les moyens d'intervenir à chaud.

**5. Le facteur temps**

Les cambriolages sont plus fréquents de jour que de nuit, au moment où la majorité de gens sont à leur travail et donc absents du domicile. C'est le cas en matinée, entre 09 et 11 heures. On remarque aussi une recrudescence des faits le week-end pour ceux des occupants qui effectuent le déplacement. Les criminels ont l'habitude de fracturer une fenêtre à l'arrière du domicile, ou la porte d'entrée principale, ou encore celle du garage.

La nuit, les voleurs savent que même si la lumière du domicile est éteinte, on ne sait jamais si les gens dorment ou pas. Par conséquent, les cambriolages sont rares dans les domiciles à cette heure-là, sauf en cas de complicité intérieure. C'est beaucoup plus les bureaux et les commerces qui subissent l'assaut des malfaiteurs en ce moment précis.

Il faut relever que la date de l'année joue également un rôle important dans la fréquence des cambriolages. La période des fêtes de fin d'année et des rentrées scolaires entraînent souvent un surcroît de cambriolages dû à une baisse

---

[74]Attaque d'une banque commerciale à l'explosif pour éventrer les murs et les coffres à Limbe dans le Sud-Ouest du Cameroun.

généralisée de l'attention et de nombreuses absences. Les populations sont partagées entre les festivités, les courses et les lieux de spectacle. Dans les zones de campagne, les habitants sont partagés entre les travaux champêtres et les marchés périodiques. Alors, les villages sont laissés à la merci des cambrioleurs.

## III. L'ENQUÊTE DE POLICE

### 1. Prélèvement des empreintes digitales génétiques

L'enquête en cas de cambriolage est assez complexe. Il faut retrouver les suspects ainsi que les objets emportés. Pour cela, l'OPJ doit descendre sur les lieux pour des constatations d'usage, avec une équipe de la police scientifique pour le relevé des traces. Parmi les indices à relever, il y a notamment :

L'ADN ou empreinte génétique qui se trouve sur les mégots de cigarettes, la salive, le sang, etc. Les empreintes digitales laissées par les malfaiteurs. Lorsqu'on ne dispose pas de laboratoire scientifique ni de fichier fiable, l'enquête suite à un cambriolage devient assez difficile, car les empreintes qui sont prélevées ne pourront être comparées. Les empreintes des chaussures, les traces de pneus ainsi que les plantes des pieds.

Lorsque ces prélèvements sont faits, ils doivent être envoyés dans un laboratoire et le résultat comparé à des éléments stockés dans la banque des données ou le fichier criminel pour isoler le suspect s'il est connu des services de police, ou le ficher pour la récidive.

### 2. Les témoignages

L'enquête doit aussi mobiliser les moyens humains. Il s'agit des réseaux de renseignement qui permettent aux enquêteurs de prendre le cambrioleur plus tard, grâce à son butin au moment de l'écouler. Pour cela, il faut maîtriser tous les canaux d'écoulement du butin.

### 3. L'enquête environnementale

L'enquête environnementale pourra révéler si les intéressés ont été vus récemment en train de dépenser beaucoup d'argent ou vendre des objets de valeur ; voire en interne, si un employé de la maison n'est pas à l'origine du cambriolage. C'est souvent le cas, dans les sociétés à capitaux privés, dans l'administration et dans un domicile privé, lorsque le maître des lieux a eu à entreposer des numéraires bien convoités. Ces cambriolages se déroulent parfois avec la complicité des vigiles qui y travaillent. Dans les domiciles, les domestiques et les proches parents sont souvent dans le coup. L'enquête devra alors se concentrer dans un premier temps sur ces premiers suspects qui sont les vigiles, ainsi que sur les propriétaires des lieux.

Ce fut le cas en 2003 lorsque la chambre des coffres d'une banque avait été cambriolée à Yaoundé. Cinq sacs de billets de 500 FCFA ont été emportés et c'est le vigile qui a donné l'alerte le matin. La police judiciaire a ouvert une enquête. Durant toute la procédure, ledit vigile a été écarté de la liste des suspects, jusqu'au moment où, ayant buté dans une impasse, les enquêteurs ont estimé qu'il fallait effectuer une visite domiciliaire chez ce vigile.

Au cours de cette descente, un carnet d'épargne et des vêtements neufs ont été saisis. Le compte d'épargne avait été ouvert le lendemain du vol, à la poste de Messa et les achats ont été faits quelques heures avant la descente de la police. C'est ainsi que le suspect a été débusqué et traduit en justice.

### 4. La géolocalisation

Avec les moyens modernes, on peut faire appel à la géolocalisation pour rechercher le ou les criminel(s). Dans tous les cas, il est nécessaire d'éplucher le relevé téléphonique des suspects. La géolocalisation pourra ainsi renseigner les enquêteurs sur la position en temps réel des suspects au moment des faits. Dans ce cas, leur alibi pourra s'effondrer et conduire à leur arrestation ou les disculper. L'autre élément important de l'enquête est le mode opératoire des malfaiteurs.

# CHAPITRE XII

# L'INCENDIE CRIMINEL

Un incendie est un feu violent et destructeur pour les activités humaines ou la nature. C'est la réaction de combustion non maîtrisée dans le temps et l'espace.

Un incendie d'origine criminelle est un acte volontaire par lequel un individu met le feu dans l'intention de détruire un bien ou de tuer une ou plusieurs personnes.

## I. LES CAUSES DES INCENDIES

En effet, certaines notions scientifiques permettent de déterminer l'origine des incendies. Les bâtiments brûlés laissent notamment des traces de carbonisation qui révèlent l'usage de substances inflammables comme l'essence, l'huile ou la naphtaline.

En 1992, certaines techniques permettant de déterminer la cause d'un incendie ont été mises au point. Pour mieux comprendre ces procédés scientifiques, les enquêteurs recherchent généralement les causes physiques de l'incendie.

En général, les incendies sont d'origine humaine et peuvent se traduire par plusieurs facteurs :

- l'imprudence,

- la malveillance,

- une cause technique. Selon les experts, les incendies d'origine électrique sont souvent causés par un développement d'échauffements ponctuels et accidentels, en particulier au niveau des connexions. Ces phénomènes restent toutefois quasiment indétectables. Hormis les actes volontaires, les fumeurs et les incidents d'origine électrique constituent la majeure partie des risques de départ d'incendie.

- les catastrophes naturelles telles que la foudre, la tornade ou l'usure du matériel.

- les causes énergétiques (étincelles, les réactions chimiques, un court-circuit, l'échauffement des câbles, dû à une surcharge, à une ventilation insuffisante ou à une installation défectueuse, le court-circuit entraînant un arc électrique, un défaut d'isolement conduisant à une circulation anormale du courant entre récepteur et masse ou entre récepteur et terre, des contacts défectueux (de type connexion mal serrée ou oxydée) entraînant une résistance anormale et un échauffement ou une décharge électrostatique.

- La défaillance des câbles électriques : en effet, lorsque ceux-ci subissent une surtension, ils s'enflamment alors très rapidement. Ce début de combustion continue en brûlant les matériaux qui se trouvent à proximité et ainsi de suite, jusqu'à atteindre les pics considérables où tout s'embrase.

Un incendie accidentel a en général une seule cause qui est généralement assez facile à déterminer pour les enquêteurs, contrairement à l'origine des incendies criminels qui est difficilement décelable.

Des traces d'accélérateurs peuvent dévoiler le caractère criminel d'un incendie aux enquêteurs. Les vapeurs d'hydrocarbures et de solvants ont une odeur caractéristique et laissent parfois des flaques sur le sol. En l'absence de ces traces, un appareil appelé *renifleur* peut détecter une présence infime d'hydrocarbures par le réchauffement d'une flamme d'hydrogène.

La majorité des feux sont accidentels : la surchauffe des câbles électriques, la défectuosité d'appareils électriques, des courts-circuits et la négligence de fumeurs constituent les causes d'incendies les plus courantes.

L'origine de l'incendie est facilement détectable, les gaz dégagés par la combustion se propagent plus vite vers le haut que latéralement et sa vitesse de propagation vers le bas est pratiquement négligeable. Les traces laissées par cette combustion forment souvent un triangle et à la base de ce triangle, se trouve généralement le point de départ de l'incendie.

## II. LES MOBILES D'UN INCENDIE CRIMINEL

L'incendie criminel peut avoir plusieurs mobiles. Parmi les plus connus, il y a notamment :

### 1. Les escroqueries aux assurances

Certains particuliers mettent le feu sur leur maison ou leur véhicule pour toucher la prime d'assurance. D'autres sont aussi allumés par vengeance ou bien pour cacher un autre délit, qui peut être un meurtre ou une dissimulation de documents compromettants.

### 2. La jalousie

Le criminel peut être motivé par la jalousie, le besoin de reconnaissance, la recherche de sensations fortes ou la compulsion (pyromanie).

### 3. D'autres mobiles

Il existe d'autres motivations à la fois plus larges et plus précises telles que : la vengeance, l'excitation (sensations fortes, attention, reconnaissance ou excitation sexuelle), le vandalisme, la dissimulation d'un crime, l'intention de nuire, le camouflage des détournements de fonds, etc.

**4. Le fantasme**

L'incendie peut aussi être le fait d'un pyromane, qui allume des feux par excitation et par impulsion pour satisfaire ses impulsions. Ce type de criminel agit souvent dans des périmètres déterminés. Il faut remarquer que plusieurs pyromanes assistent souvent aux incendies qu'ils ont allumés, certains participent même au sauvetage des victimes. En général, on distingue trois types de pyromanes :

- Le pyromane occasionnel qui agit par vengeance, c'est par exemple le cas de l'employé licencié qui va mettre le feu à l'usine au lieu d'aller crever les pneus de la voiture de son patron. Il va avoir un comportement décalé, qui va mettre en jeu la symbolique du feu. Mais, il existe une logique relative à cet acte : il s'agit d'un incendie agressif.
- Le pyromane « débile » léger : c'est la personne qui met le feu par simple plaisir de voir les flammes, sans aucune réflexion ou idée de manipulation ;
- Le pyromane pervers : c'est le plus dangereux et le plus difficile à coincer. C'est généralement celui qui adore voir ses « exploits » relayés par la télévision ou les journaux. Il est aussi très sensible à la médiatisation tout comme le tueur en série.

Mais, quel que soit le type, le pyromane est extrêmement difficile à identifier. Car il aura une personnalité « lisse », sans caractéristique particulière. Mais en général, il s'agit dans la majorité des cas d'un homme qui peut parfois être un pompier, dont le but sera d'éteindre les feux qu'il allume, afin d'essayer de maîtriser son excitation.

Dans ce chapitre, le pyromane pervers est proche du pervers sexuel. Il va vivre avec son secret sans en parler à personne. Il pourra très bien s'arrêter pendant quelques années, puis un évènement déclencheur (dispute, etc.) va le faire récidiver. Il y a également comme en matière sexuelle les pervers « à scénario » qui pratiquent régulièrement un rituel pour satisfaire leur besoin.

Dans le cas d'une explosion, l'enquête doit déterminer les causes de l'explosion et d'en identifier les coupables. Il y a toujours des indices en rapport avec l'incendie : débris de tissu, débris de bombe, de pièce défaillante. Sur ces débris, on recherche les traces de poudre, d'explosif (pour savoir si on a affaire à une bombe artisanale ou industrielle). Ces recherches se font sur la scène de crime. De nos jours, il existe des équipements spécialisés qui facilitent ce type de recherche.

Face à un incendie d'origine électrique, il est conseillé de :

- donner l'alerte ;
- mettre hors tension l'installation et éventuellement les installations voisines ;
- fermer les portes et les fenêtres ;
- attaquer le feu à la base à l'aide d'un extincteur adapté (dioxyde de carbone, eau en jet pulvérisé, poudre) ;
- après l'extinction de l'incendie, évacuer les gaz toxiques en aérant et procéder au contrôle de la teneur en oxygène ;

NB : l'eau de ruissellement peut être conductrice.

## III. LES MODÈLES D'ACTION DES INCENDIES

D'abord, on classe les modèles d'action des incendies en quatre catégories : expressif, intégratif, conservateur et adaptatif.

### 1. Le mode adaptatif

Il concerne les cas de vandalisme où la personne profite de l'opportunité présente pour commettre son crime. La cible est moins importante que le désir de la modifier.

### 2. Le mode expressif

Il concerne la manifestation externe d'un processus interne. Cette forme de pyromanie nécessite que les cibles probables soient celles qui permettent à l'individu de recevoir de l'attention (par exemple un hôpital, un grand immeuble, etc.).

### 3. Le mode intégratif

Il fait référence à l'acte de mettre le feu à sa propre personne ou à des objets environnants. Cela peut être un suicide. Cet acte résulte d'un état de détresse de la personne et est dirigé envers elle-même.

### 4. Le mode conservateur

Il découle généralement du besoin de se venger de quelqu'un ou de quelque chose.

## IV. DÉVELOPPEMENT D'UN INCENDIE

Un incendie se développe en plusieurs phases au cours desquelles sa température augmente progressivement. En fonction de son environnement, il va s'étendre et décliner. Il passe alors par plusieurs étapes :

### 1. L'éclosion

La rencontre des éléments du triangle du feu, c'est-à-dire un combustible, un comburant (en général le dioxygène de l'air) et une énergie d'activation (chaleur, flamme nue, étincelle) sont à la base de l'incendie. À ce stade, le dégagement de chaleur est modéré et les fumées peu abondantes.

### 2. La croissance

La combustion produit de la chaleur (réaction exothermique), le feu entretient et accroît l'énergie d'activation. Si le combustible et le comburant sont disponibles en quantités suffisantes, l'incendie s'étend de manière exponentielle et devient très rapidement difficile à maîtriser. On estime que pour éteindre un feu sec naissant, il faut un verre d'eau durant la première minute, un seau d'eau au cours de la deuxième minute et une citerne d'eau au bout de la troisième minute.

Dans le cas d'un feu dans un volume clos (par exemple un feu d'habitation), on estime que la température de l'air atteint 600 °C au bout de cinq minutes. Dans une cage d'escalier, elle peut atteindre 1 200 °C dans le même temps.

### 3. Le feu constitué

C'est le moment où le feu est au plus fort de lui-même. À ce moment-là, il ne peut plus croître et va suivre ensuite sa phase de déclin

### 4. Le rayonnement

Il s'agit d'un mode de propagation à distance qui peut se faire dans le vide. C'est le phénomène qui fait que lorsque l'on est face à un feu, le côté exposé est chaud alors que le côté opposé est froid. La puissance du rayonnement est fonction de la température (le rayonnement augmente avec la puissance quatrième de la température), la distance (le rayonnement diminue avec le carré de la distance) et la nature des particules constituant les fumées, notamment les suies.

### 5. La convection

La convection est un transport de gaz chaud. Un gaz chaud monte : la densité d'un gaz diminue avec la chaleur, la poussée d'Archimède provoque donc l'élévation de cette masse. Lorsque cette masse atteint un obstacle froid (par exemple un plafond), elle lui transfère sa chaleur, refroidit et retombe, il a donc un mouvement de « roulement », similaire au mouvement de l'eau portée à ébullition dans une casserole.

### 6. La projection

La projection des objets enflammés ou incandescents peuvent voyager dans l'air, soit emportés par le vent s'ils sont légers (par exemple feuilles d'arbre ou de papier, escarbilles), soit être projetés par une explosion. Ces objets peuvent créer de nouveaux foyers distants.

### 7. Le déclin

Le déclin se fait lorsque le feu cesse de croître. Il va progressivement baisser en intensité puis entrer en combustion lente jusqu'à ce qu'il manque de combustible et s'éteigne.

### 8. La conduction

La conduction thermique est le mode de transfert thermique provoqué par une différence de température entre deux régions d'un même milieu ou entre deux milieux en contact sans déplacement appréciable de molécules. Ce transfert thermique spontané d'une région de température élevée vers une région de température plus basse obéit à la loi de Fourier[75].

Lors d'un incendie, ce même phénomène peut transporter d'importantes quantités d'énergie d'une pièce à l'autre d'un bâtiment. Les matériaux métalliques (éléments de charpentes, rails, conduits, fers à béton…) ont une conductivité particulièrement élevée.

## V. L'ENQUÊTE EN CAS D'INCENDIE CRIMINEL PRÉSUMÉ

En cas d'incendie criminel, l'intervention d'une unité spécialisée est requise pour mener les investigations nécessaires, pour appuyer le directeur d'enquête dans sa démarche. Dans ce cas précis, la maison ou la voiture incendiée devient une scène de crime où l'accès doit être interdit jusqu'à l'arrivée des fonctionnaires de la police scientifique. L'usage des détecteurs d'hydrocarbures peut s'avérer particulièrement important dans la recherche de l'origine de l'incendie. Le rôle des enquêteurs dans ce cas est de définir une stratégie qui se repose sur :

### 1. Les tâches initiales à effectuer

En attendant l'arrivée de l'unité spécialisée dépêchée sur les lieux ou du début de l'enquête, les démarches suivantes doivent être effectuées : sécuriser le périmètre de la scène, interroger les témoins sur ce qui s'est passé, essayer de rechercher un ou plusieurs suspects, obtenir les noms, adresses et numéros de téléphone des témoins, déterminer les différentes pistes d'enquête, contrôler le lieu de l'incendie, assurer la maîtrise des foules.

[75] La conduction thermique est un transfert thermique spontané d'une région de température élevée vers une région de température plus basse et est décrite par la loi dite de Fourier établie mathématiquement par Jean-Baptiste Biot en 1804 puis expérimentalement par Fourier en 1822 : la densité de flux de chaleur est proportionnelle au gradient de température.

### 2. La prise de photographies

Elle consiste à photographier et préserver les indices susceptibles de se détériorer rapidement. Il faudra aussi photographier la foule, des portes et fenêtres (ouvertes, fermées, défoncées ou brisées), les objets étrangers ; bref, tous les indices ou éléments de preuve retrouvés sur la scène de crime.

### 3. L'audition des témoins

Elle consiste à interroger les suspects potentiels, c'est-à-dire toute personne ayant subi des brûlures, quiconque a découvert l'incendie et le propriétaire des lieux.

Il faut interroger les témoins en leur demandant comment et pourquoi l'incendie s'est déclaré, leur demander de signaler le nom de potentiels suspects, voir si la maison ou la victime existe, si elle était assurée et qui en est le bénéficiaire, vérifier si le propriétaire éprouve des difficultés financières, vérifier si l'immeuble avait été sur le marché depuis longtemps.

Dans ce cas précis, l'enquêteur doit avoir les compétences en matière d'audition d'un suspect. Cette aptitude s'acquiert avec la formation et l'expérience sur le terrain. Pour une bonne préparation à l'audition, le directeur d'enquête doit sélectionner le meilleur agent de l'équipe pour se renseigner sur les éléments de preuve admis en justice, faire le point sur les faits connus, recueillir tous les renseignements personnels possibles concernant le sujet, établir ce qu'on veut apprendre de la part du sujet, planifier sa démarche, élaborer un questionnaire, aménager un lieu particulier pour les auditions, demander la présence d'un second policier ou une seconde policière.

Pendant l'audition proprement dite, l'OPJ doit prévoir sa place et celle du suspect dans la salle, consigner avec précision le déroulement de l'audition dans un P.V, envisager l'emploi d'un magnétoscope si possible, ne proférer ni menaces ni injures, manifester de l'empathie envers la personne auditionnée, poser des questions ouvertes et éviter de poser des questions orientées, observer le suspect attentivement (observer son comportement non verbal et tout signe d'effort pour masquer un sentiment de culpabilité). En cas de motifs raisonnables et probables, on va procéder à l'arrestation du suspect, préciser le délit commis, informer le suspect de ses droits et dresser un procès-verbal.

Le recueil des indices et éléments de preuve consistera tout d'abord à recueillir des indices matériels. Pour cela, il faut obtenir l'aide d'une personne qui connaît les lieux. Il faut alors porter un appareil respiratoire, vérifier la présence d'odeurs d'essence ou d'autres produits inflammables, vérifier sous le tapis et carpette pour chercher la présence de liquides inflammables, recueillir tout restant de liquide dans un bocal en verre propre abandonné, rechercher des indices matériels notamment la présence ou des traces des substances ou objets suivants : produits activateurs, minuteries, mèches et chandelles, contenants d'essence, bûchette d'allumette.

Il faut également examiner la surface inférieure où le feu était le plus violent pour déterminer la cause de l'incendie, examiner l'état des fils électriques et des appareils de chauffage, faire une réquisition à expert, assurer la continuité de possession des indices et éléments de preuve, vérifier l'absence possible d'animaux familiers ou d'objets de valeur, examiner les lieux pour dépister tout ce qui peut sortir de l'ordinaire.

### 4. La recherche des indices et éléments de preuve

La recherche des causes d'un incendie sous son aspect criminalistique est une nécessité d'autant plus importante que la connaissance de la cause ne pourra être obtenue qu'à l'issue de recherches qui devront le plus souvent être poursuivies par un travail d'analyse au laboratoire. C'est à ce moment précis que rentre en jeu la police scientifique.

Néanmoins, une démarche systématique d'expertise du site et une connaissance approfondie de la chimie et de la physique de l'incendie, couplée à une nécessaire compétence technique, permettent d'en localiser le point de départ, d'en expliquer les causes et d'en comprendre la propagation, tout en préservant les indices qui seront nécessaires à la phase enquête pour la police scientifique. La combustion de gaz chauds formés lors de la combustion laisse habituellement des indices visibles sur les parois plus froides comme les murs, les cloisons et les plafonds. Cette chaleur peut donc avoir des effets différents suivant les matériaux et peut causer la carbonisation, la calcination, l'oxydation sous la forme de suie de fumée... Sur les murs et cloisons, on peut remarquer une ligne de feu qui indique la hauteur des gaz de la combustion ainsi que la présence de traces de fumée. Tous ces signes permettent de connaître la marche des flammes à partir de l'origine de l'incendie.

On peut trouver des débris tels que : un bidon d'essence, un briquet ... ou des traces de pas. Une fois les indices trouvés et prélevés, on les conserve pour constituer des scellés. Ces pièces à conviction sont envoyées en laboratoire ou elles subissent de nombreux tests pour révéler leur origine. La lecture de ces indices peut démontrer qu'un incendie est ou non de nature criminelle.

On peut ainsi retrouver la marque de fabrication ou un numéro de série qui permettent alors aux enquêteurs d'avancer dans leur recherche sur le crime, surtout en cas d'attentat, d'explosion domestique, etc. Les chimistes des laboratoires de la police scientifique étudient les pièces à conviction trouvées sur les lieux d'incendies, comme des morceaux de tissus brûlés. Ils analysent aussi les accélérateurs à l'aide d'un chromatographe en phase gazeuse. Ce dispositif sépare les composants chimiques des substances afin de mieux les identifier.

### 5. Les procédés de détection des hydrocarbures

Faire appel aux procédés de détection des hydrocarbures : il existe à cet effet plusieurs procédés qui permettent de révéler la présence d'hydrocarbures sur les lieux de crime. C'est le cas des détecteurs d'hydrocarbures. Parmi les détecteurs les plus connus, on peut utiliser :

- Le CGD100[76] : il détecte les plus petites concentrations d'hydrocarbures combustibles présentes sur un incendie suspect et sur des scènes de feu. Il aide à localiser rapidement et avec grande précision la source des émissions d'hydrocarbures. Cet appareil est aussi très efficace pour vérifier les réservoirs à essence. Lorsqu'on le met en marche, un barographe à 10 leds lumineuses très lisibles affiche instantanément la concentration relative des vapeurs. La tête de la sonde, située à l'extrémité d'un flexible col de cygne de 30 cm, permet à l'appareil d'être utilisé dans des crevasses et autres endroits difficiles d'accès. Cette tige se replie rapidement dans le boîtier pour un rangement et un transport pratique.

- La jauge de profondeur de carbonisation[77] *:* elle mesure la profondeur de carbonisation d'un bois et indique la durée de combustion de la substance, et de l'intensité du feu. Elle indique également si les accélérants ont été utilisés lorsque la carbonisation est exceptionnellement profonde en milieu confiné.

La jauge donne donc une mesure rapide et précise sur les lieux de l'incendie en évitant d'avoir à découper des échantillons de bois. Elle est graduée tous les 3 mm, jusqu'à 2,5 cm de profondeur maximum. Elle représente alors une aide dans les enquêtes d'incendies criminels.

- Le renifleur [78] : cet appareil est utilisé dans le cadre de l'incendie criminel présumé. Il permet aux enquêteurs de savoir s'il y a eu des accélérants dans l'incendie ou non. Pour cela, ils interrogent tout d'abord les témoins du sinistre, une fois que le brasier est éteint et le bâtiment sécurisé. Pour arriver à bien saisir le comportement du feu, ils utilisent leurs connaissances en structure, en chimie et en propagation d'incendie. L'examen minutieux des décombres permet d'identifier le foyer initial de l'incendie et le type de combustible brûlé.

---

[76]Le détecteur d'hydrocarbures CGD100 détecte les plus petites concentrations d'hydrocarbures combustibles présentes sur un incendie suspect et sur des scènes de feu. Cet instrument léger et facilement transportable localise, rapidement et avec grande précision, la source des émissions d'hydrocarbures.

[77]La profondeur de carbonisation d'un bois est un indicateur de la durée de combustion de la substance, et de l'intensité du feu. Il indique si les accélérants ont été utilisés lorsque la carbonisation est exceptionnellement profonde en milieu confiné. Elle donne une mesure rapide et précise sur les lieux de l'incendie en évitant souvent d'avoir à découper des échantillons de bois. Elle est graduée tous les 3mm jusqu'à 2,5 cm de profondeur maximum. Cette jauge représente une aide dans les enquêtes d'incendies criminels.

[78]*Le renifleur* est un système d'alerte pour détecter les émissions d'*hydrocarbures* gazeux.

- Le chien de détection : un chien de détection est un chien policier spécialement dressé pour signaler la présence de différentes matières (explosifs, armes, produits stupéfiants ou inflammables) ou de personnes (prisonnières de décombres ou d'avalanches, restes humains, personnes disparues, hormones illicites…).

Les races les plus communes pour ce genre de travail sont des chiens de chasse (comme le labrador) ou des chiens de berger (comme le malinois ou le berger allemand).

Dans les pays développés, ces chiens sont utilisés par les services de police, de la gendarmerie et de la douane.

Avec tous ces éléments évoqués supra, le criminel peut être identifié, l'OPJ peut transmettre son rapport au Procureur de la République qui jugera de l'opportunité de poursuites.

# CHAPITRE XIII

# L'HOMICIDE MASQUÉ EN ACCIDENT DE LA ROUTE

## I. L'INFORMATION JUDICIAIRE

Les accidents de la route impliquent le plus souvent les accidents de voiture, les accidents d'autos, les accidents de moto, les accidents cyclistes et de piéton.

Suite à la survenance de l'un de ces accidents, une enquête sera diligentée à l'initiative du ministère public et/ou de la victime. L'action pénale se prescrit au terme d'un délai de trois ans en cas de délit et 10 ans en cas d'homicide à compter du jour où le délit a été commis. Dans un cas comme dans l'autre, l'enquête doit aboutir au renvoi de l'auteur de l'accident devant le Tribunal Correctionnel.

### 1. Cas d'ouverture d'une enquête

Lorsque le ministère public se saisit de l'affaire et décide de poursuivre l'auteur de l'accident, la victime a la possibilité de se constituer partie civile devant cette juridiction. Cette constitution vise deux aspects :

- permettre à la victime de demander la réparation de ses préjudices devant la juridiction chargée de se prononcer sur le caractère fautif ou non des faits reprochés à l'auteur de l'accident. Le plus souvent, la désignation d'un expert judiciaire est sollicitée pour évaluer l'importance des préjudices afin de payer les dommages et intérêts au cas où une demande d'indemnité serait formée ;
- permettre à la victime de s'associer à l'action répressive, qui relève du seul Ministère Public qui représente les intérêts de la société.

Ainsi, même si la victime a bénéficié d'une indemnisation de ses préjudices dans le cadre d'une transaction amiable, elle conserve la possibilité de se constituer partie civile devant le Tribunal pour conforter l'action pénale. Dans cette procédure, l'assistance d'un conseil est indispensable tout au long de la procédure.

### 2. Cas de non ouverture d'une enquête

Si par contre le Ministère Public n'estime pas nécessaire de poursuivre l'auteur de l'accident, le Procureur de la République classe alors le dossier sans suite. Dans ce cas, la victime a le droit de contester cette décision du procureur devant le tribunal par voie de plainte avec constitution de partie civile. Une information judiciaire est alors ouverte et tous les moyens seront mis en œuvre pour apprécier la responsabilité pénale de l'auteur de l'accident.

Le juge d'instruction désigné va instruire l'affaire par l'audition des deux parties, mais aussi toute personne susceptible d'aider à la manifestation de la vérité. La victime devient partie au procès pénal.

La partie plaignante peut aussi saisir la justice pour demander la reconstitution de l'accident. L'expert en accidentologie pourra ainsi déterminer la responsabilité de l'auteur de l'accident, en appréciant les circonstances de celui-ci et la vitesse du véhicule mis en cause.

À l'issue de l'instruction judiciaire, le juge pourra prendre deux décisions : soit confirmer la décision du procureur et l'auteur de l'accident ne sera alors pas poursuivi, soit mettre en examen l'auteur de l'accident et le renvoyer pour être jugé devant le Tribunal Correctionnel.

La partie plaignante peut saisir le président du tribunal qui va délivrer une citation directe à l'auteur de l'accident lorsque les circonstances de l'accident semblent parfaitement connues. Dans ce cas, la victime doit procéder à la consignation d'une somme d'argent aux greffes, sauf si elle bénéficie de l'aide judiciaire. Dans le cadre de cette procédure pénale, la présence d'un avocat est indispensable.

## II. L'ENQUÊTE DE POLICE

### 1. Les éléments de la procédure

Un accident corporel ou mortel de la circulation routière déclenche obligatoirement une enquête judiciaire, qui est menée par les Officiers de police judiciaire. Cette enquête sert de base de décision au Juge devant un tribunal. Elle doit être complète et précise en vue d'apporter tous les éléments d'appréciation possible. La procédure judiciaire comprend :

- un procès-verbal de constatation ;
- un dossier photographique ;
- un croquis d'état des lieux ;
- les auditions des personnes en cause et des témoins.

### 2. Les constatations

Elles servent de localiser avec précision le ou les véhicules et de retracer les circonstances de l'accident. Ces constatations portent sur :

- l'état des lieux (localisation, description de la route) ;
- les véhicules (état général, les freins, les accessoires) ;

- les traces et indices (freinage, dérapage, ripage, chocs, traînées d'huile et d'eau) ;
- le contrôle de l'alcoolémie et des stupéfiants pour les conducteurs et les piétons.

### 3. Le croquis d'état des lieux

Il doit être une fidèle reproduction des lieux de l'accident en vue de permettre, en cas de reconstitution judiciaire, de replacer le ou les véhicules dans la position après accident.

Particulièrement précis, le croquis de lieux permet la localisation au centimètre près du ou des véhicules au moment de l'arrivée des agents de constatation et des traces de chocs.

### 4. Le relevé des indices probants

Ils sont nombreux et assez variables et permettent aux enquêteurs de relever les contradictions dans les déclarations du suspect :

- la position du corps : elle doit refléter l'accident. Lorsqu'elle ne semble pas correspondre à l'accident, on conclut à une mort suspecte ;
- l'autopsie du corps de la victime : elle sert à mieux cerner l'origine du décès. Elle peut révéler que la victime était déjà morte avant l'accident », ou frappée et blessée mortellement. Si elle porte des traces de coups sur la face arrière du crâne et des érosions cutanées et si ces coups pouvaient avoir entraîné la mort ;
- l'analyse peut montrer que la mort n'est pas compatible avec l'accident de la route et tous les enquêteurs doivent s'efforcer de glaner un maximum d'éléments autour de la scène de crime pour soutenir leur argumentaire.

### 5. Le dossier photographique

Les enquêteurs doivent fixer et enregistrer la scène de crime avec les prises de vues, enfin de pouvoir l'étudier hors de la scène de crime. Le dossier photographies doit comprendre des vues :

- des lieux de l'accident pris dans le sens de circulation de chaque véhicule ;
- de chaque véhicule (point de chocs, points particuliers, etc.) ;
- des traces de freinage et de ripage ;
- des traces de chocs sur la chaussée, sur l'accotement et sur les éventuels dégâts.

#### 6. Les analyses de peinture

En cas d'accident avec délit de fuite, il faut prélever les résidus de peinture, les analyser au laboratoire afin de les comparer avec la peinture de la voiture suspecte. Le procédé le plus connu est la chromatographie.

#### 7. Les auditions

Les auditions des personnes impliquées dans l'accident (conducteurs, passagers du ou des véhicules) et des témoins directs permettent de relater les circonstances exactes de l'accident, notamment les manœuvres effectuées par le conducteur, l'ambiance générale des lieux, etc.

La transmission du dossier de procédure : lors de la clôture de l'enquête, le procès-verbal d'enquête est transmis au Procureur de la République des lieux de l'accident qui juge de l'opportunité des poursuites.

## III. LES CATÉGORIES D'HOMICIDES À BORD D'UN VÉHICULE

| | catégories | Circonstances aggravantes |
|---|---|---|
| **Homicide involontaire** | - homicide par maladresse<br>- homicide par imprudence<br>- homicide par inattention<br>- homicide par négligence<br>- manquement délibérée à une obligation de sécurité ou de prudence | - conduite sous l'empire d'alcool<br>- conduite sous l'influence de stupéfiants<br>- conduits en l'absence de permis<br>- excès de vitesse<br>- - délit de fuite |

## IV. LES TYPES DE BLESSURES

| | catégories | circonstances |
|---|---|---|
| **Blessures involontaires avec une ITT de + trois mois** | - blessure par maladresse<br>- blessure par imprudence<br>- blessure par inattention | - conduite en l'absence de permis<br>- délit de fuite<br>- conduite sous l'empire d'alcool<br>- manquement délibéré à une obligation de sécurité ou de prudence |

# DEUXIÈME PARTIE :

# LES CONSTATATIONS MÉDICO-LÉGALES

Cette partie est réservée à la collecte des indices sur la scène de crime. Il s'agit en fait de la gestion d'une scène de crime dans le but d'identifier plus tard le criminel plus tard et relier celui-ci au lieu du crime.

# CHAPITRE I

# LA SCÈNE DE CRIME

La Scène de crime est le lieu où se sont produits un ou plusieurs crimes. C'est aussi l'ensemble des différents endroits susceptibles de contenir des indices liés à un acte criminel. C'est enfin tout espace délimité de manière réelle ou virtuelle dans lequel on est appelé à faire les constatations. Elle comprend deux parties principales : l'endroit où le crime a été constaté (cette zone peut parfois s'étendre sur plusieurs kilomètres, comme dans le cas d'un accident d'avion) et les lieux identifiés où se sont déroulés des actes liés à l'accomplissement du crime, comme un bureau, une chambre, une rue, etc.

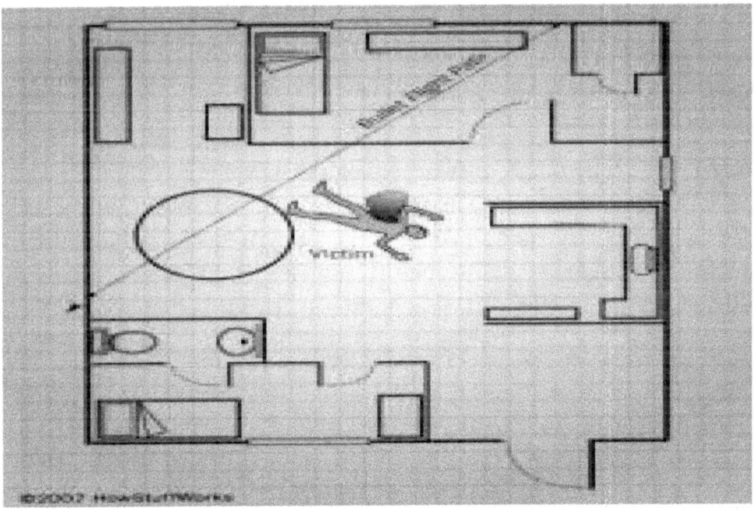


**Figure 7 :** Scène de crime à l'intérieur d'une maison

## I. GÉNÉRALITÉS

### 1. Caractéristiques

Le plus souvent, la scène de crime regorge d'indices qui sont utilisés par la police scientifique pour identifier la victime, puis le criminel. Toutefois, même si les enquêteurs sont dotés d'outils performants, ils peuvent être confrontés à deux problèmes majeurs à savoir : la présence d'éléments contaminants qui n'ont rien à voir avec le crime et les indices cachés invisibles à l'œil nu. Le technicien en identification criminelle (TIC) sera chargé de pratiquer des opérations de police technique et scientifique en vue de la manifestation de la vérité dans le cadre des enquêtes judiciaires. Dans ce cas précis, sa mission consistera alors à organiser les constatations sur les lieux d'un crime ou d'un délit, rechercher les preuves matérielles au travers d'opérations techniques, notamment des prélèvements d'indices, renseigner les magistrats et les OPJ qui dirigent les enquêtes judiciaires, exploiter les résultats des analyses scientifiques réalisées par des laboratoires, réaliser les photographies et vidéo judiciaire, relever les empreintes digitales, génétiques, les traces d'effraction et d'impression (traces de pas, de pneumatiques…), étudier les indices balistiques, explosifs, incendies retrouvés sur la scène de crime.

### 2. Importance de la scène de crime

La scène de crime est la première étape de l'enquête. C'est un moment crucial qui doit déterminer la suite des investigations. Ici, chaque indice compte. Elle permet aux enquêteurs d'émettre leurs premières hypothèses à partir des indices éphémères tels que les odeurs, les traces de sang et l'état des lieux. Les enquêteurs doivent relever tous les détails qui pourraient avoir une influence sur le crime, y compris les conditions météorologiques. C'est pour cela qu'un périmètre de sécurité doit immédiatement être établi autour de la scène de crime pour préserver d'éventuels indices.

Tous les investigateurs doivent être guidés par le principe de Locard selon lequel, « chaque contact laisse une trace ». Car, le criminel laisse presque toujours sa signature sur une scène de crime, même s'il a pris un soin méticuleux à effacer ses traces et c'est par cette signature que les enquêteurs vont le rechercher, l'identifier et l'interpeller afin de le conduire devant la justice.

Ainsi, rien ne doit être négligé sur la scène de crime. Un simple objet pourrait se révéler être la clef de l'énigme, tout comme de nombreux objets peuvent s'avérer inutiles à l'enquête. Il peut arriver que les indices soient éloignés de la scène de crime, c'est le cas lorsque l'acte a été commis à extérieur. Généralement, les lieux publics sont plus difficiles à examiner, à cause du fait qu'ils sont plus délicats à sécuriser que les lieux privés. Les indices peuvent être souillés ou détériorés par des éventuels passants, des badauds, des conditions météorologiques ou les intempéries. Les recherches devront par conséquent être rapides et méthodiques afin de préserver tous les éléments clés utiles à l'enquête.

### 3. Les catégories de scènes de crime

En général, on distingue deux catégories de scènes de crime : la scène de crime organisée et la scène de crime désorganisée.

Une scène de crime organisée indique une planification, une préméditation ainsi qu'un effort conscient de la part du criminel pour éviter de se faire prendre. Alors que la scène de crime désorganisée indique des actions qui sont spontanées et un assaut qui est généralement frénétique.

Quand la victime est choisie au hasard, l'emplacement du crime est généralement celui où a eu lieu la rencontre entre la victime et le suspect. Bien que plusieurs scènes de crime puissent impliquer les deux types, le suspect va être classé en fonction du niveau d'organisation ou de désorganisation jugé prédominant sur la scène de crime. À partir de cette classification, plusieurs conclusions seront tirées sur les caractéristiques de l'individu (niveau d'intelligence, emploi, confort social).

### 4. Étude de la scène de crime

L'étude de la scène de crime se fait en deux phases : la première consiste à la recherche d'indices sur les lieux mêmes du crime, tandis que la seconde consiste à une enquête environnementale durant laquelle les policiers interrogent les voisins, les témoins et vont inspecter les lieux alentours. Par exemple, après la découverte d'un corps dans un appartement, les enquêteurs doivent commencer par étudier la pièce dans laquelle se trouve le cadavre, ce qui l'entoure, puis ils étendront leur champ de recherches au reste de l'appartement, voire parfois au reste de l'immeuble et dans la cour.

Il faut déjà noter que chaque scène de crime est unique. C'est pour cela que l'étape de planification et d'organisation exige une certaine adaptation et souplesse de la part de ses manipulateurs. Car pendant l'investigation, les exigences peuvent changer en fonction de nouveaux éléments mis en évidence et le personnel travaillant sur les lieux peut avoir à adapter l'organisation de son travail en conséquence.

En cas de catastrophe par exemple, le premier réflexe sera de mettre tous les blessés hors de danger lorsqu'ils en existent et, au besoin, les évacuer avant que la police ne commence son travail d'investigation. Ensuite, la zone de l'infraction doit être délimitée par un cordon de sécurité pour préserver tous les indices, ainsi que tous les objets qui entrent ou sortent du site.

## II. LES INTERVENANTS SUR LA SCÈNE DE CRIMES

En général, c'est le personnel « classique » de la police ou de la gendarmerie qui arrive en premier sur les lieux de crime pour réaliser les premières constatations. Parmi ce personnel, il y a notamment :

### 1. Les techniciens de la police scientifique ou TIC[79]

Pour ce qui est de la Police et les TSC[80] pour la gendarmerie. Une fois sur les lieux, ces techniciens délimitent le périmètre à l'aide d'une rubalise (un ruban coloré) afin d'empêcher toute nouvelle intrusion. Ils doivent aussi éviter de contaminer à nouveau la scène de crime par leur propre ADN en revêtant une combinaison spécifique et les gants, prendre ensuite de nombreuses photos des victimes et des objets pour immortaliser l'organisation générale de la scène de crime, avant de procéder à la récolte des indices. *Les Techniciens en Identification Criminelle* (T.I.C) sont les OPJ et APJ formés pour intervenir sur les scènes de crime. Leur mission consiste principalement à organiser les constatations sur les lieux d'un crime ou d'un délit, rechercher les preuves matérielles au travers d'opérations techniques notamment des prélèvements d'indices, révéler les traces biologiques ou les résidus de poudre grâce à des procédés chimiques bien connus, dresser des portraits robots suite à divers témoignages, reconstituer des numéros de série altérés sur des véhicules.

Il existe aussi des Techniciens en Identification criminelle Subaquatique (T.I.C.S), qui sont des plongeurs autonomes qualifiés pour effectuer des constatations en milieu aquatique.

En laboratoire, l'activité du technicien de la police scientifique consiste à faire des analyses balistiques (étude des armes, des munitions, des trajectoires), la biologie (analyse de sang, de cheveux ou d'empreintes génétiques), les documents (analyse des fausses écritures), les incendies et les explosions (étude des explosifs), la physique et la chimie (étude des peintures et des résidus de tir) et les stupéfiants (analyse des drogues).

### 2. L'Officier de Police Judiciaire (OPJ)

C'est le fonctionnaire de police ou le gendarme qui est le directeur d'enquête. Assisté des APJ, il doit faire les premières constations et organiser l'exploitation de la scène. Tous les autres intervenants sur la scène sont à sa disposition, à charge pour lui de bien coordonner le travail, en vue de recueillir des indices probants devant servir à élucider l'affaire.

### 3. Le médecin légiste

C'est un expert qui fait les premières constatations sur le cadavre. Il est formé pour constater une mort non naturelle, soudaine, inexpliquée ou inattendue. Sous le système du légiste, l'autorité désignée est responsable de l'enquête sur les décès qui surviennent en dehors de la supervision médicale. Le légiste peut être requis pour une autopsie, l'évaluation de l'état de santé physique ou mentale de personnes au sujet desquelles une décision doit être prise en fonction de leur état

---

[79]Techniciens en identification criminelle

[80]Techniciens en scènes de crime

de santé. À cette fin, il émet son avis pour éclairer les autorités judiciaires sur les séquelles physiques ou psychologiques subies par une victime d'acte criminel, d'accident ou de négligence professionnelle, pour justifier le bien-fondé d'une demande d'indemnisation introduite par la victime ou encore pour régler un litige administratif en matière d'emploi (retrait préventif, réintégration en emploi, harcèlement sexuel, etc.). Il peut également être appelé à témoigner devant le tribunal ou dans le cadre d'une commission d'enquête.

Cependant, ce système n'a pas pour vocation à déterminer la responsabilité pénale ou criminelle du suspect. Le médecin légiste est plutôt responsable en premier lieu d'identifier le défunt et de déterminer la cause et les circonstances de décès.

Toutefois, il faut relever que l'avis de l'expert ne lie pas le juge, même si celui-ci se base sur le bilan fourni par l'expert pour délibérer sur ses conclusions. On dit alors que les faits sont de la compétence de l'expert, tandis que le droit est de la compétence du juge.

### 4. Les experts

Ils peuvent être spécialisés en empreintes génétiques, en empreintes digitales, en entomologie criminelle, en odontologie médico-légale, en balistique, etc. après avoir relevé les indices, ils vont les analyser au laboratoire.

Une expertise médico-légale est une opération réalisée par un spécialiste en vue d'éclairer le juge et les parties sur une question technique. D'après la loi, c'est le magistrat qui décide du recours à l'expertise et désigne l'expert qui y procédera dans un délai imparti qui peut exceptionnellement être prolongé. Au cours de l'expertise, la personne poursuivie peut demander au juge que certaines recherches soient réalisées ou que les personnes nommément désignées soient entendues.

En général, en cas d'homicide, les médecins sont les experts médico-légaux les plus indiqués. En tant qu'experts, ils travaillent avec un esprit de médecin doublé de celui d'un aide à l'enquête. Leur déontologie doit être basée sur l'impartialité, l'indépendance, l'honnêteté, la neutralité et l'objectivité. Relevons que même si tout médecin est habilité à prêter son concours à la justice, la pratique médico-légale n'est pas à la portée de tout médecin. Cette expertise requiert une compétence qui doit être garantie par une formation et une qualification adaptées.

L'expert est donc la personne qui a acquis une grande compétence basée sur une formation robuste et une expérience éprouvée par la pratique dans un domaine spécifique donné. C'est là, la ligne de démarcation entre le médecin généraliste ou spécialiste et le médecin légiste, auxiliaire précieux de la justice et « lunette » du juge. Autrement dit, dans le domaine médico-légal, la compétence scientifique ne suffit pas, elle doit être doublée de la compétence d'expert.

L'expert a également pour tâche, l'analyse des traces et indices en interprétant le fait délictueux à l'aide des éléments fournis par son enquête à la fois anatomique, biologique et sociologique, il doit rester dans la stricte interprétation des faits scientifiques et techniques et affranchi de toute influence étrangère à la science et ne doit surtout pas s'attacher aux conséquences de ses conclusions. C'est à lui de rendre des faits complexes intelligibles à des non-techniciens.

À la fin de sa mission, il fait un rapport détaillé sur les causes et les circonstances de la mort. Car en matière pénale, l'expertise n'est pas souvent réalisée de façon contradictoire. La personne mise en cause n'a pas l'occasion de critiquer les rapports d'expertise. Étant un mode d'administration de la preuve, ce rapport devrait respecter le principe de l'égalité entre les parties au procès. Chacune des parties pouvant soutenir sa cause dans des conditions qui ne la désavantagent pas substantiellement par rapport à la partie adverse. Lorsqu'un expert rédige son rapport d'expertise, les parties doivent pouvoir participer à l'élaboration de ce rapport et être présentes ou représentées durant les phases techniques afin de faire valoir leurs observations ou solliciter des investigations supplémentaires.

**5. Le Procureur de la République**

C'est lui qui est le patron de la Police Judiciaire et qui juge de l'opportunité des poursuites. C'est donc lui qui peut décider de l'ouverture d'une enquête ou la confier à un OPJ ;

**6. L'autorité administrative**

Elle représente tous les services et facilite les procédures de par sa présence ;

**7. L'autorité municipale**

C'est elle qui devra fournir le cercueil, le véhicule et le nécessaire pour l'inhumation. C'est aussi elle qui va désigner le cimetière qui doit accueillir la dépouille, au cas où la famille ne se présente pas.

**8. Les sapeurs-pompiers**

Leur rôle est de procéder à l'enlèvement de la dépouille, surtout en cas de mort par accident, « noyade » ou « suicide ».

## III. TYPOLOGIE DES TRACES ET INDICES SUR LA SCÈNE DE CRIME

Il existe une multitude de traces et indices sur une scène de crime qui peuvent aider à élucider le crime. Les traces et indices peuvent signifier et désigner les mêmes choses lorsqu'on se trouve sur une scène de crime. Ces preuves en devenir peuvent alors se présenter sous plusieurs formes :

**1. Les traces biologiques**

Encore appelées traces liquides, elles sont constituées de sang, de sperme, de la salive, de sueur, d'urine et de mucus. Elles sont parfois difficiles à révéler et à prélever lorsqu'elles sont mélangées à d'autres substances. L'objet sur lequel elles sont trouvées doit être saisi et confié au laboratoire pour analyses.

**2. Les débris organiques**

Encore appelés traces solides, ce sont les poils (quelle que soit leur provenance anatomique), cheveux, fragments de chair, épiderme, ongle, os, matières fécales, etc.

**3. Les matériaux indiciaires**

Il s'agit de matières qui se déposent sur le sol ou autre support tel que la terre, la boue, le sable, l'argile, le plâtre et bien d'autres matières transportées par le suspect depuis la scène de crime.

**4. Les textiles**

Il s'agit des vêtements, les fibres, les morceaux de tissu, les fils, les cordes, les ficelles...

**5. Les enduits**

C'est la peinture, le mastic, le rouge à lèvres

**6. Les débris métalliques ou de bois**

Ils sont composés de poussière, des écailles, de rognures ...

**7. Les résidus de tir**

Il s'agit de particules microscopiques résultant d'un tir et qui se déposent à proximité immédiate de l'arme utilisée et peuvent être localisées principalement sur les mains du tireur et les parties du corps à proximité, puis les vêtements.

*La poudre* peut également être trouvée sur une personne se trouvant à proximité du tireur. La méthode de prélèvement consiste en un petit tamponnoir dont la surface adhésive retiendra les petites particules, puis sera envoyée en laboratoire d'analyse.

**8. Les traces instrumentales**

Il s'agit d'objets se trouvant sur la scène de crime tels que *les objets disjoignants* (pinces monseigneur, burin, tournevis)**,** *les objets cisaillant* (cisaille, sécateur), *les objets perforant*, percutant ou pénétrant comme les mèches, les objets contondants (gourdins, barre de fer).

### 9. Les traces de pneumatiques et de pas

Elles se forment lors du passage d'une voiture, ou d'une personne dans la boue, le sable ou le ciment. Ce passage laisse toujours les empreintes qui peuvent trahir le malfaiteur.

### 10. Les traces individuelles

Il s'agit de traces générées par l'homme, telles que *les traces moulées* (dessins des chaussures et traces de pas), *les traces dentaires (morsures), les traces laissées par les ongles* (griffures), *les traces papillaires* (empreintes digitales) ou traces de doigts laissées par la main, les traces de sang frais, de salive, d'empreintes digitales, de cheveux, de poils qui peuvent être visibles, tout comme les traces de sang nettoyées. Quant aux empreintes digitales, elles peuvent être non visibles, latentes ou invisibles.

Ces traces peuvent permettre de déterminer que l'on a affaire à un suicide ou à un crime ou encore un crime maquillé en suicide. Elles permettent aussi de localiser le lieu où le crime a été perpétré, ou si le suspect a été sur les lieux du crime par l'analyse de la terre sous les semelles de chaussures.

*Les traces sèches* : sang, sperme, crachats, urine doivent être révélés avant de pouvoir être prélevés.

### 11. Les armes et les projectiles

Il existe les armes blanches (couteau machettes, gourdins, marteau), les armes à feu qui peuvent être les armes de poing ou d'épaule, avec leurs projectiles.

Quel que soit le lieu de découverte de cette arme, il est nécessaire de la manipuler avec précaution afin de ne pas détruire les traces et indices qui seraient susceptibles de s'y trouver.

Les douilles, ainsi que les balles sont ramassées et envoyées au laboratoire de balistique pour étude et analyses. Le lieu où elles sont encastrées, puis leur déformation et bien d'autres éléments sont analysés afin de déterminer l'angle de tir, la position du tireur, etc.

Chaque arme possède sa propre signature. L'analyse de la balle tirée permet de faire le rapprochement entre l'arme de crime et son propriétaire. L'emplacement des douilles, leur nature, la trace laissée par le percuteur peut permettre de reconnaître la signature d'une catégorie d'arme.

Si le crime a été perpétré à l'aide d'un couteau, l'angle de perforation avec le couteau peut permettre de déterminer si le suspect est droitier ou gaucher, ou encore de déterminer sa manière d'opérer.

### 12. Les explosifs et engins incendiaires

Ils peuvent se présenter sous plusieurs formes : la poudre, la pâte, les granulés et le gel. Si l'une de ces matières explose, il convient de rechercher le point d'origine de l'explosion. Ce point se nomme *le cratère*. Une fois localisé, il convient de prélever les indices d'identification de l'engin explosif.

### 13. D'autres indices

Ils sont constitués de l'ensemble des faits connus ou des objets personnels ou à usage courant trouvés sur la scène de crime à partir desquels on peut établir la preuve. C'est le cas des mégots de cigarette, du chewing-gum dans son papier aluminium, d'une balle de revolver, les traces de pneu, une douille, tout comme les éléments de renseignement.

## IV. LA PLANIFICATION DU TRAVAIL SUR LA SCÈNE DE CRIME

La planification, l'organisation et la coordination du travail sur les lieux de crime a pour but de recueillir un maximum d'informations et avoir des éléments de réponse aux questions relatives aux différents scénarii possibles. Ces précautions permettent de connaître l'ampleur du problème, la nécessité d'une expertise spécialisée ou assistance médicale, l'identification des dangers particuliers sur les lieux, l'aide nécessaire, la position des lieux (intérieurs ou extérieurs ?), les ressources locales disponibles, les personnalités à informer, le matériel nécessaire, les conditions météorologiques, etc. Pour plus d'efficacité, la gestion de la scène de crime se déroule en six étapes qui doivent être abordées l'une après l'autre et de façon méthodique.

### 1. Exploitation de la scène de crime

*Première étape : sélection de la scène de crime*

Elle varie suivant le type de crime. Elle peut être petite et ne contenir qu'une seule pièce tout comme elle peut être grande comme une forêt suivant les cas. Toutefois, elle doit inclure le corps de la victime. Notons que dans ce type d'enquête, l'OPJ a besoin de l'entraînement et l'expérience. Car c'est souvent l'œil expérimenté qui repère les microtraces qui paraissent anodines. La scène est alors délimitée avant l'arrivée des experts en police technique et scientifique.

*Deuxième étape : la sécurisation de la scène de crime*

Elle revient au premier officier de police judiciaire qui arrive sur les lieux. Après la sélection des lieux de crime, il doit prendre les mesures nécessaires pour que la scène ne soit pas dérangée. Car s'il y a l'intrusion des curieux, les preuves indispensables à la manifestation de la vérité seront déplacées ou même détruites. Les hommes doivent veiller tout autour afin d'en éloigner les éventuelles intrusions.

Toutefois, dans les cas comme ceux d'incendie criminel, sécuriser la scène de crime s'avère souvent compliqué, car dans ces circonstances, c'est sauver les vies humaines qui est le plus souvent privilégié à la préservation des preuves.

Il y a un matériel indispensable à la délimitation de la zone, à la protection et au marquage des indices à savoir : les plots en PVC jaune avec des inscriptions noires sur les deux faces, les rubans gel des lieux, qui sont réutilisables*, les cônes de marquage*, les cônes stables de 15cm de hauteur en plastique moulé et chiffré sur les 4 faces, *craie réfléchissante* pour marquage sur une scène nocturne. (Elle produit un faisceau lumineux tel qu'une lampe ou le flash d'un appareil photo et permet de mettre en évidence la position d'un indice), le*s* moulages *p*our mouler les traces (on utilisera les silicones, les plâtres ou pâte fluide bi-composante).

*Troisième étape : le gel des lieux*

Le gel des lieux est primordial, car si les constatations sont mal faites, l'enquête prend une mauvaise orientation et c'est souvent ce départ qui conditionne l'issue du dossier. Ce travail se fait à l'aide d'un matériel approprié indispensable à la délimitation de la zone de prélèvement : on déroule les rubans autour du lieu de fouille et la zone délimitée doit immédiatement être interdite au public pendant tout le temps que les experts de la police scientifique n'auront pas terminé l'examen approfondi des lieux.

Dès que le rapport initial de l'enquête est rendu, les photographes interviennent. C'est à partir de la mémoire de la disposition des lieux que certains techniciens scientifiques vont pouvoir travailler.

En cas de mort par balle par exemple, le balisticien devra déterminer la position du tireur et des victimes au moment où les coups ont été tirés. La scène de crime doit être photographiée intacte avant le passage des enquêteurs, dans son contexte, avant que les indices soient emmenés au laboratoire. On doit immortaliser les accès aux lieux du crime, les passages d'une pièce à l'autre sous tous les angles, si le crime a eu lieu dans un bâtiment. Ces photos servent alors à enregistrer des indices temporaires et fragiles comme le sont les traces de pas dans la neige ou dans la boue. Elles serviront plus tard à la reconstitution de la scène de crime pour le jury lors du procès. Un autre technicien doit effectuer un dessin détaillé des lieux, avec des mesures précises. Tous ces photos et dessins permettront une modélisation 3D de la scène de crime sur ordinateur afin de reconstituer le crime.

À ce stade, chaque photographie devient un élément de preuve qui sera enregistrée avec le nom du photographe, la date, l'heure et le lieu, et pourra être utilisée, lors du procès. La photographie des lieux se fait en trois prises de vues différentes.

Pour ce qui est des indices invisibles tels que la présence d'empreintes digitales, des traces de sang et des résidus de coups de feu, des traces de fibres, d'urine ou de sperme pourront être mises en évidence grâce aux éclairages spécifiques.

Dans certains dossiers célèbres, où toutes ces précautions n'ont pas été prises et où aucun relevé n'a été fait avant l'arrivée des badauds sur les lieux et où aucune photo n'a été prise pour fixer les lieux, on a abouti à une catastrophe. C'est le cas de l'affaire Laurence Vergne[81], qui n'a jamais livré son verdict, car la foule avait précédé la police sur les lieux, raison pour laquelle, les résultats de l'enquête ont été compromis pour toujours.

Il existe aussi des produits pour prévenir toute contamination entre les enquêteurs et leurs zones de travail. Ces produits favorisent la protection personnelle et préservent les indices. On a ainsi : le *Bio-Shield*®, qui es un décontaminant non toxique qui neutralise les effets des gaz OC, CS, CN et autres gaz lacrymogènes. On l'utilise sur le visage en protection préventive avant intervention ou en traitement suite à une agression, un déclenchement accidentel de gaz et pour la désinfection des mains et du petit matériel) , les vêtements de protection, les masques de protection, le masque anti – putréfaction, les outils de la recherche balistique pour les prélèvements de résidus de tir.

*Quatrième étape : enregistrement de la scène de crime*

Une fois le gel des lieux effectué, et avant l'intervention des TIC, on procède à la séance de photos. Le photographe doit filmer la scène du plus loin au plus près, de manière à pouvoir identifier chaque élément sur la scène de crime, en délimitant à la craie les objets au sol. Il est conseillé de matérialiser la présence de chaque élément susceptible d'être intéressant par un carton numéroté.

L'enquêteur ne pouvant passer assez de temps sur la scène de crime, il doit donc l'enregistrer pour l'étudier minutieusement dans son bureau ou au laboratoire. L'enregistrement se fait à l'aide des photographies ou des vidéos prises par des professionnels. Des vues d'ensemble sont ainsi réalisées de même que des gros plans des indices et des traces.

Cette étape est particulièrement importante à l'air libre, lorsque la scène de crime est une maison. Car les indices tels que les traces de pas sur le sable, les gouttes de sang sur le gazon, les traces de pneus sur du sable peuvent rapidement être endommagés par les conditions climatiques ou par les pas des nombreux curieux. Parallèlement, un plan détaillé des lieux doit être établi, dans lequel l'on doit reporter l'emplacement des meubles et des indices. Ensuite tous les indices sont numérotés puis photographiés avant de quitter la zone du crime. Pour avoir une idée de leur taille, on utilise des régales gradués spécialisés. De même, on

[81]Laurence Vergne est une jeune chercheuse de nationalité française qui fut assassinée en janvier 2005 au quartier Bastos à Yaoundé par des individus non identifiés et qui n'ont jamais été appréhendés.

mesure la distance entre chaque indice. Ce travail est long et fastidieux, mais il pourra aider, par la suite, à reconstituer la scène du crime.

Les photos judiciaires aident à représenter la scène figée telle qu'on l'a trouvée. Il est donc indispensable de savoir prendre des clichés, quelles que soient les conditions. Même de nuit, par temps de pluie, ou lors d'une reconstitution de crime, il faut fixer l'événement. Le technicien doit également reconstituer des macro-photos pour les petites traces ou les empreintes digitales.

On prendra en premier les vues générales avec l'intégralité des lieux du crime, montrant où sont situés les indices, grâce aux cavaliers numérotés, ainsi que les accès à la scène de crime. On prendra ensuite les vues rapprochées du corps de la victime, et les indices un par un. On prendra enfin les vues de détail des indices, qui sont situés à côté d'un test millimétré.

Il faudra également dresser les croquis et prendre des notes**.** Il existe pour ce faire, un matériel approprié pour réaliser ses dessins et plans composés de : six équerres thématiques en plastique, une trousse, un appareil photo et les caméras.

Le policier dessine à la main le plan de la scène, mesure les distances à l'aide de rubans à mesurer et d'un appareil à rayon laser. Il note l'emplacement précis des objets, des indices et du corps. Les photos et le croquis servent à réaliser un plan sur l'ordinateur.

*Cinquième étape : la récolte ou le prélèvement des indices*

Cette tâche nécessite souvent beaucoup de moyens en matériels. Ce matériel peut être acquis sur le marché auprès des magasins spécialisés. Même s'il est souvent assez difficile pour l'OPJ de rassembler tout ce matériel. En effet, le matériel de travail du personnel présent sur la scène de crime doit être transporté dans la valise de police technique qui permet un déploiement rapide sur le terrain. Il s'agit notamment des rubans en PVC avec et sans inscriptions, des rubans en PVC jaune avec inscriptions réutilisables qui se déploient en quelques secondes pour interdire l'accès à la zone au public, les réglets et tests centimétriques en valeur « métriques » et « inches », les réglets métalliques pliables parfaits pour photographier des preuves telles que des empreintes, les pinces, les réglets magnétiques en vinyle souple sont spécialement conçus pour faciliter la photographie de preuves sur des surfaces métalliques, les combinaisons intégrales, des gants, des surchaussures, les masques sur les yeux pour éviter de disséminer du liquide lacrymal, de la photographie, du matériel de relèvement et prélèvement d'empreintes digitales, du matériel de détection d'explosifs, du matériel de recueil et de conservation d'indices biologiques tels que l'ADN, les empreintes digitales, d'un laser portable de détection de traces et indices, des détecteurs de métaux et les matériels divers, des poudres, brosses et rubans adhésifs, grattoirs, pinces à épiler, sacs, tubes en verre, des scalpels à usage unique, mètre, loupe, tamponnoirs, d'un véhicule équipé de kits pour réaliser des moulages, des combinaisons, chaussons, masques, bonnets, gants et des lunettes. Les enquêteurs doivent aussi disposer de compresse, coton-tige, scalpel et pince brucelles à ressort pour prélever les plus petits objets. Ces outils adaptés doivent être changés à chaque opération pour éviter les contaminations « croisées ». Pour les objets ne pouvant être emportés, des photographies ou des moulages, notamment pour les empreintes de pas, sont réalisés.

Les formes les plus fréquentes d'ADN trouvées sur la scène de crime sont les suivantes : sang, sperme, cheveux, salive, cellules de peau, mucus, transpiration, urine, ongles, etc. ces éléments sont indispensables pour la recherche biologique, c'est l'idéal pour travailler sur le terrain. Il existe cependant des mallettes complètes permettant les prélèvements d'ADN utiles à l'enquête.

La tenue intégrale revêtue par les techniciens lors du prélèvement des indices est à usage unique. Cette précaution évitera de contaminer la scène de crime, car il ne faudrait pas que les traces retrouvées proviennent des enquêteurs.

Il y a aussi les ciseaux iris, pointes fines acier inox, grattoir fin à lame rétractable acier inox, lame de rechange, manche de bistouri, lames stériles pour bistouri, scalpel stérile, pince brucelles bouts pointus, en acier inox, pince brucelles bouts arrondis, pince brucelles à usage unique, emballées sous sachet stérile, pince brucelles de mériam, à courbe et bouts pointus acier inox, écouvillons stériles dans un tube de protection, coupe-ongle stérile avec réservoir, cure-dent en bois.

La mallette d'entomologie servira à mener une enquête entomologiste, les spécialistes récupèrent et analysent des insectes et larves pour identifier si un corps découvert a été déplacé de la scène de crime initiale, pour estimer la date de la mort et collecter des informations importantes à propos de la victime et du crime.

Les insectes retrouvés sur un cadavre peuvent aussi être un outil de valeur pour l'analyse toxicologique et ADN de la victime. Ils partent du principe qu'à partir d'une courte période, les fluides (sang et urine) et les tissus tendres d'un corps, nécessaires pour une première analyse, vont disparaître. Cependant, les insectes et larves vont garder des traces des fluides et du sang du cadavre et leur analyse permet de récupérer leur composition.

Le prélèvement d'indices sur la scène de crime nécessite un conditionnement qui se fait avec les sacs en plastique ou en papier, les flacons, pots, piluliers en verre ou en plastique ainsi que des boîtes cartonnées.

Il y a aussi le matériel pour prélever les empreintes digitales, notamment : les poudres conventionnelles noires, vert fluo, rouge, poudre surface galvanisée marron, double contraste, double contraste argent/gris, double contraste argent/rouge, les poudres magnétiques double contraste, double contraste argent/gris, double contraste argent/rouge, poudre magnétique double contraste argent/noir., les poudres magnétiques (la poudre fluoromag verte), qui s'accompagne des pinceaux rétractables et leurs recharges. Les principales catégories de poudres sont les magnétiques qui s'utilisent avec des pinceaux spéciaux « magnétiques » et les conventionnelles requérant l'usage de pinceaux classiques. Pour obtenir la meilleure netteté possible de l'empreinte poudrée, la finesse et le type de fibres (naturelles ou synthétiques) des pinceaux jouent un rôle très important.

Les pinceaux fibre de verre intégrant une source d'éclairage blanche ou UV de haute intensité permettent d'utiliser les poudres classiques ou fluorescentes. Ces pinceaux se composent d'une brosse en fibre de verre remplaçable et d'un corps en métal léger. Ils sont particulièrement utiles pour intervenir dans des coins sombres, sous des meubles, à l'intérieur des moteurs de véhicules, etc. Qu'ils soient destinés aux poudres magnétiques ou conventionnelles, la qualité des pinceaux permet d'obtenir un résultat optimum.

La qualité des transferts permet de relever tous types d'empreintes poudrées avec l'assurance de pouvoir obtenir un résultat d'une grande netteté, l*es* adhésifs prédécoupés en plastiques rigides pour transferts acétates, les rouleaux adhésifs souples. (Les transferts souples, gélatineux ou non, sont parfaits pour relever les empreintes sur des surfaces inégales et rugueuses. Ces transferts s'emploient comme des transferts standards. Après l'avoir appliqué sur la surface, effectuez une pression sur le transfert, soulevez-le puis placez-le sur le support plastique approprié.

Les rouleaux adhésifs de transferts (bandes microtrace pour prélever des indices (minuscules) comme les cheveux, les fibres textiles, etc.). On peut également utiliser les transferts pour empreintes palmaires pour les relevés d'empreinte sans ADN. Il est essentiel de préserver l'intégrité d'une scène de crime, c'est pourquoi il est important d'éliminer tout risque de contamination croisée possible par des objets ou outils utilisés pour la révélation et le prélèvement des empreintes.

Les poudres sont obtenues par micro-moulure pour assurer la qualité la plus pure. Elles s'utilisent sur surfaces non poreuses. Les pinceaux et transferts sont scellés dans un emballage garantissant leur stérilité. Chaque kit est livré dans une boîte en carton et contient un pinceau, une poudre double contraste, un rouleau de transfert, 15 cartes supports réversibles et un scellé adhésif « Evidence ».

Il y a aussi le kit électrostatique pour traces de pas : visibles ou non à l'œil nu, des empreintes de pas peuvent être présentes sur la scène de crime.

Pour faciliter la tâche, il existe un kit pour relever les empreintes digitales qui comprend notamment : une poudre conventionnelle noire, une poudre conventionnelle blanche, une poudre magnétique noire, une poudre magnétique blanche, deux brosses rétractables en fibre de verre, un pinceau magnétique, les feuilles de transferts réversibles, un rouleau adhésif transparent, les transferts transparents, les transferts blancs, les transferts noirs, une paire de ciseaux, une loupe de dimension, un ruban métreur de 2 m, les paires de gants latex.

On peut aussi utiliser les révélateurs chimiques tels que :

- la ninhydrine et le nitrate d'argent : ces révélateurs réagissent au chlorure des sécrétions de la peau présent dans certaines empreintes, et forment du chlorure d'argent. Les empreintes révélées, colorées en gris-marron foncé (sous exposition de lumière), doivent être photographiées immédiatement, afin que la réaction ne puisse pas éventuellement (et définitivement) remplir le support. Il est recommandé particulièrement sur les bois bruts ou après un traitement ninhydriné pour renforcer une coloration trop pâle. Ce produit est utilisable également sur le papier, le carton, les plastiques et les bois non vernis et légèrement colorés.

- Le D.F.O. : Plus sensible aux acides aminés que la ninhydrine, il a un pouvoir de révélation jusqu'à deux fois supérieur. Il est utilisé pour révéler les empreintes sur les supports poreux (papiers) en donnant une coloration pourpre visible sous Bluemaxx ou autres sources lumineuses de haute intensité (450 à 485 nm).

Les empreintes développées produisent une forte fluorescence lorsqu'elles sont exposées à une source de lumière telle que la Megamaxx (530 nm) et elles peuvent être traitées avec du chlorure de zinc pour ralentir l'atténuation des détails de l'empreinte.

- Les colorants et révélateurs : le fixateur de sang. Avant de mettre en valeur des empreintes dans du sang avec le noir Amido ou autre colorant, le sang doit être sec et figé. La fixation du sang permet d'empêcher que celui-ci ne coule et éviter toute perturbation durant le procédé de coloration.

- Le Noir Amido met en avant les empreintes latentes contaminées par du sang en les colorants en bleu/noir sur des surfaces poreuses et non poreuses. Il ne développera pas une empreinte classique basée sur la transpiration, c'est pourquoi il est préférable de rassembler des échantillons physiologiques et de procéder aux méthodes de développement classiques avant de l'utiliser. Il réagit aux protéines présentes dans le sang et à d'autres fluides corporels.

- L'acid yellow7 est un colorant utilisé pour teindre les empreintes de doigts et de chaussures dans du sang. Les empreintes virent au jaune après traitement et deviennent fluorescentes sous une lumière UV bleu/vert. Cette solution s'utilise sur des surfaces absorbantes telles que du papier, cartons, draps ou moquettes. Il est également utilisé sur des supports non absorbants comme le linoléum, le verre, les tuiles ou les surfaces peintes.

- Le révélateur physique : la réaction de ce révélateur à base d'argent, aux composants des glandes sébacées donne un dépôt gris argenté sur des supports poreux où il n'y a pas d'encre. Il est principalement destiné à révéler des empreintes sur des papiers mouillés ou pour renforcer la coloration ninhydrinée. Il est utilisable sur du papier, du carton ou des bois non vernis et légèrement colorés. Il s'utilise après la ninhydrine et l'iode, jamais après le nitrate d'argent.

- Les outils pour la recherche d'indices par fluorescence : ces sources d'éclairage à haute intensité permettent en fluorescence la mise en évidence d'indices qui ne sont pas visibles ou peu à l'œil nu. Exemple : empreintes ayant été travaillées avec poudres fluorescentes, D.F.O, colorant de cyano (basic yellow, basic red, ...), liquides physiologiques (sperme, salive, urine), fibres, poussières, peintures, défauts d'aspects, etc.

- Les lampes torches LED : il s'agit lampes professionnelles, haute performance à éclairage LED. Avec une technologie optique brevetée, elles possèdent une qualité et une puissance d'éclairage remarquables. Pour un éclairage parfait de près comme de loin, elles disposent d'un système AFS (Advanced Focus System).

- Les loupes et agrandisseurs optiques : les loupes « tout terrain » permettent une observation facile de l'empreinte. Elles agrandissent de 2 à 8X, selon les modèles, avec une très faible distorsion.

- Les épiscopes qui permettent sur la scène de crime d'examiner et comparer des empreintes qui demandent un œil critique. Ainsi, les agrandisseurs offrent aux utilisateurs un confort de travail, une qualité et une rapidité de lecture non négligeable.

La prise d'empreintes digitales est un processus essentiel pour l'identification des individus. Sur certains sujets, il est parfois difficile d'obtenir des empreintes digitales lisibles. Ainsi, *le stick EZ-SCAN* (solution non-toxique) permet d'hydrater la peau. Les empreintes digitales ou palmaires prises à l'aide d'un tampon encreur ou d'un scanner seront ainsi plus contrastées et de meilleure qualité.

Cette solution est parfaite pour restaurer les crêtes papillaires des cadavres avant de prendre l'empreinte.

Il existe également l'épiscope numérique FXE350, qui est un atout supplémentaire dans l'examen des preuves jusque dans les détails. C'est impeccable pour l'examen d'empreintes digitales, documents, objets en 3D, etc.

Toutefois, certaines affaires compliquées peuvent exiger du matériel spécialisé. Cette organisation du travail sur la scène est d'une importance capitale car elle permet de préserver la scène telle que le criminel l'a laissée et conserve la totalité des éléments importants.

Une collaboration étroite doit exister entre le personnel sur les lieux et celui du laboratoire. Cela permet de mieux comprendre les examens futurs possibles pouvant être menés sur les indices matériels et améliorer de façon significative l'issue de l'affaire. Même si toutes les scènes de crime ne se ressembleront pas, il existe cependant certains protocoles qui doivent être suivis pour exploiter une scène de crime avec succès. La collecte des indices est une tâche délicate.

Les techniciens de la police technique interviennent après avoir enfilé des protections pour ne pas contaminer les lieux. Le plus souvent, certaines traces intéressantes pour l'enquête sont visibles à l'œil nu et sont donc facilement identifiables par les techniciens. C'est le cas des taches de sang, la salive, les empreintes digitales, le sperme en cas de viol, les mégots de cigarette, l'arme, les vêtements, les bijoux, des balles, des douilles, les traces de pas, des fragments d'os, des fragments de verre, les cheveux, les résidus sous les ongles, etc.

La récolte est un travail de fourmi. Après la mise en évidence et numérotage des indices et des traces, leur prélèvement doit être réalisé avec une extrême délicatesse.

Le prélèvement des traces et indices sur la scène de crime est une étape clé de l'enquête. On récolte alors tous les indices, y compris les empreintes digitales des fonctionnaires sur les lieux. Les enquêteurs cherchent des indices dont la présence sur la scène de crime est une preuve de la présence du criminel en ce lieu précis. Chaque trace laissée par un individu (pas toujours apparente à l'œil nu) sur le sol ou sur un objet devient une signature matérielle qui permettra l'identification du suspect.

Pour éviter d'altérer les précieuses preuves, elles sont conditionnées dans des boîtes, sachets, papier kraft… et dûment répertoriées avant d'être saisies et mises sous scellés pour en garantir l'authenticité. La traçabilité tout au long de la chaîne d'expertise est également notifiée.

Après avoir passé le lieu du crime au peigne fin, l'espace est balisé et les contours de la victime sont dessinés au sol, les indices relevés (douilles, traces de sang, microfibres, empreintes digitales et traces de pas) et transmis aux différents laboratoires. Cette étape du recueil des preuves est absolument cruciale. Chaque indice à analyser est emballé selon une procédure stricte bien définie. Les pièces susceptibles de moisir (comme un vêtement imprégné de sueur ou de sang) doivent être entreposées dans des sacs en papier, les autres (revolver, outils...) dans des sachets en plastique, ou des flacons de verre quand il s'agit de petits éléments (poils, cheveux...).

Les échantillons périssables doivent être conservés dans des conditions particulières. Par exemple, les éléments biologiques devront être maintenus au froid. Car si ces éléments restent trop longtemps sur la scène de crime avant d'être analysés, ils ne pourront pas être utilisés à cause de la dégradation de l'ADN qui pourra s'en suivre.

Certains de ces indices comme l'ADN qui peut se trouver dans la salive, le verre, etc., les empreintes digitales, les taches de sang nettoyées, sont invisibles à l'œil nu. Mais le fait que l'hémoglobine par exemple soit présente à raison de 15 grammes par litre de sang, a tendance à rester fixée sur les tissus et peut être facilement mise en évidence par plusieurs procédés et révélé par les TIC qui disposent d'une variété de produits chimiques ou d'instruments pour prélever des traces sur une scène de crime. Ces produits permettent de réaliser le meilleur moulage des traces, d'autant plus que certains sont à base de céramique ou des systèmes électrostatiques. Ils peuvent même mettre en évidence des traces effacées, grâce à des lumières fluorescentes et rasantes.

Les indices sont alors repérés et numérotés et les prélèvements minutieux sont réalisés avant d'être placés dans un sac hermétique pour constituer des scellés et étiquetés avec la date, le jour, l'heure et la personne qui s'est chargée de son conditionnement et ensuite les échantillons sont alors analysés au laboratoire.

De prime abord, il est difficile de définir ce qui va être utile à l'enquête ou ce qui va apporter les éléments que l'on espère. C'est pour cette raison qu'il ne faut rien négliger : un cheveu, une trace de sang ou de salive, une empreinte sur un élément vont toujours matérialiser la présence d'un individu sur les lieux. Cette étape dure au minimum 24 heures mais peut se prolonger beaucoup plus longtemps si la zone est très étendue comme dans le cas d'un accident d'avion ou un naufrage.

Cependant, cette étude sommaire de la scène de crime n'est pas suffisante pour résoudre une enquête. Le travail doit se poursuivre au laboratoire, avec l'analyse des indices récupérés sur les lieux du crime.

*Les prélèvements pour analyse*

On distingue alors trois types de prélèvements :

Les prélèvements conservatoires : ils sont effectués, idéalement après le crime sur le terrain ou pendant une autopsie ou directement sur les suspects. Ils consistent à prendre quelques cheveux, curer les ongles, relever les empreintes digitales, conserver les vêtements et objets ensanglantés, dans le but de constituer un catalogue avec toutes les références biologiques des individus.

Les prélèvements pour microanalyses : il s'agit de tous les indices récoltés sur la scène de crime qui vont être analysés rapidement pour identifier la victime et dater la mort. Ces prélèvements sont basés sur les récoltes d'insectes nécrophages, les études dentaires, l'analyse des plaies, les données anthropométriques, etc. Pour cela, l'équipe de la police scientifique doit avoir des véhicules d'intervention équipés de tout le matériel nécessaire (pinces, tamponnoirs, réfrigérateur, etc.)

Dans cette étape intervient également la médecine légale qui est une spécialité ayant trait entre autres à l'activité thanatologique, dont le principal support est l'autopsie. Dans les cas de la mort suspecte par exemple, le médecin légiste requis par l'OPJ ou le Procureur de la République a le devoir de fournir ses conclusions sur les causes et l'heure de la mort. Le médecin doit également intervenir, pour rechercher notamment les signes évidents de la mort afin d'éviter que des personnes encore vivantes ne se retrouvent sur les tables d'autopsies.

Le prélèvement des fibres et microfibres : les cheveux, les poils et les fibres textiles sont de précieux indices. Ils peuvent prouver qu'il y a eu contact entre deux personnes ou que quelqu'un était présent sur les lieux. Ces petites particules peuvent être extraites des cheveux ou des vêtements du suspect ou encore être prélevées sur d'autres objets (comme un siège de voiture). Lorsqu'on n'est pas assez équipé, des bandes collantes permettent de prélever les cheveux, fibres textiles et poils sur une victime.

Toutefois, certains cheveux peuvent avoir une marque spécifique due à la maladie ou à la malformation. Dans ce cas, la comparaison est facile et le suspect peut être facilement identifié.

Pour prélever cheveux, fibres textiles et poils sur une victime, on utilise des bandes collantes. On peut également utiliser la pince à épiler qui est l'outil le plus efficace pour les experts. La quantité et la répartition des fibres constituent des indices significatifs pour les enquêteurs.

On peut parfois prélever les cheveux directement sur un peigne ou une brosse à cheveux retrouvés sur la scène de crime, afin d'avoir un échantillon de l'ADN des victimes. Dans le cas d'une affaire de viol, les médecins légistes recherchent sur la victime des poils ou fibres qui peuvent appartenir au suspect.

Faire parler les fibres textiles consiste à déterminer leur couleur, leur morphologie, l'usure, etc., tandis que faire parler les cheveux et les poils consiste à déterminer s'ils sont teintés ou mis en pli, vérifier si la personne a consommé ou non certaines substances chimiques (médicaments, drogues, poisons…) et parfois, obtenir des indications sur son origine ethnique et même si les cheveux ou poils ont été arrachés ou sont tombés naturellement. Dans le cas d'un poil humain ou animal, on pourra déterminer de quelle partie du corps il provient. Leur couleur, leur morphologie et leur usure doivent être analysées. Les fibres ainsi prélevées sont ensuite placées dans un contenant ou un dispositif de filtre sous vide.

La comparaison des fibres retrouvées sur la scène de crime et sur le cadavre, avec celles prélevées sur et chez les suspects permet de prouver qu'ils ont été à un moment ou un autre en contact. Leur quantité, leur nature et leur répartition sur les lieux du crime constituent des indices importants pour les enquêteurs.

D'après les scientifiques, l'homme perd chaque jour des morceaux de son être à son insu. C'est le cas des cheveux dont on perd 3 à 4 par heure, des morceaux de peau, de la salive, des fibres de vêtements. Le criminel ne peut quitter les lieux du crime sans laisser un de ces éléments derrière lui, car chacun transporte des « parties » des endroits où il est allé. C'est le principe sacré de Locard selon lequel : « tantôt le malfaiteur a laissé sur les lieux du crime les marques de son activité, tantôt par une action inverse, il a emporté sur son corps ou ses vêtements les indices de son séjour ou de son geste ». Ces indices minuscules deviendront d'importantes pistes pendant l'enquête, et permettront entre autres de découvrir qui a commis le crime et même parfois comment.

On peut prendre comme exemple de l'application de ce principe, l'assassinat par strangulation d'une victime résolu en 1912 par le même Locard. Sollicité pour élucider un crime, il avait prélevé les échantillons de saleté contenue sous les ongles du principal suspect, Emile Gourbin (qui par ailleurs, était le petit ami de la victime), puis, en l'examinant au microscope, il y a trouvé de petits fragments de peau couverts de poudre de riz rose. En cherchant des indices dans la chambre de la victime, il y a retrouvé cette même poudre, qu'elle utilisait pour se maquiller. Déconcerté par cette découverte, Émile, le suspect a fini par avouer son crime.

Ceci démontre que tout objet peut permettre de résoudre l'énigme d'un crime. D'après la loi d'individualité, il n'existe pas deux objets identiques, même un simple éclat de verre trouvé sur un suspect, sur ses vêtements ou dans sa voiture, un autre trouvé sur la scène de crime, pourrait s'avérer déterminant dans une affaire. Il suffit d'envoyer les débris à un expert qui pourra déterminer s'ils proviennent tous de la même vitre. On va ensuite chercher à trouver le fabricant ainsi que son détaillant. Si le vendeur a gardé les coordonnées sur les clients, ceci permettra probablement d'identifier un ou plusieurs suspect(s).

En dehors des indices provenant directement du suspect, de simples cartes bancaires dans un portefeuille oublié, un téléphone ou toute autre trace biologique ou papillaire laissés sur la scène de crime pourraient indiquer les individus avec lesquels la victime a eu des contacts et peuvent révéler leur identité.

Bien que pratique, la comparaison au microscope des poils et cheveux n'est pas exacte. Toutefois, elle permet de relever des ressemblances, mais pas de garantir l'appartenance d'un cheveu à un individu. Pour une identification formelle des fibres, leur examen au microscope optique et polarisant ou à la microscopie électronique à balayage est nécessaire.

Mais comparer des cheveux ou des poils au microscope n'aboutit pas toujours à un résultat probant, car deux cheveux présentant des caractéristiques identiques peuvent appartenir à deux individus différents. En d'autres termes, la seule présence de poils sur un outil ou une arme n'implique pas forcément que c'est l'arme du crime. C'est après les analyses au laboratoire qu'ils pourront être utilisables et servir d'éléments d'inculpation du suspect quand les enquêteurs auront déterminé l'origine des fibres prélevées.

Les traces de peinture : la criminalistique moderne s'occupe de l'analyse de microtraces, telles que les traces de peinture. Leur application dans les affaires criminelles impliquant l'analyse des traces de peinture peut jouer un rôle déterminant dans les cas d'accidents de la circulation.

Lors d'un contact entre deux objets recouverts de peinture, il peut se produire un transfert de peinture d'un objet à l'autre. L'importance de ce transfert peut être liée à l'intensité de ce contact. Le plus fréquemment, les éclats de peinture, qui sont soumis à un expert, sont des traces de transfert qui ont été prélevées sur des objets, comme les pare-chocs de voiture sur les personnes ou sur une scène de crime.

L'analyse des traces de peinture s'effectue par comparaison avec des peintures présentes des collections référence, comme les banques de données des peintures de voiture, et/ou par analyse physicochimique, pour en déterminer la composition et procéder à son identification. Cette identification nécessite l'analyse des cinq composants principaux de la peinture : les pigments, les liants, les plastifiants, les solvants et les additifs.

Cette analyse peut se faire par les rayons ultraviolets, par spectrométrie d'absorption dans l'infrarouge ou ultraviolette, la spectrométrie d'émission de fluorescence X et la diffraction des rayons X. Ces procédés permettent de caractériser les pigments, par chromatographie en phase aqueuse, pour révéler des composés minéraux.

La présence de plusieurs couches avec leurs structures et leurs couleurs particulières augmente notablement les chances d'identifier une trace de peinture, dans la mesure où de telles données confèrent à une trace un caractère individuel.

L'analyse des traces de peinture est assez peu utilisée car d'une part, elle est très complexe, et d'autre part, elle concerne très peu d'enquêtes criminelles. C'est donc une preuve « secondaire », mais qui peut se révéler primordiale si les enquêteurs ne disposent pas d'autres preuves.

*Sixième étape : le dénouement*

Le dénouement est l'acte final qui apporte la solution du problème. C'est aussi la dernière partie de l'enquête, le résultat final d'une histoire. Le dénouement simplifie les données initiales en apportant une solution.

Le directeur de l'enquête doit alors faire rassembler tous les indices et éléments récoltés dans les différents pôles. Des preuves telles que des empreintes digitales peuvent être traitées directement sur la scène, beaucoup d'autres nécessiteront d'être envoyées au laboratoire. Chacune des preuves sera emballée dans des sacs en plastique ou en papier, les flacons, les pots, piluliers en verre ou en plastique, ainsi que les boîtes cartonnées et marquées clairement avant d'être envoyées au laboratoire pour assurer l'identification correcte de la preuve physique. Pour plus d'efficacité, les preuves doivent être retracées depuis la scène de crime au laboratoire puis à la salle d'audience. La chaîne continue de ladite preuve doit être maintenue car si elle est rompue, l'enquête judiciaire peut être sérieusement compromise. C'est après leur analyse au laboratoire que les indices deviennent les preuves qui sont transmises à la justice par les scellés.

Les scellés sont les indices collectés sur la scène de crime et conditionnés puis analysés et interprétés par les spécialistes pour servir de preuves devant le jury du tribunal. Ces scellés sont alors indispensables devant le tribunal. Ils se réalisent à l'aide de cire traditionnelle, de sachets ou de rubans adhésifs. Les bâtons de cire ronds nécessitent l'usage d'un pistolet électrique tandis que la cire en grains est destinée au cacheteur électrique.

Les scellés peuvent être constituées d'une bande de papier ou d'étoffe fixée par un cachet de cire marqué, un colis (qui peut être petit ou grand) attaché avec une ficelle et marqué d'un cachet de cire frappé d'un sceau par un OPJ, afin d'empêcher son ouverture par une personne autre que le greffier du tribunal ou le Procureur de la République à qui la procédure est destinée. En fin de compte, le fil de l'histoire est reconstitué et un suspect peut alors être désigné et exploité, avant d'être présenté devant la justice.

Les scellés sont indispensables pour le transport des indices, ils se réalisent à l'aide de cire traditionnelle, de sachets ou de rubans adhésifs. Il existe à cet effet les bâtons de cire ronds nécessitant l'usage d'un pistolet électrique, tandis que la cire en grains est destinée au cacheteur électrique

Par ailleurs, le transport, le stockage et la transmission des prélèvements au laboratoire sont très délicats. Il est indispensable de sélectionner des moyens de transport et de stockage adaptés à chaque type d'indices matériels pour assurer leur intégrité durant leur transmission au laboratoire où ils vont être examinés en profondeur. L'implication dès le début de l'investigation du personnel de laboratoire facilite toujours le travail des enquêteurs.

Le transport des indices matériels au laboratoire ou au lieu de stockage intermédiaire avant analyse est aussi une étape cruciale. Des conditions adaptées (par exemple un endroit frais et sec, ainsi qu'un accès sécurisé et contrôlé) sont essentielles pour cette opération. En outre, il faut tenir compte de certains aspects tels que les coûts, la distance, la durée et l'incompatibilité éventuelle entre certains indices matériels et certains moyens de transport lorsqu'on décide de les déplacer ou de les stocker. Le déplacement de certains types d'indices matériels, comme des drogues et des armes à feu, doit parfois se plier aussi à la réglementation locale existante.

Il est important d'archiver le transport, le stockage et la transmission au laboratoire. Une étiquette est généralement établie pour tous les indices soumis au laboratoire. Il faut parfois conserver des indices matériels pendant de nombreuses années, jusqu'à ce que l'affaire ait été jugée et toutes les voies de recours épuisées. Car, le stockage à long terme de pièces à conviction peut s'avérer salvateur à un moment donné. Une bonne conservation des indices permet d'avoir à terme, des indices prélevés sur les lieux de crime et maintenus dans leur intégrité mais également dans leur identité, afin d'éviter leur dégradation pendant le transport et le stockage. Il faut prévoir tout accès non autorisé au lieu de stockage afin d'éviter toute altération ou perte éventuelles des indices.

**2. Les risques de contamination des preuves**

Le souci majeur de tout enquêteur concourt à la préservation de l'intégralité des indices, c'est-à-dire d'éviter leur contamination par des éléments extérieurs, avant leur arrivée devant le tribunal. La vigilance doit être de règle car un cheveu égaré par un élément ou un élément simple postillon (crachat, salive) peut suffire à brouiller les pistes.

Le plus souvent, les personnes qui découvrent un crime sont des proches ou des voisins de la victime. Par conséquent, lorsqu'elles pénètrent dans la pièce pour découvrir le décès, elles peuvent laisser des traces de leur passage. Surtout que les premiers réflexes généralement dans ce cas précis consistent à courir vers la victime et appeler les secours pour tenter de la sauver, au cas où elle serait toujours en vie. Les secouristes eux-mêmes qui arrivent et qui manipulent la victime pour tenter de la sauver au cas où elle vit encore peuvent laisser des traces de leurs pas, leurs empreintes ou leurs cheveux sur la scène de crime.

Ils peuvent également modifier l'emplacement de la victime et des objets sur la scène de crime. Ces intrusions peuvent évidemment compromettre potentiellement l'enquête. Mais pour éviter la confusion avec le criminel, toutes ces empreintes doivent être prélevées sans discrimination. Pendant les recherches, les techniciens de la police scientifique doivent tout faire pour ne pas laisser leurs propres traces, pour ne pas compliquer davantage leur travail.

# CHAPITRE II

# LE CONSTAT DE LA MORT

« L'homme est né lorsque pour la première fois, devant un cadavre, il a chuchoté : Pourquoi » (André Malraux)

## I. GÉNÉRALITÉS

Cette assertion relève des interrogations majeures de l'OPJ sur une scène de crime, car parmi les questions auxquelles il doit apporter une réponse, il y a la question « pourquoi ». Cette question renvoie au mobile du suspect, c'est-à-dire aux motivations de ce dernier pour commettre l'acte criminel. En cas d'homicide, la réponse à cette question permettra également de qualifier l'infraction et la situer à sa juste mesure sur l'échelle de graduation de la criminalité.

La science qui décrit la mort et recherche les mécanismes et les causes de celle-ci est appelée : *la thanatologie.*

Ce thème a été largement développé par professeur HAKEM AHMED REDA, enseignant de médecine légale d'origine algérienne bien connu à travers le monde pour ses nombreuses publications.

### 1. But du constat de la mort

Le constat du décès a pour objectif de relever le caractère réel et constant de la mort : datation, les causes, les circonstances du décès. D'après Guy-René Flour, le rôle de l'OPJ dans ces conditions est inscrit dans la loi, plus précisément dans le code de procédure pénale de chaque pays. Au Cameroun, ce code prévoit aux articles 104 et suivants qu'en cas de découverte d'un cadavre, qu'il s'agisse ou non d'une mort violente, mais si la cause en est inconnue ou suspecte, l'officier de police judiciaire qui en est avisé, informe immédiatement le Procureur de la République, se transporte sans délai sur les lieux et procède aux premières constatations. Le Procureur se rend sur les lieux, s'il le juge nécessaire et se fait assister d'un médecin capable d'apprécier la nature des circonstances du décès. Il peut toutefois déléguer aux mêmes fins ses pouvoirs à un Officier de Police Judiciaire de son choix.

### 2. Réponses aux questions classiques après la mort

La découverte d'un cadavre peut susciter six questions : « Qui ? », « Quand ? », « Où ? », « Comment ? », « Par Qui ? », « Pourquoi ? »

À la question « Qui ? », il s'agit de l'identité formelle de la victime, car le cadavre peut ne pas être physiquement reconnaissable soit par l'effet du temps, soit du fait des circonstances du décès, soit pour toute autre cause. Il va sans dire que la résolution d'une affaire criminelle passe par une connaissance de la victime, de ses habitudes, de son relationnel. En même temps, il est assez difficile de résoudre une affaire criminelle et d'identification d'auteur sans identification préalable de la victime.

À la question « quand ? », il s'agit de l'heure probable de la mort ;

À la question « où ? », il s'agit du lieu de découverte de cadavre, du lieu de situation de la scène de crime ;

À la question « Comment ? », il s'agit de la détermination des causes de la mort afin d'écarter ou de retenir définitivement l'hypothèse d'une mort criminelle. Ce sont les premières constatations qui vont inciter à conclure à une mort naturelle ou un suicide. De même, certains décès d'origine naturelle peuvent afficher des scènes d'une rare violence, par exemple, un appartement dévasté maculé de traces de sang va orienter les enquêteurs dans un premier temps vers une option criminelle.

C'est pourquoi l'examen du cadavre et l'autopsie constituent des étapes essentielles dans une enquête criminelle. Les constatations sur le cadavre seront largement orientées par les premiers éléments d'enquête, les circonstances et l'environnement dans lesquels la victime est retrouvée.

Toutefois, l'OPJ n'étant pas médecin, il peut se faire assister sur place par un médecin légiste qui, par un examen externe, peut établir les causes de la mort qui seront confirmées ou infirmées par l'autopsie. Il est essentiel pour l'OPJ d'y assister. Des constatations, des photographies et des prélèvements sur les vêtements seront effectués avec l'assistance de la police technique et scientifique.

On comprend dès lors que l'examen par l'OPJ d'un cadavre est riche d'enseignements. Bien que disposant des connaissances médicales pour le moins sommaires du commun des mortels, il en tire des conclusions déterminantes quant aux premières orientations de son enquête ; soit qu'il s'agira d'une enquête décès classique concluant à une mort naturelle, accidentelle ou à un suicide, soit que l'hypothèse criminelle sera retenue. Le jugement de l'OPJ est d'autant plus sûr qu'il est expérimenté.

Après, on verra « par qui ? » c'est-à-dire l'identité du criminel ;

Et enfin « pourquoi ? » c'est-à-dire le mobile du crime, les raisons qui ont poussé le suspect à commettre l'acte criminel.

Le constat de la mort d'une victime de mort violente est l'étape préliminaire d'une longue enquête de police. Cette étape est assez complexe puis qu'elle va déterminer la suite de la procédure judiciaire.

### 3. Les différents types de morts

On distingue deux types de mort :

#### *3.1. La mort apparente ou relative*

La mort apparente est caractérisée par la disparition des critères vulgaires de la vie à savoir :

- le pouls,

- les battements cardiaques,

- la tension artérielle avec l'abolition de la conscience et des fonctions de relation, qui donne au sujet une apparence de la mort.

Dans ce type de mort, le retour à la vie est possible grâce aux moyens de réanimations et l'échec thérapeutique entraînera la mort réelle, absolue.

#### *3.2. La mort absolue ou totale*

La mort totale fait suite à la phase précédente, mais de façon progressive, laissant le temps aux lésions organiques et tissulaires précédemment réversible, de se compléter pour devenir irréversible et définitive.

## II. LA PHYSIOPATHOLOGIE DE LA MORT

### 1. Les mécanismes de la mort

Parmi les mécanismes qui peuvent entraîner le décès, il y a :

- les causes cardiaques : elles résultent des défaillances circulatoires, qui entraînent la chute du débit et l'anoxie.

- les causes respiratoires : elles sont mécaniques ou autres causes et entraînent l'asphyxie et l'anoxie.

- les causes neurologiques : elles résultent de troubles de régulation d'origine centrale. Elles entraînent l'anoxie, et autres complications.

- l'arrêt cardio-circulatoire : elle entraîne souvent l'*ischémie* (défaut d'apport sanguin) qui provoque une anoxie cellulaire (défaut d'apport d'oxygène, etc.).

### 2. Physiopathologie de la mort

Ce phénomène entraîne les conséquences cellulaires suivantes : la lyse du noyau[83] et la vacuolisation cytoplasmique.

---

[83] La lyse est la désintégration de la membrane d'une cellule biologique par un agent physique, chimique ou biologique, provoquant la mort de la cellule.

### *2.1. Les conséquences biochimiques*

- libération enzymatique,

- consommation rapide de l'oxygène restant,

- stimulation du métabolisme anaérobique et épuisement énergétique,

- accumulation d'ions acides.

### *2.2. Les conséquences physiques*

À terme, on aboutit à une carence irréversible en oxygène, à une acidose et une diminution du stock ATP entraînant une décharge cathécholaminergique[84] aboutissant à une majoration du collapsus.

En fonction de type de cellule, le temps maxima d'anoxie permettant une récupération est le suivant :

- fonctions intellectuelles : 4 à 7 minutes,

- centres cérébraux et médullaires : 8 à 10 minutes,

- centres vasomoteurs et cardiaques : 20 à 30 minutes,

- centres respiratoires : 30 à 50 minutes.

Ces délais sont plus importants chez l'enfant.

## III. DIAGNOSTIC DE LA MORT

### 1. Le diagnostic de la mort absolue

Il peut être réalisé par une auscultation cardio-respiratoire et la palpation des trajets artériels. Il est caractérisé par l'arrêt des grandes fonctions vitales :

- l'arrêt cardio-circulatoire,
- l'arrêt respiratoire,
- l'abolition de toute conscience, toute sensibilité, aréflexie,
- la perte du tonus musculaire et mydriase bilatérale,
- la pâleur dite cadavérique,
- le refroidissement,

[84] La tachycardie ventriculaire polymorphe catécholaminergique (TVPC) est une maladie arythmogène génétique sévère caractérisée par une tachycardie ventriculaire (TV) induite par les catécholamines se manifestant par une syncope ou une mort subite.

- les traces ECG[85] et EEG[86] sont remplacées par une ligne isoélectrique,
- il est également possible de constater l'absence de flux respiratoire en plaçant un miroir devant la bouche (présence ou absence de buée).

**2. les signes tardifs de la mort**

Ils sont aussi appelés signes positifs de la mort ou les phénomènes cadavériques. Parmi ceux-ci, il y a :

***2.1. Le refroidissement cadavérique ou phénomène physique***

La température du cadavre : elle chute d'environ un degré par heure et on admet que l'équilibre avec le milieu ambiant est atteint en 24 heures.

Il existe cependant des variations en fonction de différents critères pouvant intervenir sur les échanges thermiques tels que :

L'habillement de la victime : en effet, les facteurs correctifs liés à l'habillement doivent être pris en compte. On peut prendre la température au niveau hépatique ou au niveau des tympans. Attention : la mesure de la température cutanée n'est pas très fiable. La température rectale est assez utilisée.

La température ambiante : il existe plusieurs procédés pour déterminer le délai post-mortem. Par exemple, le nomogramme de HENSGE intègre : la température rectale, la température externe, les facteurs correctifs (exemple : cadavre peu habillé submergé dans l'eau stagnante => CF = 0 ,7), ainsi que le poids du cadavre.

L'état antérieur du cadavre : au moment du décès, le corps était-il fébrile ou exposé à l'hypothermie ?

***2.2. La rigidité cadavérique ou phénomène chimique***

La rigidité cadavérique est le résultat de l'absence de réversibilité de la liaison des fibres d'actines et myosines (en rapport avec l'absence ATP intracellulaire). Elle affecte l'ensemble des muscles de l'organisme :

- les muscles squelettiques,
- le cœur,
- l'iris,
- le diaphragme,
- les sphincters.

[85] ECG : électrocardiographie est une représentation graphique de l'activité électrique du cœur.

[86] EEG : l'électroencéphalographie est une méthode d'exploration cérébrale qui mesure l'activité électrique du cerveau par des électrodes placées sur le cuir chevelu souvent représentée sous la forme d'un tracé appelé électroencéphalogramme.

La rigidité touche également les muscles lisses, d'où la possibilité d'éjaculation, émission de matières fécales et/ou d'urine en phase post-mortem.

### *2.3. Les lividités cadavériques ou phénomène physique*

Elles correspondent à des transsudations de sang à travers les vaisseaux selon des phénomènes passifs entraînés par la pesanteur. Les sérosités imbibent les tissus, elles ont une coloration rosée.

Les lividités apparaissent progressivement au niveau des régions déclives du corps. Les points de contact entre le corps et le support entraînent des contre-pressions repoussant ces lividités.

Exemple : pour les cadavres retrouvés sur le dos, les lividités siègent au niveau du cou, des lombes et de la partie latérale du tronc. Il n'y a pas de lividités au niveau des épaules et des fesses.

Chez le pendu, les lividités se trouvent au niveau des membres inférieurs : elles sont dites en bottes.

### *2.4. La déshydratation cadavérique ou phénomène physique*

Plus au moins nette, selon les conditions climatiques, la déshydratation cadavérique est responsable de plusieurs phénomènes:

- l'opacification de la cornée (voile glaireux de la cornée),
- la tache noire sclérotique au niveau de l'angle externe de l'œil,
- l'affaissement des globes oculaires,
- cheminement de la peau,
- l'hypotonie des fontanelles chez le nouveau-né,
- la déshydratation chez le noyé ; il y a une imbibition des tissus.

### *2.5. La putréfaction ou phénomène actif*

La putréfaction est la décomposition des tissus organiques sous l'influence prédominante des bactéries hébergées par l'individu, surtout celles de la flore intestinale, ensuite des mycètes qui envahissent le cadavre.

Elle débute par l'apparition de la tache verte abdominale de putréfaction au niveau de la fosse iliaque droite 48 heures après la mort, elle résulte de la transformation sous l'action des bactéries, de l'hémoglobine (rouge) en sulfhémoglobine (vert).

Elle s'étend par la suite vers l'abdomen, le thorax puis la tête et s'accompagne d'un ballonnement du cadavre secondaire à la libération des gaz putrides ($CH4$ - $H2S$) par la flore bactérienne.

La putréfaction atteint aussi les vaisseaux au niveau de la peau, faisant ainsi l'apparition du dessin des vaisseaux à la surface cutanée, ce phénomène est dit : circulation posthume.

La putréfaction provoque :

- l'altération des caractères d'identification,
- la transformation des lésions traumatiques,
- l'apparition les fausses ecchymoses,
- la fabrication d'alcaloïdes cadavériques : cause d'erreur toxicologique.

Cependant, on peut prévenir la putréfaction par : la réfrigération du corps ou l'embaumement.

## IV. FORMES MÉDICO-LÉGALES DE LA MORT

En cas d'homicide ou de mort suspecte flagrante, le premier acte à poser sur une scène de crime est la recherche des signes de vie sur la victime. D'après le Pr Dominique Lecomte et le Dr Isabelle PLU de l'Institut médico-légal de Paris, certains éléments sont indispensables lors du constat de la mort suspecte. À l'issue du constat, le médecin légiste doit pouvoir dire si « *la mort est réelle et constante* ». C'est-à-dire que le sujet présente des signes négatifs de la vie qui sont les suivants : arrêt cardio-circulatoire et respiratoire avec absence de pouls, de respiration, de tension artérielle, abolition totale de la conscience, de la sensibilité, *aréflexie*[87], perte du tonus musculaire et *mydriase bilatérale*[88], pâleur, refroidissement.

### 1. La mort naturelle

En général, la mort naturelle est l'issue fatale d'une maladie. Si la personne décédée était suivie médicalement, son décès n'étonne pas et il n'y a pas d'obstacles à l'inhumation.

### 2. La mort violente

Elle peut se présenter sur plusieurs formes : accidentelle, suicidaire et criminelle.

#### *2.1. La mort accidentelle*

Elle est en rapport avec un traumatisme accidentel. Le lien de causalité est évident, si les circonstances de l'accident ne sont pas suspectes, il n'y a pas d'obstacle médico-légale.

---

[87] Aréflexie : disparition des réflexes ostéo-tendineux.

[88] La mydriase est une augmentation du diamètre de la pupille par contraction du muscle dilatateur de l'iris, dont les fibres sont radiales. C'est l'effet contraire du myosis.

### *2.2. La mort suicidaire*

Le caractère suicidaire de la mort ne peut être établi qu'après enquête et examen minutieux du corps du défunt. L'enquête devra s'intéresser aux antécédents psychiatriques et aux traitements de la victime.

Le diagnostic différentiel avec un acte criminel devra toujours être analysé, au moindre doute. Dans ce cas, il y a obstacle médico-légal.

### *2.3. La mort criminelle*

Il y a mort criminel si l'action criminelle est évidente. Exemple : plaie par arme à feu sans arme à proximité, plaie par objet contondant, etc.

### *2.4. La mort suspecte*

- elle est liée à la personnalité du défunt (membre d'un gang, homme politique, commerçant, etc.) ;

- elle présence de lésions ne permettant pas d'expliquer l'étiologie du décès ;

- l'enquête ne prouvant pas le caractère dépressif du défunt ;

- c'est le cas lors de la mort d'une personne jeune, sans cause évidente telle que la mort subite d'un sportif par exemple.

## V. LES CONSTATATIONS MÉDICO-LÉGALES ET LE CERTIFICAT DU DÉCÈS

Lorsque la mort de la victime est confirmée, la certification du décès est obligatoire, surtout lorsqu'il s'agit d'une mort suspecte. Cette certification se fait par la délivrance d'un certificat de décès qui doit être signé par un médecin fonctionnaire après avoir vérifié que la mort est « réelle et constante ». Ce document doit indiquer : l'état civil et les données concernant la victime : nom, prénom, date de naissance, sexe, adresse du domicile, lieu de décès, date et heure du décès, les obstacles médico-légaux. Le cas échéant, les causes de la mort : s'il s'agit d'une mort violente, l'enquête s'orientera vers une mort délictuelle, ou criminelle, on parlera alors d'homicide, de suicide ou suspicion de suicide.

Le constat du décès est une obligation du médecin vis -à - vis de la victime, de sa famille et la société.

Au plan social, la mort intéresse le ministère de la Santé publique qui est toujours informé de toutes les morts qui ne sont pas naturelles.

Elle intéresse également l'état civil qui tient dans chaque mairie la liste des citoyens.

La rédaction du certificat de décès relève de la compétence de tout médecin.

Le certificat de constat de décès est rédigé sur papier, en respectant les règles générales de rédaction de ce document. IL comporte deux parties :

- La 1ère partie dite nominative : elle est destinée au bureau de l'état civil et elle comporte l'identité du défunt (nom, prénom, âge, sexe, ainsi que l'heure, la data et le lieu du décès), le médecin y certifie que la mort est réelle, constante et de cause naturelle ou de cause non naturelle (mort violente ou suspecte).

- La 2ème partie : elle constitue le certificat médical de la cause de la mort proprement dite. En général, cette partie est *anonyme.* Le médecin doit préciser la cause directe du décès (état pathologique, homicide, suicide ou accident).

Cette partie est destinée au ministère public. Elle permettra au Procureur de la République et aux OPJ de connaître les causes du décès.

En cas de mort naturelle, l'officier de l'état civil gardera la partie nominative, et adressera la partie anonyme au ministère public, afin de délivrer le permis d'inhumation par absence d'obstacle médico-légal.

En cas de mort non naturelle, l'officier de l'état civil préviendra le ministère public pour l'ouverture d'une enquête et l'inhumation ne sera autorisée qu'après la fin des investigations médico-légales. S'il y a un obstacle médico-légal, le corps sera mis à disposition de la justice pour les besoins d'enquête.

Il y a les cas particuliers, comme celui de la mort au cours d'une consultation ou d'un acte médical. Le légiste doit prévenir les autorités judiciaires et préciser si la mort est violente ou non.

En cas de la mort subite du nouveau-né ou du nourrisson, auquel cas on doit répondre à la question « le décès est-il survenu pendant la grossesse ou après la naissance ? ». Quel est le lieu du décès ? S'agit-il d'un accident de travail ? Une autopsie a-t-elle été pratiquée ?

Pour avoir des réponses à ces questions, l'OPJ va requérir le service de pédiatrie d'un centre de référence, pour l'admission du nourrisson décédé et le légiste pourra alors apporter les précisions sur ces interrogations sur le certificat de décès.

Si le corps est non identifié ou non identifiable, le médecin écrit « X » et le sexe si possible ou « X » peut être Monsieur ou Madame un tel et de cocher l'obstacle médico-légal. On pourra faire des examens complémentaires (pour identification comparative) à la demande du Parquet.

# CHAPITRE III

# RECHERCHE DES CAUSES DE LA MORT : LA LEVÉE DE CORPS (LDC)

*« Le désordre fréquent des lieux, la multitude des détails, la diversité des indices imposent, afin de ne rien oublier d'essentiel, de respecter un plan de travail applicable en toute circonstance » (L. Derobert)*

## I. DÉFINITION ET BUT

### 1. Définition

La levée de corps médico-légale consiste à l'examen très codifié du corps d'une victime décédé de mort violente ou suspecte, ainsi que de son environnement. La levée de corps se fait sur réquisition à médecin avec une qualité d'urgence. Cette réquisition est signée d'un officier de police judiciaire, ou du Procureur de la République et réalisée par tout médecin, si les circonstances du décès paraissent claires et sans incidence judiciaire (suicide) et par un médecin légiste s'il y a suspicion d'homicide. Le corps devient en ce moment-là une pièce à conviction dont l'examen et l'étude doivent être confiés à ce praticien.

### 2. But de la levée de corps

La levée de corps médico-légale vise notamment l'examen de l'état des lieux et des choses qui se trouvent dans une scène de crime notamment : le désordre des meubles et des objets dans la pièce, les pièces à conviction (armes, récipient, flacon, instrument, verre suspect, substance suspecte, etc.), les traces révélatrices (empreintes digitales, traces de pas, de dents, les traces d'effraction, de pneumatique de véhicules.), l'examen des vêtements (en examinant les vêtements, on peut découvrir les pièces officielles de la victime, les messages de l'auteur du crime et bien d'autres objets pouvant intéresser l'enquête.), l'examen du corps qui consiste à trouver la ou les causes de la mort, estimer le délai *post mortem* (c'est-à-dire décrire la température, la rigidité cadavérique, la lividité cadavérique et la putréfaction), établir le certificat de genre de mort.

Elle se propose également d'affirmer le constat du décès, la délimitation de la scène de crime, la collecte des éléments afin de préciser l'identité de la victime, déterminer la forme médico-légale de la mort (naturelle, violente, suspecte), la conservation des indices tels qu'ils ont été laissés par le criminel et ses complices, permettre et orienter les prélèvements, recueillir les éléments anamnestiques et sauvegarder les indices fragiles (température, etc.), l'établissement d'un rapport par le légiste, d'un certificat de genre de mort qui doit énoncer la cause et l'heure probables de la mort, la délivrance d'une autorisation médicale et municipale d'inhumer.

## II. LE DÉROULEMENT DE LA LEVÉE DE CORPS

Seule l'autorité judiciaire (Procureur de la République ou Officier de Police Judiciaire) peut demander un examen du corps. Cette demande a pour but d'éclaircir certaines zones d'ombres entourant le décès : existe-t-il des lésions traumatiques visibles à l'œil nu ? Si oui, combien ? Quelles sont-elles ? De quelles origines sont-elles ? Quel degré de gravité comportent-elles ? À quand remonte la mort ?

D'après les médecins légistes du CHU d'Oran, la procédure de levée de corps se déroule en plusieurs étapes à savoir : le transport sur les lieux, la collecte des indices, l'inspection des lieux, l'examen du corps, l'examen des vêtements et la rédaction du rapport de synthèse.

### 1. Le transport sur les lieux

Dès la découverte du corps, l'OPJ doit se rendre sur les lieux le plus rapidement possible, en raison des risques de modifications ou perte d'indices, dus à la température ambiante et l'intrusion des curieux dans la scène de crime. Le criminel lui-même peut revenir modifier la scène de crime ou faire disparaître certains indices importants.

### 2. Le matériel nécessaire

La réalisation de la levée de corps médico-légale nécessite un certain matériel notamment : un thermomètre à thermocouple, une paire de ciseaux, une réglette et un mètre ruban, une loupe, un appareil photo numérique, des vêtements jetables (gants, surchaussures, calots, masques, combinaisons), une lampe torche, une lampe frontale, du matériel de prélèvement, des nomogrammes de Henssge, un document type avec des schémas corporels pour joindre les constatations effectuées et les certificats de décès. C'est aux techniciens de la police judiciaire qu'il revient la tâche de prélever, de conditionner et de mettre sous scellés les différents indices.

### 3. Le recueil des données anamnestiques

Utile lors de l'autopsie et lors de l'interprétation des résultats (la nature des soins de réanimation qui peuvent être pris pour des lésions de violences volontaires).

Les données anamnestiques minimales à recueillir sont les suivants :

- les circonstances de découverte ;
- la date ou la victime a été vue la dernière fois en vie ;

- l'identité présumée ;
- l'activité professionnelle ;
- les antécédents médicaux (maladies, mode opératoire, habitudes toxiques) ;
- les traitements en cours ;
- le nom du médecin traitant ;
- la date et motif de la dernière consultation médicale ;
- la Mobilisation du corps et position initiale.

**4. L'inspection des lieux**

Dès son arrivée sur la scène de crime, le médecin légiste doit commencer tout d'abord par vérifier s'il reste le moindre signe de vie chez la victime : recherche du pouls, écoute des battements du cœur (avec un stéthoscope), recherche du souffle (à l'aide d'un miroir placé devant la bouche de la victime, pour condenser la vapeur d'eau de l'haleine) et recherche du mouvement capillaire sanguin dans les capillaires de l'œil. S'il demeure un signe de vie, leur priorité sera la réanimation. Dans le cas contraire, il dressera un certificat de décès.

Pour mieux inspecter les lieux, le médecin légiste pénètre dans la scène de crime uniquement après l'autorisation de l'officier de police judiciaire chargé de l'enquête. L'inspection des lieux vise la recherche d'une tache de sang, de sperme, et de salive. Il est d'ordre médical et le légiste doit être équipé d'une combinaison, d'un calot, d'un masque, des chaussures pour éviter la pollution des lieux.

Si la mort est récente, il prendra immédiatement la température ambiante (car elle affecte la vitesse de refroidissement du corps de la victime), ainsi que la température du cadavre, afin de pouvoir déterminer l'heure probable de la mort.

Le médecin légiste ne se contentera pas uniquement de l'étude du cadavre. Il examinera aussi la scène de crime, en particulier les alentours du cadavre. De par ses connaissances médicales, il pourra repérer des détails que les autres enquêteurs pourront négliger. Par ailleurs, il devra parfois comparer d'éventuelles traces sur le corps de la victime à des traces similaires sur la scène de crime.

Le TIC doit avoir une vision d'ensemble permettant de s'imprégner des éléments principaux (désordre, arme, divers… ), réaliser un plan des lieux, mesurer la température ambiante, photographier et numéroter chaque indice avant qu'il ne soit prélevé et mis sous scellés, relever la situation et la posture du corps avant toute manipulation. Lors de cette assistance à un Officier de Police Judiciaire, la Police Technique et Scientifique doit simplement constater et photographier le corps de la victime. Il est formellement interdit de le toucher, le déplacer ou réaliser des prélèvements sur le corps de la victime sans l'avis et la présence d'un médecin légiste.

Le rôle de la Police Technique et Scientifique est de fixer la scène telle qu'elle apparaît à son arrivée. La connaissance des *signes thanatologiques* est donc très importante afin de mettre ces éléments en évidence lors de la prise de clichés numériques. Le technicien en scène de crime se verra alors réaliser un album photographique lié à cette « enquête décès » où il situera le corps de la victime dans l'espace (chambre, lit, baignoire, parties communes, etc.) et dans le temps (fixation des signes positifs de la mort).

Si la victime est retrouvée morte avec un pistolet à la main : on vérifiera la position de l'arme par rapport au reste du corps, l'angle de pénétration du projectile, les résidus de poudre, le sang sur la main et le point de pénétration de la balle.

Si la victime a été transportée après avoir été tuée, on vérifie les lividités cadavériques ;

Si le crime a été commis dans une pièce. Il faudra dans ce cas fouiller l'ordinateur de la victime, s'il en a un, ainsi que toute la pièce pour rechercher des indices.

La scène de crime sera ensuite photographiée afin de ne pas perdre de vue des indices éventuels. L'observation du corps qui va suivre se focalisera sur les éléments qui risquent d'être modifiés avec le déplacement du corps, car le déplacement du corps et son emballage peuvent modifier des éléments tels que la rigidité cadavérique. Pour vérifier cela, le médecin légiste devra donc auparavant replier un des membres, la mâchoire et la paupière, la tête, les pieds et les mains de la victime, avant de les couvrir dans des sacs individuels fixés par du ruban adhésif. Ainsi, le corps pourra être placé dans un sac mortuaire pour être transporté.

**5. L'examen des vêtements**

Chaque vêtement est examiné sous toutes ses faces, sans oublier les poches. L'état vestimentaire de la victime peut apporter des informations sur l'heure de la mort (le moment de la journée où a eu lieu le décès), la profession de la victime, les conditions météorologiques et sur des événements ayant eu lieu au moment du décès (trace de sang, déchirure, etc.)

Au cours du déshabillage, le légiste devra apprécier l'existence, la topographie et le stade des rigidités. Les vêtements doivent être placés dans un sac en papier kraft et mis sous scellés car leur examen peut fournir deux catégories de renseignements sur le mode opératoire et l'identité du criminel.

S'agissant du mode opératoire du criminel, une énumération détaillée et une description méthodique des traces sur les vêtements de la victime portera sur leur aspect (on recherche les désordres, des déchirures et tous les indices pouvant indiquer une lutte) et les taches ou traces (on notera le siège, la distribution, la forme, la dimension et la direction, la détermination de la correspondance d'orifices sur les différentes épaisseurs de vêtements et sur le corps lui-même), qui peuvent apporter des précisions sur les circonstances d'une mort par arme à feu ou arme blanche.

Les vêtements sont alors placés dans un sac en papier kraft et mis sous scellés. Au cours du déshabillage, on apprécie l'existence, la topographie et le stade des rigidités.

**6. L'examen du corps**

Le corps doit être rapidement évacué à distance de la scène de crime en respectant tous les indices laissés en place. Il faut rechercher tout élément pouvant avoir un intérêt médico-légal : lien, objet dans la main de la victime, bijou, etc.

L'examen du corps vise à examiner un corps sur place par le légiste sous la coordination du gestionnaire de la scène de crime. Elle peut également avoir lieu à l'institut médico-légal.

On doit commencer par mesurer la T° rectale, l'inspection du corps sous toutes ses faces (conjonctives, orifices naturels, les plis), la palpation de la boîte crânienne, du rachis, du thorax et chaque membre à la recherche d'une mobilisation anormale, écrire avec précision chaque lésion anatomique, acquise ou constitutionnelle et photographiée, apprécier la couleur, la topographie et le caractère fixé ou non des lividités et leur compatibilité par rapport à sa position de découverte.

Cet autre examen vise donc à rechercher tout élément pouvant avoir un intérêt médico-légal (lien, objet dans la main de la victime, bijou, etc.), à prendre les repères en vue de situer exactement la position du corps par rapport à la scène de crime, ainsi que tous les éléments de cette scène, l'attitude et l'aspect du visage. Situer exactement la position du corps (le photographe fixe la position de l'ensemble du corps, son attitude, tandis qu'un plan détaillé des lieux en précise les cordonnées), décrire la position du corps par rapport aux points cardinaux, noter les mesures, faire le croquis des lieux, le palper, le toucher de la tête aux pieds, s'il y a une plaie, déterminer l'origine de la blessure. Il faut décrire tout ce que porte le cadavre et tous ces objets doivent être décrits minutieusement sur PV. Inspecter le corps sous toutes ses faces (conjonctives, orifices naturels, les plis). Cette inspection vise à localiser les blessures, les traces en n'oubliant pas de mentionner dans le PV, la taille, l'aspect et les caractéristiques de celles-ci.

Si la mort est récente, le légiste prend immédiatement la température ambiante (car elle affecte la vitesse de refroidissement du corps de la victime), ainsi que la température du cadavre, afin de pouvoir déterminer l'heure de la mort, mesurer la température rectale. Il doit ensuite examiner le cuir chevelu (palpation de la boîte crânienne, du rachis, du thorax et chaque membre à la recherche d'une mobilisation anormale), inspecter le corps afin d'y localiser des blessures, des traces de violence, la taille, l'aspect et les caractéristiques de celle-ci. Décrire avec précision chaque lésion anatomique acquise ou constitutionnelle et photographiée. L'examen du cadavre vise à confirmer la mort ou un état de mort apparente avant son enterrement.

Pour un examen complet, le légiste devra absolument examiner les régions suivantes : oreilles et angle externe des oreilles, narines, bouches, cous, aisselles, face intérieure des seins, plis du ventre, la région anale, les organes génitaux. L'examen du complet corps progresse d'une manière standardisée en partant de la tête vers le tronc puis aux extrémités des membres de la manière suivante :

*Au niveau de la tête* : recherche de cyanose de la face, recherche de plaies, cicatrices, tuméfaction du cuir chevelu et du visage, examen des conjonctives (yeux et paupières inférieures), examen des orifices (bouche, nez, oreille) à la recherche de plaies, fractures, dents cassées, etc., examen du cou à la recherche d'hématome ou de sillon (strangulation ou pendaison)

*Au niveau du tronc* : recherche d'ecchymoses et de plaies, examens des organes génitaux et de la marge anale (recherche de plaies, fissures, ecchymoses ou dermabrasions).

*Au niveau des membres* : examen des extrémités (ongles, doigts, orteils) à la recherche de cyanose, possibilité de procéder à un curage des ongles (la victime ayant pu griffer son agresseur ou arracher des fibres) ; recherche de point(s) d'injection(s) (au niveau de l'avant-bras et du pli des coudes), examen ostéo-articulaire à la recherche de déformations, fractures ou luxations.

Il doit en outre examiner la langue, apprécier la couleur, la topographie et le caractère fixé ou non des lividités et leur compatibilité par rapport à sa position de découverte, noter l'heure de la levée du corps, les phénomènes cadavériques[89], qui représentent des signes positifs de la mort et permettent également de la dater approximativement, rechercher les signes de la violence par l'examen systématique du corps, noter la température face antérieure et la température face postérieure sur corps.

Cette opération est surtout effectuée dans les cas où la scène de crime laisse présager qu'il y a eu lutte entre la victime et l'agresseur. Il faut ensuite relever tous les caractères d'identité de la victime : la taille, la corpulence*, le caractère chromatique*[90] *tels qu*e la couleur des yeux, la peau, les poils, l'âge approximatif, la denture, l'origine ethnique, le sexe, la couleur des cheveux, l'odontogramme, les signes particuliers tels que les tatouages, les cicatrices et les malformations congénitales, les empreintes digitales relevées par ancrage par les éléments de l'identité judiciaire.

---

[89] *Le phénomène cadavérique :* lividités et rigidités cadavériques.

[90] *Chromatique :* relatif aux couleurs, excluant le blanc, le noir et le gris.

Il faut en outre déterminer les caractères morphologiques suivants : les ecchymoses ou bleus ou blessures, les brûlures, le nombre de lésions ainsi que leur situation exacte, leur direction, leur forme et leur dimension, les photos des lésions trouvées.

N.B. : Les taches retiendront davantage l'attention du médecin lorsqu'elles sont d'origine organique ou biologique (taches de sang, salive, sperme, méconium, urine, vomissements, matière fécale). Leur présence sur le sol, le plancher, les vêtements, les murs, les objets, les meubles incombe au médecin qui doit en signaler la présence à l'OPJ ou au Procureur de la République.

Une fois 38cet examen réalisé par le médecin, celui-ci va pouvoir se prononcer et conclure à l'un des types de morts suivants : la mort est suspecte, la mort est naturelle ou alors violente (elle est consécutive à une action violente provoquée par l'intervention d'un agent extérieur dont l'origine peut être criminelle, accidentelle ou suicidaire). Dans ce cadre précis, l'intérêt devient d'ordre public. Le but est alors de vérifier s'il existe bien une relation directe entre l'acte violent et la mort, afin d'apporter le maximum de renseignements médico-légaux permettant de qualifier le plus le contexte de la mort (accident, homicide, suicide, etc.).

Il faudra aussi vérifier si la victime a été transportée après avoir été tuée ou alors le crime a été commis sur les lieux de découverte de cadavre. On pourra aussi fouiller l'ordinateur de la victime ainsi que toutes les pièces pour rechercher des indices.

Si le corps a été déplacé par les premiers secours (ce qui peut arriver), le médecin légiste peut demander à l'enquêteur la position dans laquelle a été retrouvée la victime par les premiers intervenants (dans son lit, dans une baignoire, face contre terre, pendaison complète ou incomplète, etc.) Le médecin légiste et l'Officier de Police Judiciaire peuvent aussi procéder ou faire procéder aux prélèvements et aux conditionnements de vêtements et bijoux en vue d'identification ou pour recherche d'éventuelles déchirures, traces biologiques ou microtraces (bris de verre, peintures, fibres, résidus de tirs, etc.)

Quelles que soient les circonstances, l'OPJ devra chercher des informations sur les circonstances de découverte du corps, la date où la victime a été vue la dernière fois en vie, l'identité présumée de la victime, l'activité professionnelle de la victime, les antécédents médicaux (maladies, mode opératoire, habitudes toxiques), le traitement en cours, le nom du médecin traitant, la date et motif de la dernière consultation médicale, la mobilisation du corps et la position initiale en cas de réanimation, dire la nature des manœuvres et des drogues utilisées.

### 7. Les prélèvements

Les prélèvements sur les cadavres sont très utiles à l'enquête. Ils visent notamment à faire la lumière sur les circonstances de la mort et conduire éventuellement à l'identification puis à l'arrestation du suspect.

Pour des raisons d'identification ultérieure, tout prélèvement biologique doit comporter : le nom, le prénom, la date et lieu de naissance, le sexe, la date et l'heure du prélèvement), tandis que le prélèvement issu d'une autopsie en médecine légale comporte les éléments tels que le nom du tribunal, le numéro et la nature du prélèvement, le nom de l'affaire, le nom du médecin légiste, le lieu où l'autopsie a été effectuée car le prélèvement peut être conservé pendant des mois, voire des années parfois au réfrigérateur ou au congélateur. Dans ce cas, l'encre et la colle devront être choisies pour résister à l'humidité des chambres froides et au temps.

Pendant ces opérations, le légiste est assisté du magistrat et de l'officier de la police judiciaire. Toutefois, le médecin légiste porte la responsabilité de la constitution des scellés et mentionnera ses prélèvements scellés dans son rapport et indiquera la destination qu'il leur a donnée.

La température de conservation : tout prélèvement doit être conservé au froid à 4 °C ou congelé à -20 ° C, voire à -80 °C si possible, à l'exception des cheveux qui doivent être conservés à température ambiante et impérativement au sec.

La durée de conservation des flacons pour alcoolémie destinés à la contre-expertise est fixée par la loi. En France par exemple, elle est de neuf mois. Elle est variable pour les cas de la toxicologie mais dure au moins jusqu'au classement de l'affaire ou à son jugement.

La destruction et l'élimination des prélèvements ne devraient se faire qu'après accord écrit des autorités judiciaires. Les échantillons prélevés lors de l'autopsie sont potentiellement aussi contaminants, voire plus, que les prélèvements biologiques effectués sur des patients vivants. Donc, il faut respecter les règles relatives à l'élimination des déchets à risque infectieux. La destruction se fait dans des conteneurs homologués à savoir dans leur ramassage et leur incinération.

Les indices recueillis sont utiles lors de l'autopsie et lors de l'interprétation des résultats (par exemple les traces laissées par les soins de réanimation peuvent être prises pour des lésions de violences volontaires).

### 8. L'identité de la victime

Quant aux indices relatifs à l'identité de la victime, on peut découvrir les pièces d'identité en examinant ses vêtements. On peut également découvrir les messages de menace de l'auteur du crime et bien d'autres objets pouvant intéresser l'enquête. De même, les vêtements par leurs marques de fabrique, leurs particularités et le contenu des poches peuvent aider à identifier un corps et parfois même expliquer la mort de la victime (exemple de la lettre de suicide)

Après cet exercice, il pourra émettre les premières suppositions sur les causes de la mort en tenant compte des observations de la victime et de son environnement. En fonction des indices, il établira une typologie de la mort : naturelle, accidentelle, meurtre ou suicide. Le corps doit être rapidement évacué à distance de la scène de crime en respectant tous les indices laissés en place. Si le médecin soupçonne un empoisonnement ou une mort subite, une autopsie devient indispensable. Il restera enfin l'étape du départ du corps et la conclusion.

### 9. La rédaction du document de synthèse

À l'issue de ses investigations, le médecin légiste rédige un rapport dans lequel il collige l'ensemble de ses constatations et peut proposer une forme médico-légale du décès. Ce document est remis à l'autorité requérante avec un certificat de décès quand le médecin légiste aura été le premier à constater le décès.

## III. LES CAS PARTICULIERS

En cas d'homicide par arme à feu, les études balistiques vont déterminer la distance et la position de l'arme par rapport au cadavre, la dispersion des gouttes du sang sur la scène de crime. On doit photographier et prélever les étuis, examiner les vêtements de la victime, la manipulation des plaies est proscrite.

- En cas de décès par arme blanche, on recherchera des traces de lutte, l'examen des vêtements et des plaies.

- En cas de décès par asphyxie mécanique, on s'intéressera au caractère complet ou incomplet de la pendaison et des dimensions du sillon qui doivent être notées et comparées au lien.

- En cas de décès par immersion, il n'existe aucun signe pathognomonique de submersion vitale. Toutefois, il faudra rechercher au niveau des vêtements ou du corps des éléments pouvant faire évoquer des violences volontaires et réaliser un prélèvement d'eau à la recherche de diatomées.

- En cas d'empoisonnement, on fait appel à la toxicologie. Ces méthodes permettent aux enquêteurs d'avoir une idée sur l'amorce et le dénouement de l'enquête qu'ils doivent mener. Après la levée de corps et l'autopsie, on peut déplacer le corps et le médecin ayant constaté la mort, il présentera son rapport à l'autorité qui l'aura requis. C'est une étape cruciale pour la suite des investigations.

- En cas de cadavre putréfié, il faudra réaliser des prélèvements entomologiques pour une estimation des délais post mortem.

- En cas d'une découverte d'ossements, il faudra conserver les connexions entre les os et les autres indices, réaliser des photographies, le transport des éléments sera soigneusement répertorié.

Toutefois, des conditions de réalisation de la levée de corps et certaines circonstances de décès peuvent facilement faire passer inaperçu un homicide. La levée de corps réalisée peu de temps après le décès peut passer à côté d'ecchymoses qui ne seront visibles que quelques heures plus tard. Il faut noter que la levée de corps ne peut se substituer à l'autopsie chaque fois que celle-ci est indiquée.

Les perspectives de la levée de corps concernent l'adaptation de sa pratique aux nouvelles techniques d'investigations criminelles et la place du médecin légiste dans la scène de crime du futur, ainsi que l'importance de la qualité des relations entre médecine et enquêteurs au bénéfice du justiciable.

## IV. LES DOCUMENTS DE SYNTHÈSE

### 1. Les scellés

La réalisation des scellés constitue un acte important médico-légal (ils sont soit à conviction, soit à décharge). Ces scellés sont des pièces utiles dans le déroulement des enquêtes judiciaires par les renseignements qu'elles peuvent fournir. Elles doivent comporter un cachet de cire sur bande de papier ou d'étoffe, au sceau de l'État, apposé par l'OPJ sur la fermeture de l'emballage, d'un meuble ou sur la porte d'un local de manière qu'on ne puisse les ouvrir sans briser les bandes ou les cachets en les présentant au Procureur de la République.

Les objets et documents saisis sont inventoriés et placés sous scellés. La confection de ces scellés doit viser à rendre impossible toute modification des saisies. Les objets sont enveloppés d'un papier, d'une toile ou d'une feuille de matière plastique et ficelés avec une solide ficelle passée au travers de la fiche et fixés sur l'enveloppe par des cachets de cire rouge. Au cours de la levée de corps, les personnes habilitées à faire les saisies sont les suivantes : le Procureur de la République, le juge d'instruction, l'officier de police judiciaire, l'officier de gendarmerie, le médecin requis.

Avant la remise des scellés à un expert pour analyse, il faut les énumérer dans un PV spécialement dressé à l'effet de constater cette remise. Les scellés peuvent aussi être déposés au greffe du tribunal où les experts les obtiendront sur présentation d'une réquisition.

Vu l'importance des scellés dans la conservation des preuves indispensables à l'enquête judiciaire de toute manipulation, il est recommandé qu'elles soient effectuées par des personnes habilitées et expérimentées dans le domaine et dans des conditions les plus rigoureuses.

### 2. Le rapport de synthèse

À l'issue de ces investigations, le médecin légiste rédige un rapport dans lequel il regroupe l'ensemble de ses constatations et peut proposer une forme médico-légale du décès. Ce document est remis à l'autorité requérante avec un certificat de décès quand le médecin légiste aura été le premier à constater le décès.

# CHAPITRE IV

## RECHERCHE DES CAUSES DE LA MORT(SUITE) : L'AUTOPSIE

Toute mort suspecte déclenche automatiquement l'action de la justice qui, par l'intermédiaire du Procureur de la République ordonne l'ouverture d'une enquête. Le corps devient en ce moment-là une pièce à conviction dont l'examen et l'étude doivent être confiés à un médecin qui doit déterminer les conditions dans lesquelles la victime est morte, si les circonstances dans lesquelles le corps a été découvert indiquent les causes du décès de la victime. Mais lorsque les indices superficiels ne sont pas concluants, l'autopsie est fortement recommandée. Elle permet de connaître les causes de la mort d'une victime et parfois, de découvrir qu'une mort apparemment accidentelle ou naturelle est en fait un homicide déguisé.

L'autopsie se définit comme l'examen médical des cadavres. Le terme vient du grec et signifie « Le voir de vos propres yeux ». C'est une technique qui est apparue depuis des siècles. Elle a été combattue par la religion catholique qui prônait le caractère sacré du corps humain. Ainsi, dès l'Antiquité, la religion a conféré à la dépouille humaine un caractère sacré, de la conception même du corps humain, considéré comme une partie de Dieu. Un conflit est donc rapidement né entre l'idée scientifique et l'idée religieuse.

### I. HISTORIQUE

L'autopsie s'inscrit au sein de l'histoire de la médecine, de l'anatomie, de la chirurgie, mais aussi, au sein de celle de la pensée médicale et de l'évolution technologique de la médecine. Le cadavre dont on voulait scruter l'intérieur était placé dans une cage pendant sept jours et soumis à un processus de décomposition dans les eaux du fleuve. L'intérieur était ensuite découvert sans avoir fait usage du couteau.

Les Égyptiens proclamaient aussi le même respect du cadavre humain (embaumement, pyramides...). *Erasistrate et Hérophile*[91] ont disséqué vivants les

[91] Hérophile de Chalcédoine : né vers 330-320 av. J.-C. et mort vers 260-250 av. J.-C est un médecin grec né à Chalcédoine en Asie Mineure. Il est l'un des pères de l'anatomie et un fondateur de la grande école médicale d'Alexandrie. Il a été le premier scientifique à effectuer systématiquement des dissections de cadavres humains, le fondateur de l'école

criminels condamnés à mort. Car leur école reconnaissait la primauté de la science sur le culte traditionnel des morts. Ces pratiques n'ont pris fin qu'à la mort de *Ptolémée II*[92], date à laquelle les scientifiques ont repris les études de l'anatomie sur les animaux. Cette courte période (330 à 247 avant Jésus-Christ) a permis à la médecine d'engranger d'immenses progrès.

En Grèce, les examens anatomiques n'étaient autorisés que sur les cadavres de traîtres, de grands criminels et d'enfants perdus. Là aussi, ces pratiques cessèrent avec *Hippocrate*[93] (460-370 avant Jésus-Christ), qui considérait la médecine comme une branche de la philosophie et préférait le raisonnement à l'expérience.

À Rome, le principe d'inviolabilité du corps humain est demeuré jusqu'à l'ère chrétienne. L'œuvre de *Galien*[94] (129- 200) dans ce domaine fut basée sur l'anatomie de l'animal. Seule la césarienne *post mortem* était autorisée si la femme décédée était enceinte, et ce, afin de tenter de sauver son enfant.

Mais le corps humain-sujet sera officiellement et publiquement exploré pour la première fois par *André Vésale*[95] pendant le XVIème siècle. En 1543, il publie

---

hérophiléenne, une des principales de l'époque hellénistique et premier, avec Érasistrate, à fonder ses conclusions sur la dissection du corps humain. Il prêta une attention particulière au système nerveux, distinguant les nerfs des vaisseaux sanguins.

Érasistrate Érasistrate de Céos : né vers 310 - vers 250 av. J.-C., surnommé « L'infaillible » était un médecin clinicien et expérimental et un grand anatomiste grec. Il a exercé à Antioche et Alexandrie. Son acmé se situe en 257-256. Il fut avec Hérophile le fondateur de l'École d'Alexandrie de médecine sous le règne des Ptolémées.

92 Ptolémée II Philadelphe naquit né en -309, mort en -246. Il fut roi et pharaon de la dynastie ptolémaïque. Il a concouru à réaliser le syncrétisme entre la civilisation grecque et égyptienne et avait œuvré à faire de son royaume le principal foyer de la culture hellénistique.

93 Hippocrate le Grand ou Hippocrate de Cos, né vers 460 av. J.-C et mort vers 370 av. J.-C à Larissa fut un médecin et philosophe grec du siècle de Périclès. Il est considéré comme le « père de la médecine » car il est le plus ancien médecin grec, fondateur de l'école de médecine hippocratique qui a révolutionné intellectuellement la médecine en Grèce antique, en instituant cet art comme une discipline distincte des autres disciplines de la connaissance auxquelles elle avait traditionnellement été rattachée, faisant ainsi de la médecine une profession à part entière.

94 Claude Galien est né à Pergame en 131, et mort en 201. Il fut un médecin grec de l'Antiquité, considéré comme l'un des pères de la pharmacie, il a eu une influence durable sur la médecine chrétienne, juive et musulmane du Moyen Âge. Ses théories ont dominé les connaissances médicales de la civilisation occidentale pendant plus d'un millénaire.

95 André Vésale est né le 31décembre 1514, à Bruxelles (Brabant) et est mort le 15 octobre 1564 dans l'île de Zante (Zakynthos) en Grèce. André Vésale a été un anatomiste, médecin brabançon, mais surtout, humanistes, considéré par de nombreux historiens des sciences comme le plus grand anatomiste de la Renaissance, voire le plus grand de l'histoire de la médecine. C'est lui le père de l'anatomie dans la médecine moderne, Il est l'auteur d'un

de *humani corporis fabrica* entendu « la fabrique du corps humain », qui sera, comme le dira *G. Canguilhem*[96] quatre siècles plus tard, « un document capital pour l'histoire de la médecine, un mouvement de notre culture ».

Pour la première fois, Vésale, en contradiction avec les us et coutumes de l'époque et notamment de son maître Galien, propose une « technique de la dissection des corps morts et vivants », méthode qu'il illustrera non seulement avec les textes, mais également avec des reproductions très fidèles aux résultats de ses nombreuses dissections. C'est ainsi que l'autopsie finit par être acceptée.

Aujourd'hui, ce procédé constitue un des éléments essentiels à l'élucidation des meurtres, car il permet de comprendre comment le crime a été commis et le médecin est le seul technicien habilité à examiner un cadavre ou un blessé et d'en tirer des conclusions utiles. Le cas qui nécessite plus une autopsie est celui dans lequel un homicide est maquillé en suicide. Dans ce cas, l'autopsie devra déterminer si des éléments matériels objectifs retrouvés sur le corps prouvent que l'individu a été assassiné et ne s'est pas suicidé. Les spécialistes estiment qu'une autopsie n'est fiable qu'à 75%, car elle peut avoir une marge d'erreur de 25% dans le diagnostic. L'OPJ ou le magistrat peut y assister et sa présence est nécessaire lorsque les circonstances sont douteuses.

## II. LÉGISLATION

### 1. Qui demande l'autopsie ?

L'autopsie est demandée par l'autorité judiciaire en charge de l'enquête (OPJ, PR, Juge d'Instruction). Elle est pratiquée par le médecin légiste qui intervient à la demande de ces autorités ou de la famille de la victime. En cas de mort suspecte, les autopsies judiciaires sont pratiquées à la demande de la justice et la famille ne peut en aucun cas s'y opposer.

### 2. Le respect de la personne

Qu'elle soit médico-légale ou scientifique, l'autopsie doit respecter la dépouille mortuaire ainsi que la douleur des familles. Qu'elle ait pour louables intentions l'administration de la preuve (autopsie médico-légale), la recherche ou la confirmation du diagnostic de la mort (autopsie scientifique), l'indemnisation

des livres les plus novateurs sur l'anatomie humaine, *De humani corporis fabrica* (*Sur le fonctionnement du corps humain*).

[96] Georges Canguilhem est un philosophe et médecin français né le 4 juin 1904 à Castelnaudary et mort le 11 septembre 1995 à Marly-le-Roi. Spécialiste d'épistémologie et d'histoire des sciences, il publia des ouvrages très importants sur la constitution de la biologie comme science, sur la médecine, la psychologie, les « idéologies scientifiques » et l'éthique. Sa thèse principale est que le vivant ne saurait être déduit des lois physico-chimiques ; il faut partir du vivant lui-même pour comprendre la vie. L'objet d'étude de la biologie est donc irréductible à l'analyse et à la décomposition logico-mathématique.

de la famille (autopsie sur la demande des assurances) (...), l'autopsie doit garantir le respect de la personne humaine.

### 3. Les bases légales de l'autopsie

Les articles 82 (a) CPP donnent le pouvoir aux OPJ « *de constater les infractions, d'en rassembler les preuves, d'en rechercher les auteurs et complices et, le cas échéant de les déférer au parquet* » ;

Article 92 (2) b, donne le pouvoir à l'OPJ de « *requérir tout expert et éventuellement toute personne susceptible de l'assister pendant une opération déterminée* ». Mais cette disposition est vague. L'autopsie tout comme l'ensemble de constatations médico-légales doivent être encadrés par une législation spéciale.

Face à une mort suspecte, deux éventualités peuvent se présenter pour le médecin qui sera requis pour la constater. S'il s'agit d'une mort manifestement d'origine naturelle, le médecin peut autoriser l'inhumation, le constat du décès en matière de mort de cause naturelle étant une obligation légale et déontologique du médecin.

Classiquement, les termes de mort naturelle et mort violente sont utilisés sans que les définitions qui en sont données se recoupent parfaitement. Ainsi, s'il paraît « *normal* » ou « naturel » qu'un sujet décède des suites d'une grave maladie, la mort subite d'un individu, surtout lorsqu'elle survient dans un lieu public, n'apparaît pas comme naturelle à cause de sa brutalité et des circonstances de sa survenue. Elle reste cependant différente de la mort violente, qu'elle soit due à un homicide, un suicide ou un accident.

En cas de décès résultant de violences, d'un accident ou d'autres circonstances douteuses, l'inhumation ne peut être autorisée que par le Procureur de la République, après une autopsie médico-légale, suivie d'une enquête judiciaire.

Le médecin requis est tenu de pratiquer l'expertise sous peine de poursuites judiciaires. Aux termes de l'article 174 du Code pénal : « est puni d'une amende de 20 000 à 500 000 FCFA, celui qui étant régulièrement requis comme expert, médecin ou interprète refuse sans motif légitime de prêter son concours à l'autorité judiciaire ».

## III. DIFFÉRENTS TYPES D'AUTOPSIES

On distingue deux types d'autopsies : l'autopsie scientifique et l'autopsie médico-légale.

### 1. L'autopsie scientifique

Elle est demandée par la famille ou par l'équipe médicale avec pour but de comprendre le mécanisme exact de la mort d'une victime ;

### 2. L'autopsie médico-légale

Elle est demandée par la justice en cas de mort suspecte (mort subite, accidentelle, criminelle ou suicidaire). Elle est toujours réalisée dans un but de recueillir des informations précises. La plupart du temps, l'objet est parfaitement indiqué sur la mission d'expertise. Il peut s'agir notamment de déterminer la forme médico-légale de la mort (accidentelle, délictuelle, suicidaire ou criminelle), d'établir la cause précise et les circonstances de la mort lorsqu'il s'agit d'un homicide involontaire ou d'un meurtre, de déterminer la date de la mort, d'identifier le cadavre (s'il est inconnu), d'établir la cause principale ainsi que la cause indirecte s'il y a lieu de la mort d'une personne, de déterminer l'état de santé de la personne avant son décès ainsi que les différents traitements qui lui ont été administrés lorsqu'une victime a été porteuse de plusieurs maladies avant son décès. Dans de pareils cas, il devient difficile de connaître les causes de la mort et le médecin légiste doit établir la réalité des faits. Notamment si la victime a succombé à sa maladie ou alors elle a été assassinée, d'élucider les différents cas de morts : mort violente par empoisonnement, mort naturelle. Bref tout décès survenu dans des circonstances troublantes et qui font l'objet d'une recherche effectuée par un médecin légiste. Déterminer l'heure et les circonstances du décès afin d'obtenir des preuves permettant d'engager une action pénale et confondre le futur suspect.

## IV. CHAMP D'APPLICATION DE L'AUTOPSIE MÉDICO-LÉGALE

L'autopsie doit être réalisée dans tous les cas de mort non naturelle évidente ou suspectée, quel que soit le délai entre l'événement responsable de la mort et la mort elle-même dans les cas suivants : homicide ou suspicion d'homicide, mort subite inattendue, y compris la mort subite du nourrisson, violation des droits de l'homme (suspicion de torture ou de toute autre forme de mauvais traitement), suicide ou suspicion de suicide, suspicion de faute médicale, accident de transport, de travail ou domestique, maladie professionnelle, catastrophe naturelle ou technologique, décès en détention ou associé à des actions de police ou militaires, corps non identifié ou restes squelettiques.

L'OPJ ou le Procureur de la République requiert un ou plusieurs médecins légistes en vue de procéder, dans les cas appropriés, à l'examen des lieux et du cadavre et décider si une autopsie s'avère nécessaire. Le médecin légiste exerce ses fonctions en toute indépendance et impartialité. Par conséquent, il ne doit être soumis à aucune sorte de pression et doit exercer son mandat objectivement, notamment dans la présentation complète de ses résultats et conclusions.

Cette demande a pour but d'éclaircir certaines zones d'ombres entourant le décès : existe-t-il des lésions traumatiques visibles à l'œil nu ? Si oui, combien ? Quelles sont-elles ? De quelles origines sont-elles ? Quel degré de gravité comportent-elles ? À quand remonte la mort ?

## V. TECHNIQUES DE L'AUTOPSIE

L'autopsie médico-légale comporte obligatoirement deux temps à savoir : l'examen externe du cadavre et l'autopsie proprement dite (ouverture du corps, de la boîte crânienne et éventuellement des crevées).

L'autopsie doit être complète et effectuée d'une façon méthodique, car une autopsie mal faite ne se recommence pas. L'examen doit porter sur tous les viscères. Dans certains cas, des analyses toxicologiques sont nécessaires et pour cela, des prélèvements sont nécessaires : sang et fragments viscéraux.

Il y a également intérêt à pratiquer des photographies avant et après déshabillage du cadavre ainsi que des radiographies pour rechercher et localiser des projectiles en cas de mort par balle.

### 1. L'examen externe du cadavre

Cet examen est primordial et concerne notamment la description du cadavre, celle des blessures, des traces d'intervention chirurgicale, des empreintes digitales et cutanées.

- *La description du cadavre* : elle doit comporter la taille, le poids, l'état de nutrition, la couleur de la peau ainsi que tout signe particulier (ulcération, cicatrice, tatouage, amputation, malformation), les signes cadavériques et leurs caractéristiques : lividités, rigidité cadavérique en termes de topographie, d'intensité de couleur et de réversibilité, putréfaction, modifications entraînées par les conditions d'environnement, la description si nécessaire de toute trace visible sur la surface du cadavre (fèces, poils, sang ou tout autre liquide biologique, etc....) et une nouvelle inspection du corps après lavage.

*Au niveau de la tête et de la face,* on fait la description et un examen minutieux de la couleur, la longueur et la densité de la chevelure et des poils de la barbe, le massif nasal, la cavité buccale dont la muqueuse, la dentition et la langue, les oreilles y compris les régions rétro auriculaires et les conduits auditifs externes : les yeux notamment la couleur, la forme et la taille des pupilles.

*Au niveau de la région cervicale,* on recherche une mobilité anormale et on contrôle la présence ou l'absence d'abrasion ou de toute trace, ecchymose (y compris sous forme de pétéchies) sur toute la circonférence cervicale. Dans le cas d'une pendaison, il faut rechercher le sillon tout en précisant sa longueur, sa continuité, son trajet et par suite la trace du nœud.

*Au niveau de la région thoracique,* il faut décrire les déformations ou instabilités éventuelles, l'aspect des seins, la description des mamelons, les pigmentations éventuelles, etc.

*Au niveau de la région abdominale,* il faut noter l'existence d'un ballonnement, la présence de pigmentation, de cicatrice, de malformation ou de trace de contusion, etc.

*Au niveau des organes génitaux,* notamment de l'hymen et l'anus, il faut rechercher les blessures, les abrasions, les contusions, l'ulcération, les ecchymoses notamment à la face interne des cuisses et dans la région péri-anale.

*Au niveau des membres,* on recherche des déformations et des mobilités anormales, des malformations, des traces d'injection et cicatrices, la description des faces palmaires, des doigts et des orteils, le prélèvement et le curage des ongles.

*Les blessures, les abrasions, l'ecchymose et les morsures* doivent être décrites avec leur forme, leur taille exacte, l'orientation, les pointeurs et les bords et leur topographie par rapport aux repères anatomiques.

Les signes de réaction vitale autour des plaies, la présence de particules étrangères à l'intérieur et sur le pointeur des blessures (telles que des particules de poudre), sans omettre le descriptif des réactions évolutives telles que la décoloration, la cicatrisation ou infection secondaire. Le relevé des ecchymoses et hématomes cutanés et sous-cutanés doit comporter une incision de la peau en regard. Des prélèvements, des blessures seront réalisés pour des investigations complémentaires histologiques par exemple.

*Les traces récentes ou anciennes d'intervention chirurgicale ou de réanimation* doivent être décrites (telles que cicatrice chirurgicale, cicatrice de drainage, mise en place de cathéter intraveineux ou de stimulation cardiaque, etc.).

Avant le début de l'autopsie : lorsque les éléments de l'enquête évoquent un crime sexuel par exemple, il convient de s'assurer que tous les orifices du corps ont fait l'objet de prélèvement par écouvillonnage. Il faut ensuite relever les empreintes digitales de la victime, vérifier que les prélèvements cutanés en vue de la recherche de résidu de tir ont été effectués lorsque la victime est supposée avoir utilisé une arme à feu.

Pour ce qui est du cas particulier de l'exhumation, il faut noter l'état du cercueil, des linges, des vêtements, ainsi que tous les éléments relevés habituellement lors d'une levée de corps, en particulier ceux qui peuvent aider à l'identification du corps.

Enfin, il ne faut pas omettre de pratiquer « des crevées » qui sont des incisions de la peau et des tissus sous-cutanés et musculaires, le long des membres, arrivant jusqu'à l'os, et qui servent à mettre en évidence les ecchymoses profondes.

## 2. L'examen interne du cadavre

L'examen interne du corps est d'un apport capital dans la recherche des causes de la mort. Il comporte notamment l'ouverture du corps et l'examen général des organes.

*L'ouverture du corps* : elle a pour but une bonne exposition des viscères. Généralement, on peut pratiquer une grande incision mento-pubienne, puis dénuder le gril costal et, à l'aide du costotome ou de scie électrique, découper un large plastron thoracique, avec désarticulation sternoclaviculaire bilatérale. Cette méthode permet une bonne exposition des organes thoraco-abdominaux, la recherche aisée des fractures costales et autorise une suture facile en fin d'examen.

La deuxième technique consiste à faire une incision du milieu du bord inférieur du maxillaire inférieur à la fourchette sternale, puis une incision ovalaire, de l'articulation sternoclaviculaire à la symphyse pubienne, en passant en dehors du mamelon et dans la fosse iliaque, puis en remontant de façon symétrique du côté opposé. On sectionne ensuite tous les plans de la paroi abdominale puis le plastron thoracique au costotome. On récline l'ensemble de la paroi antérieure, soit de bas en haut ou plutôt de haut en bas, ce qui permet d'éviter de léser les organes médiatisnaux.

*L'examen général :* après incision mento-pubienne, les trois cavités du cadavre (la boîte crânienne, le thorax et l'abdomen) doivent être ouvertes minutieusement. Outre le canal rachidien et /ou les cavités articulaires doivent être examinés s'il existe une lésion à ce niveau. L'examen et la description des cavités doivent comporter la recherche de la présence de gaz, la mesure du volume des liquides ou de sang éventuellement présent, l'aspect de la face interne des parois, l'appréciation de la configuration externe des viscères et de leur juste localisation, la recherche d'adhérence et d'obstruction intra-cavitaire et l'exploration et la dissection des tissus mous et des muscles de la région cervicale.

Tous les viscères doivent être examinés et découpés conformément aux règles de la pratique anatomo-pathologique. Si des lésions sont constatées, la technique de dissection pourra varier de celle habituellement suivie, dans ce cas toute modification devra être décrite et documentée. Toutes les lésions et les blessures seront décrites selon leur taille, leur localisation, le trajet des plaies, leur profondeur, la direction, leur situation par rapport aux repères anatomiques. Le poids des organes sera également relevé.

*L'examen détaillé* : il comporte l'extrémité céphalique, la région du cou, le thorax, l'abdomen, le petit bassin et le squelette.

*L'extrémité céphalique :* pour ouvrir le crâne, on applique une technique spéciale qui consiste à inciser le cuir chevelu transversalement. On le récline en avant et en arrière. On ouvre alors la boîte crânienne à la scie plâtre selon un trait front occipital. Cette technique de dissection doit permettre l'inspection et la description du cuir chevelu ainsi que des tables externe et interne des structures osseuses du crâne et des masses musculaires temporales. L'épaisseur et l'aspect des structures osseuses et des sutures du crâne, l'aspect des méninges, du liquide céphalo-rachidien (LCR), les parois et le contenu des artères cérébrales et des sinus doivent être également décrits.

La description des sutures osseuses doit comporter outre la vérification de l'absence de toute anomalie à ce niveau, le contrôle de la charnière cervico-occipitale. Après section du chiasma optique, de la tente du cervelet, du bulbe ou de la moelle cervicale, le plus bas possible, ainsi que des paires crâniennes, on dégage le cerveau sans la dure-mère. Cette ouverture du crâne vise à rechercher un hématome intracrânien, une hémorragie méningée ou toute lésion. Faire des sections transversales au cerveau. Puis on décolle la dure-mère à l'aide d'une pince. Cela permet de mettre en évidence une fracture de la base ou des rochers.

Dans certains cas, surtout pour des investigations plus précises, l'encéphale devra être prélevé en bloc, fixé en totalité, avant de procéder à sa dissection secondaire. Les tissus mous et les structures osseuses de la face devront être disséqués seulement si c'est nécessaire et en préservant l'aspect esthétique.

*La région du cou.* On fait une dissection minutieuse des muscles du cou pour extraire l'axe aérodigestif et contrôler les vaisseaux et le rachis cervical. Cette dissection est surtout nécessaire lorsque le cou porte des traces suspectes de strangulation ou lorsque l'examen du corps est négatif.

Pour avoir les informations recherchées, on fait une incision qui va le long du bord inférieur de la mandibule et le long des clavicules. On rabat les lambeaux et on poursuit la dissection plan par plan (tissus cellulaires sous-cutanés, plan musculaire, paquet jugulo-carotidien, thyroïde, larynx, trachée, bouche œsophagienne). On fait une deuxième incision longitudinale des carotides à la recherche d'une éventuelle obstruction artérielle. On peut être amené parfois à prélever en bloc le pharyngo-larynx par la voie de la même incision, en le décollant le long du plan pré vertébral après incision du voile du palais passant en dehors des amygdales et au-dessus de la luette, à la recherche d'un œdème de la région glottique ou la présence de corps étranger doit être recherchée.

Enfin, on fait la dissection des cartilages thyroïdes, du cricoïde et de l'os hyoïde en cas d'asphyxie mécanique par pendaison ou strangulation pour rechercher la fracture ecchymotique.

*Le thorax :* l'examen du thorax consiste à faire un examen des culs-de-sac pleuraux et noter l'existence de brides, la nature et le volume d'un éventuel épanchement. Il se déroule en plusieurs phases :

*L'examen externe du péricarde*[97] *:* on fait une incision du sac péricardique à la recherche d'un épanchement et on note sa nature et son volume. On prélève ensuite le cœur en incisant le plus haut possible les gros vaisseaux de la base (VCS, aorte et artère pulmonaire) et VCI[98] le plus bas possible. On recueille le sang contenu dans les cavités cardiaques en vue d'analyses toxicologiques, on pèse le cœur. On ouvre les cavités cardiaques en examinant l'aspect, et l'épaisseur des différentes parois, la souplesse et l'étanchéité des valves cardiaques, les piliers et les cordages, et l'aspect de l'endocarde. On examine ensuite les artères coronaires en les disséquant à partir des ostiums aortiques ou en les sectionnant transversalement tous les 5 mm à partir de leurs origines et à chaque niveau on apprécie l'état de la lumière artérielle, l'étendue des sténoses, la présence d'une *thrombose*[99], d'une *hémorragie pariétale*[100] ou d'une dissection.

L'examen de l'aorte depuis son orifice jusqu'à l'aorte descendante à la recherche d'athérome. Si on suspecte une *embolie gazeuse*[101], il faut sectionner les vaisseaux après ligature et ouvrir les cavités cardiaques sous l'eau, de façon à mettre en évidence une embolie gazeuse. Si par contre on suspecte une embolie pulmonaire, il faut inciser longitudinalement l'artère pulmonaire et ses branches à partir du ventricule droit. Le caillot vital est adhérent aux parois, alors que *le thrombus post mortem*[102] part facilement au lavage et devient cassant lorsqu'il est plongé dans le formol.

---

[97] Le péricarde est un sac à double paroi contenant le cœur et les racines des gros vaisseaux sanguins. Il est constitué d'un feuillet profond (le péricarde viscéral) et d'un feuillet superficiel (le péricarde pariétal). Ces deux feuillets peuvent glisser l'un par rapport à l'autre, ce qui facilite les mouvements du cœur.

[98] VCS et VCI : veines caves.

[99] Une thrombose est un caillot de sang qui se forme dans une veine (thrombose veineuse) ou une artère (thrombose artérielle). La coagulation du sang se produit lorsque la circulation sanguine est ralentie par une immobilisation du membre (jambe) ou par un obstacle (athérome).

[100] Le lobe pariétal (ou cortex pariétal) est une région du cerveau des vertébrés. Il est situé en arrière du lobe frontal, au-dessus des lobes temporal et occipital.

[101] L'embolie représente une interruption brusque par un corps étranger d'un liquide qui circule dans l'organisme (le sang ou la lymphe par exemple). L'embolie gazeuse est un phénomène assez rare et d'origine accidentelle. Elle est due à la présence de bulles de gaz, habituellement de l'air, dans la circulation sanguine.

[102] La thrombose (glossaire) est la coagulation sanguine « in vivo » dans une cavité vasculaire ou cardiaque (voir le mécanisme de la thrombose au chapitre « Inflammation »). Le produit de la coagulation survenue dans cette condition est appelé un thrombus.

On dégage alors les poumons en libérant les adhérences pleurales et en sectionnant les hiles, noter l'aspect extérieur des poumons (emphysème, *taches de Tardieu*[103]).

Enfin, sectionner *le parenchyme*[104] à l'aide du couteau et noter l'aspect des tranches de section (congestion, œdème, emphysème), disséquer la trachée, les bronches souches et les bronches secondaires à la recherche d'un corps étranger, d'aliments en cas de fausse route ou autres indices tels que les algues en cas de noyade dans l'eau de mer.

*L'abdomen :* l'examen de l'abdomen comporte l'examen de *la cavité péritonéale*[105], du tube digestif, du foie, de la rate et de la colonne vertébrale. On e*xamine la cavité péritonéale* en précisant la présence d'un éventuel épanchement sanguin dont il faut chercher la cause, on prélève le tube digestif entre deux ligatures, ouverture de l'estomac selon la petite courbure. Noter l'importance et la nature du contenu gastrique et l'état de la digestion et éventuellement faire un prélèvement du contenu gastrique pour analyse toxicologique.

Ensuite, enlever délicatement le foie pour ne pas léser la surrénale. (Il pèse en moyenne 1400 g), faire des coupes et des prélèvements pour examen histologique, faire un tableau des poids moyens des organes (en gramme) : on prélève les reins avec les surrénales que l'on sépare ensuite. On les coupe longitudinalement. Noter l'aspect des tranches de section. Rechercher une éventuelle hémorragie surrénalienne, prélever la rate. Enfin, examiner la colonne vertébrale et rechercher des ecchymoses le long du psoas, des fractures du bassin et du rachis.

*Le petit bassin :* chez la femme, l'examen du bassin consistera à sonder la vessie, prélever les urines pour analyse toxicologique, récliner l'intestin vers le haut après ligature du rectum, inciser le péritoine le long du détroit supérieur,

---

[103] Auguste Ambroise Tardieu, né le 10 avril 1818 à Paris où il est mort le 12 janvier 1879, est un médecin légiste français.

[104] Un parenchyme est un terme employé dans un ensemble de cellules constituant le tissu fonctionnel d'un organe. Il s'agit d'un tissu qualifié de noble ou de fonctionnel et présentant les caractéristiques d'un organe.

[105] La cavité péritonéale est un espace extrêmement fin situé entre les deux feuillets (couches) du péritoine : le feuillet pariétal et le feuillet viscéral. Le péritoine est une membrane très mince, délimitant la cavité abdominale (contenant l'estomac et la majorité des organes digestifs) et la cavité pelvienne (contenant principalement les organes reproducteurs et la vessie). La cavité péritonéale renferme uniquement une très petite quantité de liquide, produit par les cellules du péritoine : le liquide péritonéal. Ce liquide joue le rôle de lubrifiant : les différents organes peuvent ainsi bouger sans frictions. De plus, grâce à sa concentration en globules blancs, il les préserve des infections. La cavité pleurale peut parfois se remplir d'un liquide irritant, provoquant une inflammation du péritoine : la péritonite. Il s'agit généralement d'une complication de l'appendicite. La péritonite, potentiellement mortelle, nécessite des soins d'urgence.

décoller le péritoine pariétal, pratiquer *la symphyséctomie*[106], inciser l'utérus en rasant le détroit inférieur. On peut alors remonter tout le bloc génito-rectal par la cavité abdominale et pratiquer un examen minutieux des organes : hymen, vagin (après incision latérale jusqu'au col de l'utérus), culs-de-sac utérins et ovaires. Cet examen doit être particulièrement minutieux dans les cas de suspicion d'avortement criminel ou chez une femme enceinte.

*Le squelette :* l'examen du squelette concerne notamment l'examen de la cage thoracique, du rachis et du bassin fait partie intégrante de l'autopsie médico-légale de routine. Si un cas particulier de décès est d'origine traumatique, l'autopsie nécessite une dissection des quatre membres, celle-ci doit si possible être complétée par des investigations radiologiques.

## VI. PRÉLÈVEMENTS MÉDICO-LÉGAUX

Au cours de l'autopsie, le médecin légiste doit systématiquement prélever tout organe anormal et toute zone suspecte présente sur cet organe, en veillant dans ce dernier cas, à effectuer également un prélèvement dans une zone voisine normale de l'organe, afin d'avoir une base de référence. S'il n'existe aucune anomalie à l'examen macroscopique, il est néanmoins nécessaire d'effectuer des prélèvements systématiques : cœur, poumon, foie, rein, rate dans un but conservatoire. En l'absence de cause évidente de la mort, une étude microscopique des organes est parfois nécessaire (par exemple dans la mort subite). Au cours de toute autopsie, il faut penser aux suites que le magistrat pourra donner à cette affaire et prélever largement quitte à détruire secondairement les prélèvements inutiles.

Le légiste fera quatre sortes de prélèvements médicaux à savoir : les prélèvements pour investigation toxicologique, les prélèvements pour examen anatomo-pathologique, les prélèvements biologiques pour détermination des marqueurs génétiques, les prélèvements pour recherche de diatomées et mesure du strontium sanguin ;

Ces différents prélèvements effectués au cours de l'autopsie (toxicologique, histologique ou génétique), doivent être effectués en double exemplaire, obligatoirement étiquetés de façon précise et mis sous scellés avec toutes les précautions d'usage afin de pouvoir en conserver un échantillon sans limitation de durée. Leur destruction ne pourra intervenir sans l'accord du magistrat instructeur, le ministère public ou le tribunal saisi.

### 1. Prélèvements pour investigation toxicologique

Pour les analyses gastriques, le légiste pourra prélever le sang, les liquides hématiques, les urines, le contenu gastrique, les cheveux, les poils, les phanères,

[106] La symphyséctomie : autopsie, inciser l'utérus en rasant le détroit inférieur.

l'humeur vitrée, la bile, les viscères, les poumons, le cœur, le cerveau, le rein, le foie, etc.

Le prélèvement du sang périphérique : il est difficile à identifier et à quantifier. Il est généralement cause de décès (solvants industriels, cyanures, anesthésiant). Le sang périphérique est prélevé de quelques millilitres (5 ml) de sang (intra-iliaque, fémoral). On y additionne le fluorure de sodium (1 à 2 %), afin d'éviter l'apparition d'alcool endogène par fermentation anaérobie (alcoolémie, dosage des molécules à tropisme cardiaque). Il a l'avantage d'être beaucoup moins touché par le phénomène de redistribution *post mortem.*

Par ailleurs, il exige des conditions rigoureuses de prélèvement, car il faut éviter sa perte partielle ou totale (seringue étanche en verre ou plastique). 5 à 10 ml de sang veineux périphérique prélevé au niveau d'une veine fémorale ou sous-clavière sur fluorure de sodium dans un flacon en verre avec capsule de téflon et bouchon à vis suffisent pour une détermination quantitative, tandis que 10 à 30 ml de sang intracardiaque prélevé dans un flacon ou tube sec fermé par une capsule de téflon et un bouchon à vis seront suffisants pour une détermination qualitative.

En cas de suspicion d'intoxication par des produits volatils (solvant, gaz anesthésiants, Fréon, etc.), il faudra prélever plusieurs échantillons de 1 ml de sang périphérique reparti chacun dans un flacon de 5 ml en verre fermé avec une pastille de téflon transperçable par une aiguille.

Le sang et les liquides hématiques : il est incontestablement l'échantillon de base pour la recherche des causes toxiques de la mort malgré sa grande complexité. Le sang cardiaque bien prélevé et en quantité importante apporte la quantité de matière nécessaire à la réalisation d'une recherche toxicologique. Il faut éviter le prélèvement intracardiaque parfois effectué lors des examens de corps. Chez le cadavre putréfié, le sang cardiaque est souvent absent dès le quatrième ou le cinquième jour après le décès.

Le prélèvement des urines : l'urine est le liquide biologique de choix, de par sa pureté (98% d'eau) et sa simplicité, pour un dépistage rapide par immunoanalyse et sa toxicité. Les analyses urinaires permettent d'appréhender le moment de la dernière exposition à une substance par la mesure de ses métabolites, elle ouvre une fenêtre rétrospective plus ou moins large sur le passé toxicologique d'un individu : 2 à 4 jours pour la majorité des médicaments et stupéfiants, parfois une semaine ou plus pour certains composés (cannabis, raticides). Le prélèvement s'effectue par ponction vésicale à la seringue. Si la vessie est vide, il faudra disséquer et racler le fond et les parois à la cuiller. Il faut enfin prélever 20 à 50 ml dans un flacon en verre sec sans conservateur et fermé par une capsule de téflon et un bouchon à vis.

Le prélèvement du contenu gastrique : l'estomac est le plus souvent un milieu très abondant. On y retrouve parfois le produit recherché non métabolisé, voire des comprimés plus ou moins délités qui doivent être isolés, séchés et conservés dans un tube en verre. Le prélèvement du contenu gastrique s'effectue à la louche, après clampage de l'œsophage et du *duodénum*[107] et incision de la poche gastrique. On recueille un volume de 20 à 50 ml sur tube sec, sans conservateur. L'aspect du bol gastrique (présence de sang, de débris alimentaires) doit être noté, de même que son odeur (alcool ? Solvants organiques ? Hydrocarbures ?). En cas d'intoxication par des caustiques ménagers, il représente le milieu de choix pour le toxicologue. Grâce à la détection rapide de certaines familles de toxiques, après centrifugation et dilution pour immunoanalyse.

Le prélèvement des Cheveux, poils, et phanères : le prélèvement de ces échantillons apporte plusieurs informations. Les cheveux possèdent la propriété unique d'être le marqueur des expositions répétées ou chronique de la vie de la victime. Par exemple un empoisonnement pourra être mis en exergue grâce à l'analyse des cheveux. Ainsi 50 à 100 des cheveux (soit une mèche de l'épaisseur d'un crayon) sont en général suffisants. Pour certains composés (digitaliques), on doit prélever une quantité plus importante. Les cheveux seront coupés au ras du scalp (ne pas arracher) et mis dans un tube sec sans conservateur et éviter le réfrigérateur (humidité prolifération microbienne).

Pour les sujets chauves, rasés, ou décapités, prélever des poils axillaires ou pubiens et à défaut des poils des membres pour les analyses. Le prélèvement des ongles est aussi important en l'absence des cheveux. Car ils marquent aussi l'évolution du poison dans l'organisme humain.

Le prélèvement de l'humeur vitrée : après la mort, l'humeur vitrée se liquéfie rapidement. Son prélèvement s'effectue à la seringue, en piquant la sclère au niveau de la commissure palpébrale externe. L'aiguille doit être orientée en dedans et légèrement en arrière et doit pénétrer de 0,5 à 1 cm à l'intérieur de l'œil, après on exerce une traction douce sur le piston de manière à ne pas aspirer des fragments de la rétine ou de la choroïde en même temps que le vitré. On recueille 1 à 2 ml de vitré par œil, et on conserve les deux échantillons dans de petits tubes en plastique. Le prélèvement se fait à la seringue (2 à 5 j suivant le décès), quand l'échantillon est encore facile à collecter, stérile et relativement bien protégé des proliférations bactériennes et fongiques. Il permet la détermination du délai *post mortem* (dosage du $K^+$) et aide aussi à rechercher l'alcool, des médicaments et des stupéfiants dans l'organisme.

[107] Le duodénum est le segment initial de l'intestin grêle. Il fait suite à l'estomac par l'intermédiaire du pylore et est suivi par le jéjunum à l'angle duodéno-jéjunal ou angle de Treitz. C'est le seul segment fixe de cet intestin grêle, le reste étant mobile.

Le prélèvement de la bile : la bile est prélevée lorsqu'il s'agit d'une overdose à l'héroïne et qu'il n'y a pas d'urine, car l'on peut souvent y mettre en évidence la *6 monoacétylmorphine* (6-MAM) [108]qui signe la prise d'héroïne.

Le prélèvement des viscères : les viscères peuvent également être prélevés soit pour rechercher des toxines, soit lorsque le corps est dilacéré par des traumatismes multiples, soit pour disposer de données pharmacocinétiques nécessaires à l'interprétation du mécanisme de l'intoxication.

Le prélèvement du poumon : c'est un organe de choix pour les produits volatils, à la seule condition que l'autopsie ait lieu peu de temps après l'inhalation et que le prélèvement soit mis dans un contenant parfaitement étanche.

Le prélèvement du cœur : les cellules du myocarde fixent sélectivement entre autres molécules, les digitaliques, les antipaludéens et certains antidépresseurs. Ils permettent de savoir si la victime a consommé un produit avant sa mort.

Le prélèvement du cerveau : les substances lipophiles à tropisme cérébelleux permettent de retrouver des composés volatils ayant disparu des autres organes lors du phénomène de liquéfaction putréfactive.

Le prélèvement des reins : les reins permettent de détecter les intoxications chroniques aux métaux lourds (plomb, mercure, arsenic…) et cadmium.

Le prélèvement du foie : il est prélevé lorsque les métabolites disparus du courant sanguin se retrouvent dans le foie (par exemple, la 6-monoacétylmorphine, élément indispensable pour distinguer une prise d'héroïne d'une prise thérapeutique de morphine).

Il est important de souligner que le délai de détection des substances toxiques est en moyenne de 48 heures pour le sang et de 3 à 4 jours pour l'urine, en semaines et en mois pour les cheveux et poils.

**2. Prélèvements pour examen anatomopathologique**

On doit prélever successivement le cœur, le cerveau et le larynx. Ils doivent être normalement prélevés en entier, qu'ils présentent ou non des lésions à l'examen macroscopique autopsique.

Le cœur est ouvert : selon une technique précise, rincé pour le débarrasser des caillots *post mortem*, pesé, puis fixé dans le formol.

Le cerveau : il est extrait avec précaution de la boîte crânienne rincée délicatement pour le débarrasser du sang, pesé, puis mis dans le formol à 10%. Il ne doit jamais être coupé à l'état frais dans ce cas.

[108] La 6-monoacétylmorphine (6-MAM) ou 6-acétylmorphine (6-AM) est l'un des trois métabolites actifs de l'héroïne (diacétylmorphine), les autres étant la morphine et la 3-monoacétylmorphine (3-MAM) beaucoup moins actives.

Les autres viscères et tissus : seuls un ou plusieurs petits fragments de 2 $cm^3$ environ seront prélevés systématiquement, les bordures des plaies, un fragment cutané pour rechercher une pigmentation de la peau.

Au laboratoire d'anatomopathologie, les prélèvements subissent plusieurs étapes techniques avant d'être inclus dans un bloc de paraffine, des coupes fines de 5µ seront effectuées, colorées et examinées au microscope optique. Les blocs peuvent être conservés plusieurs années ainsi que les prélèvements pour éventuel réexamen ou contre-expertise.

Toutefois, l'organe doit toujours être prélevé en entier. Il ne faut pas mettre un organe ou un fragment d'organe dans le formol sans l'avoir préalablement mis dans des récipients trop petits ou à ouverture trop étroite ou encore dans une quantité insuffisante de formol.

Étiqueter les prélèvements : ne jamais oublier de fixer une étiquette avec la référence sur les prélèvements. On procède également à :

*La détermination du sexe* : pour déterminer le sexe d'une victime, on fait appel aux caractéristiques anthropologiques du bassin, on étudie la tête osseuse et la robustesse des os longs.

*La détermination de l'âge* : on examine la symphyse pubienne, on fait l'histologie osseuse, de la denture.

La *détermination de la stature* : elle se fait par les mensurations des os longs (fémur, tibia, humérus...).

### 3. Prélèvements biologiques pour détermination des marqueurs génétiques

On prélèvera notamment :

- un échantillon de sang périphérique ou intra-cardiaque de 10 ml sur tube sec en plastique ou non fermé hermétiquement par un bouchon à vis, le muscle strié frais de la taille d'un dé à coudre dans un flacon en plastique fermé hermétiquement par un bouchon à vis ;

- un prélèvement intra-vaginal par écouvillonnage multiple notamment au niveau du col utérin et des culs-de-sac vaginaux ;

- un prélèvement anal par écouvillonnage multiple ;

- un prélèvement intra-buccal par écouvillonnage multiple notamment au niveau de la région vestibulaire, le long des arcades des alvéoles dentaires, le recueil de tous poils étrangers trouvé sur le corps et notamment au niveau de la région pubienne, et le prélèvement d'une trentaine de cheveux par arrachage.

- en cas de corps putréfié ou partiellement découpé, il faut prélever de la moelle osseuse au niveau de la cavité médullaire d'un os long, un fragment de cartilage chondro-costal ou tout fragment de tissus viscéral le moins putréfié possible.

Tous ces prélèvements seront conservés au frigidaire à – 4 ° C pour une durée inférieure à 24h et au-delà au congélateur à – 20 °C.

- Les prélèvements sur le squelette *:* l'analyse complète du squelette est indispensable, car elle permet d'avoir l'ADN de la victime et déterminer le sexe, la taille et l'âge. En conséquence, il ne faut pas laver les pièces osseuses mais au contraire les brosser à sec. L'exhumation d'un squelette nécessite un tamisage systématique de la zone découverte (recueil de dents, petits os, indices vestimentaires, boutons et autres objets, projectiles……).

**4. Prélèvements pour recherche de diatomées et mesure du strontium sanguin**

- *Les diatomées :* au lieu de la découverte du corps, on prélève un litre d'eau avec gravier provenant du lit ou du bord du cours d'eau ou de l'étang. En effet, 2x10g de tissus hépatique, pulmonaire, rénal et cérébral et 2 x 10 g de moelle osseuse prélevée au niveau de la diaphyse d'un os long (généralement de fémur) suffisent pour effectuer toutes les analyses. Ces prélèvements doivent être conservés au congélateur dans des flacons en plastique hermétiquement fermés par des bouchons vissants afin d'éviter une contamination éventuelle.

- *Le strontium sanguin :* on prélève 5 ml de sang au niveau de l'oreillette ou du ventricule gauche par incision avec extraction du cœur, et conserve le prélèvement dans un flacon en plastique à bouchon vissé hermétiquement puis congelé immédiatement en attendant l'analyse.

**5. Cas particuliers**

Les cas particuliers concernant les cadavres putréfiés sont : l'examen du cadavre portant une plaie par arme à feu, l'autopsie du nouveau-né et l'autopsie d'un cadavre carbonisé.

*Les cadavres putréfiés :* l'état de putréfaction n'enlève en rien la nécessité d'une autopsie complète. L'identification dans de tels cas est toujours possible. Les investigations radiologiques permettront d'exclure ou de mettre en évidence des fractures osseuses, la présence de corps étrangers tels que projectiles, prothèses, on procédera aussi à une dissection systématique de toutes les cavités du corps. Par ailleurs, les investigations toxicologiques notamment la détermination de l'alcoolémie devront être réalisées mais interprétées avec précaution.

À défaut des prélèvements de sang, d'urine, du contenu gastrique, de la bile, des corps vitrés et des cheveux, il faut prélever d'autres fluides tels que le liquide sanieux, le transsudat pleural, les phlyctènes cutanées, l'écoulement liquidien dans la housse de transport du corps, les viscères lysés, les os, et les larves pour analyse benzodiazépine, barbiturique, antidépresseur.

On prélève 10 cm de la diaphyse fémorale, on la découpe avec une scie stérilisée pour éviter toute contamination. On la nettoie à la rugine afin de ne laisser subsister aucun tissu musculaire et on la place dans un flacon stérile.

*Le prélèvement* de *deux dents* mono radiculaires (prémolaire), pour voir s'il n'y a pas de dents plombées ou dévitalisées.

Tous ces prélèvements sont placés dans des sacs en plastique et congelés à -20C°.

*Le prélèvement du revêtement cutané* situé au pourtour de l'orifice d'entrée et conservation au froid pour recherche de résidus de tir.

*Le prélèvement de tout corps étranger :* projectile, fragment de projectile, grain de plomb, seront prélevés, puis, mis sous scellés pour faire l'objet d'investigation balistique (éviter de prélever les projectiles avec une pince afin de ne pas altérer le métal).

En cas de *noyade en eau douce,* on prélève des fragments pulmonaires, hépatiques, de la moelle sternale ou diaphyse fémorale à la recherche de diatomées ;

En cas de *noyade en eau de mer*, on effectue des dosages de strontium (sans intérêt en cas d'eau douce) ;

En cas d'*incendie ,* on prélève *la carboxyhémoglobine*[109], *la myoglobine*[110], et cyanhydrique[111] ;

En cas de *morsure*, on fait l'écouvillonnage pour rechercher l'ADN provenant de la salive de l'auteur de la morsure ;

En cas de *strangulation,* on fait le frottis par écouvillon du sillon de strangulation à la recherche d'ADN du suspect.

---

[109] La carboxyhémoglobine est un complexe stable de monoxyde de carbone et d'hémoglobine qui se forme dans les globules rouges lorsque du monoxyde de carbone est inhalé, et qui inhibe la délivrance d'oxygène du corps.

[110] La myoglobine est une protéine des vertébrés formée chez l'homme d'une chaîne unique de 153 acides aminés, contenant un noyau porphyrique avec ion fer II au centre. Elle est le transporteur intracellulaire principal de l'oxygène dans les tissus musculaires et stocke l'oxygène dans les muscles.

[111] Le cyanure d'hydrogène est un composé chimique de formule chimique H-C≡N. Une solution aqueuse de cyanure d'hydrogène est appelée acide cyanhydrique.

*Le prélèvement nasopharyngé*[112] : si les données de l'enquête suggèrent la prise de stupéfiants, cette liste n'est pas limitative et doit être adaptée à chaque circonstance de décès.

Les prélèvements doivent toujours être conservés dans une solution de formol à 10% et placés dans un récipient suffisamment grand (le volume de la solution de formol doit être au moins 10 fois supérieur à celui des fragments ou organes prélevés).

Il faut également utiliser des bocaux à large ouverture. Le formol modifie l'aspect des tissus, aussi est-il conseillé de marquer la zone anormale macroscopiquement de façon à ce qu'elle puisse être parfaitement retrouvée au laboratoire.

Les prélèvements sont scellés avant d'être expédiés au laboratoire. Ils sont énumérés dans des PV spécialement dressés à l'effet de constater cette remise qui peut être faite par l'OPJ ou le légiste.

## VII. L'AUTOPSIE DU NOUVEAU-NÉ

L'autopsie du nouveau-né revêt quelques caractéristiques particulières. Elle est centrée sur la question de savoir si l'enfant a respiré ou non au moment de la naissance.

### 1. L'examen externe

Il permet de noter le sexe, le poids, le périmètre crânien, les diamètres antéro-postérieurs et le bipariétal de la tête. Il permet également d'examiner la surface cutanée, l'enduit sébacé, le développement des ongles (qui, à terme, dépassent légèrement la pulpe des doigts), d'examiner le cordon, sa longueur, l'aspect de son extrémité, déchiré avec ou sans ligature. On peut aussi relever les traces de violence externes, examiner le périmètre thoracique, l'importance de la bosse séro-sanguine et sa localisation, la cavité buccale et les conjonctives. La région péribuccale et du nez doit aussi être examinée en cas de suspicion d'une asphyxie mécanique par suffocation (exemple main ou autre) avec recherche des ecchymoses.

### 2. L'examen interne

Au cours de l'examen interne, on pratique les mêmes incisions que chez l'adulte mais quelques points particuliers sont à préciser notamment : la perméabilité de la veine ombilicale, jusqu'à la veine porte, l'examen minutieux

[112] *Prélèvement nasopharyngé :* maintenir la tête du patient inclinée en arrière. Insérer l'écouvillon dans la narine, et le pousser délicatement le plus loin possible, parallèlement au palais. Le laisser en place quelques secondes puis le retirer lentement en lui imprimant un léger mouvement rotatif. Procéder de même pour l'autre narine avec le même écouvillon.

du cou, le relèvement du thymus (qui pèse environ 15 g) et l'ablation des poumons après ligature de la trachée, afin de pratiquer les épreuves de docimasie pulmonaire hydrostatique.

Cette épreuve est destinée à apprécier si l'enfant a respiré ou non après sa naissance. Si le nouveau-né a respiré, les poumons entiers flottent dans l'eau, et un fragment de poumon continue de flotter, même après écrasement entre deux doigts. Par contre, si le nouveau-né n'a pas respiré, les poumons immergés coulent au fond de l'eau. Cependant, la putréfaction peut fausser ce diagnostic : des bulles de gaz putrides peuvent causer une fausse dilatation des poumons qui flottent alors dans l'eau.

Une autre cause d'erreur peut être dans la carbonisation. La formation de bulles gazeuses donne au poumon n'ayant pas respiré un aspect pseudo-alvéolaire, alors que le poumon ayant respiré montre un aplatissement des alvéoles et une rétraction des bronches. Dans ce cas précis, l'examen microscopique est indispensable pour renseigner sur la respiration et sur un état éventuellement pathologique des poumons.

## VIII. L'AUTOPSIE D'UN CADAVRE CARBONISÉ

### 1. Les constatations

La découverte d'un cadavre sur les lieux d'un incendie peut poser le problème de l'étiologie du décès : la mort est-elle naturelle ? Accidentelle ? S'agit-il d'un suicide ou d'un homicide ? Et la question de la chronologie du décès par rapport à l'incendie. Le diagnostic médico-légal de la mort par incendie est parfois difficile. Les brûlures ne sont pas constantes et la détermination de leur survenue *ante mortem* n'est pas toujours aisée, notamment en cas de carbonisation. La présence d'une quantité suffisante de monoxyde de carbone dans le sang est un signe vital très fiable, car ce gaz ne pénètre jamais en quantité notable dans le sang d'un cadavre.

La constatation de la mort par incendie dévoile les brûlures des muqueuses linguale et pharyngée et d'une spume rosée mêlée de suie dans les voies respiratoires supérieures et même inférieures. De même, l'histopathologie des voies aériennes est un apport de très grande valeur (nécrose plus au moins profonde de la muqueuse trachéale souvent associée à des dépôts de suie dans la lumière). Toutefois, la carbonisation est une brûlure, généralement thermique, de 4$^{ème}$ degré. Elle donne au cadavre certains points particuliers notamment :

- une réduction du volume et du poids du corps pouvant donner à un cadavre d'adulte la taille de celui d'un adolescent, voire d'un enfant ;

- une rétraction des tissus qui découvre les dents et provoque par la flexion des segments de membres qu'elle entraîne des attitudes trompeuses de *"lutte "* ou de défense ;

- des déchirures et fractures spontanées pouvant aboutir à une ouverture des cavités crâniennes ou thoraco-abdominales ;

- une peau noirâtre, qui protège les plans musculo-aponévrotiques qui sont souvent bien conservés.

### 2. La datation de la mort

(Voir chapitre XI, deuxième partie sur la datation de la mort)

## IX. L'IDENTIFICATION DE LA VICTIME

### 1. La norme internationale

Une identification exacte doit être faite conformément au Guide de l'identification des victimes de catastrophes, adopté par l'Assemblée Générale d'Interpol en 1997 et d'après les critères suivants : identification visuelle, effets personnels, caractéristiques physiques, examen dentaire, empreintes digitales, examen anthropologique et identification génétique.

### 2. Les techniques d'identification

*L'identification visuelle du corps* : elle sera effectuée par des proches ou par des personnes ayant connu et vu le défunt récemment.

*Les effets personnels* de la victime : décrire les vêtements, des bijoux et enregistrer le contenu des poches. Cela peut aider à une identification correcte.

*Les caractéristiques physiques* : les caractéristiques physiques seront obtenues à partir d'examens externe et interne.

*L'examen dentaire* : dans les cas appropriés, un examen des dents et des maxillaires sera effectué par un odontologiste ayant une expérience en médecine légale.

*L'examen anthropologique* : lorsque les restes humains sont à l'état de squelette ou dans un état avancé de décomposition, un examen anthropologique sera effectué si nécessaire.

*Les empreintes digitales* : le cas échéant, les empreintes digitales seront relevées par des officiers de police. Une collaboration étroite entre tous les experts impliqués est nécessaire.

*L'identification génétique* : l'identification génétique est effectuée par un expert en génétique médico-légale. Pour cela, on prélèvera des échantillons biologiques sur le corps du défunt afin de permettre l'identification génétique. Des mesures seront prises afin d'éviter toute contamination et pour garantir une conservation appropriée de ces échantillons biologiques.

## X. RÉDACTION DU RAPPORT D'AUTOPSIE

### 1. Préambule

Le rapport d'autopsie est aussi important que l'autopsie elle-même. C'est pour cela qu'il fait partie intégrante de la procédure. Il devrait donc être rédigé avec le plus grand soin. Il obéit à des règles conventionnelles de formes et doit répondre aux questions posées. Il doit comporter en outre le préambule habituel, une partie descriptive du cadavre : sexe, taille, poids, âge apparent, corpulence, rigidité, lividités, constatations négatives et positives externes, le compte rendu détaillé objectif des constatations macroscopiques des différents tissus et organes (un plan imposé n'est pas indispensable, il peut être utile pour ne pas omettre un organe).

### 2. La discussion

Elle doit intégrer, en langage clair, les circonstances du décès et les constatations effectuées afin d'aboutir à un diagnostic. Toute hypothèse doit être argumentée et doit reposer sur des bases morphologiques. Il convient d'exclure toute interprétation hasardeuse et a priori romancée, la conclusion doit être claire et concise en précisant les circonstances et les causes de la mort et indiquant s'il existe des indices de crime ou délit.

### 3. La conclusion

Cette conclusion doit permettre de classer le décès dans l'une des catégories suivantes : mort naturelle, due à une pathologie ni violente, ni toxique, mort non provoquée (du moins par des agents pénalement non responsable = virus, bactéries), mort violente (mort provoquée (crime, accident ou suicide), mort vraisemblablement d'origine toxique (aspect compatible, pas de lésions mortelles, prélèvements obligatoires), mort vraisemblablement naturelle : pas de violence, lésions insuffisantes pour expliquer le décès, prélèvements toxicologiques indispensables, mort sans étiologie évidente (investigations négatives, pas de pathologie ni de violence, prélèvements toxicologiques indispensables).

Cette conclusion doit préciser s'il existe des lésions de violence associées, avec ou sans rapport avec le décès.

### 4. Quelques précautions

Les prélèvements à visée histologique effectués sont précisés s'ils sont susceptibles d'apporter des éléments probants et la conclusion doit les noter à moins qu'elle ne soit faite qu'après examen microscopique.

Dans tous les cas, la préoccupation de la justice, gardienne de l'ordre social, est de savoir si un tiers est éventuellement impliqué dans ce décès. Si tel n'est pas le cas, le diagnostic étiologique précis de la mort n'est pas judiciairement indispensable.

Les scellés aident à la conservation des preuves indispensables à l'enquête judiciaire de toute manipulation. Par conséquent, ils doivent être effectués par des personnes habilitées et expérimentées dans le domaine et dans des conditions les plus rigoureuses.

Après la levée du corps et l'autopsie, il est important de confronter les deux résultats, car selon une étude menée par L. Lasseuguette, K. Bourokban et M. Durigon du Service d'Anatomie pathologique et de médecine légale de l'Hôpital Raymond Poincaré de Garches en France, il peut y avoir des discordances entre des résultats de la levée de corps et ceux de l'autopsie.

À côté de l'autopsie qui est pratiquée depuis des siècles, une nouvelle discipline encore peu connue du public a vu le jour dans les pays tels que les États-Unis, la Suisse et la France : c'est la virtopsie.

## XI. EXEMPLE TYPE D'UN RAPPORT D'AUTOPSIE

Voici un exemple du rapport d'autopsie de Val Ambiana, scientologue dont le décès mystérieux, joint à l'opposition de la scientologie face aux enquêtes sur ce décès a causé trop de controverses.

Dans le cas de cette victime, la cause du décès a été sujette à polémique. Selon les membres de sa secte, Mademoiselle Ambiana est décédée des suites de méningite foudroyante ; puis, d'une embolie pulmonaire, puis des complications d'une infection staphylococcique qui, disait la secte, avait provoqué ces coups sur le corps.

Or dans le rapport du légiste, cette staphylococcie n'est nulle part mentionnée et celui-ci doute que ce soit la véritable cause du décès tragique de Val Ambiana.

| | |
|---|---|
| Nom : Ambiana Val | Cas : 19524 ; âge : 36 ; race : noire ; sexe : féminin |
| Date du décès : 06/11/2010 | Corps identifié par : Atangana Jean et Ateba Jean |
| Date de l'autopsie : 07/11/2010 | Autorisé par Alain Oyono |
| Service en charge de l'enquête : DPJ | n° cas agence : 95-29158 |

**Tableau 5 :** Rapport du Légiste au sujet du décès de Val Ambiana

**Mode de décès : indéterminé**

Cause immédiate du décès : thrombose de l'artère pulmonaire principale gauche due à thrombose de la veine poplitée gauche due à repos alité et déshydratation sévère.

**Diagnostics anatomiques retenus**

- Thrombose de l'artère principale pulmonaire gauche ;
- Thrombose de la veine poplitée gauche ;
- Déshydratation sévère ;
- Hématomes anciens et récents des extrémités ;
- Abrasion cutanée du nez.

Signé : Alain Oyono, médecin légiste du district et Atangana Jean, médecin légiste associé *(En français, le terme "neutre" sera utilisé pour "sans caractère particulier").*

**Protocole**

Examen externe : L'autopsie a commencé à 11 heures 00 ce 6 décembre 1995. Présent à l'autopsie : technicien de l'ID, John Stone, de l'Office du Sheriff. En début d'examen, la morte est vêtue d'un T-shirt multicolore, d'un pantalon noir, deux chaussettes blanches, des chaussures blanches, un sweater gris. Spécifiquement absents : bijoux et argent liquide. Le corps est celui d'une femme normalement développée, d'alimentation moyenne ; mesurant 1,75 m et pesant 49 Kg. La conservation est bonne pour un corps non embaumé. Le corps est froid au toucher suite à la réfrigération. La lividité est réduite au dos. Les cheveux brun foncé givrés vers l'extrémité, d'une longueur maximale de 20 cm, sont de volume modéré. Un faciès hippocratique est présent.

Les yeux sont ouverts. Les iris sont bruns. Les cornées sont claires. Les pupilles mesurent 4 mm. Le cuir chevelu présente une congestion particulière « en casque ». Des cils bruns sont présents. S'il n'y avait des marques de blessure, le nez serait neutre. Les lobes auriculaires sont percés d'un trou de chaque côté. Les dents sont naturelles et bien réparées. La nuque est neutre. La poitrine et les seins sont neutres. L'abdomen est neutre. Il existe une coloration bilatérale, d'intensité moyenne, verdâtre des quadrants abdominaux inférieurs. Les membres sont égaux et développés de façon symétrique, la peau sous les ongles est bleue. Le dos est neutre. Pas de fèces au toucher rectal. Le rapport médical est présent. Spécifiquement absents : médicaments accompagnant le corps. De multiples photos sont prises et seront considérées comme partie du protocole.

**Évidence de traitement.** Une sonde est en place. Des sites de piqûres intraveineuses sont présents dans la fosse ante cubitale droite et une ligne intraveineuse présente dans le pli du coude gauche. Du gel d'ECG se trouve sur les poignets gauches et droits. Un cathéter est présent sur le côté du dos du poignet gauche.

## Évidence des blessures

*Tête et cou.* Il existe des abrasions cutanées sèches à l'extrémité du nez. Os nasal intact. Sang séché incrusté encombrant les voies nasales. Matière croûteuse brunâtre séchée présente dans la bouche, sur les lèvres ; matière croûteuse (sèche) aux paupières. En un point du menton, des abrasions cutanées rapprochées, l'une de trois millimètres, l'autre de quatre millimètres. Congestion en casque sur le côté gauche du visage.

*Extrémités.* L'aspect dorsal de l'avant-bras droit juste au-dessus du poignet est remarquable du fait qu'il présente plusieurs croûtes confluentes brun foncé de lésions correspondant à des « morsures d'insectes/d'animaux ». Un hématome est présent sur la partie proximale du troisième métacarpe. Des contusions mêlées à ce qui semble être des morsures d'insecte/animaux variant de deux à six millimètres en taille sont présentes sur le dos de la main droite. Du côté palmaire du troisième doigt gauche (phalange du bout du doigt), abrasion sèche de quatre millimètres. L'aspect dorsal du bras gauche a des zones de croûtes sèches de 10 à 14 millimètres. D'anciennes traces (bleu-gris brun) de coloration correspondant à d'anciens hématomes sont présentes à la partie moyenne de la cuisse gauche sur une zone de 6 cm, et sur d'autres zones moins importantes mesurant 12 à 19 millimètres. À la partie moyenne du genou droit existe une zone rouge brun à bords tranchés. À la partie moyenne de la jambe inférieure gauche existent des zones adjacentes anciennes (gris-brun) d'hématomes indatables par leur périphérie. L'aspect dorsal des deux pieds présente de multiples lésions sèches variant de 3 à 12 millimètres. En section, ces lésions ne présentent pas de fondement hémorragique, même au centre, et les bords sont périphériques et aigus. Les sections sont obtenues dans des zones du pied droit. Une abrasion est présente au-dessus de l'aspect latéral de la jambe inférieure droite adjacente au tendon d'Achille. En parallèle à celles-ci, on trouve deux abrasions superficielles de quatre millimètres. Sur la partie moyenne de la jambe inférieure droite sont éparpillés divers anciens hématomes (gris brun à marges indéfinies) variant de trois à 10 mm. Un ancien hématome (jaune gris à bords flous) de 10 cm est présent sur la crête iliaque postérieure gauche. À l'extrémité du coude droit postérieurement existe une lacération en cours de guérison de 3 mm. À côté de celle-ci existe un « ancien » hématome dont la plus forte dimension est de 62 mm. Des photographies sont prises d'anciens coups sur le flanc droit postérieur et de la jambe inférieure gauche. Les coups supplémentaires de ce qui semble être des lésions étagées présentes sur le dos des mains et des pieds sont également photographiés.

*Tronc.* Au sommet de l'épaule droite existe une abrasion de 18 mm sèche. Dans la zone supra-iliaque existe un (ancien) hématome brun-vert de 65 mm. Sur la partie inférieure du flanc gauche existent un hématome (ancien) brun de 90 millimètres horizontalement et 40 verticalement.

**Examen interne**

*Cavités.* Les cavités pleurales droites et gauches sont libres de liquides et d'adhérences. La cavité péricardique contient 2 cl de liquide pâle clair. Pas d'adhérences présentes. La cavité péritonéale est libre de liquides ou d'adhérences.

*Système cardiovasculaire***.** Le cœur de 230 grammes possède une artère coronaire droite dominante. Les vaisseaux coronariens présentent une athérosclérose focalisée moyenne. Spécifiquement absentes, zones de nécrose et de fibrose.

*Système respiratoire.* Le poumon gauche de 210 grammes est remarquable car présentant un thrombus bien constitué et multifocal. Il n'est pas associé à un infarctus. Le feuillet viscéral de la plèvre est neutre. L'arbre bronchique contient de petites quantités de liquide teinté de sang. Le parenchyme de la section est sec, gris-rose, et mat-pâteux. Le tronc principal de l'artère pulmonaire gauche est occlus par un thrombus bien constitué. Le poumon droit de 210 grammes possède un feuillet pleural neutre. L'arbre bronchique ouvert ne présente aucun thrombus antérieur au décès. L'arbre bronchique contient une quantité modérée de mucus légèrement teinté de sang. Le tissu de la section est gris-rose et mat-pâteux. Les cartilages laryngés et trachéaux sont intacts, leurs muqueuses *neutres.*

*Système nerveux central.* Le cerveau de 1390 grammes possède des méninges neutres. Les vaisseaux des systèmes circulatoires basilaires et cérébraux sont neutres. Les hémisphères et leurs cavités sont neutres. Il n'est pas noté d'opacification des méninges de la base du cerveau. La dure mère ôtée, il n'est pas noté de fractures sur la table osseuse. Spécifiquement absents : hématomes du cuir chevelu.

*Système urinaire.* Le rein gauche de 120 grammes et le droit sont similaires. Les artères rénales sont évidentes. La surface extérieure est lisse. Le parenchyme de la section est uniforme et brun foncé. Le cortex mesure 10 mm en moyenne. Les jonctions cortico-médullaires sont bien individualisées. Il reste 15cc d'urine dans la vessie. Ceci ôté, la paroi de la vessie est neutre.

*Système génital.* Utérus, trompes et ovaires sont neutres, et spécifiquement absents, un élargissement du vagin.

*Système hépatobiliaire.* Le foie de 1270 grammes possède une capsule neutre. À la section, le foie est uniforme et brun foncé. Pas de masses identifiées. La vésicule biliaire contient 10cc de bile visqueuse vert foncé. Le système biliaire extra-hépatique est neutre.

*Appareil gastro-intestinal.* L'œsophage est neutre. L'estomac contient 20cc de bile visqueuse verte. À la section, le pancréas est uniforme, gris rose, et modérément ferme. Le duodénum ouvert ne contient ni nourriture, ni ulcères, ni masses. Extérieurement, l'intestin grêle, l'appendice et le colon sont neutres.

*Système lymphatique :* la rate de 60 grammes possède une capsule neutre. Le parenchyme est modérément ramolli et brun-rouge foncé. Les ganglions lymphatiques abdominaux et thoraciques sont neutres.

*Système musculaire et squelette :* il concerne l'évidence de blessures sinon, le reste est neutre.

*Divers.* La dissection de la veine poplitée gauche révèle un thrombus. La veine poplitée droite n'en montre pas à l'examen.

*Cerveau après fixation.* Le cerveau désormais fixé est examiné le 26 janvier 1996 à 14h40. Il pèse 1380 grammes. Les circonvolutions et ventricules sont neutres. Les artères des systèmes circulatoires basilaires et artériels sont neutres. Spécifiquement, il n'y a pas d'opacification des méninges à la base du cerveau. Des sections significatives du bulbe, de la moelle et du cervelet proches de l'axe médullaire sont effectuées, incluant leurs méninges. Les sections des bulbes, moelles et cervelets sont pratiquement neutres. Le cerveau sectionné ne présente aucune anomalie des matières grise et blanche. Les ventricules latéraux sont neutres, tout comme le thalamus. Des pétéchies sont présentes au niveau des empreintes vasculaires de la substance blanche du lobe pariétal.

L'axe médullaire supérieur est neutre. Le cerveau est conservé.

**Description microscopique**

*Poumon :* Les sections des parois de l'artère pulmonaire sont remarquables car montrant du sang plus ou moins adhérent à l'endothélium du vaisseau sous-jacent. Il existe une couche de fibrine localisée à l'interface sang/endothélium.

- *Données de laboratoire*

Culture et sensibilité du liquide cérébrospinal

Coloration Gram : rares leucocytes observés

Culture : absence de pousse au bout de 72 heures

- *Recherche d'antigènes bactériens du liquide cérébrospinal*

Hemophilus influenza B : négatif

Streptococcus pneumoniae : négatif

N. Méningocoques groupes A, C, Y, et W135 : négatif

Neiserria Méningocoques B/E., Coli K1 : négatif

Analyse de l'humeur vitrée

Sodium (vitré : 180 mmol/l

Potassium vitré : 13.9 mmol/l

Urée vitrée :300 mg/l

Créatinine vitrée : 2,6 mg/dl

Glucose vitré : 15 mg/dl

Chlorure vitré :161 mmol/l

Osmolarité spécifique : 1.337

*-Résultats pharmacologiques (qualitatif)*

Urine {TLC Basique} la recherche était POSITIVE pour diphenhydramine

Urine {immunoelectrophorèse} : essai NÉGATIF

*-Résultats pharmacologiques (quantitatifs)*

Éthanol : 0 g /dl, sang (cœur)

Éthanol : 0 mg/dl, humeur vitrée

Signé : Dr SEME Joseph, chef toxicologue, le 07 juillet 2011.

***Centre Pasteur du Cameroun : Identification de la personne décédée***

Cas n° 19524 ;

Nom du décédé : Val Ambiana

Date du décès : 05 juillet 2011 ;

Agence d'Investigation : DPJ ;

Personnes chargées d'identifier le cadavre : Oyono Alain et Atangana Jean, médecins légistes associés ;

Autres présents : Wombe Robert, enquêteur ;

Date et heure d'identification : jeudi 7 juillet 2011, 14h40 ;

*Identification faite par :*

Nom : Ateba Jean et Atangana Jean

Parenté : aucune

Adresse : BP 8775 Yaoundé

Connaissait la défunte depuis : quinze ans

***Commentaires***

Avec toutes ces précisions, on connaît à présent les causes du décès de Mlle Ambiana. En effet, les marques trouvées sur le corps d'icelle témoignent une mort par violence, même si les produits chimiques trouvés dans son organisme peuvent également faire penser à un suicide.

## CHAPITRE V

# RECHERCHE DES CAUSES DE LA MORT(SUITE) : LA VIRTOPSIE

La *virtopsie* ou *autopsie virtuelle* est un néologisme formé à partir des mots virtuels et autopsie. C'est une autopsie médico-légale virtuelle qui consiste en l'examen non invasif des cadavres par des technologies d'imagerie médicale. Il s'agit d'une technique combinant l'imagerie par résonance magnétique et le scanner, un outil des médecins légistes pour autopsier les cadavres. La virtopsie examine des cadavres sans les ouvrir.

## I. HISTORIQUE

C'est en 2007 que cette technique a été mise au point à l'Université de Berne en Suisse par le Pr. Michael Thali et trouve des applications dans l'examen de corps vivants. Et depuis lors, cette technique se développe de plus en plus en Europe. D'après le Pr. Guillaume Gorincour, radiologue dans le service d'Imagerie Pédiatrique et Prénatale, la virtopsie est une science à mi-chemin entre la médecine légale et l'imagerie médicale. Elle consiste à utiliser les techniques modernes d'imagerie en coupes (scanner et IRM) afin d'aider à la détermination des causes de la mort. Ainsi les autopsies classique et virtuelle se complètent pour un résultat plus précis, plus informatif et plus démonstratif.

L'idée de mettre les scanners et les IRM au service de l'étude des cadavres est née à la fin des années 1990 par un radiologue américain le Professeur Gil Brogdon[113] qui ne voulait plus voir disséquer les cadavres pour rechercher les causes de décès. Il a donc voulu faciliter le travail des médecins légistes.

En Europe, c'est Michael Thali (Zurich) qui est pionnier dans ce domaine en développant un projet de recherche appelé Virtopsy, avec des locaux et un matériel spécifiques et depuis une dizaine d'années, le phénomène gagne progressivement le terrain. Les services de médecine légale du CHU de Toulouse, puis de Marseille en France ont été les premiers à adopter cette nouvelle technologie. D'autres instituts s'y sont mis, c'est le cas du CHU de Strasbourg où un scanner est désormais systématiquement pratiqué avant toute autopsie judiciaire.

---

[113] Gil Brogdon est un médecin légiste de l'Université d'Alabama aux Etats-Unis. Il est Considéré comme le pape de la médecine légale américaine.

## II. PRATIQUE DE LA VIRTOPSIE

### 1. Principe

Le principe de la virtopsie est le suivant : avec un scanner 3D, on projette des bandes lumineuses sur le cadavre et forme des images du corps (résolution au micromètre) par imagerie par résonance magnétique (IRM)[114] et tomodensitométrie hélicoïdale (TDM)[115]. Ces images sont ensuite enregistrées en haute résolution par un appareil photo numérique stéréoscopique.

### 2. Domaines d'application

Cette technique intervient dans plusieurs domaines de médecine légale, tels que les traumatismes (externes, par arme blanche, arme à feu), l'asphyxie (pendaison, noyade, strangulation), la reconstitution du trajet d'une balle notamment lorsque le corps est criblé de balles, de l'emplacement d'impacts d'engins explosifs, les causes des violences ou tout autre cas de mort suspecte.

L'autopsie classique ayant montré ses limites, la virtopsie va progressivement gagner le terrain.

En cas d'embolie gazeuse, c'est-à-dire la présence d'air dans les vaisseaux sanguins ou le cœur, L'autopsie doit impérativement s'effectuer en ouvrant le thorax sous l'eau, ce qui permet alors la mise en évidence des bulles d'air.

Mais, la virtopsie ne peut se pratiquer que s'il y a déjà une suspicion de meurtre. De même, il est difficile de mettre en évidence les petites fractures du rachis cervical ou les lésions de la moelle épinière, ou encore de décrire le trajet précis des projectiles pour les plaies par arme à feu, ou de travailler sur les corps décomposés.

### 3. Les avantages de la virtopsie

La virtopsie présente plusieurs avantages :

- elle permet notamment d'avoir des images HD ;

- ses principales qualités sont sa rapidité et sa précision ;

- cette méthode a aussi l'avantage de ne pas détruire les preuves qui pourraient être endommagées pendant une autopsie classique. D'après le Professeur Georges

---

[114] L'imagerie par résonance magnétique (IRM). L'appareil IRM est parfois désigné sous le nom de « scanner »,

[115] Tomodensitométrie (TDM), ou simplement *scanner* est une technique d'imagerie médicale qui consiste à mesurer l'absorption des rayons X par les tissus puis, par traitement informatique, à numériser et enfin reconstruire des images 2D ou 3D des structures anatomiques. Pour acquérir les données, on emploie la technique d'analyse tomographique ou « par coupes », en soumettant le patient au balayage d'un faisceau de rayons X.

Léonetti, médecin légiste au CHU La Timone, à Marseille : « il est évident que l'analyse post mortem traditionnelle, toujours complète, ne se fait qu'une fois. C'est une technique reproductible, qui évite de disséquer le cadavre dont la religion ou les membres de la famille refusent l'autopsie. Elle permet aussi d'examiner des corps carbonisés ou en décomposition avancée. Elle détecte bien souvent des lésions indétectables avec les méthodes traditionnelles. Elle pourrait aussi révolutionner les enquêtes policières ».

### 4. Explication du phénomène

La virtopsie a révolutionné l'accès au corps humain. Au lieu de prendre leur scalpel et faire une incision en forme de Y dans la poitrine du cadavre comme lors d'une autopsie traditionnelle, les pathologistes examinent le corps mort en 3D via les écrans d'ordinateur. Un scanner 3D projette des bandes lumineuses sur le cadavre et forme des images du corps (résolution au micromètre) par imagerie par résonance magnétique (IRM).

Ces images sont enregistrées en haute résolution par un appareil photo numérique stéréoscopique. Le scanner laser sonde la peau pore par pore, afin de détecter toutes traces de piqûres, éraflures, coupures, qui pourraient échapper à l'œil nu. On dispose alors de 3500/4000 coupes de 0,6 mm, qui vont être compilées. Grâce à la puissance des logiciels et des ordinateurs, on obtient une reconstruction surfacique tridimensionnelle, volume dans lequel on peut tourner dans tous les sens.

On peut se rapprocher de l'os, ou encore rechercher des lésions d'organes (hémorragie cérébrale, trajet balistique, fractures). Cette technique de très haute précision des images obtenues fournit des informations très détaillées sur les traumatismes subis par les victimes. L'imagerie permet un diagnostic objectif non invasif. Dans le cas de plaies par armes à feu, de pendaison, de traumatisme direct au niveau de l'os ou sur des corps en décomposition, carbonisés ou déformés par les gaz de putréfaction, l'imagerie facilite grandement le travail du légiste.

D'après Franck Clarot[116], « L'image permet de s'éloigner de la mort. Et puis, rappelons qu'elle n'est que le reflet de la réalité. Si on fournit à un jury des preuves plus ''douces'', sa décision pourra être différente. Pourtant la réalité sera la même ».

La seule difficulté réside en fait dans la logistique et l'accès aux machines. L'autopsie virtuelle soulève aussi de nombreuses questions, moins scientifiques surtout économiques. En général, la réalisation d'un scanner et d'une IRM du corps entier coûte deux fois plus cher plus qu'une dissection traditionnelle.

---

[116] Dr Franck Clarot : médecin radiologue en service à Rouen en France. Franck, CLAROT est né le 18 septembre 1969 et gérant de l'entreprise SCM Radiologie du val Lormel qui a été créée en 1990.

Au final, si l'autopsie classique reste la règle, la virtopsie va, avec le temps, gagner du terrain.

### 5. Cas pratique

Un homme est retrouvé mort sur la voie publique, le corps criblé de balles, avec neuf orifices d'entrée, soit neuf cartouches tirées d'un fusil de chasse, l'équivalent d'une rafale de pistolet automatique.

Le suspect interpellé quelques heures plus tôt plaide la légitime défense, soutenant que la victime était de face et le menaçait d'une arme. La technologie peut réfuter cette argumentation par la virtopsie.

L'examen au scanner et des logiciels de simulation permettent de reconstituer les faits et de montrer qu'entre les deux gerbes, le corps de la victime avait pivoté par exemple de 45 degrés. Surtout, ces techniques peuvent établir si au moment des premiers impacts la victime était de dos, de profil ou de face.

Le recours à des techniques d'imagerie médicale en coupes, scanner ou IRM (imagerie par résonance magnétique) explore *post mortem* un corps sous toutes ses coutures. De plus en plus utilisée dans un cadre judiciaire ou de recherche médicale, cette stratégie ne vise pas tant à se substituer aux autopsies traditionnelles qu'elle veut compléter.

En médecine légale, les examens d'imagerie peuvent aussi se révéler utiles chez les vivants, dans bien des situations : détermination de l'âge d'un individu (chez les mineurs, il conditionne la réponse pénale à une infraction donnée), recherche de stupéfiants dissimulés dans un organisme (pour confondre les passeurs de drogue ou « mules »), violences, etc.

On peut aussi avoir affaire à quelqu'un qui est dans le coma, imprégné d'alcool, et son cas peut être classé comme « accident ». La reconstitution en 3D à partir du scanner, systématique dans les traumatismes crâniens, va mettre en évidence une lésion par un objet contondant, une blessure qui n'a rien d'accidentel. À partir de ce moment, l'enquête va déterminer l'auteur et le mobile de cet acte.

## III. LES DOMAINES D'APPLICATION DE LA VIRTOPSIE

Les domaines d'application de la virtopsie sont assez variés notamment :

### 1. La balistique

En cas de mort par balle, parmi les applications les plus validées de l'imagerie *post mortem* figure la balistique. Le Pr. Marie-Dominique Piercecchi-Marti (service de médecine légale du CHU La Timone, Marseille) explique que : « Face aux décès par projectiles d'armes à feu, la mission des légistes est assez stéréotypée.

La virtopsie a pour vocation à répondre rapidement à une série de questions : quel est le nombre de projectiles, par où sont-ils entrés et sortis, à quelle distance ont-ils été tirés, quels sont les trajets lésionnels, quelle est la cause de la mort, dans quelle position était la victime, combien de temps a-t-elle survécu, peut-on récupérer les projectiles ? »

Jadis, les légistes utilisaient de simples radiographies, mais ces procédés étaient très imparfaits. Car si ces examens dénombrent les balles, ils ne suffisent pas toujours pour les localiser précisément, puisque les scanners qui découpent le corps en fines tranches et permettent des reconstructions en trois dimensions changent la donne (l'imagerie en IRM est en revanche rarement utilisée en balistique, des projectiles en métal pouvant être attirés par l'aimant de l'appareil).

Au niveau crânien, par exemple, *la tomodensitométrie*[117] est bien supérieure aux radiographies standards pour déterminer l'orifice d'entrée et de sortie des balles et repérer leur trajet. Dans certaines situations, le scanner devrait être systématique, estime Marie-Dominique Piercecchi-Marti, surtout quand les corps sont en mauvais état, notamment carbonisés.

Selon Pierre Massiani, ces examens ne sont pas seulement « contemplatifs ». Plusieurs logiciels permettent de calculer la position de la victime au moment de l'impact, d'estimer l'angle de tir et donc de reconstituer toute la scène en images d'animations. Ces clichés virtuels, plus explicites qu'un compte rendu technique, souvent obscur pour un néophyte et moins choquants que des photos de la scène de crime, peuvent être montrés lors d'un procès en cour d'assises.

Le Dr. Fabrice Dedouit, radiologue et légiste au CHU de Toulouse, explique que dans une autopsie judiciaire sur cinq. « Nous avons défini un protocole proche de celui en vigueur pour les polytraumatisés, avec des coupes systématiques de la tête au bassin et au niveau des membres si besoin. Dans le cadre d'une mort violente, par arme à feu ou arme blanche par exemple, ces examens nous permettent de mieux identifier et documenter les lésions, voire de retracer leur chronologie. De plus, les clichés peuvent être archivés et transférés pour demander un avis à d'autres équipes. Il y a aussi un intérêt didactique et pour la recherche ».

**2. Les traumatismes osseux**

Selon le docteur Fabrice Dedouit, le scanner se révèle particulièrement performant pour l'analyse de traumatismes osseux dans des zones comme la face ou le haut du rachis cervical, et pour mettre en évidence de l'air dans les vaisseaux sanguins, embolie gazeuse ou des organes. Mais cet examen « manque » d'autres lésions, telles des petites contusions et certaines atteintes vasculaires. « Une étude

---

117 La tomodensitométrie, plus communément appelée scanner, est une technique d'imagerie médicale qui permet d'observer et d'étudier les organes du corps humain.

danoise portant sur 250 cadavres, publiée en 2009, explique-t-il, a montré que dans 15 % des cas, le scanner met en évidence des lésions importantes non vues à l'autopsie. Inversement, des anomalies à l'autopsie n'avaient pas été visualisées au scanner chez une personne sur deux, résume-t-il. Pour l'instant, nous sommes dans une philosophie de complémentarité entre les deux techniques. Mais à l'avenir, les perspectives sont de pratiquer des scanners avec une injection de produit de contraste. »

### 3. La mort périnatale

Pour les décès d'origine traumatique, une IRM du corps entier établit les causes de la mort avec quasiment la même fiabilité que l'autopsie. Les auteurs notent toutefois que la radiologie ne dispense pas d'un examen autopsique. L'intérêt des IRM est aussi évalué dans les cas de mort périnatale, circonstances où les parents sont souvent réticents à une autopsie. S'agissant des morts inattendues de l'enfant, qui relèvent de causes très diverses, une IRM obtient des informations pertinentes concernant les organes et permet de guider des prélèvements, selon le Dr. Caroline Rouleau (CHU de Lausanne). Cette approche pourrait permettre de « réaliser une autopsie moins invasive en laissant les principaux organes en place et respectant ainsi davantage l'intégrité du corps humain », conclut-elle.

### 4. Les accidents de plongée

Jadis, les barotraumatismes (embolies gazeuses artérielles, principalement dans le cerveau, consécutives à une remontée trop rapide à la surface) étaient considérés comme la cause la plus fréquente de décès en plongée. Mais avec l'avènement des scanners *post mortem* chez une trentaine de plongeurs et à des expériences chez des porcs, ces médecins ont établi que les morts par barotraumatismes sont probablement surestimées. « Notre principale conclusion est que la présence de gaz dans les artères n'est pas spécifique des lésions de barotraumatisme et peut être simplement causée par la dénitrogénation, l'élimination des bulles d'azote ».

Les spécialistes découvrent en permanence de nouvelles applications potentielles des autopsies virtuelles. D'après Guillaume Gorincour, « une étude est menée avec le service de réanimation pour voir ce que ces examens peuvent apporter dans les décès aux causes inexpliquées. Par ailleurs, les bases de données d'autopsie virtuelle pourront être utiles aux étudiants en médecine. On peut aussi envisager de créer un modèle de cadavre virtuel pour remplacer les vrais cadavres dans les crashs tests automobiles ».

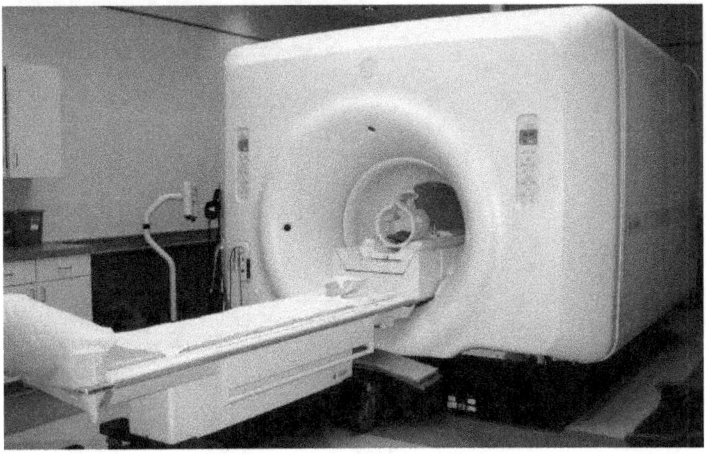

**Figure 8 :** Une salle de virtopsie

Comme l'autopsie traditionnelle, la virtopsie aide les enquêteurs à déterminer les causes de la mort d'une victime de mort violente. Vu ses nombreux avantages, ce procédé va apporter une plus-value dans les enquêtes de police.

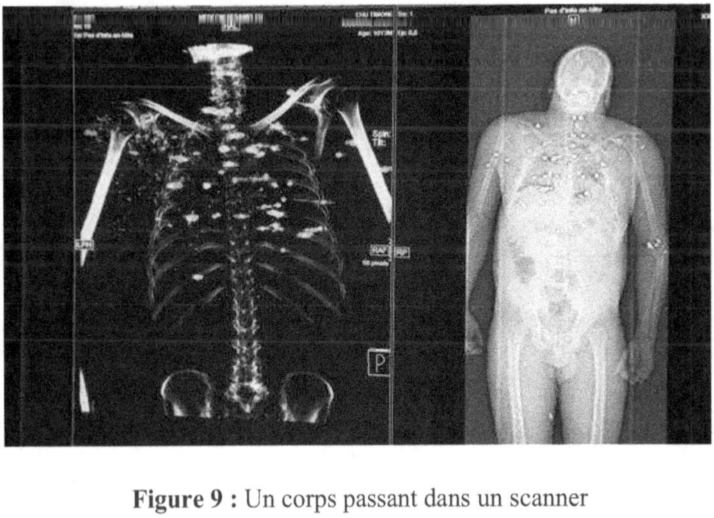

**Figure 9 :** Un corps passant dans un scanner

# CHAPITRE VI

# RECHERCHE DES CAUSES DE LA MORT (SUITE) : L'ENQUÊTE BALISTIQUE

## I. DÉFINITION ET BUT

### 1. Définition

La balistique est la science qui étudie le comportement d'un projectile soumis à la force de gravité et à une vitesse initiale. Sur le plan médico-légal, la balistique est une science physique qui étudie le mouvement des corps dans l'espace et dans la section balistique de la police scientifique, le mouvement des projectiles, plus particulièrement ceux tirés par des armes à feu.

### 2. But

La balistique a pour but d'étudier les caractéristiques fondamentales des principales armes à feu, projectiles et poudres, afin de pouvoir identifier l'arme du crime et son propriétaire. Cette étude comporte :

- la maîtrise des règles de sécurité du maniement des armes à feu ;
- la connaissance sur la balistique interne, balistique extérieure et la balistique terminale ;
- les interactions projectile vivant (IPV) ;
- la législation sur les armes ;
- l'anatomie topographique du corps humain ;
- des notions d'histologie (étude des tissus organiques) ;
- le comportement biomécanique des tissus ;
- la dissection « plan par plan » du trajet effectué par un projectile ;
- les théories du comportement des projectiles ;
- les principaux stimulants utilisés en balistique ;
- les profils lésionnels dans un stimulant ;
- les profils lésionnels dans les tissus vivants ;
- les différents mécanismes lésionnels et le pouvoir vulnérant des différents projectiles ;

- les différents types de plaies causées par chaque arme à feu ;
- les lésions à distance du trajet ;
- les écrans anatomiques et leurs effets ;
- les principaux types d'écrans de protection et leurs effets ;
- l'étude d'un profil lésionnel dans un bloc de gélatine ;
- le calcul de la vitesse, l'énergie cinétique d'un projectile.

Sur le plan médico-légal, l'analyse des armes et des douilles présentes sur les lieux de crime permet d'obtenir beaucoup d'informations, notamment sur l'identification de l'arme du crime qui passe obligatoirement par la recherche des caractéristiques du projectile, de l'étui, de la douille et/ou de l'arme elle-même si elle est disponible. Dans toutes les affaires de crime par balle, d'attaque à main armée et de suicide par arme à feu, la détermination de la trajectoire du tir et de la distance à laquelle se trouvait le tireur, la connaissance du type d'arme, du type de munition, de la distance d'impact, du port d'un gilet pare-balles ou non, sont nécessaires et permettent d'estimer le pouvoir lésionnel potentiel de la munition utilisée. Il faut toutefois rappeler que la gravité de la blessure dépend aussi de l'organe touché, plus que du type de projectile vulnérant.

## II. LES DIFFÉRENTES PHASES DE LA BALISTIQUE

Le déplacement d'un projectile entre l'instant où il est tiré et son impact sur la cible comprend trois phases distinctes à savoir : la balistique intérieure (qui traite de déplacement du projectile dans le canon), la balistique extérieure (qui traite du déplacement du projectile entre le moment où il sort du canon et celui où il atteint sa cible) et la balistique terminale (qui traite des effets du projectile sur sa cible).

### 1. La balistique intérieure

La majeure partie de la balistique interne s'intéresse aux affectations (la taille, diamètre, qualité de poudre, masse de cartouches, etc.). Dans des affaires criminelles, l'étude des stries qui rendent chaque balle unique est assez révélatrice. En effet, quand le percuteur frappe l'amorce, la poudre s'enflamme, les gaz se détendent et la balle est éjectée. Elle part dans un sens tandis que l'étui lui, part de l'autre pour être expulsé sur le côté. Les traces laissées par le percuteur sur l'amorce et celles laissées par le mécanisme d'éjection sur le fond de l'étui vont également permettre d'identifier le modèle d'arme qui a expulsé l'étui.

Notons qu'une balle tirée par une arme provient toujours d'une munition constituée d'un étui, rempli de poudre, et fermé par une balle. Pour que cette balle parte en ligne droite, et atteigne la cible visée, elle doit absolument tourner sur elle-même. Ce mouvement est provoqué par des rayures en formes de spirales sculptées à l'intérieur du canon. Le diamètre de la balle étant un peu plus gros que celui du canon, la balle va y pénétrer en force et se mettre à tourner sur elle-même, en suivant les rayures dont le relief va s'incruster sur la balle. En fonction du nombre de rayures, de leur largeur, et de leur inclinaison, on peut identifier le modèle d'arme qui a tiré cette balle.

Mais sur une scène de crime, il arrive que la balle ne soit pas retrouvée, car elle peut être ressortie du cadavre, ou avoir été détruite lors de l'impact. Et dans ce cas, aucune identification n'est plus possible. Il faut donc se mettre à la recherche de la douille, car celle-ci aussi est unique puisqu'à chaque détonation, une arme laisse sur le culot de l'étui des micros stries qui lui sont propres et qui permettent d'individualiser l'arme.

### 2. La balistique externe

Ces deux sciences sont très peu utilisées par les experts en balistique dans les laboratoires de police. La balistique externe, qui étudie le mouvement du projectile une fois sorti du canon, aide à déterminer la position du tireur et ainsi trouver des douilles. On se sert de lasers et des cordes fines pour recréer les trajectoires sur la scène du crime, puis on utilise un logiciel de reconstitutions virtuelles pour « revivre » la scène.

Les experts en balistique utilisent aussi la balistique extérieure en cas d'absence de balle. Si la balle a traversé le cadavre en utilisant les points d'entrée et de sortie, les experts recréent la trajectoire et cherchent un nouveau point d'impact qui aura arrêté la balle.

### 3. La balistique terminale

Cette dernière quant à elle, est utilisée uniquement pour étudier les « trous » d'impact sur le cadavre. Mais cette science est encore aujourd'hui assez incomprise, malgré les progrès apportés par la technologie de la photographie aux rayons X et des tests de simulation.

## III. L'ENQUÊTE BALISTIQUE

Dans tous les cas où une arme à feu est utilisée pour commettre un crime, l'enquête balistique a pour mission de trouver l'arme de crime à l'exclusion de toutes les autres qui peuvent exister. Car chaque arme possède une signature unique qui l'identifie de manière aussi précise qu'une empreinte digitale : on parle de l'empreinte balistique. L'identification de l'arme s'obtient à partir des relevés d'indices sur la scène de crime. Ces indices sont généralement les fragments de la balle, les douilles, l'arme elle-même, des blessures faites par la balle ou les résidus de tir (traces de poudre) et l'angle de tir qui détermine la trajectoire, la direction et la distance de tir. Tous ces indices visent à associer l'arme suspecte à la scène de crime ou à son propriétaire.

Dans un premier temps, l'enquêteur doit vérifier si l'arme suspecte est en état de marche, à quelle catégorie légale elle appartient et si elle a été utilisée dans un dossier précédent. Car avec le phénomène de la prolifération des armes légères de petit calibre dans la sous-région Afrique centrale, l'acquisition d'armes à feu se fait par l'échange ou l'achat dans le cadre de marchés noirs entre malfaiteurs.

Il va ensuite étudier la traçabilité de l'arme et les munitions qui auront servi à la commission de l'infraction, afin de relever des indices concordants pouvant motiver l'arrestation, puis l'inculpation du ou des suspects. L'enquêteur doit en outre déterminer combien de coups ont été tirés et retrouver les balles perdues. Pour cela, il pourra s'inspirer des rapports des témoins éventuels qui auront pu compter le nombre de balles tirées, afin que le nombre des douilles soit équivalent à celui des balles tirées.

L'enquête balistique admet d'autres rubriques, notamment la classification et la désignation des armes à feu, les effets de la balle tirée par une arme à feu, l'étude de la munition, la détection et le prélèvement des indices, l'analyse balistique, etc.

### 1. La classification des armes à feu

Dans une affaire d'homicide impliquant une arme à feu, la classification des armes à feu est plus que nécessaire. On classe ainsi les armes dans huit (8) catégories :

- 1ère catégorie : les armes de guerre (armes de poing, fusils d'assaut, etc.) ;

- 2ème catégorie : les dispositifs pour porter les armes de combat de la 1ère catégorie. Ce ne sont pas vraiment des armes, mais elles entrent tout de même dans cette classification ;

- 3ème catégorie : les gaz, tout ce qui est guerre biologique et bactériologique ;

- 4ème catégorie : les armes de défense ;

- 5ème catégorie : les armes de chasse ;

- 6ème catégorie : les armes blanches et les objets détournés de leur destination afin d'en faire une arme ;

- 7ème catégorie : les armes de tir de salon ;

- 8ème catégorie : les armes de collection ;

### 2. La désignation des armes à feu

On désigne généralement les armes à feu par le chiffre, la longueur de l'étui et les dégâts causés.

- *un chiffre* qui correspond au calibre du projectile suivi d'un nom propre ;

Ex : Cal 9 mm magnum parabellum.

*La longueur de l'étui*, plus éventuellement quelques lettres établissant diverses caractéristiques.

*Les dégâts :* les dégâts infligés par une arme à feu dépendent de l'arme, mais surtout de la munition. Il faut noter que la forme du projectile influe sur le type de dégâts qu'elle cause à la victime. Par exemple, les balles de métal mou (plomb ou contenant plus de 80% de plomb) libèrent aussi à la pénétration une quantité faible mais mesurable de plomb toxique qui est immédiatement diffusée sous forme moléculaire ou de minuscules fragments dans le corps par le flux sanguin.

*Les effets de la balle :* lorsqu'un muscle ou un tendon est touché, il s'en suit des hémorragies pouvant entraîner la mort, la destruction partielle ou totale d'organe comme le cœur ou le cerveau peut provoquer une mort immédiate. Lorsque les organes tels que les poumons sont touchés, cela peut provoquer une mort retardée. Si c'est la moelle épinière, la victime peut être paralysée ou avoir des troubles mentaux. La balle peut également produire une fracture osseuse.

**3. L'étude de la munition**

Une munition est un ensemble destiné à charger une arme à feu. Elle est constituée au minimum d'un explosif encore appelé charge et d'un (ou plusieurs) projectiles (balles).

Les cartouches modernes présentent des calibres de plus en plus petits avec des balles plus légères mais aussi beaucoup plus rapides. La munition est composée de 5 parties : la balle, la douille ou étui, la charge explosive, le culot, l'amorce.

La caractéristique essentielle de la balle est qu'elle produit les traumatismes balistiques. Elle a un pouvoir vulnérant qui correspond à la quantité de dommages qu'elle occasionne sur les tissus vivants. Une balle de gros diamètre s'enfonce plus dans la cible et détruira un plus grand volume de tissus, la morphologie du projectile, améliorant ou réduisant les autres paramètres.

Une étude menée par B. Rouvier, B. Lenoir et S. Rigal, tous du service d'anesthésie-réanimation et du service d'Orthopédie et Traumatologie de l'Hôpital d'Instruction des Armées de Percy Clamart a permis d'aboutir à la conclusion selon laquelle « aucune théorie physique ne permet de prévoir avec certitude le comportement d'un projectile dans le corps humain.... Et l'hémorragie est la première cause du décès précoce, suite à une agression par balle, alors que l'infection en est la deuxième cause, à partir de la vingt-quatrième heure ».

Les traumatismes balistiques sont la conséquence de la pénétration dans l'organisme d'un projectile : balle, plomb, fragment métallique provenant de l'enveloppe ou du contenu d'un engin explosif (grenade, mine, obus, bombe, etc.). Le pouvoir lésionnel des munitions dépend aussi de leur forme, de leur caractère explosif ou non, de leur capacité à se fragmenter, en particulier. À cause de la présence sur le marché d'un très grand nombre d'armes et de munitions, leur classification rigoureuse et toute tentative de présentation exhaustive deviennent difficiles.

## 4. La détection et prélèvement des indices

### *4.1. Les techniques de détection*

Pour détecter les indices invisibles à l'œil nu, plusieurs techniques peuvent être mises en œuvre pour cette expertise à savoir *la diffractométrie de rayons X*[118], la spectrométrie de fluorescence X à dispersion d'énergie, la spectrométrie d'absorption atomique, la spectrométrie et microscopie infrarouge et la chromatographie en phase gazeuse. L'utilisation de ces techniques sophistiquées permettra de déterminer avec précision la nature d'une fibre ou les caractéristiques principales d'une peinture, tandis les expertises en physico-chimie consistent généralement à comparer des échantillons entre eux ou à les identifier grâce à des informations obtenues dans des banques de données.

- La microscopie électronique : on utilise aussi le microscope électronique à balayage couplé à un microanalyseur à rayons X.

- Les réactifs chimiques : on peut aussi utiliser des réactifs chimiques capables de détecter la moindre présence de la poudre qui colore toute trace métallique au contact d'armes de poing.

- Les ultra-violets : il existe également les U. V. à ondes courtes.

- Le kit de résidu de tir GRA200 : il a été conçu spécialement pour la détection et le prélèvement des résidus de tir sur les mains d'un individu.

- La trousse de restructuration : elle permet d'effectuer des travaux sur une arme.

- L'utilisation du buvard : elle consiste à appliquer un buvard sur les mains du criminel. Ce buvard sera ensuite envoyé au laboratoire, où l'on va détecter la présence de la substance, grâce au microscope électronique à balayage, qui permet de voir les particules très fines. Sa performance permet de détecter la présence de résidus de tir même sur la pointe d'une aiguille. On peut aussi effectuer les prélèvements sur les mains du suspect de manière particulière : chaque partie de la main du suspect est échantillonnée séparément. La localisation

---

[118] La diffractométrie de rayons X (DRX en anglais XRD pour *X-ray diffraction*) est une technique d'analyse fondée sur la diffraction des rayons X sur la matière. La diffraction n'ayant lieu que sur la matière cristalline, on parle aussi de radiocristallographie. Pour les matériaux non-cristallins, on parle de diffusion. La diffraction fait partie des méthodes de diffusion élastique. L'appareil de mesure s'appelle un diffractomètre. Les données collectées forment le diagramme de diffraction ou diffractogramme.

des résidus de poudre peut indiquer si le suspect a fait feu, ou s'il a seulement tenu l'arme.

### *4.2. Les techniques de prélèvement*

- L'utilisation du coton : les enquêteurs peuvent passer un coton spécial sur les mains du suspect. Ce coton est ensuite analysé pour voir s'il contient des résidus (on remarque une teinture qui les fait virer au violet). Cependant, cette méthode présente un inconvénient du fait que les résidus sont les mêmes pour toutes les armes. Parmi les indices recherchés, il y a notamment les résidus de tir, les fragments de balles, les douilles, l'arme elle-même, l'angle de tir, etc.

- Les résidus de tir *:* le résidu de tir est une fine substance poudreuse qui provient de la combustion de la poudre de l'arme. L'étude de ces résidus de poudre permet de constater qu'elle colle sur les mains et les vêtements de la victime, les alentours et même le point d'entrée de la balle qui donnent une idée de la distance à laquelle le coup de feu a été tiré.

*Explication du phénomène :*

Le mécanisme de fonctionnement de l'arme montre qu'après le départ du coup, la poudre est rejetée par la bouche de l'arme sous forme d'un cône. Cette substance se répand un peu partout et peut être détectée grâce aux méthodes utilisées dans les laboratoires judiciaires. Ces fines particules se déposent comme de la poussière sur la victime, le tireur (mains, vêtements) l'espace environnant et dans la zone d'impact. Ces résidus de tirs permettent de savoir si le tireur avait une arme ou si cette arme a été en contact avec un nuage de résidus de combustion de poudre. En outre, l'analyse des résidus de tir doit conclure s'il s'agit d'un suicide ou d'un homicide. Les prélèvements effectués sur les mains de la victime vont permettre de mettre ou non en évidence la présence de résidus de tir diffusés par l'arme du crime.

- Les fragments de balles *:* le fragment d'une balle contient des marques laissées par son passage dans le canon. Même si les canons sont fabriqués de la même façon, des différences dans le métal (et dans l'usure) font que la balle qui sort de l'un d'entre eux aura des caractéristiques uniques. Car chaque canon possède des *cloisons* et des *rayures* qui lui sont propres. Leur nombre, leur taille et leur forme permettent d'identifier le type d'arme utilisé et l'entreprise qui l'a fabriqué.

- Les douilles *:* les douilles indiquent le type de munition utilisée. Cette information est imprimée sur la base de la cartouche. En plus de son rôle déjà important dans la détermination de la trajectoire du projectile, la douille est un élément essentiel, à partir du moment où elle présente régulièrement des « empreintes digitales ». Il faut relever que pendant le départ du coup, le percuteur, la culasse, l'extracteur et l'éjecteur viennent au contact de la douille. C'est ainsi que les douilles portent des marques caractéristiques qui permettent d'identifier l'arme qui les a tirées. Ces marques laissées par les cloisons et les rayures sont imprimées au passage des outils cités en amont. Elles sont uniques et peuvent être comparées avec l'arme du suspect. C'est la raison pour laquelle les douilles doivent absolument être récupérées et examinées par les enquêteurs.

NB : on parle de douille pour les armes à canon lisse et au-dessus de 14 mm et d'étui pour les armes à canon rayé compris entre sept à 12 millimètres.

Ex **:** on dira une douille de calibre 14, ou un étui de 9 millimètres Parabellum.

**Figure 10 :** Exemples d'étuis et de douilles

- Le calibre de l'arme : le calibre d'une arme à feu désigne le plus grand diamètre de ses projectiles, ainsi que celui de son canon. Il est mesuré soit au plus profond (gorge) soit au sommet (crête) des rayures. Le nom d'une munition reprend souvent son calibre et la distinction entre munition et calibre est standardisée et des munitions différentes sont conçues pour un calibre identique.

- L'arme : décrire l'état de fonctionnement de l'arme en estimant la pression nécessaire pour appuyer sur la détente. De telles informations sont primordiales pour déterminer le caractère accidentel ou intentionnel du tir.

**Figure 11 :** Structuration d'une arme à feu

- L'angle de tir : c'est la distance entre le tireur de l'arme et la cible qui est la victime. Il permet d'évaluer la distance à laquelle on a tiré sur la victime. Lors des constatations suite à une mort par balle, la criminalistique doit déterminer la distance du tir, la direction et la trajectoire de la balle, par l'étude des caractéristiques des orifices d'entrée et des orifices de sortie dans le corps, ainsi qu'à l'analyse physicochimique des traces de poudre. Ainsi, un décès causé par une blessure dans le dos par exemple peut être interprété comme un cas avéré de suicide, ou comme un cas de mise en scène, ou bien un cas où l'arme a pu être simplement déplacée.

- La distance du tir : la poudre projetée à la suite de la balle peut permettre de déterminer la distance du tir. Quelle que soit cette distance, une collerette d'essuyage caractéristique (la balle meurtrière s'est débarrassée des salissures recueillies dans le canon) borde l'orifice d'entrée de la balle dans le corps. L'orifice de sortie en est dépourvu. Il est aussi possible de déterminer la distance entre le criminel et sa victime par l'aspect de la plaie. Les projectiles, les gaz brûlants sous pression (provenant de la déflagration de la poudre) et grains ou paillettes de poudre libérés par l'arme à feu s'inscrivent sur le cadavre comme autant de témoignages matériels.

**5. L'analyse des indices**

Pour être efficace, l'analyse balistique nécessite une expertise et les infrastructures adéquates. Ce travail est dévolu à l'expert en balistique dont le rôle est de comparer les marques des projectiles, des douilles, des armes blanches et autres, avec les indices laissés sur la scène de crime. Il recherche les détails qui prouvent que cette arme particulière est la seule qui a pu être utilisée.

Pour y parvenir, il étudie les caractéristiques des armes suspectes (numéro de série, calibre, etc.), fait des tris de comparaison et de chute libre (coup parti tout seul), repère sous microscope les rayures sur les projectiles et les douilles et compare les tests avec la base de données cibles.

*Les projectiles :* pour analyser les projectiles et les douilles trouvés sur la scène de crime, ainsi que ceux tirés en laboratoire, on utilise le macroscope de comparaison. Les marques laissées sur le projectile (balle) proviennent des cloisons (parties soulevées, présentes à l'intérieur du canon) et rayures ainsi que des différences causées par l'usage d'une arme ou par sa fabrication. C'est pour cela que chaque canon laissera des marques uniques sur une balle, comme des empreintes digitales. À l'autopsie, on récupère la balle dans le corps de la victime. C'est avec cette balle et la douille que l'enquête du spécialiste en balistique va commencer.

Si l'arme est retrouvée, l'expert fait la comparaison entre balles et douilles découvertes et celles qui sont issues de ces tirs. On tire quelques balles dans l'eau avec l'arme suspecte, puis on les récupère et on entreprend d'établir un rapprochement avec le fragment relevé sur les lieux d'un crime grâce au microscope de comparaison. Si les marques sont identiques, une photographie peut être prise et servir de preuve au procès. Les tirs de comparaison se font dans deux endroits différents : soit sur un mur de pneu, compact d'un mètre d'épaisseur, soit dans un puits de tirs.

*Le mur de pneus :* il sert à récupérer les étuis de cartouches de l'arme testée, surtout dans le cas où une douille trouvée sur la scène de crime par les enquêteurs doit être comparée à une arme saisie au domicile du suspect lors de la perquisition. En effet, l'expert en balistique utilise l'arme du suspect, et tire dans le mur et récupère la douille qui vient de tomber. Il va ensuite la comparer avec celle trouvée sur la scène de crime. Si l'arme trouvée est de même calibre que celle recherchée, on conclut à l'identification positive.

*Le puits de tir :* quant à lui est utilisé pour récupérer une balle intacte, afin de vérifier si le projectile trouvé dans le corps ou sur la scène de crime provient de l'arme suspecte. Pour ce faire, l'expert en balistique tire une balle dans un puits spécial rempli d'eau qui freine le projectile et permet ainsi de le récupérer sans dommage. Le technicien remonte le panier qui contient la balle située au fond du puits, ou selon les modèles, ouvre une vanne située au plus profond du puits pour récupérer le projectile à l'aide d'un tamis. Le projectile qui a subi l'épreuve du puits de tir est ensuite comparé au projectile prélevé. En comparant les traces sur les projectiles, il est ainsi possible de confirmer si celui prélevé a été utilisé avec l'arme saisie.

Si seul le projectile a été retrouvé, des collections d'armes et de munitions de référence permettront de déterminer quel type d'arme a pu le tirer. On compare ensuite le projectile retrouvé dans le corps de la victime ou sur la scène de crime avec l'arme suspecte. L'examen comparatif consiste à déterminer s'il y a concordance entre l'arme saisie sur le suspect et la balle collectée sur les lieux du crime. Car chaque arme imprime sur la surface de la balle propulsée un certain nombre de marques particulières qu'on peut identifier à savoir : des sillons dus aux rayures hélicoïdales creusées dans l'âme du canon (en nombre variable, de largeur, inclinaison et espacement caractéristiques du type d'arme), mais également des stries (elles traduisent les infimes irrégularités d'usinage ou d'usure rencontrées dans le canon), véritables signatures de l'arme.

L'outil de comparaison des deux balles ou douilles est un microscope de comparaison (microscope grossissant en macro) ou le microscope comparateur de Gravelle. Il permet grâce aux progrès de l'optique et de l'éclairage de précision d'identifier l'arme suspecte et le système IBIS[119].

---

[119] Le système Ibis : C'est un système qui permet de résoudre le mystère de la balle retrouvée sur les lieux de crime. L'ingénieur Robert Walsh, président de Forensic Technology à Montréal, est celui qui a mis au point ce système automatisé d'identification balistique, appelé IBIS, de ses initiales en anglais. Ce système entièrement automatisé qui identifie les empreintes balistiques les plus semblables entre elles, ce qui lui laisse plus de temps pour enquêter, et témoigner en cour. Dans un premier temps, le système photographie les marques caractéristiques de la balle sous toutes leurs facettes, et sous un éclairage constant. Dans un second temps, l'ordinateur compare les données numériques enregistrées avec toutes les empreintes balistiques qu'il a en mémoire. En quelques secondes, il affiche une liste de correspondances possibles. Il ne reste à l'expert qu'à vérifier au microscope s'il a un appariement parfait.

L'expert en balistique utilise *le macroscope de comparaison* pour comparer les projectiles et les douilles trouvés sur la scène de crime avec ceux tirés en laboratoire. Il peut ainsi observer les deux objets simultanément. On place les projectiles sur un porte-objet et on les examine par un trou unique, ce qui révèle les détails des deux balles côte à côte et permet de les juxtaposer. On fait glisser les images jusqu'à ce que les marques semblent continues. Lorsqu'il y a juxtaposition, l'expert conclut que la même arme a tiré les deux projectiles.

*Le système Ibis* : il intervient après la comparaison, pour numériser les projectiles et les douilles trouvés sur chaque scène de crime. Ces images sont enregistrées dans une base de données, la base CIBLE (Comparaison et Identification Balistique par Localisation des Empreintes) par exemple, qui permet de comparer les marques d'un projectile suspect avec celles des autres affaires criminelles et de relier des crimes entre eux.

Cette analyse est complétée par la microphotographie utilisant des pellicules ultrasensibles pour révéler avec une grande fiabilité, des similitudes sur les balles et les douilles. L'examen binoculaire de ces balles et douilles va dévoiler le nombre de rayures en longueur, leur orientation à droite et à gauche, ainsi que leur angle.

En fonction du nombre de rayures, de leur largeur et de leur inclinaison, on identifie le modèle d'arme qui a tiré la balle, car l'impact du percuteur laisse un creux distinctif dans la protection métallique de l'amorce, qui est unique par le numéro de série de son fabricant. Ces informations sont utiles pour reconstituer l'histoire de l'arme, son lieu de fabrication, son ou sa propriétaire et si elle a été volée. Si les rayures retrouvées sur la balle correspondent avec celles de la bouche du canon, on peut alors déduire qu'elles ont bien été tirées par la même arme.

On va également examiner le cul de *la douille* avec un macroscope qui permet de grossir et de voir sur un écran d'ordinateur les inscriptions qui y sont gravées. Chaque type de douilles répertoriées possède une sorte de fiche d'identité. Ces douilles sont examinées ainsi que des traces laissées par *l'extracteur*.

Ainsi, pour une balle tirée de près, on retrouvera une incrustation concentrique de grains ou de paillettes de poudre projetés par les gaz chauds. L'étendue de ce « tatouage » est proportionnelle à la distance à laquelle le coup de feu est tiré. Au-delà d'une certaine distance, variable selon le type d'arme, il disparaît. À la zone d'impact, on note également une tache arrondie, de teinte variable suivant la qualité de la poudre. Elle correspond au dépôt des fumées et autres produits résultant de la combustion. On parle ainsi de tir à bout touchant ou à bout portant (d'un à trois centimètres).

À bout portant, la bouche du canon est en contact avec la cible, le tissu du vêtement est éclaté, souvent en forme d'étoile. Les fibres brûlent et la partie interne de la blessure est recouverte par des résidus de tir. Si le tir a été effectué directement en contact avec la peau, la plaie présente un cratère assez important, tapissé de particules noirâtres constituées de résidus de tir.

Les gaz enflammés, surtout avec la poudre noire, brûlent les étoffes, les poils et les cheveux. De plus, la force de leur expansion occasionne une plaie contuse (caractérisée par une perte de substance et une destruction cellulaire). Un décollement sous-cutané, à paroi noircie, accompagne l'orifice déchiqueté, « étoilé ».

Bref, pour les tirs de près, l'aspect, l'étendue et l'intensité variables du tatouage et de la tache informent sur la distance à laquelle un coup de feu a été tiré, sur la nature de l'arme et de la poudre employées.

Le *tir à bout touchant* est généralement effectué à une distance de moins de 50 cm, la poudre est comme tatouée sur la blessure, le diamètre de cet anneau « tatoué » donne une idée de la distance à laquelle le coup de feu a été tiré.

*À plus longue distance*, il ne subsiste aucune trace de poudre sur la blessure, en bordure immédiate de l'orifice d'entrée tout du moins.

On détermine ensuite le calibre de la balle à l'aide d'un pied à coulisse à affichage digital, et son poids est également déterminé. Le microscope comparateur permet d'analyser les balles et le plateau des douilles. Ces indices peuvent également être étudiés en microscopie électronique à balayage.

Ensuite, on essaie de comprendre les évènements qui se sont déroulés lors du crime. En effet, certaines balles sont pénétrantes (restent dans le corps) et d'autres sont perforantes (ressortent). Il y a donc deux blessures (une entrée et une sortie) dans le cas de la balle perforante, qui peuvent se distinguer. La blessure d'entrée est entourée d'une zone brun-rouge de peau abrasée d'où s'est écoulée une petite quantité de sang, tandis que la blessure de sortie est plus large, plus irrégulière et sans cercle d'abrasion. Elle saigne également davantage.

L'analyse du point d'entrée permet de déterminer la distance du tir : plus le canon est proche de la victime, plus il laisse des traces de poudre et de brûlure sur la peau, voire dans la blessure. Laquelle blessure peut également permettre de déterminer l'arme du crime, puisque chaque arme entraîne une destruction caractéristique et plus ou moins importante des tissus.

*La trajectoire des balles* dépend des éléments tels que la gravité, les rayures du canon qui impriment un mouvement de rotation à la balle pour améliorer la stabilité de sa trajectoire. La vitesse d'une balle à la bouche du canon est aussi variable en fonction des munitions et de la longueur du canon de l'arme. Les munitions d'armes de poing sont relativement plus lentes que celles des armes d'épaule, soit 340 m/s contre 400 et 1000 m/s.

Pour déterminer les trajectoires, on fait recours aux rapports d'autopsie, au procès-verbal de constatations et à l'album de constatations. Ce sont des pièces essentielles qui permettent d'établir la chronologie des tirs, la position du tireur ainsi que celle de la victime et la distance du tir, qui par ailleurs peut être déterminée assez rapidement avec certaines armes. Ces éléments permettront à l'enquêteur de visualiser comment les tirs sont intervenus, à quel moment de l'altercation ils ont eu lieu.

Les balisticiens reconstituent la trajectoire du projectile et la direction du tir en fonction de l'endroit où la balle et la douille ont été retrouvées. On sait que pour la plupart des armes, les douilles sont éjectées vers la droite. Un essai avec une arme identique permettra de déterminer à quelle distance et dans quelle direction elles tombent. Avant que les douilles ne soient récupérées, la position de chacune d'elle doit être marquée.

Cette détermination étant assez compliquée, on pourra utiliser le faisceau laser, même si la posture du tireur peut affecter sa trajectoire. La direction de la balle s'évalue de façon expérimentale et comparative avec l'arme de crime. À l'aide d'un émetteur laser, l'expert peut vérifier ses hypothèses concernant la balle et sa trajectoire. La radiographie de la victime va préciser la trajectoire intracorporelle du ou des projectiles et déceler leur éventuelle présence. Les orifices d'entrée et de sortie servent de référence pour matérialiser l'angle de tir.

On pourra également utiliser le fusil laser modèle FL R 005[120] qui permet de visualiser la trajectoire de tir et ce de façon très précise. Il s'utilise en recherche de cohérence et vérification de tirs d'au moins deux façons : la recherche de cohérence de position de tir en milieu rural ou urbain et la vérification de position de tir.

En recherche de cohérence de position de tir en milieu rural ou urbain[121]. L'opérateur se positionne à la place présumée du départ des coups et visualise la trajectoire directement sur le terrain par réflexion du faisceau laser sur l'environnement. Lui-même ou ses assesseurs peuvent analyser et déduire les trajectoires ainsi que les ricochets.

*En vérification de position de tir*[122]. L'appareillage est mis en mains de la personne susceptible d'avoir effectué un tir sur une autre personne, généralement

[120] Fusil laser modèle FL R 005 en expertise balistique permet de visualiser la trajectoire de tir et ce de façon très précise. Il s'utilise en *recherche de cohérence et vérification de tirs* d'au moins deux façons.

[121] En recherche de cohérence de position de tir en milieu rural ou urbain. L'opérateur se positionne à la place présumée du départ des coups et visualise la trajectoire directement sur le terrain par réflexion du faisceau laser sur l'environnement. Lui-même ou ses assesseurs peuvent analyser et déduire les trajectoires ainsi que les ricochets.

[122] En *vérification de position de tir*. L'appareillage est mis en mains de la personne susceptible d'avoir effectuée un tir sur une autre personne, généralement un mis en examen. L'analyse ergonomique de la préhension du tireur, son emplacement de tir,

un suspect. L'analyse ergonomique de la préhension du tireur, son emplacement de tir, l'emplacement de la personne touchée, les interférences de l'environnement permettent de définir de façon très précise les emplacements de tir.

D'une manière générale, les précisions angulaires obtenues par cette méthode sont de l'ordre de 1er degré. Le faisceau laser est de couleur rouge, toutefois, des possibilités de réalisation de cet appareillage avec faisceau laser vert, orange ou jaune permettent de distinguer les interactions de scènes multi trajectoires et multi tireurs. Une bonne analyse passe nécessairement par une reconstitution sur les lieux où le tir a été effectué. Pour ce faire, on utilisera les mannequins en mousse compacte floquée qui peuvent résister aux diverses reconstitutions balistiques ou « de terrain » parce qu'ils se comportent comme le corps humain.

Si la définition des trajectoires dans le corps humain est en contradiction avec les conclusions du légiste, le spécialiste en balistique est contraint de justifier ses commentaires, ses appréciations et ses déterminations de trajectoires, par la connaissance du projectile, de son comportement. Bref, il doit retracer la trajectoire de l'arme qui a tiré, que ce soit de la cible vers l'arme ou de l'arme vers la cible.

*Les éclaboussures de sang* : les éclaboussures de sang sur les murs, le plafond et le sol peuvent révéler beaucoup d'indices permettant de comprendre comment s'est déroulé le meurtre.

**6. L'identité de l'arme**

La plupart des armes à feu fonctionnent de la même manière : on appuie sur la détente, le marteau frappe le percuteur, qui à son tour imprime une marque à la base de la douille. La poudre qui se trouve à l'intérieur explose et éjecte la balle. C'est à ce moment qu'on entend le coup de feu, car la vitesse de la balle à cet instant dépasse celle du son. En passant dans le canon, la balle frotte contre des lignes de métal en relief sur la paroi. Ces lignes sont conçues pour imprimer un mouvement de rotation à la balle, ce qui en augmente la portée. Pour que la balle parte en ligne droite, elle doit absolument tourner sur elle-même. Ce mouvement est provoqué par des rayures sculptées en forme de spirale à l'intérieur du canon. Le diamètre de la balle étant un peu plus gros que celui du canon, la balle va y pénétrer en force et se mettre à tourner sur elle-même en suivant les rayures dont le relief va s'incruster sur la balle. À l'éjection de la douille, l'éjecteur laisse une autre marque caractéristique sur le projectile. C'est en quelque sorte sa signature. Ce sont ces marques, les rainures sur la balle, les traces du percuteur et de l'éjecteur sur la douille, que doit rechercher l'expert en balistique. L'arme à feu est ainsi identifiée grâce aux imperfections microscopiques qui se produisent dans

---

l'emplacement de la personne touchée, les interférences de l'environnement permettent de définir de façon très précise les emplacements de tir.

son canon au cours de sa fabrication. L'usure ainsi que l'usage qui en est fait par la suite lui donnent son individualité.

L'examen de ces éléments de munitions et de ces empreintes de tir, permettra de déterminer le type d'arme utilisée et d'attribuer le tir à une arme suspecte, de vérifier l'antériorité de l'arme utilisée et d'alimenter des bases de données. Ainsi chaque arme laisse une combinaison de marques unique qui l'identifie parfaitement.

En examinant les balles retrouvées sur la scène du crime, les techniciens en balistique peuvent trouver l'arme utilisée (son type, sa marque, son modèle, son calibre, son numéro), car chaque balle est spécifique d'une arme. Il n'y a pas que le canon qui laisse des marques, le chargeur aussi laisse des éraflures et l'explosion imprime sur la douille toutes les imperfections de la chambre et le mécanisme d'éjection produit à nouveau des rayures.

Les armes sont répertoriées et classées, ainsi que les balles et les douilles trouvées sur les lieux d'un crime. Ainsi, en comparant les balles avec les armes, ou les balles provenant d'affaires judiciaires différentes, il est possible de reconstituer le périple d'une arme et de rapprocher des faits très éloignés dans l'espace ou dans le temps.

#### 7. L'identification du *propriétaire de l'arme*

Il s'agit de remonter jusqu'au nom sur lequel l'arme a été enregistrée à l'achat. On pourra ainsi voir si cette arme a été volée ou égarée ou simplement prêtée par son propriétaire pour commettre le forfait. Le propriétaire de l'arme doit par conséquent être interpellé et entendu sur ces différents aspects. S'il est complice, l'écrouer immédiatement et il devient une bonne piste pour l'enquête. Après toutes ces analyses, le légiste fait le rapport d'autopsie qu'il transmet aux enquêteurs dans les délais prescrits par la réquisition.

## IV. CAS DE TIRS SUR UN VÉHICULE

### 1. L'étude du tir

En cas d'infraction impliquant une arme à feu, les constatations se font aussi bien sur les vivants comme sur les véhicules. Toutefois, l'étude des tirs contre les véhicules est plus technique, car on doit confronter les éléments du vivant avec ceux que l'on relève sur les véhicules. C'est parfois difficile car le verre étant très fragile, certains éléments sont parfois manquants. Mais il faut essayer au maximum de reconstituer les faits tels qu'ils ont pu se dérouler pour la manifestation de la vérité.

Au cas où le conducteur d'une voiture a été tué dans l'attaque, la reconstitution de la scène de crime est possible. On place le pistolet sur un pied et on place un mannequin dans la voiture. C'est l'étape de la reconstitution et de l'appréciation de l'angle de tir qui permettra de connaître la taille et la place du criminel. Quand ils sauront d'où les coups sont partis, les TIC pourront relever les indices.

**2. Cas de plusieurs tireurs**

Lorsque plusieurs personnes détiennent des armes et qu'une fusillade éclate, il est important de déterminer qui a tiré le premier, et dans le cas où les forces de l'ordre tirent sur des individus armés, il faut déterminer les directions réelles des tirs. Il est également important de déterminer combien de balles ont été tirées.

Cette opération est possible grâce à deux outils principaux à savoir : le macroscope de comparaison et *le système IBIS.*

**3. Analyse au laboratoire**

Le laboratoire de balistique comprend plusieurs départements en son sein : biologie (ADN, anthropologie), toxicologie, empreintes digitales, informatiques et traitement du signal audio/vidéo, faux documents, véhicules, microtraces, etc. Il est mis en mouvement par une réquisition du Procureur de la République, le Juge d'Instruction ou l'OPJ chargé de l'affaire. En effet, lorsque le magistrat estime que des constatations ou des examens supplémentaires sont nécessaires, il peut demander au technicien de procéder à des constatations techniques. Il peut intervenir après les faits, quand une ordonnance de commission d'expertise est faite par le magistrat, même pendant la reconstitution des faits.

Lorsque ces autorités adressent une réquisition légale à un expert, celui-ci est tenu de donner son accord sous peine de tomber sous le coup de l'article 92 du code de procédure pénale réprimant le requis défaillant. À la fin de son intervention, il doit évaluer le montant de ses honoraires. Dès que le magistrat ou l'OPJ a accepté le devis, l'expert peut commencer ses travaux. Son rapport doit comporter les prises de vues par une ou plusieurs personnes du labo, des scellés apportés, le résultat de l'examen des armes, des éléments de munition et des impacts, sur un morceau de tôle de blindage par exemple, ou sur des véhicules divers.

L'identification des éléments de munition relève de la description. On effectue alors des tirs avec les armes pour récupérer des éléments de comparaison qui enregistrent la base de référence de l'expert. Les comparaisons balistiques sont donc faites entre les éléments retrouvés sur les lieux et ceux prélevés ou récupérés au moment des tirs d'essai. Enfin, l'expert rédige le rapport final qui doit obligatoirement comporter un certain nombre d'étapes obligatoires.

Avec l'avènement des nouvelles technologies de l'information et de la communication, l'informatique a fait son entrée dans ce domaine, en remplaçant par exemple la pâte à modeler. À l'aide du matériel sophistiqué tel que les caméras numériques et les instruments de mesure modernes, les experts peuvent fournir aux enquêteurs des images et des rapports précis et illustrés.

Parfois, l'expert n'a pas tous les éléments matériels permettant d'évaluer la compatibilité des dires du suspect. Cela peut malheureusement provenir de constatations initiales bâclées ou de l'altération avec le temps de certaines pièces à conviction.

Malgré tout, l'expert doit aider le magistrat ou l'OPJ chargé de l'affaire à pouvoir isoler les éléments de preuve dans l'enquête. Toutefois, il ne revient pas à l'expert de prononcer la culpabilité d'un suspect, d'un accusé ou même d'un prévenu. Cette responsabilité revient au Juge en charge du dossier. Il est évident que dans le cas de dossiers clairs, où tous les éléments sont réunis, l'expert ne peut que confirmer ou donner au magistrat l'évidence lorsqu'elle est avérée. L'expert doit être neutre et compétent. Il ne doit privilégier une hypothèse plutôt qu'une autre. Lorsqu'il ne peut pas se prononcer, il doit savoir l'accepter. Cela fait aussi partie des limites qu'il doit reconnaître.

Il est souvent conseillé que le travail d'expert se fasse pendant que le suspect est en garde à vue, surtout lorsque la saisie de l'arme sur un suspect s'accompagne des stupéfiants ou autres.

Lorsque des faits doivent être remis en scène sur le plan balistique, la présence du médecin légiste et du spécialiste en balistique est importante pour deux raisons : si certains éléments sont troubles, si le magistrat n'arrive pas à prendre une décision.

# CHAPITRE VII

# RECHERCHE DES CAUSES DE LA MORT (SUITE) : LA TOXICOLOGIE

La toxicologie est la science qui étudie les effets nocifs des substances chimiques sur les organismes vivants. En cas de décès par empoisonnement, on fait appel à la toxicologie. Ce procédé permet aux enquêteurs d'avoir une idée sur l'amorce et le dénouement de l'enquête qu'ils doivent mener. L'enquête doit déterminer s'il s'agit d'une mort criminelle, par overdose ou par empoisonnement.

## I. L'EFFET TOXIQUE

Lorsqu'un individu absorbe des produits chimiques, divers effets biologiques peuvent se produire et se révéler bénéfiques (ex. : l'amélioration de la santé après l'administration d'un médicament) ou néfastes (ex. : une atteinte pulmonaire suivant l'inhalation d'un gaz corrosif). La notion d'effet toxique suppose des conséquences nocives pour l'organisme.

Le fait d'inhaler, de toucher et même d'ingérer des substances chimiques n'entraîne pas nécessairement un effet toxique. Par exemple, le dioxyde de carbone ($CO_2$) est un métabolite du corps humain expiré par les poumons qui se trouve également dans l'environnement. Il cause l'asphyxie s'il est présent en quantité suffisante dans un espace clos ou mal ventilé. Paradoxalement, l'absorption d'une substance en faible quantité peut s'avérer très toxique et provoquer des lésions graves, tandis que l'absorption en grande quantité d'une autre substance peu toxique peut produire un effet bénin. L'effet toxique est ainsi lié à la notion de toxicité.

La toxicité englobe l'ensemble des effets néfastes d'un toxique sur un organisme vivant. Autrement dit, il s'agit de la capacité inhérente à une substance chimique de produire des effets nocifs chez un organisme vivant (tableau 5) et qui en font une substance dangereuse.

L'effet néfaste est lié à la dose, à la voie d'absorption, au type et à la gravité des lésions ainsi qu'au temps nécessaire à l'apparition d'une lésion.

Un effet aigu se fait sentir dans un temps relativement court (minutes, heures, jours), tandis qu'un effet chronique ne se manifeste qu'après un temps d'exposition relativement long et de façon permanente (semaines, mois, années).

Un effet local survient au point de contact, tandis qu'un effet systémique survient à un endroit éloigné du point de contact initial.

Pour avoir la réponse à ces questions, la science doit mettre en évidence des quantités infimes de substances toxiques dans divers milieux, tels que le sang et les urines qui sont très souvent analysés, mais aussi la bile, le contenu gastrique, les cheveux, en fonction de l'état du corps, car la putréfaction fait disparaître partiellement ou en totalité les fluides corporels.

## II. LES ANALYSES

Dans des affaires criminelles, le doute ne doit pas exister. C'est pourquoi, afin de confirmer la présence de poison ou de drogue, on effectue une analyse. Pour cela, plusieurs procédés peuvent être utilisés :

### 1. La méthode physico-chimique chromatographique

Elle permet une fois les produits étudiés séparés, de retrouver leur proportion exacte, par analyse spectrale ultraviolette. On obtient alors un graphique où chaque ligne correspond à un composant de l'échantillon. Si un poison est décelé, il apparaît comme un nouveau trait dont la taille représente en pourcentage son taux de présence dans l'échantillon.

Ces analyses renseignent également sur les conditions et la vitesse de l'intoxication, et donc parfois de la mort. Effectivement, si l'on mène cette recherche dans différents organes du corps intoxiqué, on peut savoir quand et comment ils ont reçu le toxique. Par exemple, si on trouve un taux élevé d'héroïne et peu de molécules dérivées dans le sang associés à la quasi-absence de la substance dans les urines, on peut conclure à une mort rapide par overdose.

Mais les toxiques laissent leurs traces ailleurs que dans le sang et les urines. Certains même ne s'éliminent que par les cheveux, les poils ou les ongles. On peut donc très bien savoir si la prise de produits, stupéfiants ou non est antérieure à la mort et donc si elle en est la cause ou pas.

### 2. L'analyse toxicologique du cheveu

Apparue il y a vingt ans, l'analyse toxicologique du cheveu joue aujourd'hui un rôle clé dans l'arsenal médico-judiciaire en cas d'empoisonnement comme dans bien d'autres. Les prélèvements effectués sur le cadavre peuvent être analysés pour y chercher des traces de substances toxicologiques particulièrement suspectées,

### 3. La chromatographie en couche mince

Elle est utilisée lorsque l'on suspecte un empoisonnement avec un produit inconnu.

#### 4. La spectrométrie de masse

Elle permet de rechercher les produits tels que les stupéfiants, des médicaments, du poison, mais aussi d'autres substances d'origine naturelle ou synthétique.

Ces procédés permettent de déterminer la formule chimique du produit nocif qui aurait causé la mort de la victime.

On peut dater les prises de différents produits sur la base de l'analyse d'une mèche de cheveux. On pourra ainsi connaître au moment de la mort ou dans un temps proche, l'état d'imprégnation de stupéfiants, de poison ou de médicaments de la victime.

Pour réaliser ces identifications, on fait appel à des spectromètres de masse reliés à des banques de données informatisées, ou à des réactifs chimiques utilisant des réactions immuno-enzymatiques, ou encore

Les résultats de ces analyses sont d'un grand apport à l'enquête et doivent notamment orienter le médecin légiste et les enquêteurs sur la substance qui a causé la mort de la victime et déterminer s'il s'agit d'une mort accidentelle, suicidaire ou criminelle.

Si le cadavre est en état de décomposition avancée, on effectue des recherches à partir de fragments d'organes, voire de muscles. Mais ces expertises ont des limites, elles sont uniquement qualitatives, c'est- à-dire qu'elles peuvent montrer la présence de produits médicamenteux, stupéfiants ou toxiques sans toutefois les quantifier, ce qui rend difficile l'hypothèse d'un décès à la présence d'une ou plusieurs substances, puisqu'elles ne peuvent être dosées.

## III. LES EFFETS FONCTIONNELS ET LÉSIONNELS DE L'EMPOISONNEMENT

### 1. Les effets fonctionnels

Les effets causés par un produit toxique peuvent évoluer en changements fonctionnels ou lésionnels (morphologie).

Les changements fonctionnels modifient le fonctionnement de l'organisme ou d'un organe (ex. : une modification de la fréquence respiratoire lors de l'exposition à un asphyxiant simple) sans créer de lésions et ils sont généralement réversibles.

Les changements lésionnels causent une lésion à un ou à plusieurs tissus ou organes (ex. : fibrose pulmonaire causée par l'exposition chronique à la silice cristalline), sans que le sujet présente des signes cliniques. Ils sont souvent irréversibles.

Enfin, il y a des altérations biochimiques, qui peuvent également se produire sans être accompagnées de changements morphologiques apparents (ex. : la paralysie des cholinestérases[123] causée par les insecticides organophosphorés[124]).

**2. Les effets lésionnels**

Les effets toxiques se font souvent ressentir sur certains tissus et systèmes biologiques de l'organisme ainsi qu'il suit :

- le contact de la peau avec un produit toxique peut provoquer l'irritation ou la corrosion ;

- le contact de l'œil avec un produit toxique peut provoquer l'irritation, la corrosion ou la dermatose ;

- avec le système digestif, il provoque l'irritation et la corrosion ;

- avec le système cardiovasculaire, il provoque un rythme cardiaque anormal ;

- avec le système nerveux central, il provoque la dépression (nausée, vomissement, étourdissement) ;

- avec le système nerveux périphérique, il provoque la neuropathie (perte de sensation, trouble de la coordination) ;

- avec le système respiratoire, il provoque l'irritation, la corrosion, l'essoufflement ;

- sur le système sanguin, il provoque la carboxyhémoglobinémie ;

- sur le système urinaire, l'urine devient très foncée, le sang se mélange avec les urines.

## IV. LES ORGANES CIBLES EN CAS D'EMPOISONNEMENT

Les toxines ne produisent pas les mêmes effets sur tous les organes ou les tissus. Ils s'attaquent à certains organes cibles selon leur sensibilité et selon la concentration du toxique et/ou de ses métabolites.

- Le foie : les toxines provoquent *l'hépatotoxicité*[125]qui est une atteinte du foie (un organe vital), tout comme le cœur et les poumons. C'est une cible pour de

---

[123] En biochimie un cholinestérase est une enzyme qui catalyse la réaction d'hydrolyse d'un ester de la choline (acétylcholine, butyrylcholine) en choline et en acide acétique. En physiologie, cette réaction est nécessaire pour permettre aux récepteurs cholinergiques de revenir à leur état de repos après activation

[124] Un composé organophosphoré est un type de composé organique comportant au moins un atome de phosphore lié directement à un carbone.

[125] L'hépatotoxicité est considérée comme le pouvoir qu'a une substance de provoquer des dommages au foie ; cela intervient généralement suite à la prise de médicaments.

nombreux toxiques à cause de son important débit sanguin et de sa situation par rapport à la circulation sanguine.

- le rein, les toxines peuvent provoquer la néphrotoxicité[126], qui est un effet toxique sur le rein. C'est l'organe d'élimination responsable de la sécrétion de l'urine. Il joue un rôle dans la régulation de l'équilibre des liquides du corps et contribue à débarrasser le sang de ses impuretés, et notamment des toxiques comme le cadmium et le chloroforme.

- le système nerveux : les toxines peuvent provoquer la neurotoxicité[127] qui est un effet toxique sur le système nerveux et qui par ailleurs, est un ensemble de cellules spécialisées ou non dont l'unité fondamentale est le neurone, dont la fonction est le transfert de l'information (influx nerveux) d'une partie du corps à une autre, assurant ainsi le fonctionnement interne de l'organisme et ses relations avec le milieu extérieur.

Le système nerveux est formé de deux ensembles : le système nerveux central (dont l'abréviation courante est S.N.C.) et le système nerveux périphérique (S.N.P.).

* Le système nerveux central comprend l'encéphale, lequel est constitué des organes situés dans la boîte crânienne (cerveau, cervelet et tronc cérébral) et la moelle épinière.

* Le système nerveux périphérique est quant à lui constitué par les nerfs et leurs renflements (ganglions nerveux).

- la peau : les toxines peuvent causer la dermatotoxicité, qui est l'ensemble des effets toxiques des substances nocives sur la peau (dermatose).

- l'appareil respiratoire : il est constitué des voies aériennes supérieures (nez, pharynx ou gorge) de la trachée, des bronches, des bronchioles et des alvéoles pulmonaires, ils peuvent exposer le sujet par inhalation à divers agents qui existent sous plusieurs formes (gaz, vapeur, gouttelettes, fines particules) et en diverses tailles et qui ont leur toxicité et leurs caractéristiques physiques propres.

- le cœur, ils affectent le cœur et les vaisseaux sanguins et peuvent provoquer des troubles du rythme cardiaque.

En cas d'empoisonnement, le Légiste fait les examens pour ressortir la nature du poison dans ses conclusions.

---

126 Néphrotoxicité : caractère de ce qui est toxique pour les reins.

127 La neurotoxicité est l'action d'un poison (ou substance neurotoxique) sur le système nerveux. Il peut s'agir d'éléments chimiques comme les métaux lourds, de composés chimiques ou de substances biologiques comme les neurotoxines.

## V. LA CLASSIFICATION DES EFFETS TOXIQUES

Les effets toxiques peuvent être classés de diverses façons, selon, par exemple :

- la durée : elle peut être aiguë, ou chronique ;

- le type d'action : il peut être local, ou systémique ;

- le mécanisme d'action : il peut être stimulant, ou inhibiteur ;

- la voie de pénétration : elle peut être respiratoire, cutanée, digestive ;

- le tissu ou l'organe affecté : il peut représenter du sang (hématotoxique), le foie (hépatotoxique), le rein (néphrotoxique), ou le système nerveux (neurotoxique) ;

- la nature de l'effet : il peut été irritant, sensibilisant, asphyxiant, ou cancérogène ;

- l'utilisation : des pesticides, du savon, ou des solvants ;

- l'étiquetage : qui peut être une matière corrosive ;

- la famille chimique : qui peut être hydrocarbures aromatiques, ou alcools.

| **Nature de l'effet** | **Tissu, organe ou système biologique affecté** |
|---|---|
| Asphyxie : acétylène monoxyde de carbone | Rein : diéthylène glycol, mercure |
| Cancer : benzène chlorure de vinyle | Sang : aniline benzène |
| • Corrosion : acide sulfurique hydroxyde de sodium acide sulfurique | Système nerveux : toluène, xylène |
| **Utilisation du produit** | **Famille chimique du produit** |
| Colorant : bleu de méthylène, vert malachite | Acides : acide acétique, acide sulfurique |
| • Pesticide : Aldrine 2,4-D | Hydrocarbures aliphatiques : éthane, propane |
| Solvant : diéthylène glycol, xylène | Hydrocarbures aromatiques : benzène xylène |

**Tableau 4 :** Classification des produits chimiques

La classification des toxiques dépend souvent du domaine d'application, de l'objectif poursuivi ou même du champ d'activité d'un individu. Le tableau suivant présente quelques exemples de classification utilisant des critères présentés plus haut.

Après la levée de corps et l'autopsie, on peut déplacer le corps et le médecin ayant constaté la mort présente son rapport à l'autorité qui l'aura requis. C'est une étape cruciale pour la suite des investigations.

# CHAPITRE VIII

# RECHERCHE DES CAUSES DE LA MORT (SUITE) : LA MORPHOANALYSE OU ETUDE DES TRACES DE SANG

On retrouve généralement le sang sur les scènes de crime en cas de mort violente. C'est un élément important pour la résolution d'une enquête à partir du moment où il apporte des indices considérables sur le déroulement du crime. La science qui étudie les traces de sang sur une scène de crime s'appelle *la morphoanalyse, c'*est une discipline de criminalistique qui consiste à examiner la forme et la distribution des traces de sang aux fins de déterminer les mécanismes qui sont à leur origine.

La morphoanalyse est une branche de la médecine légale qui fait partie des nouvelles technologies d'identification les plus avancées en matière d'analyse génétique. Ce procédé peut être utilisé par les investigateurs pour résoudre les crimes et appréhender les coupables.

## I. L'IMPORTANCE DE LA MORPHO ANALYSE

L'analyse des traces de sang a pour but de :

- déterminer la nature et la provenance des traces de sang reliées à une enquête de police : ces taches peuvent permettre de savoir si l'assassin a donné des coups violents ou non, des coups rapides, s'il a utilisé une arme blanche, une arme à feu (par exemple un fusil ne laissera pas la même trace qu'un coup de couteau) et donc en savoir plus sur sa morphologie (taille, poids, force, etc.) et sur sa mentalité (meurtre violent, préméditation ou non, etc.).

- déterminer d'où provient le tir ou le coup : la distance entre les points d'impact et les points d'origine de projections, le scénario le plus probable des événements, le nombre de coups portés et le nombre de protagonistes, la position relative de la victime, de l'auteur ou encore de tout objet dans la pièce et la chronologie des faits. Cette technique permet aussi de savoir si le corps a été traîné à travers la pièce ou si l'endroit de la découverte du corps est ou non la scène du crime, car les traces de sang laissées seront différentes dans chacun des cas précédents. Elle permet également de vérifier la compatibilité des témoignages.

- permettre aux investigateurs présents en premier sur la scène de crime de collecter et de préserver les informations délivrées par les traces de sang.

- étudier des types de projections ou des traces présentes sur les lieux du crime ou sur un objet (une pièce dans une maison, l'arme du crime, un véhicule, la victime, le suspect, etc.) est aussi nécessaire. Les résultats des analyses de traces de sang permettent donc d'avoir une idée sur le mouvement, la position et l'orientation des personnes ou des objets au moment où le sang a été rependu (ou après), le ou les objets utilisés ainsi que le ou les méthodes employées pour produire certains types de traces et le ou les points d'origine des traces.

- analyser des traces de sang demande suffisamment d'enseignements et d'entraînement pour être une technique d'investigation efficace, et tous les OPJ ne peuvent pas forcément avoir des compétences requises. S'ils savent ce qu'ils ont à faire sur la scène de crime, ils savent aussi ce qu'ils doivent faire ensuite pour élucider l'affaire.

- établir le type d'arme utilisé en cas de mort par balle, par poignard, la position de la victime et de l'auteur de l'acte au moment des coups, mais aussi leurs déplacements respectifs, la distance entre le point d'impact des gouttes de sang et le lieu d'origine, voire le nombre de coups.

La science de l'analyse des traces de sang a recours aux connaissances scientifiques dans les domaines aussi variés que la biologie, la chimie, les mathématiques et la physique. Si un analyste suit un processus scientifique, cette science appliquée peut produire de solides preuves, ce qui fait de l'analyse des traces de sang un outil efficace pour les investigateurs.

Ces traces de sang constituent des indices importants pour la compréhension des évènements qui se sont déroulés sur la scène de crime à l'absence des témoins. À partir de quelques échantillons, on peut retrouver des données très diverses qui permettront de mieux comprendre toutes les séquences d'un homicide ou d'un accident.

**Remarque** : Les résultats d'une analyse des traces de sang ne peuvent pas être considérés comme preuves irréfutables.

L'analyse d'une trace de sang peut donner des informations précises sur :

- les mouvements et la direction des personnes ou des objets pendant qu'ils perdaient leur sang ;

- la position des personnes ou des objets durant le crime ;

- les mouvements des personnes ou des objets après le crime ;

- le mécanisme ou l'objet utilisé pour créer une trace spécifique ;

- la direction prise par une tache au moment où elle a été déposée ;

- l'origine de la zone d'impact d'une tache ;

- le nombre minimum d'impacts lors du crime ;

- l'enchaînement des événements ;

- le nombre approximatif de coups portés à la victime ;

- le point d'origine de la projection (dans le cas d'un crime à arme à feu) ;

- la position approximative de l'auteur ou de tout objet spécifique ;

- la chronologie des faits ;

- la nature de l'arme utilisée (une arme blanche et une arme à feu ne laisseront pas les mêmes traces) ;

- ensuite, on peut constater sur la victime si l'auteur a tiré à bout portant, de loin, ou à bout touchant, s'il a donné des coups puissants avec une arme blanche ou pas ;

- la disposition des traces de sang peut aussi renseigner les enquêteurs sur le physique du meurtrier, son sexe, son âge ;

- renseigner sur ce qu'il en est de l'organisme d'où le sang est issu, s'il contient des drogues ou des substances toxiques.

## II. PROCÉDÉS DE DÉTECTION DES TACHES DE SANG

Lors d'une agression violente, le sang éclabousse bien souvent un peu partout dans la scène. Il est très difficile à nettoyer, même si le criminel utilise des produits d'entretien tels que l'eau de Javel, il en reste toujours des traces. Pour cette raison, il est d'une grande aide dans la résolution d'une enquête.

En effet, lorsqu'on retrouve des traces de sang, avec ou sans corps sur une scène de crime, on doit d'abord déterminer la nature du sang, s'il est humain ou animal. Si l'assassin avait prémédité son acte, et qu'il ait nettoyé du sang avant de quitter les lieux, effaçant ainsi les traces visibles à l'œil nu, les experts de la police scientifique vont les détecter et les prélever pour analyse.

On détecte les traces de sang grâce à l'hémoglobine contenue dans les globules rouges, qui sont des protéines. Elles viennent s'étaler sur un tissu, s'y accrochent, pénètrent et y restent.

Plusieurs procédés peuvent permettre aux TIC (techniciens en identification criminelle dans la gendarmerie) ou GSI (gestionnaire de scène d'infraction) de repérer et prélever toutes les traces laissées par un malfaiteur sur la scène de crime. Parmi les plus connus, il y a notamment :

### 1. La méthode optique

C'est la plus sûre. Elle est simple, rapide et très efficace, c'est l'observation à l'œil nu, surtout lorsque le sang n'est pas sur une surface foncée et de même couleur que lui, ou lorsqu'il ne se présente pas sous la forme de *microtraces.* Les traces de sang sont perceptibles surtout lorsque le corps de la victime gît dans une mare de sang, ou alors de grosses taches sont visibles sur le sol, les murs ou le plafond.

### 2. Le toucher

Il se fait avec des gants. Cela permet de sentir une croûte de sang séché sur un tissu.

Mais lorsque l'auteur du crime nettoie les lieux après son forfait, il devient difficile de voir ces traces, lorsqu'il se présente sous la forme de microtrace. Dans ce cas précis, on peut le rechercher à l'aide d'un *macroscope,* ou recourir à des expériences mettant en valeur la présence ou non *d'hémoglobine*. Parmi les plus connus, il y a notamment :

### 3. Le crimescope ou la lampe Polilight

C'est un puissant projecteur muni d'une batterie, capable de produire des lumières très pures (mono fréquence) de couleurs variables. Sa lumière blanche rasante permet de chercher des fibres ou des cheveux, tandis que la lumière bleue projetée perpendiculairement au sol permet de détecter les traces de sang, sperme, salive, etc. à l'aide de différentes longueurs d'onde. Une fois révélés, ces indices seront photographiés et récoltés, puis envoyés au laboratoire pour être analysés.

### 4. La lampe portative (à rayons ultraviolets)

Elle permet de repérer les traces de sang, grâce aux rayons à grande longueur de 320 à 400 nm. Elle s'utilise dans un environnement assombri. La lumière ultraviolette émise est alors absorbée par les composés organiques dont les fluides humains. Puis, les taches de sang, de salive, de sperme ou autres émettent des rayons fluorescents qui deviennent visibles par l'homme. On peut mettre en évidence une tache de sang sur un tissu en le mettant en contact avec de l'eau oxygénée.

### 5. L'eau oxygénée

L'eau oxygénée permet de révéler les traces de sang invisibles. On dépose les gouttes d'eau oxygénée sur l'échantillon. L'hémoglobine du sang qui contient des ions Fe3, va produire une réaction chimique. Le Fe3 joue le rôle de catalyseur dans cette réaction, car il perd sa forme pour la reprendre par la suite. Il y a donc libération de dioxygène à la suite de cette réaction. La benzidine va devenir bleue et le produit est alors identifié en tant que sang. Cette réaction marche pour tous les produits contenant des ions Fe3 tels que le jus d'orange, ce qui la rend peu fiable. On obtient une mousse, grâce à la réaction des protéines d'hémoglobine présentes dans les globules rouges qui se fixent sur le tissu. Or dans l'hémoglobine, il y a la catalase, une enzyme, qui favorise la dissimulation du peroxyde d'hydrogène en oxygène gazeux. La production rapide d'oxygène gazeux se traduit donc par la production de mousse, ce qui stipule la présence de sang.

### 6. Le naphtyle phosphate

Il permet de révéler le sperme, en mettant en évidence, l'enzyme phosphatas, l'acide qui compose le sperme. Cette enzyme catalyse les réactions de décomposition des composés de phosphate. Elle fait virer la tache de sperme en couleur rose, qui devient de plus en plus pâle au fil du temps.

### 7. Le spectroscope[128]

Il permet de déceler les dérivés chimiques de l'hémoglobine, pour voir si l'échantillon contient du sang. Lorsqu'on mélange l'hémoglobine à l'acide, il se dissocie au contact de l'acide et l'une des parties dissociées se transforme en chlorhydrate d'hématine (se cristallise sous la forme de prismes allongés, brun à violet, caractéristiques). Après confirmation qu'il s'agit bien de sang, on prélève les échantillons à l'aide de coton-tige préalablement stérilisé.

### 8. Le luminol et le bluestar

Ils permettent de trouver d'infimes traces de sang, même si les lieux ont été soigneusement nettoyés. Le sang étant indélébile, tout nettoyage, aussi méticuleux soit-il, ne fait qu'altérer les protéines, sans toutefois les faire disparaître.

#### *8.1. Le bluestar*

C'est un produit commercial qui, répandu au pulvérisateur sur la scène de crime, permet de révéler les traces de sang effacées par le meurtrier. Il est composé de substances chimiques qui provoquent la fluorescence et produit une lumière bleutée très fugace qui permet néanmoins de prendre des photos rapidement. Il permet aux techniciens d'investigations criminelles de révéler les traces de sang invisibles à l'œil nu. Basé sur le principe de la chimiluminescence, ce révélateur de sang est le plus performant pour une utilisation sur la scène de crime ou au laboratoire. Il n'altère par l'ADN et est facile à mettre en œuvre.

#### *8.2. Le luminol*

C'est une molécule qui a la particularité d'émettre une luminescence en présence d'un activateur tel que l'eau oxygénée par exemple. La présence d'un catalyseur tel que du fer (contenu dans le sang) accélère fortement cette réaction chimique qui permet d'observer la présence de taches de sang dans l'obscurité.

---

[128] *Le spectroscope* est un appareil conçu pour observer les spectres lumineux. Le principe de fonctionnement est le suivant : on éclaire à l'aide de la source à étudier une fente étroite ; une première lentille collimatrice rend parallèle le faisceau lumineux tombant sur la face d'entrée du prisme ou du réseau ; après dispersion de la lumière une seconde lentille donne sur un écran une suite d'images juxtaposées de la fente, chacune correspond à une longueur d'onde. Cette série d'images, les raies, constitue le spectre de la source lumineuse. Ex. : la *lumière blanche* est décomposée en bandes colorées aux couleurs de l'arc-en-ciel, c'est un spectre continu.

Après avoir plongé la pièce dans l'obscurité totale, une fluorescence se crée à l'endroit où il y a du sang. Il est le produit idéal pour détecter les traces de sang. Comme tous les fluides biologiques, le sang est majoritairement constitué d'eau de nombreuses cellules telles que globules blancs, les plaquettes et les globules rouges, dont le rôle est de transporter l'oxygène, et qui contiennent de l'hémoglobine, la protéine qui fixe le fer et l'oxygène, donnant ainsi sa couleur rouge au sang.

Le luminol permet aussi de rendre visible du sang dilué même au douze millièmes. Pulvérisé dans une pièce non éclairée, il devient fluorescent au contact de toute trace de sang, grâce au fer contenu dans l'hémoglobine.

#### 9. L'exagon Obti

Il peut s'utiliser seul ou en complément du BLUESTAR® FORENSIC, il permet de déterminer si la trace de sang révélée est d'origine humaine ou animale. La luminescence bleu électrique produite est basée sur *l'hexagonobti*, un test de dépistage rapide permettant de vérifier, en 2 à 3 minutes, qu'une trace de sang est bien d'origine humaine

#### 10. La dissociation de l'hémoglobine par l'acide

On mélange l'acide à l'hémoglobine. La réaction produit une division de l'hémoglobine en deux parties, dont l'une se transforme en *chlorhydrate d'hématine*[129], qui se cristallise et prend une couleur violette qui lui est propre, ce qui révèle la présence du sang.

## III. LES TYPES DE TRACES DE SANG

Les traces de sang se distinguent selon leur source, leur vitesse et leur fluorescence.

### 1. Selon leur source

Il existe trois types de traces de sang :

#### *1.1. Les traces projetées*

Une trace projetée se produit lorsqu'une certaine quantité d'énergie est transférée à une source de sang, elles sont elliptiques et se produisent quand une force s'exerce sur une source de sang, comme un mouvement du corps, une morsure, ou encore un impact de balle. Dans le cas du projectile d'arme à feu, les gouttes s'étalent en un brouillard, qui forme une sorte de pochoir.

[129]Un chlorhydrate ou hydrochlorate est une substance qui associe un composé et une ou plusieurs molécules de chlorure d'hydrogène, HCl, comme un hydrate en est une qui contient des molécules d'eau. On peut aussi le désigner par les termes chlorohydrure ou hydrochlorure.

### *1.2. Les traces de sang passives*

Elles sont caractéristiques des gouttes tombées sous leur propre poids. Elles sont souvent perpendiculaires au sol et sont dues à la force de gravité. Elles peuvent survenir après un coup donné sur le nez par exemple. En s'accumulant, ces taches créent des projections secondaires en étoiles sur le sol.

### *1.3. Les traces de contact ou de transfert*

Elles se forment quand une surface ensanglantée entre en contact avec une surface propre. C'est le cas d'un objet ensanglanté qui entre en contact avec un autre objet, qui peut être une surface ou une personne. Elles peuvent être de toute forme. Il est possible dans ce cas de discerner l'objet qui a laissé la trace et de suivre le mouvement des corps : par exemple si le corps a été traîné, ou bien des traces de semelles.

L'IABPA[130] ajoute cinq autres groupes de traces de taches de sang classifiées selon leur source à savoir :

- *Les taches d'égouttement* sont les taches créées par des gouttes de sang tombant dans du sang.

- *Les taches d'écoulement* sont créées lorsque la forme et la direction d'une tache de sang changent à cause de la pesanteur ou du mouvement de l'objet.

- *Les flaques de sang* sont créées lorsque la source de sang reste immobile un certain temps.

- *Les taches d'essuyage* sont créées lorsqu'un objet rentre en contact avec une tache déjà présente et qui altère sa forme.

- *Les taches à la volée* se créent lorsque du sang est transféré d'une source en mouvement vers une surface sur laquelle il n'y en a pas.

[130] L'IABPA Association Internationale des Analystes en Traces de Sang.

| | | |
|---|---|---|
|  *Tache de sang révélée au Bluestar* |  *Tache de sang révélée au luminol* | 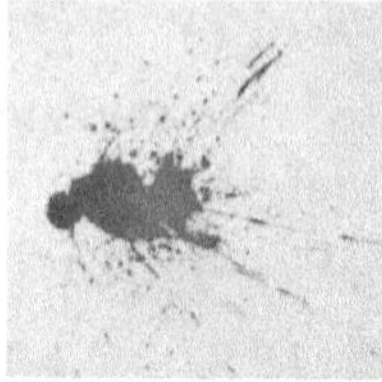 *Tache de sang projetée* |
| 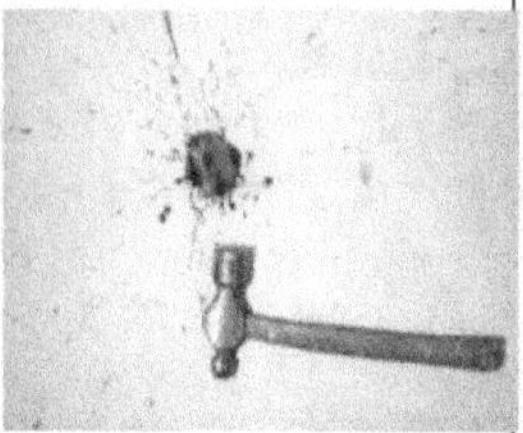 *Tache de sang due à un écrasement par un objet contondant* | 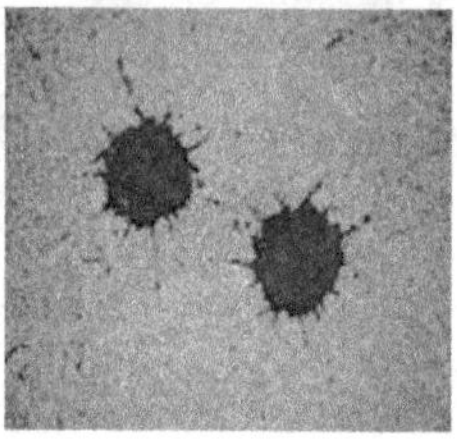 *Taches de sang passives* | 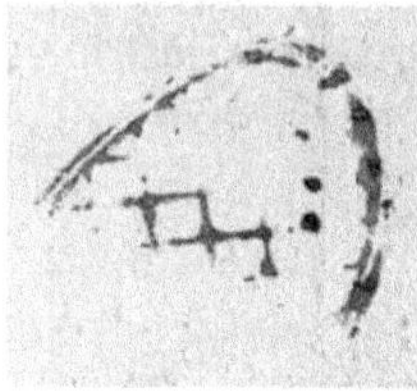 *Trace de sang de contact ou de transfert* |
|  *Transfère de sang par apposition de la main* | 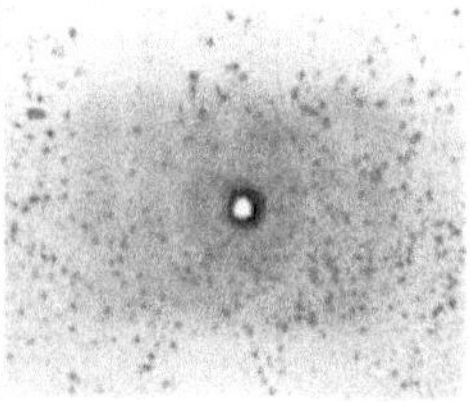 *Épanchement caractéristique d'un impact par projection rapide* |  *Effusion de sang due à un objet contondant* |
|  *Taches d'écoulement* |  *Taches d'essuyage* |  *Flaques de sang* |
| 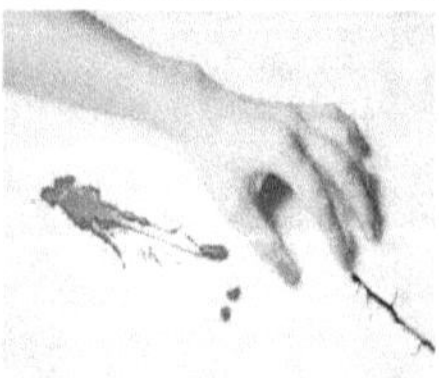 *Taches de sang à la volée* |  *Traces de sang projetées sur le mur* |  *Projection de sang causée par une arme blanche* |

**Tableau 5 :** Les différents types de traces de sang selon leur source

## 2. Selon leur vélocité

La projection de sang à l'entrée de la blessure est appelée « jet d'entrée », celle à la sortie « jet de sortie ». Si quelqu'un ou un objet se trouve entre la blessure et la surface sur laquelle devait normalement arriver le sang, cela signifie qu'il a éclaboussé l'objet ou la personne en question. Cette rupture dans le motif fixe la position de la personne ou de l'objet, absent de la scène au moment des constatations. Les mêmes méthodes fonctionnent avec des blessures provoquées par d'autres armes qui, pour la plupart, ont vocation à rapprocher davantage l'agresseur de sa victime qu'avec une arme à feu. On peut relever plusieurs blessures dont les motifs propres se recouvrent et conduisent à des points différents. D'autres types de motifs sanglants résultent des impacts et peuvent embrouiller la scène de crime.

Le premier élément révélé par le motif est la vélocité. Plus les gouttes sont petites, plus elles se déplaçaient vite. Lorsque les gouttes de sang sont provoquées par un coup ou une arme, le sang chasse par l'objet provoquant l'impact, et la vélocité donne une indication sur la cause de l'hémorragie.

On sait déjà qu'en vol, les gouttes de sang ont une forme sphérique. Cette forme est due aux forces de tension de surface qui s'exercent sur les molécules qui forment la goutte. Comme tout objet projeté, la goutte de sang suit une trajectoire parabolique avant de retomber sur le sol ou une paroi. Dès lors qu'elle rencontre une surface, la goutte s'écrase et prend une forme particulière (une ellipse) en s'allongeant dans la direction opposée à sa source. L'ellipse est plus ou moins allongée (le ratio longueur/largeur) en fonction de l'angle d'impact, qui peut alors être calculé à l'aide d'équations trigonométriques.

La plupart des plaies causées par balles provoquent une giclée de sang, quel que soit le nombre de trous qu'elles produisent. Les termes « projection à basse vélocité », « projection à vélocité moyenne », et « projection à vélocité élevée » ne décrivent pas la vitesse à laquelle les gouttes de sang traversent l'air. Le terme « vélocité » est censé décrire la quantité d'énergie transférée à une source de sang afin de créer des taches. La vélocité est une vitesse (m/s) en relation avec une direction. Souvent, les termes force et énergie sont cités conjointement avec les unités p/s ou m/s, ce qui est incorrect. La force est reliée à la vélocité et à la masse (N ou 1 $kg.m.s^{-2}$). L'énergie est reliée à la force exercée sur un objet (J ou N.m ou $kg.m^2.s^{-2}$). Ci-dessous une méthode de différentiation des projections de sang à vélocité basse, moyenne, et élevée.

Selon leur vitesse, les traces de sang sont classées en trois catégories : la projection à basse vélocité, la projection à vélocité moyenne et la projection à vélocité élevée.

### *2.1. La projection à basse vélocité (PBV)*

Les projections à vélocité basse sont généralement produites lorsqu'un objet se déplaçant à moins de 1,5 m/s rentre en contact avec une source de sang, la prépondérance des taches étant généralement supérieure à 3 mm de diamètre et lorsque la quantité d'énergie transférée à la source de sang est basse.

### *2.2. La projection à vélocité moyenne (PVM)*

Les projections à vélocité moyenne sont généralement produites lorsque la quantité d'énergie transférée à la source de sang est moyenne, comme dans le cas d'une morsure. Elles se produisent lorsqu'un objet se déplaçant entre 1,5 m/s et 7,5 m/s rentre en contact avec une source de sang. La prépondérance des taches se situe généralement entre 1 mm et 3 mm de diamètre. Les mécanismes qui peuvent produire ce type de traces incluent les traumas avec objets contondants et les coups de couteau, ou autres objets divers (club de golf, batte de base-ball).

### *2.3. La projection à vélocité élevée (PVE)*

Les projections à vélocité élevée sont généralement produites lorsque la quantité d'énergie transférée à la source de sang est élevée, par exemple lors d'un coup de feu. Elles sont déposées lorsque l'objet se déplaçant à plus de 30 m/s rentre en contact avec une source de sang. La prépondérance des taches est généralement inférieure à 1 mm de diamètre. Ces taches donnent souvent l'impression d'avoir été faites à l'aide d'un aérographe[131]. Les projections à vélocité élevée peuvent être créées par des coups de feu ou des explosifs, mais aussi par des machineries industrielles, la toux, ou l'éternuement, qui se déplacent à une vitesse de plus 30 m/s.

### *2.4. La fluorescence*

Selon leur éclat, on relève les traces de sang visibles et latentes. *Les traces de sang visibles* ce sont celles que l'on voit naturellement à l'œil nu) et *les traces de sang latentes* (ce sont celles qui doivent être révélées).

| | | | |
|---|---|---|---|
| 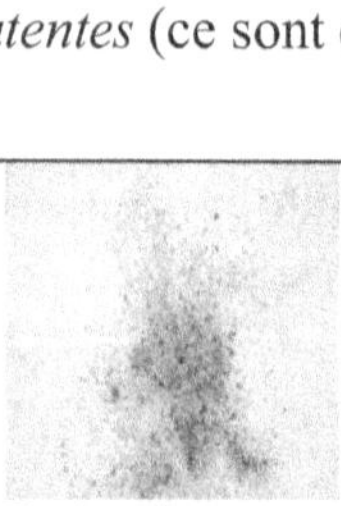 | 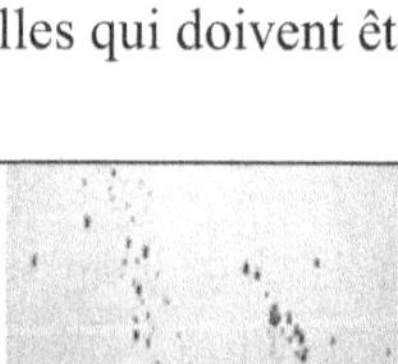 | 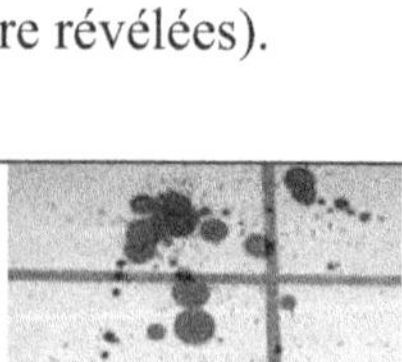 | 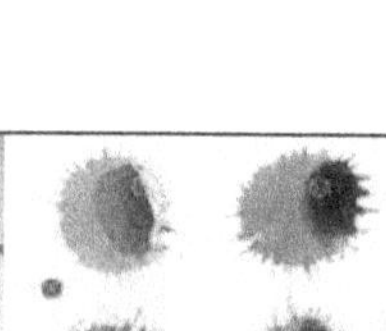 |
| Tache de sang à vélocité élevée | Tache de sang projetée à grande vitesse | Tache de sang à vélocité basse | Tache de sang d'écoulement |

**Tableau 6 :** Les différents types de traces de sang selon leur vélocité

[131] L'aérographe est une méthode de peinture qui est basée sur le même principe que celui du pistolet à peinture utilisé par les carrossiers.

## IV. LES ANGLES D'IMPACT

L'analyse des traces de sang projetées permet de calculer la direction de la goutte de sang et l'angle avec lequel la goutte a percuté la surface analysée. Des lignes (virtuelles ou matérialisées par des ficelles) permettent de localiser l'origine du coup et déterminer la position du tireur au moment du crime.

Si une goutte de sang atterrit selon une pente plus ou moins accentuée, la partie qui heurte la surface la première, *le point d'impact,* sera rond car la goutte était encore ronde à cet endroit-là. La partie la plus éloignée de la goutte à présent déformée sera, elle, irrégulière. En regardant la tâche, les enquêteurs savent dans quelle direction voyageait la goutte. Ensuite, pour découvrir l'angle de chute d'une goutte, on calcule l'angle d'impact qui est égal à l'arc sinus de la largeur de la goutte divisée par la longueur. La formule chimique est :

$A = \arcsin (l/L)$

En suivant l'angle d'impact jusqu'à son origine, l'expert peut déterminer les positions relatives de la victime et de son assaillant. Il faut remarquer que plus longue est la goutte de sang, plus fermé est l'angle d'impact. Comme toutes les gouttes ont un seul point d'origine, en déterminant l'angle d'une ou de plusieurs gouttes de sang, on peut également découvrir où mènent tous ces angles. Ce sera l'endroit exact où se tenait, gisait ou était assise la victime au moment de l'impact. L'application de cet exercice permet aux enquêteurs de savoir si la victime s'est suicidée ou si elle a été assassinée et si le corps a été déplacé. Le saignement d'une blessure aide donc aussi à déterminer la distance à laquelle l'agresseur se trouvait, par rapport aux gouttes de sang.

À cause de l'aspect tridimensionnel des trajectoires, il y a trois angles d'impact, $\alpha$, $\beta$, *et* $\gamma$. L'angle le plus facile à calculer est $\gamma$ (gamma). Gamma est simplement l'angle de la trajectoire de la tache de sang mesuré à partir de la *verticale* de la surface.

L'autre angle qui peut être facilement calculable est $\alpha$ (alpha). Alpha est l'angle d'impact de la trajectoire de la tache sortant de la surface.

Le troisième angle à calculer est $\beta$ (bêta). Bêta est l'angle de la trajectoire de la tache pivotant sur l'axe vertical (z). Ces trois angles sont reliés par la trigonométrie grâce aux équations suivantes.

*L = longueur de l'ellipse (axe majeur)*
*W = largeur de l'ellipse (axe mineur)*
$\alpha$*= angle d'impact*
*Le rapport entre ces variables est :*

$$\sin \alpha = \left(\frac{w}{l}\right)$$

*Donc :*

$$\alpha = \arcsin\left(\frac{w}{l}\right)$$

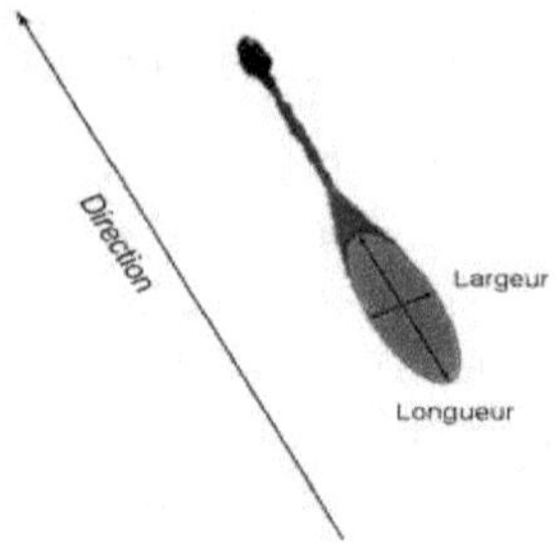


Les termes « projection à basse vélocité », « projection à vélocité moyenne », et « projection à vélocité élevée » ne décrivent pas la vitesse à laquelle les gouttes de sang traversent l'air. Le terme « vélocité » décrit la quantité d'énergie transférée à une source de sang afin de créer des taches. La vélocité est une vitesse (m/s) en relation avec une direction. La méthode habituelle de visualisation de l'angle d'impact sur le terrain consiste à tirer des ficelles depuis les gouttes de sang selon les angles corrects, jusqu'à ce qu'il y en ait assez pour montrer l'endroit de leur intersection, et où il y a pu avoir obstruction.

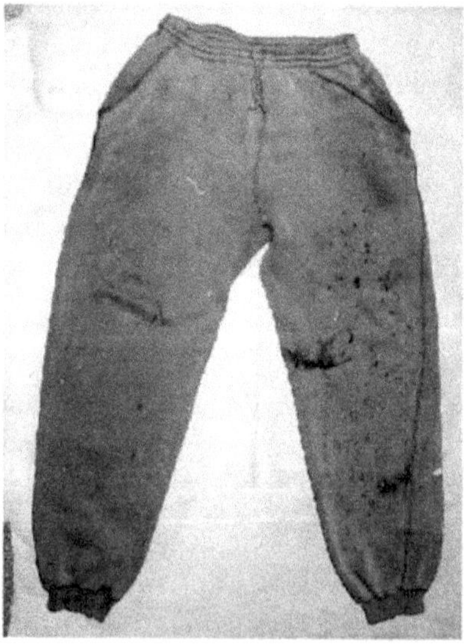

**Figure 12 :** Taches de sang sur le pantalon d'un suspect, elles indiquent sa position par rapport à la victime

## V. LES FACTEURS QUI INFLUENCENT LA PROJECTION DE SANG

Parmi les facteurs physiques qui interviennent sur la projection du sang, il y a : la gravité, la viscosité du sang, sa cellularité, mais aussi l'angle d'impact de la goutte quand elle rencontre la surface d'impact. Il existe d'autres types de projections tels que :

*La projection due à la non-coopération* : ce sont les taches qui surviennent lorsque du sang est projeté par un individu saignant et qui est en mouvement ;

*La tâche de giclement artériel* : ce sont les taches qui surviennent lorsque du sang s'échappe du corps par une artère sectionnée ;

*La projection à l'opposé* : le sang est projeté à l'opposé de la source d'énergie qui a causé la tâche.

*La projection due à l'expiration* : le sang s'échappe du nez, de la bouche ou d'une blessure à cause de la pression due à l'expiration de l'air des poumons.

*Le « goutte-à-goutte » ambulant* : il résulte du sang qui coule d'une personne blessée en déplacement, ou bien d'une personne non blessée qui a du sang sur ses vêtements, son arme ou sa personne.

*Des gouttes giclant* : elles sont issues de la chevelure ensanglantée de quelqu'un qui a fui les lieux. Elles laissent souvent d'étranges motifs. Les armes transportées sur la scène, notamment les couteaux et objets contondants, elles peuvent aussi laisser des traces sanglantes spécifiques.

*Les projections subséquentes* : le sang gicle d'un couteau, d'un poing, d'une barre à mine ou de toute arme lorsqu'elle est en mouvement. Quand un couteau quitte la plaie, par exemple, du sang adhère à la lame. Il peut gicler et être projeté derrière l'agresseur ou au plafond. Le corps humain n'étant pas homogène, certaines zones sont parcourues d'artères charriant du sang, d'autres non. Par conséquent, certaines blessures produiront un motif d'hémorragie artérielle différent. Ces éclaboussures reflètent les battements du cœur, formant un motif de taches qui présente des angles et des vélocités alternées.

Les constatations visibles à l'œil permettent de se faire une première idée sur le crime commis. Par exemple, une brume de fines gouttelettes sur le mur indique une grande vélocité de façon quasi certaine un coup de feu, ou un engin explosif,

Les éclaboussures larges et lentes sont souvent liées à des blessures à relativement faible impact, comme des coups et les éclaboussures à vitesse moyenne ont presque toujours pour origine des couteaux ou des objets contondants. Quand une goutte de sang tombe à la verticale sur une surface lisse, elle a tendance à former une tache ronde. En tombant d'une plus grande hauteur, elle dessine une couronne, une goutte ronde qui heurte la surface, rebondit et retombe en donnant naissance à de plus petites gouttes tout autour.

Les blessures par balles se présentent sous deux formes : de part en part, c'est-à-dire que la blessure présente deux orifices (l'orifice d'entrée et l'orifice de sortie) et un orifice unique, c'est quand la balle est entrée mais n'est pas ressortie, restant logée dans le corps.

## VI. LE PRÉLÈVEMENT DES ÉCHANTILLONS DE SANG

Une fois révélées, ces traces peuvent être prélevées avec les supports rigides et les supports souples pour être analysées par les techniciens qui les transmettent en suite au labo pour leur manipulation, leur conditionnement voire leur conservation. Ce sont ces traces et prélèvements biologiques sur une scène d'infraction qui permettront d'identifier le mis en cause.

Si l'usage de certains outils et réactifs peut aider les enquêteurs à déterminer avec exactitude les circonstances de la mort et le *modus operandi* des criminels, ils peuvent également permettre d'en connaître les causes.

Pour prélever les traces de sang sur une scène de crime, certaines règles doivent impérativement être respectées : la première règle est le port obligatoire d'une tenue de protection, afin de ne pas contaminer la scène de crime, tandis que la seconde règle fondamentale est que chaque indice doit aller dans une enveloppe, numérotée et répertoriée afin de ne pas les mélanger

Les taches de sang, peuvent être retrouvées sur plusieurs types de support : tissus, papier, bois, lame de couteau, etc. Pour les exploiter, il est important d'isoler la tâche et d'essayer de se débarrasser au maximum du support afin d'avoir un échantillon le plus pur possible.

Trois cas de figure peuvent alors se présenter :

- la tache de sang se trouve sur un support transportable (vêtements ...) : il suffit de le mettre dans une enveloppe afin d'éviter la contamination ;

- la tache se trouve sur un tapis ou encore un papier peint : il est possible d'en découper un échantillon afin de la faire analyser ;

- le sang est tellement abondant qu'il est possible d'en prélever à la pipette. Il suffit donc d'être méticuleux et d'utiliser une pipette ainsi qu'une éprouvette propre ;

- le sang est sur un support non transportable, on procède au prélèvement en grattant la tâche avec une lame de rasoir propre ou un autre instrument adéquat. Les croûtes de sang sont recueillies dans une feuille de papier blanche soigneusement repliée, elle-même lissée dans une enveloppe scellée convenablement identifiée.

La position de la tache de sang ainsi que sa forme peuvent donner des indications sur le mode opératoire du criminel. Mais il peut arriver que le criminel nettoie le sang après son passage, dans ce cas, il faut alors d'abord trouver les taches de sang effacées grâce aux Blue Star. Il suffit de pulvériser le produit pour faire apparaître les taches sous forme d'une lueur d'un bleu électrique.

## VII. IMPORTANCE DES TRACES DE SANG

Dans le domaine de l'enquête criminelle, les traces de sang permettent aux enquêteurs de déterminer la cause de la mort, élaborer des scénarii probables sur la manière dont le crime s'est déroulé et conduire à l'identification du criminel. L'inspection de chaque goutte peut encore révéler de nouveaux éléments.

En effet, la présence physique des gouttes de sang, leur forme, leur nombre aussi bien que les motifs qu'elles dessinent quand elles tombent ou giclent sur les murs, les sols et les plafonds racontent toujours ce qui s'est passé pendant le crime. C'est pourquoi les clichés de la disposition des taches, les photos en plan large ou serré de chaque tache et groupe de taches doivent être pris en premier, avant les vues générales de toutes les surfaces, y compris du plafond, qui donne l'échelle et les positions relatives. Les gros plans de chaque tache se combinent pour révéler le schéma général et les connexions entre chaque tache. La forme et la taille des gouttes doivent être enregistrées avec des échelles clairement visibles sur les clichés.

La taille des taches de sang est un indice qui permet de connaître la violence du coup porté à la victime et possiblement de l'arme utilisée. En général, plus le coup est violent, plus les taches auront tendance à être petites. Lorsqu'une personne est poignardée, elle transfère presque toujours involontairement du sang sur la lame. Cette lame est souvent ramenée plusieurs fois vers l'arrière puis vers l'avant, par des mouvements successifs qui projettent du sang.

L'étude de la projection de sang apporte aux enquêteurs des éléments sur la position d'une personne, lors d'une blessure par arme à feu, le coup de couteau ou toute autre arme blanche. Ces taches mesurent généralement de un à trois millimètres de diamètre, tandis qu'une arme à feu entraînera la projection de gouttes de moins d'un millimètre de diamètre. Les taches de sang sur une scène de crime permettent aussi de comprendre l'enchaînement des événements. Vu le fait que les gouttes de sang obéissent aux lois de la physique, la localisation des taches de sang sur la scène de crime ainsi que leur forme peut permettre de déterminer la source de projection du sang. Pour faciliter le travail aux enquêteurs, il existe des logiciels informatiques qui permettent de reproduire les vitesses d'impact et les angles des traces de sang, ainsi que le sens de la projection et les dimensions de la projection du sang lorsqu'il gicle. Le sang prélevé sur la scène de crime peut également aider les enquêteurs à déterminer l'âge du suspect, grâce à l'analyse de l'ADN de certaines cellules sanguines, de quoi donner des indices à la police scientifique pour retrouver le responsable d'un acte criminel. En effet, chacun des *lymphocytes T*[132]qui sont des cellules du système immunitaire possède un *récepteur TCR*[133] unique. Chaque antigène est reconnu par au moins un lymphocyte. Pour parvenir à créer des cellules uniques, les lymphocytes subissent une maturation dans le *thymus*[134], au cours de laquelle des réarrangements génétiques aléatoires se font. Pendant ce processus, des fragments d'ADN sont excisés du *génome*[135] et sont retrouvés sous forme circularisée dans les cellules. La présence de ces ADN circulaires est donc un marqueur de la maturation récente des lymphocytes[136], un phénomène qui décroît avec l'âge et la perte de fonction du *thymus*. La quantité de cet ADN circularisé dans le sang serait donc un reflet de l'âge.

Cette hypothèse a été testée sur 195 sujets néerlandais, âgés de six semaines à 80 ans. En comparant le niveau des ADN circulaires à celui d'un gène constant, les chercheurs ont pu classer les personnes en quatre catégories en fonction de leur âge, et ce avec une erreur moyenne de neuf ans : six semaines à 20 ans, 20 à 39 ans, 40 à 59 ans et 60 à 80 ans. Mais cette méthode peut s'avérer moins efficace lorsque le sujet examiné est malade (porteur du virus du Sida, malade de paludisme), car les taux de lymphocytes T sont affectés et seront alors biaisés. Ils ne sont donc pas suffisamment précis pour servir de preuves, mais pourront peut-être être utilisés comme des indicateurs.

## VIII. CONSERVATION DES TRACES DE SANG

Les traces de sang peuvent être conservées longtemps sur la scène de crime et exploitables quelques années après. Mais il est conseillé de les prélever tout de suite lorsque le crime est découvert, en vue de les conserver au laboratoire.

---

[132] Les lymphocytes T, ou cellules T, sont une catégorie de leucocytes qui jouent un grand rôle dans la réponse immunitaire secondaire. « T » est l'abréviation de thymus, ils sont responsables de l'immunité cellulaire.

[133] Le récepteur des cellules T est un complexe moléculaire qui se trouve sur la membrane des lymphocytes T (ou cellules T).

[134] Le thymus est un organe situé dans le médiastin antéro-supérieur et antéro-moyen. Il sert de lieu de maturation aux lymphocytes T et joue un rôle dans la protection contre l'auto-immunité.

[135] Le génome est l'ensemble du matériel génétique d'un individu ou d'une espèce codé dans son ADN. Il contient en particulier toutes les séquences codantes et non-codantes

[136] Les lymphocytes sont des leucocytes qui ont un rôle majeur dans le système immunitaire du corps humain. En termes de structure et de fonction, on distingue deux lignées lymphocytaires différentes : les lymphocytes B et T.

| Caractéristiques du sang | Durée de conservation à l'état desséché |
| --- | --- |
| Tests de détection | Des années |
| Tests d'identification | Des années |
| Groupes sanguins ABH | Des années |
| Groupes sanguins Gm, Km | Des années |
| Groupes sanguins Ge | 1 à 2 ans |
| Groupes sanguins MN,Ss, Rhésus | 3 à 6 mois |
| Groupe prot. Hp, AK, PGM, AcP1 | 3 à 6 mois |
| Groupes de protéines ADA, EsD | 1 à 4 semaines |
| Polymorphisme d'ADN | Des années |

**Tableau 7** : La conservation des traces de sang

## IX. RÉSOLUTION D'UNE AFFAIRE GRÂCE À LA MORPHOANALYSE

La morphoanalyse des traces de sang est un outil important dans la résolution des affaires criminelles. Ces dernières avancées ou découvertes scientifiques font partie intégrante des techniques d'enquêtes policières. Si l'exemple le plus connu est l'analyse des traces d'ADN qui permet de confirmer la présence de suspects sur les lieux du crime ou le passage des victimes en certains endroits, les traces de sang peuvent également donner des renseignements sur le mode opératoire du criminel.

Pour illustrer cette assertion, nous allons emprunter une expérience réalisée par : Guillaume Boudarham, Christophe Josserand, Thomas Séon & Lou Rih du Laboratoire Pluridisciplinaire de Criminalistique : 20, bis rue Louis Philippe 92200 Neuilly-sur-Seine, dans le Crime parfait.

Une fusillade se déroule dans un appartement au cours de laquelle trois personnes perdent la vie. Un témoin a assisté à la scène. Il appelle la police qui se rend sur les lieux pour les constatations d'usage. À leur arrivée, les policiers trouvent dans le hall d'entrée de l'immeuble une jeune femme en pleurs assise par terre, avec de nombreuses taches de sang sur ses vêtements. Cette dernière leur explique que c'est elle qui a signalé le meurtre. Comment résoudre l'affaire ?

On procédera de la manière suivante :

***Présentation des protagonistes et présentation générale de la scène***

En entrant dans l'appartement, on découvre : une femme *EMBOLO* (F3) et deux hommes *ATEBA* (H1) et *ABEGA (*H2) gisant par terre, baignant dans une flaque de sang. Un des hommes *ABEGA* (H2) a le crâne fracassé et les deux autres victimes ATEBA (H1) et *EMBOLO* (F3) ont d'importantes plaies à la tête.

EMBOLO (F3) tient dans sa main droite un pistolet, tandis qu'un autre pistolet est retrouvé au sol près de *ABEGA* (H2) entre le bureau et la bibliothèque.

Deux balles sont retrouvées dans le mur derrière le bureau. Une batte de base-ball, maculée de sang, est découverte près du corps d'ATEBA (H1). Il y a une grande quantité de sang dans cet appartement, ce qui témoigne de la violence des événements qui s'y sont déroulés. Autour des cadavres mais également au sol, au plafond, sur les murs et les objets, il y a de nombreuses traces de sang de forme et d'aspect divers.

**Figure 13** : scène de crime telle que découverte par les policiers

### 1. Audition de la femme qui a signalé les meurtres NGAH (F4)

Après avoir protégé les lieux, les enquêteurs interrogent *NGAH* qui les a appelés. Celle-ci affirme avoir vu *ABEGA* (H2) tirer une balle dans la tête d'ATEBA (H1), tandis qu'il se tenait debout face à lui en le menaçant avec une batte de base-ball. Ensuite, EMBOLO (F3) a tiré une balle dans la tête d'ABEGA (H2), suite à un accès de colère dont elle avait l'habitude. Après quelques hésitations, *NGAH* ajoute qu'EMBOLO (F3) s'est alors suicidée en se tirant une balle dans la tête, après s'être rendu compte de son geste fatal. Elle termine en disant n'avoir rien déplacé ni touché, et avoir appelé la police alors qu'elle se trouvait près de la porte d'entrée de l'appartement.

### 2. La morphoanalyse

Au vu de cette scène de crime particulièrement complexe et de la très grande quantité de sang présente, on fait intervenir un expert en morphoanalyse des traces de sang. Car la forme des traces de sang sur une scène de crime permet également de déduire des informations cruciales sur le déroulement des événements. Leur interprétation et peut offrir à l'enquêteur un moyen de « remonter le temps ». La morphoanalyse des traces de sang va permettre, dans un avenir proche, d'être capable, à partir des taches de sang au sol, de remonter à l'origine du crime.

*Cas d'ABEGA (H2) : étude des traces de sang au plafond*

Le morphoanalyste observe au plafond, au-dessus d'EMBOLO (F3) et *ABEGA* (H2), des traces de sang de forme elliptique dont les directions sont parallèles entre elles. Ces traces de sang sont appelées *cast-off* et proviennent de sang éjecté par la force centrifuge d'une arme ensanglantée en mouvement, à chaque fois que l'agresseur frappe sa victime. Le morphoanalyste comprend assez vite que ces traces sont consécutives à l'utilisation de la batte de base-ball ensanglantée retrouvée près du bureau.

### 3. Enquête : comment ces traces de sang peuvent-elles aider les enquêteurs ?

En comptant le nombre de projections parallèles, on peut estimer le nombre de coups minimum portés à la victime et leur localisation permet de déterminer la position de l'agresseur au moment de l'agression. La présence d'une petite élongation sur l'un des côtés des traces prises individuellement indique le sens vers lequel ces projections ont été émises.

**Conclusions**

Les résultats obtenus par le morphoanalyste et par les expertises ADN qui ont montré que ces traces de sang et celles retrouvées sur la batte de base-ball appartiennent à *ABEGA* (H2), permettent à l'expert de dire que *EMBOLO (*F3) a utilisé la batte pour frapper au moins trois fois très violemment sur la tête de *ABEGA* (H2), lui fracassant le crâne.

**Figure 14 :** EMBOLO (F3) frappant ABEGA (H2) sur la tête avec la batte

## CAS D'ATEBA (H1)

Près de *ATEBA* (H1), le morphoanalyste observe sur les murs et au sol, de nombreuses projections de sang de forme elliptique, dont la répartition est très différente du cas précédent. Ici, les grands axes des ellipses convergent vers une origine commune. Ces projections des *spatters* proviennent du sang qui a été éjecté d'une blessure sanglante suite à une agression.

Il faut obtenir des informations à partir d'une tache de sang sur le sol ou sur le mur.

Lorsqu'une goutte de liquide impacte un mur, elle s'étale en laissant une trace caractéristique. En général, cette trace forme une ellipse et des irrégularités qui permettent de remonter à la vitesse et au rayon initial de la goutte, et donc de déduire la position de la victime au moment du meurtre. En effet, la forme de l'ellipse indique l'angle d'impact, tandis que les dimensions de l'ellipse ainsi que le nombre de spines ou corrugations de l'ellipse permettent de déduire la quantité de sang de la goutte, et par là même son rayon initial et sa vitesse au moment de l'impact. Toutes ces informations permettent ainsi de retracer la trajectoire de la goutte et de déduire, à partir du recoupement de plusieurs gouttes, la position de la victime lors des faits.

### Conclusions

À partir de l'examen des traces de sang, le morphoanalyste conclut que la blessure de la victime se trouvait à seulement 1 m 30 au-dessus du sol derrière le bureau. Compte tenu de ce résultat, combiné aux expertises balistiques et aux expertises ADN qui ont montré que ces traces de sang appartiennent à *ATEBA* (H1), l'expert estime qu'il est probable qu'*ATEBA* (H1) qui mesure 1 m 75, ait été tué d'une balle dans la tête alors qu'il était assis à son bureau. Hypothèse qui contredit le témoignage de *NGAH* (F4) qui affirme qu'ATEBA (H1) était debout lorsqu'on lui a tiré dessus.

### Fiabilité de la méthode

La détermination de l'angle de l'impact à partir de la forme de l'ellipse est une méthode très fiable, qui est actuellement utilisée régulièrement par les enquêteurs scientifiques. L'obtention de la taille de la goutte initiale et de sa vitesse (ce qui permet de déduire la position de la victime au moment du meurtre) est plus délicate malgré les résultats récents des chercheurs en mécanique des fluides. Cependant ces dernières méthodes se développent très vite et sont de plus en plus utilisées. Il faut également noter que l'analyse en parallèle des nombreuses taches de sang permet d'améliorer la fiabilité de la méthode.

### Cas d'EMBOLO (F3) : les rétroprojections de sang

Les expertises d'ADN ont montré que les dernières traces de sang présentes dans l'appartement appartiennent à *EMBOLO (*F3). Ces traces de sang sont du même type que celles étudiées précédemment par l'expert. Par une analyse similaire, le morphoanalyste montre que la blessure de la victime à l'origine de ces traces se trouvait à un peu plus de 1 m 75 au-dessus du sol. Compte tenu de la taille de la victime et de sa blessure à la tête, l'expert conclut que la victime se tenait probablement debout au moment où la balle lui est entrée dans la tête. Cependant, un détail a intrigué le morphoanalyste : aucune projection de sang n'a été trouvée sur la main droite de la victime alors que du sang aurait dû, avec une forte probabilité, être rétro projeté sur celle-ci si *EMBOLO* (F3) s'était suicidée comme l'a affirmé *NGAH* (F4) aux policiers.

**Figure 15 :** Projection des taches de sang au sol : noter la position du tireur

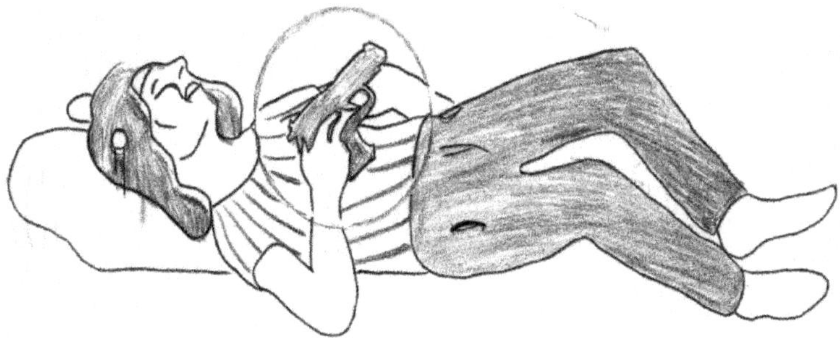

**Figure 16** : EMBOLO (F3) tenant maladroitement une arme, la scène simule un suicide

**Figure 17** : Position probable de chaque protagoniste au moment des faits

**Reconstitution du scénario le plus probable**

Au vu de nombreuses expertises qui ont été réalisées sur cette scène de crime et après avoir auditionné une seconde fois *NGAH* (F4) en la mettant face à ses contradictions et ses incohérences, on sait désormais ce qui s'est probablement passé dans cet appartement avant l'arrivée des policiers : *ABEGA* (H2) a tiré sur *ATEBA* (H1) au pistolet, alors qu'il était assis à son bureau. Ensuite *EMBOLO* (F3) a frappé d'au moins trois coups la tête d'*ABEGA* (H2) à l'aide de la batte de base-ball. *NGAH* (F4), qui se tenait près de la porte d'entrée, a alors tiré sur *EMBOLO* (F3) avant de lui mettre le pistolet dans la main droite pour faire croire à un suicide. Les enquêteurs se sont d'ailleurs aperçus qu'EMBOLO (F3) était gauchère et qu'elle n'aurait donc jamais pu se suicider en utilisant sa main droite. L'arme avait été placée par NGAH (F4) dans la mauvaise main.

**Figure 18** : EMBOLO (F3) frappant ABEGA (H2) sur la tête, il faut noter le sens des projections de sang

**Figure 19 :** NGAH (F4) tirant sur EMBOLO (F3), il faut noter ici la position de l'impact

**Figure 20 :** NGAH (F4) mettant l'arme dans la mauvaise main d'EMBOLO (F3)

**Figure 21** : NGAH (F4) déposant la batte de baseball près d'ATEBA (H1)

### *Conclusion*

Tout porte à croire qu'un amant jaloux (*ABEGA)* a tué *(ATEBA),* qui est le mari de sa maîtresse (*EMBOLO*), celle-ci arrive et ne le supportant pas, elle tue son amant *(ABEGA*). La femme (NGAH) du mari sauvagement assassiné (ATEBA), découvre la scène et en profite pour tuer la maîtresse (*EMBOLO)*.

Cette illustration résume ainsi toute une enquête. En effet, cette enquête a pu être résolue grâce à la combinaison de la morphoanalyse, l'analyse ADN et la balistique.

# CHAPITRE IX

# RECHERCHE DES CAUSES DE LA MORT (SUITE) : LA SPECTROMETRIE, LA CHROMATOGRAPHIE ET LA MICROSCOPIE ELECTRONIQUE

L'application de ces disciplines dans le domaine de l'enquête médico-légale permet de répondre à plusieurs questions dans le domaine criminel ou légal. La *spectroscopie* peut être employée pour l'identification de composés ou pour déterminer la composition d'un échantillon. En cas d'empoisonnement par exemple, la spectrométrie permet de déterminer la nature du produit nocif et la quantité absorbée par la victime. Elle est souvent couplée avec la chromatographie en phase gazeuse. Des spectromètres sont également utilisés en acoustique, dans l'analyse de la composition d'un signal sonore. De façon générale l'étude des spectres est appelée la spectrométrie.

Le microscope électronique quant à lui est indispensable dans les études balistiques, notamment la comparaison des railleurs des balles ou des douilles tirées à partir d'une arme suspecte. Il peut également mettre en exergue les résidus de tir prélevés sur les mains d'un suspect ou sur les vêtements de celui-ci.

## I. LA SPECTROMÉTRIE

Le spectromètre est un appareil de mesure permettant de décomposer une quantité observée de faisceaux lumineux en spectroscopie, ou bien un mélange de molécules par exemple en spectrométrie de masse en ses éléments simples qui constituent son spectre. Les outils qui servent à la mesure de la fluorescence sont appelés fluoromètres ou fluorimètres. Il existe plusieurs types de spectrométrie : la spectroscopie de fluorescence, la spectrométrie de fluorescence X et la spectrométrie de masse.

### 1. La spectrométrie de fluorescence

La spectroscopie de fluorescence, ou fluorométrie ou encore spectrofluorométrie, est un type de spectroscopie électromagnétique qui analyse la fluorescence d'un échantillon. C'est une technique courante d'analyse en chimie organique et biochimie, qui implique l'utilisation d'un rayon de lumière (habituellement dans l'ultraviolet) qui va exciter les électrons des molécules de certains composés et leur faire émettre de la lumière de plus basse énergie, typiquement de la lumière visible, mais pas nécessairement.

La spectrométrie de fluorescence X est une méthode d'analyse chimique qui utilise une propriété physique de la matière qui est la fluorescence de rayons X. Lorsqu'on bombarde de la matière avec des rayons X, cette matière réémet de l'énergie sous la forme de rayons X, c'est la fluorescence X, ou émission secondaire de rayons X. Le spectre des rayons X émis par la matière est caractéristique de la composition de l'échantillon. En analysant ce spectre, on peut en déduire la composition élémentaire, c'est-à-dire les concentrations massiques en éléments.

**2. La spectrométrie de masse**

La Spectrométrie de masse (en anglais, *mass spectrometry* ou MS) est une technique physique d'analyse qui permet de détecter et d'identifier des molécules recherchées par mesure de leur masse, et de caractériser leur structure chimique.

Le spectromètre de masse a été conçu pour la première fois par le Britannique Joseph John Thomson. Il comporte une source d'ionisation avec un ou plusieurs analyseurs qui séparent les ions produits selon leur rapport *m/z*, d'un détecteur qui compte les ions et amplifie le signal, et d'un système informatique qui traite le signal. Le résultat obtenu est un spectre de masse représentant les rapports *m/z*, où m représente la masse et *z* la valence (ou m/q, *q* représentant la charge) des ions détectés selon l'axe des abscisses et l'abondance relative de ces ions selon l'axe des ordonnées.

Son principe réside dans la séparation en phase gazeuse de molécules chargées (ions) en fonction de leur rapport masse/charge (*m/z*). C'est une méthode qui identifie et confirme la présence de molécules. Le principe consiste en un faisceau d'électrons qui bombarde la molécule inconnue, qui se brise alors en ions. Un électroaimant attire ces ions qui se disposent donc en fonction de leur poids. L'appareil fournit le spectre de masse du corps chimique à l'origine de ces ions et l'ordinateur compare alors, d'après les intensités des courants d'ions et leur nature, cette molécule avec les milliers répertoriés dans sa mémoire, pour identifier la substance recherchée.

La spectrométrie de masse est utilisée dans pratiquement tous les domaines scientifiques : physique, astrophysique, chimie en phase gazeuse, chimie organique, dosages, biologie, médecine, etc. Le spectromètre de masse se compose de quatre parties :

- *un système d'introduction de l'échantillon :* l'échantillon peut être introduit directement dans la source, sous forme gazeuse, liquide (infusion directe) ou solide (canne d'introduction directe, dépôt sur plaque MALDI, ...) ou encore par l'association à une méthode séparative (chromatographie en phase liquide, chromatographie en phase gazeuse électrophorèse capillaire).

- *une source d'ionisation :* elle consiste à vaporiser les molécules et à les ioniser. Cette source peut être utilisée soit en mode positif pour étudier les ions positifs, soit en mode négatif pour étudier les ions négatifs. D'après les spécialistes, plusieurs types de sources peuvent alors être utilisés en fonction du résultat recherché et des molécules analysées.

- *des analyseurs basse résolution*, **ex :** le quadripôle ou quadripôle (Q), le piège à ions 3D (IT) ou linéaire (LIT).

- *des analyseurs haute résolution*, permettant de mesurer la masse exacte des analytes, ex : le secteur magnétique couplé à un secteur électrique, le temps de vol (TOF), la résonance cyclotronique ionique à transformée de Fourier (FTICR) et l'Orbitrap.

Ces analyseurs peuvent être couplés entre eux pour réaliser des expériences de spectrométrie de masse en tandem (MS/MS). Dans ces conditions, un premier analyseur sépare les ions, tandis qu'une cellule de collision permet de fragmenter les ions, et un second analyseur sépare les ions fragments. Certains analyseurs, comme les pièges à ions ou le FT-ICR, constituent plusieurs analyseurs en un et permettent de fragmenter les ions et d'analyser les fragments directement.

- *Le détecteur et système de traitement,* qui transforme les ions en signal électrique. Plus les ions sont nombreux, plus le courant est important. De plus, il amplifie le signal obtenu pour qu'il puisse être traité par les systèmes informatiques.

L'application de cette technique dans l'enquête médico-légale se fait au niveau de l'identification des échantillons prélevés sur la scène de crime et dont l'analyse ne donne pas suffisamment d'informations avec les autres systèmes. La spectrométrie de masse est capable de déceler tout produit nocif ayant été administré à une victime pour conclure à un homicide, lorsque la mort semble naturelle.

Elle permet également d'identifier les couleurs des matières telles que les peintures, les fibres, afin de conclure si les échantillons prélevés sur le terrain correspondent à la structure moléculaire de ceux qui sont suspectés.

Lors de l'utilisation d'un analyseur haute résolution (TOF, secteur magnétique, FTICR, Orbitrap), la spectrométrie de masse permet de mesurer avec précision la masse mono-isotopique d'un ion et d'en déduire sa formule brute.

Pour ce qui est de la quantification, on retiendra qu'un spectromètre de masse est un détecteur universel et très sensible. Sa gamme linéaire va de 3 à 7 ordres de grandeur, d'où la possibilité d'obtenir une quantification fiable sur un domaine large.

Quant à *l'Imagerie,* l'analyse point par point d'une surface par spectrométrie de masse avec ionisation adéquate permet de générer des images ioniques, représentant la répartition de chaque ion issu de cette surface. Cette technique d'imagerie est très utilisée pour la recherche de bios marqueurs (identification dans une coupe de tissu de composés spécifiques d'une région définie).

## II. LA CHROMATOGRAPHIE

La Chromatographie est une méthode physique de séparation basée sur les différences d'affinités des substances à analyser à l'égard de deux phases : une phase stationnaire ou fixe, et une phase mobile. C'est une technique d'analyse très utilisée en laboratoire pour déterminer les différents éléments d'une substance.

La Police utilise cette technique pour analyser des substances (poudres, liquide) qui ont été trouvées sur les scènes de crimes, les résultats permettent quelques fois de trouver de nouvelles pistes sur le meurtre. Elle permet aussi de séparer l'ADN des autres tissus ou cellules. Il existe différents types de chromatographie.

Selon la technique chromatographique, la séparation des composants entraînés par la phase mobile résulte soit de leur absorption et de leur désorption successive sur la phase stationnaire, soit de leur solubilité différente dans chaque phase. Il s'agit d'un graphique d'une fonction de la concentration en analyte[137] en fonction du temps (ou du volume) d'élution.

Les méthodes chromatographiques confirment souvent la caractérisation de la substance suspectée, en séparant les substances et analysant le spectre aux U.V. Une fois les produits étudiés séparés, elle retrouve leur proportion exacte, par analyse spectrale ultraviolette, grâce à un graphique où chaque ligne correspond à un composant de l'échantillon et son taux de présence est représenté par la taille du trait.

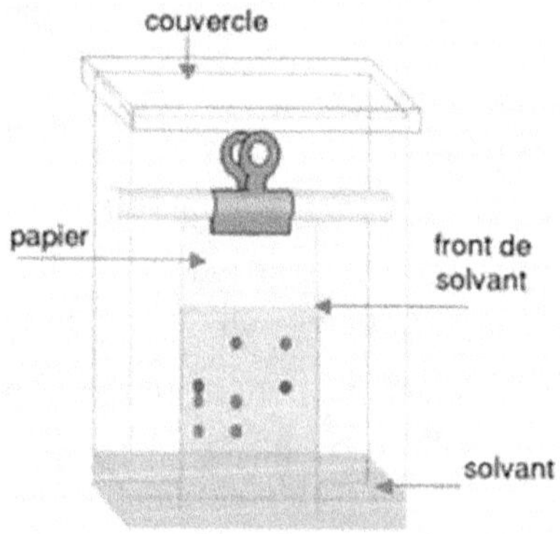


**Figure 22** : Schéma d'un chromatographe sur papier

[137] Analyte (Chimie) Substance chimique dont on cherche à connaître les propriétés

La chromatographie existe en phase stationnaire, en phase gazeuse, en phase liquide, et en phase gaz-liquide :

**1. La chromatographie en phase stationnaire**

C'est celle qui fixe soit sur la surface intérieure d'une colonne soit sur une surface plane, tandis que la *phase mobile* est celle-là qui se déplace à travers la phase stationnaire, en entraînant les analytes. La phase mobile ne doit pas interagir avec la phase stationnaire mais uniquement avec les analytes.

**2. La chromatographie en phase gazeuse (CPG)**

C'est une technique de chromatographie, qui permet de séparer des molécules d'un mélange éventuellement très complexe de natures très diverses. Elle s'applique principalement aux composés gazeux ou susceptibles d'être vaporisés par chauffage sans décomposition.

Le principe consiste à vaporiser le mélange à analyser à l'entrée d'une *colonne*, qui renferme une substance active solide ou liquide appelée *phase stationnaire*, qui est ensuite transporté à travers celle-ci à l'aide d'un *gaz porteur* (ou *gaz vecteur*). Les différentes molécules du mélange vont se séparer et sortir de la colonne les unes après les autres après un certain laps de temps qui est fonction de l'affinité de la phase stationnaire avec ces molécules.

C'est en 1952 que la chromatographie en phase gazeuse apparaît grâce aux chercheurs anglais A.J.P Martin et R.L.M. Synge. Cette technique atteint son apogée entre 1955 et 1960, avec l'invention par M.J.E. Golay (1957), du détecteur à ionisation à argon (1958), suivi du détecteur à ionisation de flamme (1958) et du détecteur à capture d'électrons (1960).

Dès 1962, cette technique d'analyse est utilisée couramment dans l'industrie pétrolière, pour avoir des résultats rapides lors des forages, car elle donne presque instantanément et automatiquement des résultats fiables. Depuis, cette technique s'est développée et s'étend aujourd'hui à tous les domaines : chimie, biologie, astronomie, pharmacie, industrie des matières plastiques, etc. Les appareils de chromatographie gazeuse sont appelés *chromatographes*. Ils sont principalement composés ainsi qu'il suit :

- un *four* (type chaleur tournante) qui permet une programmation de température ajustable de 20 °C (-100 °C pour certains systèmes) à 450 °C et qui est également équipé d'un système de refroidissement rapide.

- un *système d'injection*, qui va permettre d'introduire et de rendre volatil l'échantillon à analyser. L'injection peut se faire d'une manière manuelle ou automatique à l'aide d'un échantillonneur.

- une *colonne* (*capillaire ou remplie*) qui peut faire plus de 50 mètres, sur laquelle les différentes molécules de l'échantillon injecté se séparent suivant leurs affinités avec la phase stationnaire.

- un *système de détection*, qui permet de mesurer le signal émis par les différentes molécules et de pouvoir les identifier. Pour l'enregistrement du signal émis par le détecteur, des logiciels sur PC remplacent avantageusement les enregistreurs analogiques sur papier.

- un *système de détendeur-régulateur* pour les gaz utilisés (hélium, hydrogène, azote et air comprimé). Sur les chromatographes modernes, on trouve des systèmes électroniques pour la régulation des gaz qui sont également purifiés par des cartouches filtrantes.

### 3. La Chromatographie en phase liquide

La chromatographie en phase liquide (CPL) ou liquid chromatography (LC) est une technique d'analyse quantitative, qualitative et séparative principalement utilisée dans le domaine de la chimie analytique comme outil scientifique majeur, mais aussi dans des domaines aussi variés tels que la chimie organique et la biochimie. Elle recouvre la chromatographie sur couche mince (CCM), la chromatographie sur papier, la chromatographie en phase liquide en colonne ouverte ou à basse pression, et la chromatographie en phase liquide à haute performance (HPLC).

Elle repose sur la séparation de composés entraînés par un liquide (*phase mobile*) à travers un solide divisé (*phase stationnaire*) qui est soit placé dans un tube (*colonne chromatographique*), soit fixé sur une surface inerte. La séparation s'opère alors suivant les interactions chimiques ou physiques des analytes avec une phase mobile et une phase stationnaire.

### 4. La chromatographie de type gaz-liquide

C'est largement utilisé de nos jours par rapport à celle de type gaz-solide. Elle se fonde sur le partage du soluté entre une phase mobile gazeuse et une phase stationnaire liquide immobilisée sur un support inerte.

### 5. La chromatographie en phase super critique

Super critique en physique-chimie est l'état de la matière lorsqu'elle est soumise à une forte pression ou température. Cette dernière est une méthode de séparation avec un fluide super critique (fluide chauffé au-delà de la température à laquelle il existe normalement). La chromatographie en phase super critique est la technique qui répond le mieux à des besoins industriels par ses méthodes rapides, efficaces et rentables qui contribuent aux efforts de rationalisation dans le domaine des séparations moléculaires.

## III. LE MICROSCOPE ÉLECTRONIQUE

Le microscope électronique est un type de microscope qui utilise un faisceau de particules d'électrons pour illuminer un échantillon, afin d'en créer une image très agrandie. Il a une très grande capacité de résolution et peut obtenir des grossissements beaucoup plus élevés allant jusqu'à cinq millions de fois, par rapport aux rayonnements électromagnétiques du microscope optique qui se limitent à un grossissement de 2000 fois. La résolution et le grossissement plus grands du microscope électronique sont dus au fait que la longueur d'onde d'un électron est beaucoup plus petite que celle d'un photon de lumière visible. Le microscope électronique utilise des lentilles électrostatiques et électromagnétiques pour former l'image, en contrôlant le faisceau d'électrons et le faire converger sur un plan particulier par rapport à l'échantillon.

### 1. Les types de microscope électronique

Cet appareil existe sous plusieurs formes : le microscope électronique à balayage, le microscope électronique à balayage en transmission, le microscope électronique en transmission, microscope électronique par réflexion et le microscope électronique polarisant.

Le microscope électronique à balayage (MEB) : le MEB ou SEM (pour *Scanning Electron Microscopy* en anglais) est une technique de microscopie électronique capable de produire des images en haute résolution de la surface d'un échantillon en utilisant le principe des interactions électrons-matière.

En règle générale, la résolution de l'image d'un MEB est d'environ un ordre de grandeur plus faible que celle d'un MET. Toutefois, parce que l'image du SEM repose sur les processus de surface plutôt que sur la transmission, il est en mesure de livrer des images d'objets de plusieurs centimètres avec une grande profondeur de champ, dépendant de la conception et du réglage de l'instrument, et il peut ainsi produire des images qui sont une bonne représentation en trois dimensions de la structure de l'échantillon.

Le faisceau d'électrons du microscope électronique à balayage (MEB) ne peut donner à aucun moment une image complète de l'échantillon. Le MEB produit des images par sondage de l'échantillon avec un faisceau d'électrons qui, concentré, est analysé sur une zone rectangulaire de l'échantillon. Sur chaque point sur l'échantillon, le faisceau d'électrons incident perd de l'énergie. Cette perte d'énergie est convertie en d'autres formes, comme la chaleur, l'émission d'électrons secondaires de basse énergie, l'émission de lumière (cathodoluminescence) ou l'émission de rayons X.

L'afficheur du MEB représente l'intensité variable de l'un de ces signaux dans l'image, dans une position correspondant à la position du faisceau sur l'échantillon lorsque le signal a été généré.

Le microscope électronique à balayage en transmission : le MEBT ou STEM pour Scanning transmission electron microscopy est un type de modèle de microscope dont le principe de fonctionnement allie certains aspects du microscope électronique à balayage et du microscope électronique en transmission. Une source d'électrons focalise un faisceau d'électrons qui traverse l'échantillon et un système de lentilles magnétiques permet à ce faisceau de balayer la surface de l'échantillon à analyser.

Le microscope électronique en transmission (MET) : le microscope électronique en transmission utilise un tungstène[138] comme cathode source d'électrons. Le faisceau d'électrons est accéléré par une anode en général à 100 keV[139] (40 à 400 keV) par rapport à la cathode, concentré par des lentilles électrostatiques et électromagnétiques, et transmis sur la cible qui est en partie transparente pour les électrons et en partie les disperse. Le faisceau d'électrons à haute tension porte l'image de l'échantillon.

Quand il ressort de l'échantillon, le faisceau d'électrons comporte des informations sur la structure de l'échantillon qui sont amplifiées par le système de lentilles de l'objectif du microscope. La variation spatiale de cette information (l'image) est vue par projection de l'image électronique agrandie sur un scintillateur tel que le sulfure de zinc ou le phosphore.

L'image peut être enregistrée photographiquement par l'exposition d'un film ou une plaque photographique directement sur le faisceau d'électrons ou une plaque phosphorée à haute résolution peut être couplée au moyen d'un système optique ou d'une fibre optique vers le capteur d'une caméra CCD (Charge-Coupled Device). L'image détectée par le CCD peut être affichée sur un moniteur ou dirigée vers un ordinateur.

La résolution du MET est limitée essentiellement par l'aberration sphérique, mais une nouvelle génération de correcteurs sphériques pour augmenter la résolution. Le logiciel de correction de l'aberration sphérique pour le MET à haute résolution (HRTEM) a permis la production d'images avec une résolution suffisante pour montrer les atomes de carbone dans des diamants, séparés par seulement 0,89 angström (89 pico mètres) et les atomes de silicium à 0,78

---

[138]*Le tungstène* est un élément chimique du tableau périodique de symbole W (de l'allemand *Wolfram*) et de numéro atomique 74. Son nom provient du suédois « tung » (lourd) et « sten » (pierre) et signifie donc « pierre lourde ». C'est un métal de transition gris-acier blanc, très dur, et lourd qui est reconnu pour ses propriétés physiques. On trouve du tungstène dans de nombreux minerais comme la wolframite et la scheelite. Sous sa forme pure, il est principalement utilisé dans des applications électriques (filaments d'ampoule), mais sous forme de composés ou d'alliages il possède de nombreuses applications, comme la réalisation d'outils nécessitant une grande dureté (forets, poudres abrasives...).

[139] keV ou 1 kiloelectron volt =1,60217657 × $10^{-16}$ joule.

angström (78 pico mètres) au grossissement de 50 millions de fois. La capacité à déterminer la position des atomes dans des matériaux a fait de la HRTEM un outil important pour la recherche et de développement dans la nanotechnologie.

Le microscope électronique par réflexion : dans le microscope électronique par réflexion, comme dans le microscope électronique en transmission, un faisceau d'électrons est incident sur une surface mais, au lieu d'utiliser la transmission (MET) ou des électrons secondaires (MEB), c'est le faisceau réfléchi d'électrons, dispersés par élasticité, qui est détecté.

Le microscope électronique polarisant : le microscope polarisant, ou *microscope polariseur analyseur* est un microscope optique muni de deux filtres polarisants, appelés *polariseurs et analyseur*. Il est utilisé en pétrographie pour l'observation et l'identification des minéraux dans les roches. Le principe de son fonctionnement repose sur l'utilisation d'un faisceau de lumière polarisée (par le polariseur). L'échantillon de roche à observer est préparé afin d'obtenir une lame mince, c'est-à-dire que la roche est coupée en un fin bloc collé sur une lame de verre, l'ensemble étant aminci par polissage jusqu'à une épaisseur de 30 micromètres environ.

## 2. Les inconvénients du microscope électronique

Les microscopes électroniques sont chers à construire et à entretenir, leurs coûts de fabrication et de fonctionnement sont très élevés. Ces appareils sont dynamiques dans leur fonctionnement et nécessitent un courant à haute tension très stable à chaque bobine électromagnétique. Ils sont très sensibles aux vibrations et aux champs magnétiques externes. Pour permettre des résolutions supérieures, ils doivent être logés dans des bâtiments stables (parfois souterrains), avec des systèmes spéciaux tels que des systèmes d'annulation du champ magnétique.

Mais il existe des microscopes électroniques de bureau à faible tension avec des capacités MET à très faible tension (autour de 5 kV), sans tension d'alimentation stricte, sans eau de refroidissement ni isolement de vibrations, qui sont beaucoup moins coûteux à l'achat et bien plus faciles à installer et à entretenir, mais n'ont pas la même résolution ultra-élevée (échelle atomique) que les premiers cités.

Les échantillons doivent généralement être examinés dans le vide, car les molécules qui composent l'air dispersent les électrons. À l'exception du microscope électronique à balayage environnemental, qui peut observer des échantillons hydratés à basse pression (jusqu'à 2.7 kPa) en milieu humide. Les microscopes électroniques à balayage sont habituellement plus efficaces pour des matériaux semi-conducteurs ou conducteurs, mais des matériaux non conducteurs peuvent être traités par des microscopes électroniques à balayage environnemental.

Les spécimens petits et stables tels que les nanotubes de carbone, les frustules des diatomées et petits cristaux de minéraux (ex. : les fibres d'amiante) ne nécessitent pas de traitement spécial avant d'être examinés dans le microscope électronique.

Pour ce qui est des échantillons de matériaux hydratés, presque tous les spécimens biologiques doivent être préparés de diverses façons pour les stabiliser, réduire leur épaisseur et pour accroître leur contraste (coloration).

Ces processus peuvent mener à des artefacts, mais ils peuvent généralement être identifiés en comparant les résultats obtenus à l'aide de méthodes de préparation très différentes. Les résultats à plus haute résolution ont été directement comparés aux résultats de la cristallographie aux rayons X, en fournissant une confirmation indépendante de la validité de cette technique. Depuis les années 1980, l'analyse de spécimens cryofixés ou vitrifiés est aussi devenue de plus en plus utilisée par les scientifiques, qui confirment la validité de cette technique.

### 3. L'importance du microscope électronique

L'implication du microscope électronique dans les enquêtes criminelles intervient à plusieurs niveaux :

*Au niveau de l'enquête balistique*, le microscope électronique permet de comparer les empreintes trouvées sur une douille ou une balle avec l'arme suspecte, de mettre en évidence la poudre ou les résidus de tir sur les vêtements d'un suspect.

*Au plan biologique*, il permet de comparer des échantillons de cheveux ou de poils retrouvés sur la scène de crime ou le cadavre avec ceux d'un suspect, afin de révéler la présence de substances biologiques ou non sur un échantillon provenant de la scène de crime.

# CHAPITRE X

# RECHERCHE DES CAUSES DE LA MORT (SUITE ET FIN) : LE MODE OPÉRATOIRE DES CRIMINELS OU « MODUS OPERANDI » ET LA SIGNATURE

D'après le dictionnaire Wikipédia, « le *Modus Operandi* (MO) est la manière de procéder ». L'expression est une phrase latine, qui se traduit approximativement par « mode opératoire », ou plus exactement, *operandi* étant une forme verbale, par « manière d'opérer ». Le pluriel est *modi operandi* (« modes d'opération »).

## I. LE MODE OPÉRATOIRE

Le mode opératoire est la manière dont opère un criminel. On remarquera que certains tueurs n'agissent que pendant la nuit, d'autres attendent dans leur voiture pour trouver une victime particulière, d'autres entrent dans les maisons par la fenêtre, d'autres font croire qu'ils ont un problème ou sont blessés pour « attirer » une potentielle victime, etc.

Le mode opératoire concerne :

- le type de victime (homme, femme, enfant, personne âgée, étudiante, brune, prostituée, noire...) ;

- l'endroit et l'heure auxquels le crime est commis (habitation, parking, véhicule, parc public, autoroute, montagne..., de jour ou de nuit), les outils ou le matériel utilisés (corde, arme blanche ou à feu, marteau...) ;

- la manière dont l'agresseur approche ou attaque sa victime (déguisement, uniforme, béquilles...) ;

- la présence ou non d'un complice (duos ou couples, occasionnel ou habituel).

Bref, toutes les marques distinctives que le criminel peut laisser (empoisonner le chien de garde, par exemple).

Mais le mode opératoire ou *modus operandi* et la signature des tueurs sont deux éléments distincts. Le mode opératoire est la méthode utilisée par le criminel pour attaquer ses victimes, sa façon de les choisir et de les aborder. Chaque tueur en série possède des particularités qui lui sont propres et qui peuvent permettre de l'identifier.

Cependant, un même tueur peut changer de mode opératoire et de type de victime. Par exemple, il peut commencer par des parkings pour devenir un tueur des maisons. On pourra penser avoir à faire à deux tueurs différents, alors qu'il s'agit d'un seul et même tueur. Mais il existe généralement un point commun dans les meurtres en série. Certains tueurs en série ne s'en prennent qu'aux victimes ayant la même couleur de la peau que la leur et qu'ils sont souvent jeunes (25-35 ans). À cause de ces préjugés, Arthur Shawcross[140], l'assassin de treize femmes blanches et noires, âgé de 46 ans, avait échappé à la police pendant longtemps.

Toutefois dans la plupart des cas, le tueur choisit souvent le même type de victimes ou utilise la même méthode ou le mobile des meurtres est toujours le même. Cela inclut donc les criminels qui tuent dans leur propre habitation, telles les femmes qui tuent leurs époux successifs, leurs enfants ou les personnes âgées dont elles ont la charge pour toucher l'argent des assurances vie.

Les meurtres en série incluent également les hommes et les femmes qui opèrent dans une ville ou tout un Etat ou même voyagent à travers différents États (ou provinces ou pays) pour trouver de nouvelles victimes et échapper à la police. Cela montre que certaines victimes ont des relations personnelles avec leur assassin et d'autres pas. Certaines victimes sont donc tuées « pour le plaisir » et d'autres pour l'argent.

Le mode opératoire peut changer. John Douglas, profiler du FBI, disait que « le mode opératoire est ce qui est nécessaire pour commettre un meurtre ». Mais l'élément le plus important dans le meurtre en série est le lien. C'est-à-dire les facteurs communs existant entre les victimes. C'est par exemple, la place ou le statut de la victime dans son environnement immédiat (SDF, prostituée, travailleur immigré, homosexuel, enfants disparus, fugueuses, femmes seules et/ou âgées).

Dans le contexte d'une enquête policière, le *modus operandi* est le mode de fonctionnement typique d'un criminel et ses façons d'agir. Un *modus operandi* peut être utilisé pour conduire une enquête dans un groupe de criminels. Par exemple, un voleur peut avoir l'habitude d'entrer par une fenêtre à l'arrière d'un domicile, en la brisant avec une pierre. Si un criminel reconnu est suspecté d'avoir commis un cambriolage, on peut alors comparer les *modi operandi* pour aider à l'identification du coupable.

Le modus operandi d'un criminel peut aussi être utilisé dans le profilage criminel, pour aider à déterminer des indices concernant la psychologie du

[140] Arthur John Shawcross : aussi connu sous le nom de *Killer Genesee River* ou l'étrangleur de Rochester, New York, était un tueur en série américain. Il a revendiqué le meurtre de la plupart de ses victimes après avoir bénéficié d'une liberté conditionnelle une 1re fois suite à une condamnation dans le meurtre de deux enfants, ce qui a conduit à une critique du système judiciaire.

suspect. Les enquêteurs peuvent connaître les circonstances du décès de la victime grâce à l'analyse des traumatismes du squelette et la différenciation des lésions causées par des balles d'armes à feu, des objets tranchants, contondants, etc. On observe que les traumatismes liés à l'utilisation d'objets tranchants sont en général circonscrits à une petite zone visible sur le squelette. Les coups de couteau, les balafres et les coupures pénètrent souvent suffisamment la chair pour laisser des traces sur l'os.

Tandis que les traumatismes liés à l'utilisation d'un objet contondant affectent au contraire une plus grande surface de l'os et peuvent causer des fractures des os des bras et des jambes. Ils peuvent aussi être à l'origine d'un écrasement, voire un éclatement des os de la voûte crânienne. De même, les traumatismes causés par des projectiles sont caractérisés par l'application d'une force importante sur une toute petite surface. Ils sont causés par les balles d'armes à feu, des flèches, des lances ou tout autre petit objet projeté à haute vitesse. Alors que les dégâts causés par ces armes à feu sur l'os peuvent permettre de déterminer la direction selon laquelle le projectile a été lancé. Il existe plusieurs autres formes de traumatismes que les enquêteurs peuvent observer sur le squelette, par exemple des traces de strangulation, d'électrocution, de blessures causées par des produits chimiques ou par la chaleur, des explosions, etc.

En plus de l'observation détaillée de chaque traumatisme du squelette, l'étude du schéma global des lésions peut fournir des informations importantes. Des blessures multiples causées par des objets contondants sur tout le corps pourraient révéler une longue chute ou un accident de voiture. De la même manière, des blessures causées par des objets tranchants sur les mains et les bras pourraient indiquer une situation où l'individu était en position de défense.

La direction des projectiles dans le corps de la victime permet de confirmer ou de réfuter la version des faits des suspects. L'enquêteur doit donc enregistrer de manière exhaustive tous les traumatismes en précisant leur type, leur position sur le corps de la victime et leur nombre, afin de permettre la reconstitution des évènements qui ont conduit au décès.

Toutefois, le mode opératoire n'est pas le plus important pour l'enquête. Car il peut varier d'une affaire criminelle à une autre et amener les enquêteurs à conclure à l'existence d'un autre criminel, plutôt que d'un tueur en série et cela même s'il existe des similitudes frappantes entre les crimes. C'est ce qui est arrivé dans l'affaire de Richard Shawcross, à Rochester (État de New York) en 1989. Shawcross s'en prenait aussi bien à des prostituées blanches que noires, mais aussi à n'importe quelle femme qui avait le malheur de croiser son chemin. Le fait que les victimes soient de couleurs et de « types » différents avait poussé les enquêteurs dans des directions opposées, et ils se sont mis à chercher trois tueurs au lieu d'un seul.

## II. LA SIGNATURE

Seuls les enquêteurs expérimentés peuvent reconnaître une signature. Il s'agit des dénominateurs communs et les changements prévisibles d'une scène de crime à une autre, que l'on trouve dans une série de meurtres, avant même que l'on sache qui est la victime. Ils peuvent trouver la signature du tueur qui est présente dans chaque homicide. Cette signature est ancrée dans la nature profonde du malfaiteur et c'est pourquoi il la répète à chaque meurtre. Les enquêteurs qui savent comment chercher et trouver la signature d'un tueur, et comprendre ce qu'elle signifie, parviennent bien plus souvent à résoudre les affaires de crimes en série, contrairement à leurs collègues qui suivent des pistes les unes après les autres, sans réfléchir. Le mode opératoire est souvent confondu avec la « signature » d'un criminel. Mais les deux concepts sont bien différents : alors que la méthode d'opération peut changer avec le temps, sa signature restera habituellement la même.

Lorsque l'on découvre des meurtres où le tueur a agi de la même manière, même si certains détails peuvent changer, les deux meurtres sont plus que certainement reliés et ont le même auteur. Le tueur a laissé sa « signature ». Si le mode opératoire peut être similaire à d'autres meurtres, la signature elle est généralement unique, sauf dans le cas des imitateurs, qui cherchent à reproduire les crimes commis par d'autres meurtriers en série dont la scène de crime ne montre aucun rituel, comme dans les cas de John Allen Muhammad et Lee Boyd Malvo[141].

Au-delà du mode opératoire, certains tueurs ne sont pas satisfaits par le simple fait de tuer, il leur en faut « plus ». Ils ressentent le besoin de laisser leur empreinte personnelle. C'est une manière de s'exprimer à travers un signe qui est la signature unique, une empreinte que le tueur est psychologiquement (inconsciemment) contraint de laisser sur la scène du crime afin de le satisfaire. Le cœur de cette signature ne change et ne changera jamais. Elle reste toujours la même. Toutefois, elle peut évoluer avec le temps : par exemple, un tueur nécrophile peut accomplir de plus en plus de mutilations *post mortem* d'un meurtre à l'autre. Le FBI dit que les éléments de la signature du tueur ne changent pas, ils se développent et s'amplifient.

---

[141] John Allen Muhammad : est un tueur en série américain, surnommé le « sniper de Washington », qui a sévi dans la région de Washington, D.C., abattant dix personnes avec l'aide de Lee Boyd Malvo. Ce dernier, alors âgé de 18 ans et arrêté en même temps, plaidera la dépendance psychologique vis-à-vis de Muhammad et sera condamné à la prison à perpétuité. Muhammad sera condamné à mort en 2004 et exécuté par injection létale le 10 novembre 2009 à la prison de Greensville à Jarratt en Virginie)
Lee Boyd Malvo, ou John Lee Malvo, de nationalité Jamaïcaine, était le complice de John Allen Muhammad, surnommé le « sniper de Washington », impliqué dans plusieurs meurtres gratuits aux États-Unis en octobre 2002. Il a été condamné à la prison à perpétuité.

## III. LE CAS DES TUEURS EN SÉRIE

« Sa raison de commettre le crime, c'est précisément de le commettre sans raison. » André Gide, *Les caves du Vatican.*

Les meurtres en série sont une succession d'homicides commis par le même individu, avec la même signature et parfois le même mode opératoire. C'est une catégorie très complexe qui nécessite une enquête longue et minutieuse, d'autant plus qu'elle concerne une succession d'homicides. Elle est l'œuvre d'une seule personne appelée « tueur en série ».

Selon le F.B.I, « un *tueur en série* est une personne qui a commis au moins trois meurtres, en un intervalle de temps de quelques jours à plusieurs années séparant chacun de ces meurtres, et qui réalise un certain niveau de satisfaction par la mort de sa victime. »

Pour les criminologues, un tueur en série se définit par sa motivation intrinsèque, issue de fantasmes et par un passage à l'acte d'une extrême violence sexualisée, indépendamment du nombre de ses victimes. Autrement dit, un meurtrier peut être classé comme tueur en série dès son premier passage à l'acte, s'il est animé par une pulsion spécifique. Dans ce cas, son parcours criminel peut être interrompu dès le premier meurtre par son arrestation ou tout autre motif (maladie, décès). Ses motivations sont à rechercher dans les replis de son psychisme pathologique. Chacun de ses gestes et chaque mot qu'il portera ultérieurement sur les homicides commis peuvent être décryptés à travers le prisme de la criminologie et de la psychopathologie[142].

Au regard de cette définition, les terroristes, les criminels de guerre, les tueurs de masse, les tueurs à la chaîne, les tueurs passionnels ou les tueurs à gages ne sont pas considérés comme des tueurs en série.

### 1. Le profil des tueurs en série

On ne peut reconnaître un tueur en série sur le plan physique et social. Il peut mener une vie sociale normale, avoir une femme et des enfants, travaillant dans une agence de sécurité, une entreprise, une administration et même dans une église.

Leur caractéristique principale est qu'il n'existe généralement aucun lien entre lui et sa victime. En d'autres termes, il ne connaît pas sa victime avant de la choisir. Ceci constitue une grande difficulté pour les enquêteurs qui doivent alors retrouver l'auteur des faits.

Il faut relever que le tueur en série ne tue pas par idéologie (même s'il peut parfois sélectionner ses victimes sur des critères ethniques, religieux, sexuels ou

---

[142] La psychopathologie est l'étude des troubles psychiques par la psychologie, la psychiatrie ou la psychanalyse.

autres), ni par fanatisme, ni même par appât du gain. Il tue pour assouvir son sentiment de toute-puissance que lui procurent ses crimes.

Les tueurs en série peuvent appartenir à toutes les couches sociales de la population, surtout dans les familles connaissant des dysfonctionnements graves : abandons parentaux, absence de figure paternelle, problèmes d'alcoolisme ou de drogue, abus sexuels, etc. Les tueurs en série ont une forte individualité et chaque cas a sa particularité.

**2. Les caractéristiques des tueurs en série**

Certains éléments peuvent caractériser les crimes des tueurs en série à savoir :

- le contrôle de sa victime : le fait de procéder avec méthode et chercher à contrôler le déroulement du crime afin de maîtriser la situation, ce qui provoque alors leur exaltation ;

- le désir de réaliser un fantasme : la tentative de réaliser un fantasme au travers de leur crime, ce qui est souvent compatible avec l'aspect de maîtrise précédent. Ces crimes peuvent avoir des motivations sexuelles, ou non ;

- l'appât du gain : dans quelques cas rares, comme Henri Désiré Landru[143], intégrer à ses crimes une composante liée à l'appât du gain.

- les troubles mentaux : lorsqu'il est lancé, le tueur en série ne s'arrête plus facilement. Les victimes sont chosifiées et dépersonnalisées. Une grande majorité des 99 % de tueurs en série serait des psychopathes[144] tandis que la minorité restante serait composée de psychotiques[145]. Ces tueurs n'ont pas d'affection ni de sentiments pour les êtres humains. Même plusieurs années après leur condamnation, ils sont encore souvent dans leurs fantasmes. C'est le cas de Donald Harvey qui, vingt ans après les faits, avait déclaré au docteur Michel Bénézech dans sa prison : « Vous, je pourrais vous tuer sans que cela me pose le moindre problème, je ne vous connais que depuis 3 heures. Mon avocat, en revanche, je le connais depuis 20 ans et je ne le tuerai pas. » Et il a ajouté : « Je suis un être humain, je différencie le bien du mal ; le mal, c'est quand je tue, le bien, c'est quand je ne tue pas. »

Toutefois, c'est une minorité qui est souvent atteinte de troubles mentaux tels que la schizophrénie, tandis que d'autres cas rares sont des psychotiques compulsifs, qui tuent de façon impulsive, désorganisée, mais dont les crimes

---

[143] Henri Désiré Landru (12 avril 1869 à Paris (XIX$^e$ arrondissement) – 25 février 1922 à Versailles) est un célèbre tueur en série et criminel français. Il fut surnommé « le Barbe-Bleue de Gambais ».

[144] Personne souffrant de *psychopathie* et qui présente donc un trouble du comportement.

[145] La psychose : terme générique psychiatrique désignant un trouble, ou une condition anormale, de l'esprit évoquant le plus souvent une « perte de contact avec la réalité. » Les individus souffrant de psychose sont nommés des « psychotiques ».

peuvent s'étaler sur une longue période de temps, ce qui les distingue des *spree killers*[146] qui eux réalisent généralement leurs crimes dans un très court espace de temps.

Les études menées par le docteur Michel Bénézech[147] montrent que les tueurs en série affectionnent les films pornos violents accompagnés d'actes de fétichisme. Il précise cependant que si ces romans entretiennent les fantasmes chez ces tueurs, ils ne déclenchent pas pour autant leurs désirs de meurtre, car chacun est obsédé par ses propres pulsions. Par exemple le cambrioleur qui nourrit des fantasmes de viol passera certainement à l'acte au moment où il cambriolera et s'il trouvera une femme endormie, sans que ce viol réponde forcément à un désir sexuel.

D'après les spécialistes, le tueur en série est quelqu'un qui a subi des violences ou des agressions sexuelles durant son enfance. C'est la raison pour laquelle il est souvent un psychopathe et se caractérise par son manque d'empathie et son sadisme, par sa boulimie de meurtres, et par le plaisir qu'il tire de ses actes et par un sentiment très fort de supériorité. Mais il existe cependant quelques exceptions, puisque certains tueurs en série connaissaient leurs victimes : Henry Wallace[148] a tué neuf femmes, qui étaient des collègues de travail, des amies, sa sœur ou son ex-petite amie.

### 3. Les éléments déclencheurs du passage à l'acte

- Le désir de démontrer sa toute puissance : selon le docteur Michel Bénézech, l'élément déclencheur du passage à l'acte est le désir de toute-puissance et de contrôle sur ses victimes, celui de devenir l'égal de Dieu. C'est le cas de Donald Harvey, qui avait officiellement tué 87 personnes, et déclaré depuis sa cellule que : « Lorsque je tuais, j'avais l'impression d'être au volant d'un bolide sur une autoroute sans limitation de vitesse ». Un sniper opérant à Washington avait quant à lui déposé une carte de tarot sur les lieux de crime où il avait inscrit « je suis Dieu ». Et le plus souvent, ce désir de contrôle et de toute-puissance nécessite un contact physique avec les victimes.

- La notoriété : les tueurs en série aiment la notoriété, il peut arriver qu'ils se donnent la mort. Il peut aussi arriver qu'ils ne soient pas aussi suicidaires que les tueurs de masse qui eux, sont des suicidaires extravertis. Leur but est de laisser une trace *post mortem* synonyme de reconnaissance. Si on commence à ne plus jamais publier l'identité de ces psychopathes, leurs actions vont considérablement baisser.

---

[146] *spree killers :* tueur à la chaîne en anglais.
[147] Michel Bénézech : légiste, psychiatre et criminologue. Médecin, chef du service de psychiatrie, Centre hospitalier Charles-Perrens, Bordeaux (en 1993). Enseigne la Criminologie Clinique aux universités de Bordeaux II et IV (en 1995).
[148] Henry Louis Wallace, tueur en série américain.

D'après les spécialistes, le tueur en série est quelqu'un qui a subi des violences ou des agressions sexuelles durant son enfance. C'est la raison pour laquelle il est souvent un psychopathe et se caractérise par son manque d'empathie et son sadisme, par sa boulimie de meurtres, et par le plaisir qu'il tire de ses actes et par un sentiment très fort de supériorité. Mais il existe cependant quelques exceptions, puisque certains tueurs en série connaissaient leurs victimes : Henry Wallace a tué neuf femmes, qui étaient des collègues de travail, des amies, sa sœur ou son ex-petite amie.

**4. La proportion des tueurs en série dans la société**

Le nombre des tueuses en série dans la société est assez réduit. Avant, les femmes n'étaient pas soupçonnées de meurtre en série. Par conséquent, beaucoup d'infanticides, les disparitions de conjoints passaient ainsi pour des morts naturelles. Dans une étude, le Dr Michel Bénézech évoque une mère qui a tué ses neuf enfants en 22 ans. Il en est de même des veuves noires qui tuent leurs époux et les infirmières de la mort dans les hôpitaux. Les femmes sont très rarement impliquées dans des infractions à caractère sexuel, des tortures, des violences, des agressions, contrairement à leurs « collègues » masculins. Aussi contrairement aux tueurs masculins qui tuent les victimes qu'ils ne connaissent pas, les femmes ne tuent que les personnes de leur entourage. Elles utilisent très peu d'armes blanches et à feu au profit des méthodes qui laissent peu de traces pour les enquêteurs telles que la suffocation, l'asphyxie, l'injection létale ou le poison. Elles tuent généralement pour de l'argent.

Les hommes et les femmes qui n'égorgent, ni ne torturent, ni ne violent leurs victimes sont souvent appelés *les tueurs silencieux*, qui peuvent être mariés, avoir un emploi stable, être le sympathique voisin de palier. Ils et elles sont rares parmi les tueurs en série, tout comme les meurtres en série sont rares, comparés aux autres types d'homicides. Ainsi, la grande majorité des tueuses en série sont des « veuves noires » qui assassinent presque uniquement pour l'argent (les hommes et les femmes n'ont pas les mêmes mobiles).

La plupart du temps, c'est une personne qui a subi des sévices sexuels, des violences physiques ou morales dans son enfance, même si d'autres paramètres peuvent intervenir dans sa transformation. De plus, tous les enfants battus ou abusés ne deviennent pas toujours des tueurs en série.

D'après le docteur Michel Bénézech, on ne naît pas tueur en série même si jusqu'à présent, aucune étude scientifique n'a pu prouver que le criminel en série est génétiquement ou biologiquement déterminé. Chaque tueur en série est unique et par conséquent, aucun ne ressemble à un autre. En général, la personnalité du tueur se construit sur une quinzaine d'années, durant lesquelles il commet des actes de criminalité ordinaire pour nourrir son désir d'excitation. Certains commencent par commettre des vols et des cambriolages, puis passent au trafic de stupéfiants. D'autres commencent par étrangler leurs sœurs à bas âge puis commettent des vols et des cambriolages à caractère fétichiste. Ils progressent en agressant sexuellement de jeunes femmes, avant de passer aux crimes en série. Une autre catégorie commence par commettre des actes de pyromanie et des escroqueries, avant de commencer à tuer. Cette criminalité précoce détermine alors le mode opératoire vers leurs futurs crimes. Ils y vont *crescendo* et recherchent des poussées d'adrénaline de plus en plus fortes. La grande majorité des tueurs continuent souvent à commettre des actes de grand banditisme « ordinaire » pendant qu'ils commettent leurs crimes en série qui sont prémédités et organisés à l'avance. Le point commun entre ces meurtres peut inclure plusieurs facteurs, dont chacun peut s'avérer *heuristique* (apprendre petit à petit, en tenant compte de ce que l'on a fait précédemment pour tendre vers la solution d'un problème).

### 5. Les éléments d'enquête

L'enquête dans ce domaine doit rechercher un lien de sérialité, qui unit l'ensemble des crimes. En France par exemple, (pour distinguer l'acte unique du crime en série) ces recherches sont facilitées par 2 fichiers d'analyse sérielle : le SALVAC (système d'analyse et de liens de la violence associée au crime) pour la police, l'ANACRIM (logiciel d'analyse criminelle) pour la gendarmerie.

## IV. TYPOLOGIE DES TUEURS EN SÉRIE

Les chercheurs ont entrepris de « classer » les tueurs en série, en faisant ressortir des typologies variées et des « tendances » d'homicide. Mais certaines de ces typologies et de ces « tendances » peuvent être différentes des autres. D'autres sont des descriptions de causalité, d'autres encore sont des diagnostics. Toutefois, Il existe plusieurs types de tueurs en série. Parmi les plus connus, il y a le tueur en série organisé, le tueur en série désorganisé et le tueur en série mixte. Le F.B.I pour sa part classe les tueurs en série selon qu'ils sont « organisés ou inorganisés », à partir de leur biographie, leur comportement social ainsi que leur mode opératoire.

### 1. Le tueur en série organisé

*Le tueur en série organisé* est une personne qui a une vie sociale normale. Il peut être marié, avec un emploi stable. Il se caractérise par une enfance rigoureuse et une forte présence de sa mère, même si leurs relations se dégradent à l'âge adulte. Il ne tue pas par hasard, mais choisit ses victimes, les assassine avec le plus grand soin, au moment opportun et dissimule les corps sans laisser d'indices avant de reprendre une activité normale. Dans cette catégorie, on peut citer Ted Bundy. Son mode opératoire consistait à se faire passer pour un blessé, sollicitait l'aide de la jeune fille, il la mettait en confiance puis l'enlevait avant de la tuer.

### 2. Le tueur en série désorganisé

Le tueur désorganisé est au contraire une personne isolée socialement et qui présente un quotient intellectuel très moyen. Il a de gros problèmes au niveau sexuel, pour la simple et bonne raison qu'il n'a jamais connu ou alors très peu connu de relations sexuelles. Il est instable socialement et professionnellement. Il s'agit de quelqu'un qui a eu une enfance chaotique et souffre d'*addictions*[149]. Il choisit généralement ses victimes au hasard, en les assassinant sur le coup. Il ne prend pas le temps de les personnaliser, c'est d'ailleurs pour cela qu'il peut les tuer. Ses attaques sont violentes, rapides et le tueur désorganisé laisse souvent beaucoup d'indices, voire l'arme du crime sur les lieux de son forfait. Dans cette catégorie, on peut citer Herbert Mullin[150]. Entre octobre 1972 et février 1973 il avait assassiné 13 hommes et femmes à Santa Cruz en Californie.

### 3. Le tueur mixte

C'est une catégorie de tueurs qui ont des traits de caractère appartenant aux deux catégories ci-dessus. C'est pourquoi on les classe dans la catégorie des *tueurs mixtes*. C'est le cas de *Jeffrey Dahmer*[151] qui a tué 17 jeunes hommes en 3 ans à la fin des années 80 dans le Wisconsin. Son mode opératoire consistait à choisir ses victimes dans les bars gays, les ramenait chez lui avec leur consentement, puis les droguait, les violait, les tuait et les démembrait. Il prenait des clichés de ses « œuvres » et mangeait leur chair. Sa façon de choisir ses victimes était très organisée mais sa façon de les violer *post-mortem*, de les découper chez lui et de les photographier constituait un risque supplémentaire pour lui.

### 4. Autres types de tueurs en série

Warren Wille[152] dans *Citizens Who Commit Murder*, 1974, a identifié 10 types différents de meurtriers couvrant un large éventail de catégories socio-psychologiques : le dépressif, le psychotique (affligé d'un désordre organique du

---

[149] *La dépendance, ou addiction :* conduite qui repose sur une envie répétée et irrépressible, en dépit de la motivation et des efforts du sujet pour s'y soustraire. Le sujet se livre à son addiction (par exemples : utilisation d'une drogue, ou participation à un jeu d'argent), malgré la conscience aiguë qu'il a - le plus souvent - d'abus et de perte de sa liberté d'action, ou de leur éventualité.

[150] Herbert Williams Mullin, né le 18 avril 1947, est un tueur en série américain auteur de 13 meurtres en Californie au début des années 1970.

[151] Jeffrey Dahmer : surnommé « le cannibale de Milwaukee », c'est un tueur en série américain qui a avoué avoir assassiné dix-sept jeunes hommes entre 1978 et 1991 (seize de ces meurtres ayant eu lieu entre 1987 et 1991). Ces meurtres comportaient des viols, des démembrements, de la nécrophilie et du cannibalisme. Le 28 novembre 1994, il a été battu à mort par un autre prisonnier après avoir été incarcéré à la Columbia Correctional Institution.

[152] Warren Wille, est un psychiatre américain.

cerveau), le psychopathe, le passif-agressif, l'alcoolique, l'hystérique, le juvénile, le mentalement retardé et le *sex killer*. On peut y associer le tueur à la chaîne et le tueur de masse. Il faut donc différencier le meurtre en série, le meurtre en chaîne du meurtre de masse. Le meurtrier de masse tue plusieurs personnes une fois au cours d'un seul événement. Le tueur en série tue successivement, à des dates différentes tandis que le tueur à la chaîne commet plusieurs meurtres dans un laps de temps très court.

### 5. Le tueur à la chaîne

Un tueur à la chaîne est un assassin qui commet plusieurs meurtres dans un laps de temps très court, généralement quelques heures, il ne se soucie pas de l'identité des victimes, tuant toute personne qu'il rencontre sur son chemin y compris des membres de sa famille. Le *tueur à la chaîne* se distingue du tueur de masse, qui reste généralement attaché à un lieu de crime unique, tuant en un seul grand événement. Les Américains ont classé à part les massacres dans les écoles (massacre scolaire). Tous ces termes sont liés au *serial killer*, ou tueur en série.

### 6. Le tueur de masse

Le tueur de masse reconnu comme étant le plus meurtrier est le norvégien Anders Behring Breivik, qui a tué 77 personnes en 3 heures le 22 juillet 2011. Un tueur de masse est une personne qui tue plusieurs personnes lors d'un même évènement. D'après les criminologues, le tueur de masse recherche le suicide, haïssant la société et se sentant aliéné, il est le plus souvent un psychotique. Toutefois, il faut différencier l'attentat à caractère politique de la tuerie de masse. Les tueurs de masse sont généralement isolés et n'appartiennent à aucune organisation politique. N'ayant aucune revendication politique, ils semblent donc agir gratuitement contre la société dans son ensemble.

## V. LES MOBILES DES TUEURS EN SÉRIE

A. Lee[153] (1988) a pu différencier les tueurs selon leurs mobiles. Parmi lesquels :

- Le profit : certains tueurs cherchent à voler leurs victimes. Pour cela, ils sont prêts à les tuer pour effacer les traces de leur crime.

- La passion : une catégorie de tueurs en série tue par excès de désir. Lorsqu'ils idéalisent une femme, ils en font une obsession et peuvent facilement arriver au crime si la cible ne coopère pas.

---

[153] A. Lee Martinez, né en 1973, vit à Dallas, au Texas. Il est l'auteur de huit romans, traduits déjà en 5 langues. Sa spécialité : l'humour déjanté, entre réalisme et fantastique. « Un vampire peut-il trouver le grand amour avec un fantôme ? Une sorcière ado peut-elle ouvrir les portes de l'enfer ? Avec A. Lee Martinez tout est possible ! » Charlaine Harris, auteur de True Blood.

- La haine : d'autres tuent parce qu'ils détestent une catégorie de personne pour des raisons d'âge, de couleur de la peau, des rancunes survenues pendant l'enfance ou au cours de sa vie adulte.

- Le pouvoir ou la domination : d'autres encore veulent se sentir puissants devant leurs victimes. Le meurtre crée en eux une certaine excitation qui produit les mêmes effets que la drogue. En contrôlant leurs victimes, ils se sentent alors supérieurs.

- La vengeance : certains sujets affichant des comportements anti sociaux peuvent garder des rancunes à leurs adversaires ou à d'autres personnes innocentes qui les auraient simplement vexées et se transformer en une machine à tuer. C'est le cas des enfants qui ont assisté à la mise à mort de leurs parents par exemple et qui, une fois adultes, veulent les venger.

- L'opportunisme : ceux-là tuent par hasard. C'est le cas des violeurs qui ne choisissent pas leurs victimes au préalable. Une rencontre avec ce type de personnes peut mal se terminer. L'occasion faisant le larron, le passage à l'acte devient une formalité pour le tueur.

- La peur : c'est surtout la peur d'être dénoncé à la police. Lorsque le bourreau réalise que sa victime peut le dénoncer, il préfère la faire taire définitivement pour échapper aux poursuites judiciaires.

- Un contrat (tueur professionnel) : il s'agit d'une catégorie de tueurs professionnels qui vivent dans l'industrie du crime. Ils ne connaissent pas forcément leurs victimes et tuent pour des commanditaires.

- Le désespoir : une autre catégorie peut tuer lorsqu'ils n'ont plus rien à gagner dans la vie. Le plus souvent, ils se disent que c'est à cause de la société qu'ils ont raté leur vie et se mettent à commettre des meurtres pour se venger en quelque sorte.

- La compassion : c'est le cas de l'euthanasie. On parle ici d'une infirmière ou de médecins qui préfèrent souvent débrancher les machines lorsque la victime est sous assistance respiratoire ou cesser d'administrer les médicaments pour abréger les souffrances de leurs patients. Sauf que cet acte lorsqu'il est découvert, est puni par la loi.

- Un rituel : c'est ce qui caractérise principalement le tueur en série narcissique ou psychopathe. Ici, la mise à mort est très douloureuse et le tueur met plus de temps sur la scène de crime. La mort de la victime ne suffit pas, il faut aller au-delà de la simple mise à mort en disposant le corps d'une certaine manière, ce qui crée des sensations qui produisent alors une certaine excitation au bourreau.

## VI. PARALLÈLE ENTRE LE CRIMINEL PSYCHOPATHE ET PSYCHOTIQUE

S'inspirant du tableau établi par le F.B.I, *le docteur Michel Bénézech* qui a longtemps étudié le tueur en série, il distingue le criminel psychopathe du criminel psychotique.

| **Criminel psychopathe** | **Criminel psychotique** |
|---|---|
| Père absent, délinquant ou violent | Mère pathologique |
| Antécédents pénaux fréquents | Antécédents pénaux rares |
| Antécédents psychiatriques rares | Antécédents psychiatriques |
| Usage d'alcool et/ou de stupéfiants | Chimiothérapie psychotrope insuffisante ou arrêtée |
| Vit en compagnie | Vit seul ou avec ses parents |
| Sociable superficiellement | Solitaire |
| Voyage très souvent | Voyage peu |
| Antécédents personnels de violences physiques | Comportement dangereux annonciateur du crime |
| Préméditation possible | Pas de préméditation (sauf pour les paranoïaques) |
| Victime connue ou de rencontre | Victime connue ou de proximité |
| Complice parfois | Agit toujours seul |
| Long dialogue possible avec la victime | Peu de dialogue avec la victime |
| Tortures *ante mortem* possibles | Pas de tortures préliminaires |
| Utilise l'arme ou le moyen qu'il porte ou qu'il garde | Utilise l'arme qui lui tombe sous la main |
| Maîtrise possible de la victime | Passage à l'acte désorganisé et très violent (énucléation ou castration possible) |
| Sadisme sexuel possible | Acte sexuel sadique possible |
| Alcoolisation au moment du crime | Angoisse majeure pendant le crime |
| Absence de productions mentales pathologiques | Syndrome hallucinatoire, délirant et/ou dépressif |
| Dissimule parfois le cadavre de la victime | Abandonne le cadavre sans précaution |
| Quitte les lieux du crime | Prostration parfois près du cadavre de sa victime |
| Suicide rare après le crime | Suicide fréquent après le crime |
| Cherche à échapper à la police | Se dénonce ou se laisse arrêter sans résistance |
| Multiplicité possible des victimes pendant des mois ou des années | Multiplicité possible des victimes dans un court laps de temps |
| Responsable pénalement | Irresponsable pénalement |

**Tableau 8 :** parallèle entre le criminel psychopathe et psychotique

# CHAPITRE XI

# DATATION DE LA MORT

Lors de l'autopsie, la première mission du légiste est la détermination plus précise de l'heure du décès. La date de la mort est un élément essentiel dans l'enquête, c'est un indice précieux qui permet d'identifier le criminel ou de disculper un suspect, en fonction de son alibi à l'heure précise du meurtre, à l'absence d'éléments sur l'heure du décès, on ne peut espérer obtenir un bon résultat. Il est donc important de réussir à dater avec le plus de précision possible l'heure du décès. Pour cela, les enquêteurs disposent d'éléments permettant de dater avec plus ou moins de certitude le moment de la mort.

En effet, lorsqu'un cadavre est découvert dans l'eau comme à l'air libre, on peut dater avec exactitude l'heure de la mort, qu'elle soit précoce ou ancienne. Pour cela, plusieurs techniques existent et le médecin essayera de toutes les utiliser pour dater le décès le plus précisément possible, en déterminant l'heure et les circonstances de la mort. Il existe à cet effet plusieurs techniques à la disposition des enquêteurs pour y parvenir.

Parmi les plus connues, on peut citer : la méthode de Vibert, la méthode thermométrique, le monogramme de Henssge, la rigidité, les lividités cadavériques, l'entomologie médico-légale l'anthropométrie légale. La première technique de datation qu'utilise le médecin légiste est la méthode de Vibert.

## I. LE REFROIDISSEMENT CADAVÉRIQUE

En général, après le décès, le refroidissement du cadavre peut devenir un marqueur du délai *post-mortem* et ce phénomène dans le champ de la médecine légale est facilement quantifiable, à la différence des autres marqueurs cadavériques. Les facteurs de variation de la température sont les suivants : les vêtements, le vent/courants d'air, le degré d'hygrométrie[154] qui peut occasionner les déperditions thermiques, l'humidité, la variabilité de la température extérieure et les mouvements de l'air.

Après la mort, la régulation thermique disparaît (arrêt des phénomènes d'homéothermie). Cela se traduit par un équilibrage de la température du corps avec celle de son environnement.

---

[154] L'humidité relative de l'air (ou degré d'hygrométrie) est une mesure du rapport entre le contenu en vapeur d'eau de l'air et sa capacité maximale à en contenir dans ces conditions. Ce rapport changera avec la température ou la pression bien que l'humidité absolue de l'air n'ait pas changée. Elle est mesurée à l'aide d'un hygromètre.

Le calcul de l'intervalle post-mortem, c'est-à-dire le délai entre la mort et la découverte du corps, requiert un examen détaillé, par le médecin légiste. Celui-ci va étudier divers signes cliniques cadavériques, résultant de modifications physico-chimiques, dont la chronologie permettra de déterminer le moment de la mort à quelques heures près, du moins dans les premières 48 heures suivant le décès. La température reste donc un facteur de datation déterminant dans les premières 24 heures car, dans les minutes qui suivent la mort, le processus de régulation thermique de l'organisme cesse.

**1. La température corporelle normale**

En cas de décès, la température du corps s'aligne progressivement sur la température ambiante, de 8 à 12 heures pour la peau, pour atteindre l'équilibre après 24 à 36 heures. Toutefois, ce refroidissement n'est pas linéaire. La température variera de 34 °,2 à 37 °,6 avec une moyenne à 36 °,9 et est soumise à de nombreux facteurs :

- l'âge (les enfants et les adolescents ont une température plus élevée de 0,5 à 1 °C) ;

- le stress émotionnel ;

- le cycle menstruel ;

- les maladies (hyper ou hypothermiques) ;

- les désordres métaboliques (hypothyroïdie) ;

- les perturbations de la circulation périphérique.

**2. Explication du refroidissement**

La décroissance thermique d'un cadavre est la base de la datation de la mort. Généralement, la chronologie est la suivante : Les extrémités, puis la région épigastrique (région située au-dessus du nombril). Dans l'ensemble, la baisse de la température s'effectue en 3 phases :

Première phase : plateau thermique initial d'une durée de 0,5 à 3 heures, pendant cette période, la température décroît peu.

Deuxième phase : phase intermédiaire de décroissance rapide, qui est celle où la méthode thermométrique se révèle la plus pertinente pour dater la mort.

Troisième phase : phase terminale de décroissance lente durant laquelle la température corporelle finit progressivement par s'égaliser avec celle du milieu ambiant.

Toutefois, il faut prendre en compte des facteurs correctifs.

### 3. Les facteurs correctifs du refroidissement

La détermination du délai post-mortem peut être biaisée par un certain nombre de facteurs interférents qui peuvent être d'origine endogène[155] (cadavérique) ou d'origine exogène[156] (environnementale). Parmi ces facteurs, on a :

- l'« enrobage » du corps : le corps est couvert de drap, couverture, etc. ;

- la masse corporelle : le refroidissement est d'autant plus lent que le poids du sujet est élevé ;

- la taille du sujet : en général, les enfants et les adolescents refroidissent plus vite que les adultes ;

- la position du corps : en modifiant l'importance de la surface exposée, on modifie la conduction et la convection ;

- la surface sur laquelle repose le corps : le corps refroidit plus rapidement lorsqu'il repose sur un carrelage que sur une moquette...) ;

- les mouvements de l'air : ces mouvements accélèrent les pertes thermiques par convection[157] ;

- l'humidité de l'air : la température du corps baisse selon que le degré hygrométrique[158] de l'air est élevé ;

- la température ambiante : il s'agit des circonstances dans lesquelles se trouve le corps. C'est le cas d'une pièce où il le chauffage, climatisation, ou l'air libre) ;

- la pluie, la neige, le froid, le soleil influencent également le refroidissement du corps : un corps exposé au froid refroidira plus vite qu'un corps se trouvant dans un endroit chaud ;

- la présence de vêtements : les vêtements jouent le rôle d'isolant thermique et le refroidissement du corps sera d'autant plus retardé que l'épaisseur desdits vêtements sera importante ;

---

[155] Exogène : qui provient de l'extérieur du corps, qui est dû à des causes externes, par opposition à endogène.

[156] Endogène : terme ou adjectif désignant ce qui se produit dans un organisme ou qui émane de celui-ci (qui prend naissance à l'intérieur) par opposition à ce qui est exogène.

[157] Les pertes thermiques par convection : les pertes *thermiques par convection* sont généralement dues au déplacement de molécules de différentes températures. Elles se déroulent dans un fluide (un liquide ou un gaz).

[158] Le degré hygrométrique désigne l'humidité relative de l'air. Il se calcule en mesurant le rapport entre le contenu en vapeur d'eau de l'air, et sa contenance maximale.

- les circonstances du décès : une personne en hyperthermie[159] au moment du décès refroidira plus lentement ;

Une personne en hypothermie[160] refroidira plus rapidement, tandis qu'un corps immergé refroidira plus vite. La déperdition thermique du cadavre est beaucoup plus rapide dans l'eau que dans l'air. Ce phénomène se voit encore accéléré lorsque le corps se trouve plongé dans une eau courante.

**4. Délai Post-Mortem**

Sous les climats tempérés qui sont estimés à 18 °C, la température de la peau égalera celle du milieu environnant entre 8 et 12 heures en moyenne, mais la température centrale du cadavre baissera 2 à 3 fois moins. La baisse de température centrale du corps évoluera ainsi qu'il suit :

- en moyenne, la température centrale du corps s'égalise avec le milieu ambiant en 24 heures ;

- la vitesse de refroidissement est de 0,5 à 1 °C par heure ;

- au bout de 2 heures, le visage et les extrémités sont froids ;

- pas ou peu de baisse de température au niveau des aisselles, cavité buccale et rectale.

Remarque : La température du corps doit être considérée comme l'un des meilleurs estimateurs du délai post-mortem pendant et seulement les 24 premières heures de la mort.

**5. Où prendre la température du cadavre ?**

Le Légiste doit prélever la température à des endroits suivants :

- le cerveau : sa température est la plus précise ;

- le foie : le foie a également une température plus précise ;

- le rectum : la température rectale est la plus courante et plus facile à prélever ;

- les cuisses : la température des cuisses est également facile à prélever ;

---

[159] L'hyperthermie désigne l'élévation de la température du corps ou d'une partie du corps au-dessus de la valeur normale qui chez l'homme est 37° centigrades en moyenne.

[160] L'hypothermie est la baisse de la température du corps. Cette baisse ne lui permet plus d'assurer les fonctions vitales. On sait que la température du corps humain est d'environ 37°C. Elle est régulée naturellement, mais en cas de décès, le corps ne peut plus maintenir sa température. Entre 37 et 35 °C, on parle normo thermie et en dessous, on parle d'hypothermie, qui devient grave en dessous de 32°C.

- les oreilles : la température des oreilles est un bon indicateur ;

- les avant-bras : la température des avant-bras est également un bon indicateur.

## II. LA MÉTHODE DE VIBERT

La méthode de VIBERT combine l'étude de la rigidité, des lividités, d'une estimation grossière de la température du cadavre et les premiers signes de putréfaction. Selon le Pr. L. Belhadj dans son Cours Polycopies de Médecine Légale à l'intention des étudiants inscrits au module de graduation de médecine légale en 2010, Les constatations sont rapportées sur le tableau suivant (tableau de Vibert) qui donne une approximation du délai post-mortem ainsi qu'il suit :

| Phénomènes Cadavériques Observés | Délai Post-Mortem |
|---|---|
| Corps : chaud, souple sans lividités | Moins de 6 heures |
| Corps : tiède, rigide, lividités s'effaçant à la pression | Entre 6 et 12 heures |
| Corps : froid, rigide, lividités fixes | Entre 24 et 48 heures |
| Corps : froid, non rigide, tâche verte abdominale | Plus de 36 heures |

**Tableau 9** : La méthode de VIBERT

La deuxième méthode qu'utilise le médecin légiste est le calcul de l'heure de la mort à partir de la vitesse de refroidissement, en prenant en compte la température du cadavre et de l'environnement (exemple de vitesse de refroidissement : 1 °C par heure à une température de 20 °C).

## III. LA MÉTHODE THERMOMÉTRIQUE

La méthode thermométrique permet de déterminer l'heure de la mort grâce à la température du cadavre. Elle consiste à mesurer la température centrale du cadavre aussi bien que celle de l'environnement sur le lieu d'un décès (c'est-à-dire la température de l'air ambiant). Les deux mesures (cadavre et l'air) doivent être réalisées au même moment avec le même instrument, et l'heure de la mesure doit être notée avec précision. On y ajoute en même temps la température rectale du cadavre, mais cette partie peut présenter des difficultés lorsque la victime a fait l'objet de violences sexuelles. Cette opération peut être réalisable grâce au thermomètre et au monogramme de Henssge.

La mesure de la température du cadavre est réalisée sur les lieux du crime par le médecin légiste à l'aide d'un *thermomètre*. Dans ce cas précis, elle s'effectue avec un thermomètre médical, dont la gamme de températures est trop restreinte. L'instrument de référence ici est le thermomètre électronique à thermocouple qui a une grande précision et équipé d'une sonde de pénétration souple ou rigide. Cette dernière doit être introduite d'au moins 10 à 15 cm dans le rectum du cadavre pour obtenir une bonne estimation de la température centrale.

En effet, la température corporelle diminue progressivement dès la mort, passant de 37 °C à la température ambiante. Suivant les conditions environnementales et la température du corps au moment de sa découverte, il est possible de calculer le temps qu'il a fallu pour que la température diminue, déterminant ainsi l'heure de la mort.

Un corps humain vivant possède une température corporelle proche de 37 °C. Dès la survenue de la mort, le corps cesse de conserver son homéothermie et commence à se refroidir. Si la peau se refroidit rapidement et atteint parfois la température ambiante de 8 à 12 heures, le centre du cadavre met plus de temps. De façon approximative, la vitesse de refroidissement est d'environ 1 °C par heure pendant les 24 premières heures. Lorsqu'elle est mesurée dans des conditions appropriées, la température du corps doit être considérée comme l'un des meilleurs estimateurs du délai *post mortem* pendant les 24 premières heures.

La méthode thermométrique suppose que la température corporelle au moment du décès se trouvait dans les limites physiologiques (entre 36,8 et 37,6 C) ; une hyperthermie (ex. : cas d'un décès dans un contexte infectieux) ou une hypothermie *ante mortem* (ex. : cas de quelqu'un retrouvé mort de froid) peuvent fausser considérablement les estimations, et doivent donc être étudiées chaque fois que des renseignements sur les circonstances de la mort seront disponibles.

Les équations du refroidissement supposent également que la température environnementale est restée sensiblement constante pendant toute la période *post mortem*. Cela peut être le cas lorsque le décès survient dans des bâtiments chauffés ou climatisés, néanmoins des problèmes se posent dans les cas de corps retrouvés en milieu extérieur.

D'autre part, la détermination du délai *post mortem* par la méthode thermométrique peut être faussée par un certain nombre de facteurs interférents d'origine endogène (cadavérique) ou exogène (environnementale) tels que :

- les mouvements de l'air qui accélère les pertes thermiques par convection. Pour cette raison, il est important de noter si le temps est venteux lorsque la scène de décès se situe en extérieur, ou s'il existe des courants d'air lorsque celle-ci se situe à l'intérieur d'une habitation.

- l'humidité de l'air : les pertes thermiques sont d'autant plus importantes que le degré hygrométrique de l'air est élevé.

- la présence de vêtements : les vêtements jouent le rôle d'isolant thermique et le refroidissement du corps sera d'autant plus retardé que leur épaisseur sera importante (même remarque pour tout autre « enrobage » du corps : draps, couette…).

Toutefois, cette technique présente un certain nombre d'insuffisances : elle n'est valide que pendant la phase intermédiaire de l'évolution du refroidissement, c'est-à-dire entre 3 et 18 heures.

## IV. LE MONOGRAMME DE HENSSGE

Le Nomogramme inventé par le docteur Hengsse donne le délai écoulé entre la mort et la mesure, en fonction de la température du corps, de la température extérieure et de la masse corporelle.

Le monogramme de Henssge est un outil bien plus précis qui prend en compte la température extérieure et la température du cadavre (mesurée grâce à un thermomètre introduit dans le rectum de la victime et son poids).

*L'abaque*[161]donne une heure de la mort et une marge d'erreur. Des limitations interviennent, notamment si le sujet était en hypothermie (mort de froid) ou en hyperthermie (malade avec de la fièvre) avant le décès. Si la température ambiante n'a pas été constante à cause de la présence de vêtements ou toute autre protection, un facteur de correction prédéfini peut alors améliorer la datation et on a une heure exacte de la mort.

**Comment procéder ?**

On trace une ligne entre la température du cadavre (sur l'échelle de gauche) et la température ambiante (échelle de droite). Cette ligne coupe le trait oblique. On trace ensuite un nouveau trait partant du cercle en bas à gauche. Cela coupe la courbe du poids, ce qui donne le temps écoulé depuis la mort et la marge d'erreur.

---

[161]Compteur à boules chinois pour le calcul. Les nombres écrits sur le papier reproduisent les colonnes de l'abaque.

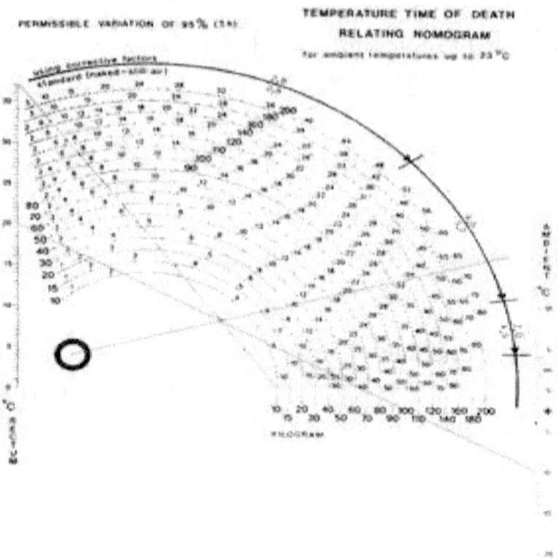


**Figure 23** : Le monogramme de HENSSGE

### Cas d'un corps à l'air libre

Cette méthode est plus pratique pour estimer un délai *post mortem* par la méthode thermométrique. Mais la modélisation précédente ne joue que pour un corps nu dans un air calme. Il est donc souvent nécessaire de faire intervenir des éléments de corrections qui réduisent ou accélèrent le refroidissement d'un facteur Cf. (facteur de confiance). Si Cf. est supérieur à 1, le corps se refroidit plus lentement et s'il est inférieur à 1, le corps se refroidira plus vite.

Rappel : Dans le domaine des systèmes experts, les connaissances sont rarement certaines à 100%. Ce qui conduit alors à un facteur de certitude qui tend à estimer leur vraisemblance. Dans les systèmes où les connaissances sont représentées par des règles de production, on peut construire un formalisme qui va prendre en compte la certitude (ou l'incertitude) que l'on attache aux connaissances (faits et règles). Ce formalisme s'appuie sur des facteurs de confiance (CF) qui estiment la certitude. Par exemple : le fait que *la chaudière de récupération soit polluée* est certain à 90% (CF = 0.9). *Les facteurs de confiance* varient de -1 à 1 où -1 signifie que le fait est faux à 100%, et +1 signifie que le fait est vrai à 100%. Le chiffre 0 signifie que l'on ne sait pas. De même que pour ce qui est des règles, le facteur de confiance indique la confiance que l'on a dans la règle. On obtient alors les résultats suivants :

- Corps nu, air calme : Cf. = 1,0 ;

- Corps peu habillé, air calme : Cf. = 1,1 ;

- Corps habillé modérément, air calme : Cf. = 1,2 ;

- Corps habillé chaudement (plus de 4 couches de vêtements), air calme : Cf. = 1,4 ;

- Corps très habillé, très couvert, lit : Cf. = 2 à 2,4 ;

- Corps nu, air en mouvement : Cf. = 0,75 ;

- Corps peu habillé, air en mouvement : Cf. = 0,9 ;

- Corps habillé modérément, air en mouvement : Cf. = 1,2 ;

- Corps habillé chaudement, air en mouvement : Cf. = 1,4 ;

- Corps nu et mouillé, air calme : Cf. = 0,5 ;

- Corps peu habillé et vêtements humides, air calme : Cf. = 0,8 ;

- Corps habillé modérément et vêtements humides, air calme : Cf. = 1,2 ;

- Corps habillé chaudement et vêtements humides, air calme : Cf. = 1,2 ;

- Corps nu et mouillé, air en mouvement : Cf. = 0,7 ;

- Corps peu habillé et vêtements humides, air en mouvement : Cf. = 0,7 ;

- Corps habillé modérément et vêtements humides, air en mouvement : Cf.= 0,9 ;

- Corps habillé chaudement et vêtements humides, air en mouvement : Cf. = 0,9.

**Cas d'un corps immergé**

- Corps nu dans l'eau stagnante : Cf. = 0,5 ;

- Corps peu habillé dans l'eau stagnante : Cf. = 0,7 ;

- Corps habillé modérément dans l'eau stagnante : Cf. = 0,9 ;

- Corps habillé chaudement dans l'eau stagnante : Cf. = 1,0 ;

- Corps nu dans l'eau courante : Cf. = 0,35 ;

- Corps peu habillé dans l'eau courante : Cf. = 0,5 ;

- Corps habillé modérément dans l'eau courante : Cf. = 0,8 ;

- Corps habillé chaudement dans l'eau courante : Cf. = 1,0.

Toutefois, ce calcul n'est qu'une estimation.

Le monogramme de Henssge ne propose pas une durée fixe, mais une fourchette d'estimation. Certains spécialistes pensent qu'il faut trouver des solutions alternatives pour améliorer la précision de cette technique et proposent alors les techniques telles que la mesure répétée ou continue de la température *post mortem* pendant plusieurs heures et la mesure de la température centrale par des moyens invasifs (introduction de sondes au niveau intra-hépatique, intracérébral, etc.).

Pourtant, ces méthodes sont difficiles à mettre en œuvre en routine sur une scène de décès. En outre aucune d'entre elles n'a véritablement fait la preuve de sa supériorité par rapport à la méthode thermométrique de référence. Lorsque par exemple un corps est retrouvé dans une mare d'eau et que celui-ci pèse 80 kg et sa température rectale est de 20 °C., à l'aide de données météorologiques, on peut déterminer la température moyenne des quinze derniers jours : on obtient, pour la température de l'eau, Tmoy = 10. Sur le nomogramme, on lit 20 heures pour l'estimation, puis on applique le facteur correctif, étant donné que le corps a été retrouvé dans de l'eau stagnante, il faut multiplier le délai estimé par 0,5.

On obtient donc 0,5 X 20 = 10heures.

La fourchette de fiabilité à 95% est, dans ce cas précis, de + ou - 4,5 h ce qui place la date de la mort entre 5,5 h et 14,5 h plus tôt.

Exemple d'utilisation nomogramme de Hengsse : un cadavre de 80 kg a une température interne de 20 °, tandis que la température extérieure est de 10 °.

Pour trouver l'heure probable de la mort, on trace un trait reliant la température interne de 20 ° (à gauche) et la température ambiante de 10 ° (à droite). Ce trait coupe la droite diagonale en un point.

On trace alors une seconde droite partant du centre de la cible et passant par le point précédent. Sur l'arc de cercle correspondant à une masse corporelle de 80 kg, on lit un délai post-mortem de 20h. Sur l'arc le plus extérieur, on lit que l'intervalle de confiance à 95% est de +/- 3,2 h (sans facteur correctif) ou 4,5 h (en cas de facteur correctif).

Cela signifie qu'un corps nu, de 80 kg dans un air calme de 10 ° dont la température interne est de 20 ° est mort entre 16,8 h et 23,2 h plus tôt.

La quatrième méthode que le légiste peut employer pour dater la mort est l'étude de la rigidité cadavérique.

## V. LA RIGIDITÉ CADAVÉRIQUE

La rigidité cadavérique (ou *rigor mortis*) est un raidissement progressif de la musculature causé par des transformations biochimiques irréversibles affectant les fibres musculaires au cours de la phase *post-mortem* précoce. Cet état disparaît habituellement lorsqu'apparaît la putréfaction, c'est-à-dire au bout de deux à quatre jours selon les circonstances. Pour savoir quand remonte le décès (ce qui est très utile lorsqu'on sait qu'un des suspects était dans les parages à ce moment-là), le médecin légiste s'intéresse à ce qu'on appelle *la rigidité cadavérique*, liée à une augmentation de l'acidité des tissus.

### 1. Explication du phénomène

Lorsque le sang ne circule plus, les muscles se raidissent et les tissus perdent de leur élasticité. La rigidité cadavérique commence généralement entre 3h et 8h grand maximum après la mort, puis elle diminue pour disparaître 24h plus tard. Deux jours après, les muscles se détendent et le corps s'assouplit.

Il faut comprendre que la rigidité cadavérique affecte l'ensemble des muscles de l'organisme. Elle débute à la nuque puis suit une marche descendante vers les membres inférieurs, comme l'indique *la loi de Nysten*[162]. En effet, elle touche d'abord les petits muscles situés en haut du corps puis, les muscles plus importants (en particulier les membres inférieurs) où elle prédomine, ce qui explique cette marche descendante.

La coagulation de la myosine due à l'arrêt des pompes ATPasiques qui assurent l'approvisionnement des cellules en énergie entraîne une accumulation des ions calcium $Ca^{2+}$ dans le réticulum endoplasmique des cellules musculaire qui est aussi appelée réticulum sarcoplasmique. Cette altération et la perte de l'étanchéité du réticulum endoplasmique provoquent la concentration cytoplasmique du $Ca^{2+}$. Sous l'action de cet ion, des ponts entre les filaments d'actine et de myosine se forment, ce qui entraîne l'immobilisation du muscle.

En cas de rupture artificielle telle que le déplacement du cadavre intervenant moins de 8 à 12 heures après la mort, la rigidité peut réapparaître. Associée à d'autres méthodes de datation, cette considération permet par exemple de constater que le cadavre a été déplacé. Cette chronologie n'est qu'indicative et en réalité, on observe des variations interindividuelles considérables en fonction de la température ambiante et d'une éventuelle activité musculaire intense avant la mort (comme tous les phénomènes cadavériques, la rigidité est d'autant plus rapide que la température ambiante est élevée et inversement).

Il n'existe pas d'instrument ou de technique permettant de la quantifier de manière précise. De nombreux facteurs peuvent affecter ces rigidités cadavériques. C'est le cas des températures trop basses, qui peuvent empêcher leur apparition, et des muscles très actifs avant le décès peuvent se raidir plus rapidement.

---

[162]Pierre Hubert Nysten est né à Liège, il étudia à Paris et devint professeur à l'École de médecine de Paris. Il mena des expériences pionnières électro-médicales. Il fut chargé de plusieurs missions par le gouvernement français, et devint médecin de l'Hospice des Enfants Assistés. Il décrivit la polyhédrose, les symptômes associés à l'albuminurie, et de la rigidité cadavérique (1811) : la « loi de Nysten » définit les différentes étapes de cette rigidité. En 1810, il publia avec Joseph Capuron (1767-1850), la seconde édition du *Nouveau dictionnaire de médecine, de chirurgie, de physique, de chimie et d'histoire naturelle*, et en 1814 une édition révisée de ce dictionnaire.

Pour ces différentes raisons, la rigidité cadavérique ne doit jamais être utilisée isolément pour tenter de déterminer le délai *post mortem* mais doit être exploitée à la lumière d'autres méthodes de datation. La rigidité disparaît avec l'autolyse et la putréfaction qui détruisent la structure des filaments d'actine et de myosine ainsi que les liaisons qui les unissent. Un autre indicateur du temps *post mortem* est la lividité cadavérique.

**2. Chronologie Post-Mortem**

- la rigidité débute en moyenne entre 3 et 4 heures après la mort (exceptionnel avant 2 heures) ;

- la rigidité est complètement installée et d'intensité maximale entre 8 et 12 heures après la mort ;

- en cas de rupture artificielle intervenant moins de 8 à 12 heures après la mort, la rigidité peut se reconstituer. Ce n'est pas le cas lorsque la rupture intervient au-delà de ce délai ;

- la rigidité se maintient ensuite entre 12 et 36 heures ;

- la rigidité disparaît progressivement en ***deux ou trois jours***, lorsqu'apparaît la putréfaction.

**3. Les facteurs correctifs**

Il faut relever que cette chronologie n'est qu'indicative et en réalité on observe des variations considérables sous l'influence de certains facteurs :

<u>La rigidité est plus rapide lorsqu'il y a</u> :

- activité musculaire intense avant le décès (jogging, course, fuite ou bagarre) ;

- état de stress intense (mort violente précédée de signes tels que la peur) ;

- effet de certains poisons (strychnine) ;

- convulsions ante-mortem ;

- chaleur ;

- électrocution ;

- immersion en eau chaude ;

- constitution anatomique robuste (rigidité importante et prolongée).

<u>La rigidité est plus lente, en cas de</u> :

- décès par asphyxie (pendaison, intoxication au monoxyde de carbone ...) ;

- hémorragie massive ;

- l'air froid et sec et l'eau froide (durée prolongée) ;

- agonie prolongée (rigidité peu intense) ;

- personne âgée ou émaciée (rigidité peu intense).

- si le corps est congelé alors que l'ATP est encore élevée, la rigidité commencera au dégel.

***Cas concret*** :

On a :

Un cadavre complètement souple, la rigidité n'est pas installée = le décès est survenu à moins de 3 heures 00 ou + de 24 heures, la rigidité a déjà disparu. Dans ce dernier cas, d'autres signes cadavériques permettront de faire le diagnostic différentiel ;

Le cadavre rigide sur sa partie supérieure mais souple sur sa partie inférieure. Rigidité en cours d'installation = le décès est survenu à moins de 12 heures ;

Le cadavre souple sur sa partie supérieure mais rigide sur sa partie inférieure. Rigidité en phase descendante = le décès est survenu depuis plus de 24 heures.

*Remarque : La rigidité cadavérique est seulement une méthode complémentaire pour estimer le délai post-mortem. Elle ne doit jamais être utilisée isolément.*

## VI. LES LIVIDITÉS CADAVÉRIQUES

Un autre indice qui va permettre de remonter le temps du décès, c'est *les lividités cadavériques* qui apparaissent quelques minutes après la mort. Les vaisseaux sanguins se dilatent et perdent de leur étanchéité, le sang s'en échappe alors et descend par gravité. 4h plus tard, le sang commence à s'accumuler dans les zones les plus basses du corps et soumises à aucune pression, c'est-à-dire au niveau de la nuque, à l'arrière du bassin ou des genoux.

Les lividités cadavériques autrement appelées *livor mortis* sont une coloration rouge ou violacée de la peau, liée à un déplacement passif de la masse sanguine vers les parties déclives du cadavre, qui débute dès l'arrêt de l'écoulement du sang. Elle est provoquée par une ouverture des vaisseaux sanguins qui larguent le sang dans l'organisme. Autrement dit, ce sont des traces rouges violacées qui apparaissent sous le cadavre, là où s'accumule le sang. Elles permettent de dater le moment de la mort si elle est survenue dans les heures précédentes, mais surtout de déterminer si le cadavre a été déplacé.

### 1. Explication du phénomène

- Après la mort, le sang ne circule plus. L'arrêt de la pompe cardiaque entraîne la stagnation du sang dans les vaisseaux.

- Sous l'action de la gravité, les globules rouges et le plasma vont rejoindre les parties les plus basses du corps, en remplissant en particulier les veines et les capillaires[163].

- Des ouvertures se forment dans la paroi des vaisseaux qui ne sont plus étanches et laissent filtrer les globules rouges qui finissent par envahir les tissus.

- Le sang en s'accumulant, devient visible par translucidité de la peau et donne une coloration « lie de vin »[164] à l'épiderme au niveau des zones « déclives »[165] du corps en épargnant les points d'appui.

- Les lividités sont visibles jusqu'à l'installation de la putréfaction.

**2. Utilisation pratique du phénomène**

Les lividités se répartissent de manière caractéristique sur le cadavre :

- Leur topographie dépend de la position du cadavre et doit être cohérente avec celle-ci.

- Elles épargnent les points d'appui (*tous les points qui supportent le poids du corps)* et les zones supportant un lien ou un vêtement serré *(soutien-gorge, collier...)*. Ces zones d'appui et de contact ne se colorent pas et restent pâles, car les veines et les capillaires à ce niveau restent collabés[166] sous l'action de la pression.

*Exemple : pour un cadavre un décubitus dorsal[167]les lividités vont siéger au niveau du cou, des flancs et de la face postérieure des cuisses. En revanche, elles seront absentes (plages blanchâtres cernées de lividités) au niveau de la région occipitale des épaules, des fesses, des mollets et des talons.*

**3. La coloration des lividités**

- Les lividités correspondent à une accumulation de globules rouges, leur coloration dépend étroitement du contenu en hémoglobine oxygénée. Dans la plupart des cas, elles sont de teinte rose foncé.

---

163 Les vaisseaux capillaires sont les plus fins et les plus petits vaisseaux sanguins qui existent chez les animaux à sang chaud et à sang froid. Ils relient les veines aux artères, fermant la boucle du réseau de la circulation sanguine. Ils constituent la partie du système sanguin où le flux est le plus faible.

164 Lie de vin : c'est la couleur rouge violacée légèrement fade.

165 Déclive : terme de chirurgie qui marque le point le plus bas d'une plaie, d'une cavité ou d'une partie du corps.

166 Collabé : terme désignant ce qui provoque l'affaissement d'un organe

- Avec le temps, les lividités sont de plus en plus présentes et de plus en plus marquées

- La coloration est foncée, lorsque le contenu en hémoglobine oxygénée est faible *(hypothermie, réfrigération ou environnement froid)*.

- l'intoxication au monoxyde de carbone = Rouge vif *(rouge carmin)* ;

- l'asphyxie mécanique ou décès secondaire provoqué par une pathologie cardiaque ou pulmonaire donne un rouge sombre *(L'asphyxie est précédée d'une détresse respiratoire. La victime manquant d'oxygène reçoit du sang veineux non oxygéné, c'est à dire du sang « noir », ce qui explique la couleur singulière des lividités)* ;

- l'intoxication au chlorate de potassium = Chocolat ;

- l'hémorragie = Lividités très pâles ;

- la submersion = Rose clair ;

- l'intoxication par des produits méthémoglobisants = Bleu ardoisé ;

- les lividités sont peu visibles chez les personnes de couleur, les personnes exsangues, les personnes âgées et les personnes anémiées ;

- les lividités sont accentuées chez les personnes décédées après une longue agonie.

**4. La mobilité des lividités**

- Les lividités sont dans un premier temps effaçables à la pression. Un appui appliqué sur une zone de lividité chasse le sang des vaisseaux et la peau prend une teinte plus pâle. On dit que les lividités sont « non fixées » ;

- Dans un deuxième temps, et suite à la perte d'étanchéité des parois vasculaires, le sang imbibe le tissu interstitiel et l'appui appliqué sur une zone de lividité ne peut plus déplacer le sang. On dit que les lividités « sont fixes » ;

- La fixité des lividités dépend de la température, mais sans relation linéaire ;

- La fixité dépend également de la saison avec une perte de la mobilité pendant l'été.

**5. Migration des lividités**

Ce point est surtout utile en cas d'affaire criminelle et moins pour la datation car elle permet de savoir si le cadavre a été déplacé ou non. Si le corps est déplacé dans un délai *post-mortem* inférieur à 6 heures, le médecin légiste ne pourra pas le savoir car les lividités apparaissent seulement après environ 2 heures et ne sont pas définitives. Si le corps est déplacé entre 6 et 24h après la mort, c'est-à-dire lorsque les lividités sont semi-fixées, celles-ci seront séparées en plusieurs lividités moins intenses. Enfin, si le corps est déplacé tardivement, les lividités ne changeront pas de place et il n'y aura pas formation d'autres.

- Jusqu'à la fixation, les lividités sont mobiles.

- Si une personne manipule le cadavre alors que les lividités sont « non fixées », de nouvelles lividités s'ajoutent aux premières. Il y a alors apparition de lividités mixtes (ou paradoxale).

- Si ces zones mixtes de lividités sont incompatibles avec la topographie du corps et de la gravité, il y a eu mobilité du cadavre post-mortem.

**6. Explication du phénomène**

Les lividités cadavériques débutent lorsque le sang commence à s'accumuler par gravité dans les parties les plus inférieures du corps où la couleur rouge devient visible par transparence de la peau, les points de pression sont épargnés par cette accumulation de sang. Ce processus d'apparition des lividités cadavériques débute dès la mort de l'individu, puisque la pompe cardiaque qui fait mouvoir le sang dans l'organisme s'arrête, entraînant ainsi la stagnation. Après la mort, des ouvertures se forment dans la paroi des vaisseaux sanguins, constituées de cellules endothéliales. Des globules rouges s'échappent alors des vaisseaux et leur densité (d) est alors égale à :

d = 1,095 étant supérieure à celle du plasma sanguin et des autres cellules sanguines, comprises entre 1,070 et 1,085. Le sang, en s'accumulant, devient visible par translucidité de la peau, d'où une modification de sa teinte qui caractérise les lividités cadavériques.

Les lividités peuvent permettre de dater le cadavre. Elles apparaissent au bout de 2 heures après la mort et atteignent leur intensité maximale à 12 heures. Avant 12 heures, elles sont encore mobiles, c'est-à-dire que l'on peut déplacer la masse sanguine en réalisant une pression dessus. Après ce stade, les lividités sont fixées définitivement. À la douzième heure, et suite à la perte d'étanchéité des parois vasculaires, le sang imbibe le tissu interstitiel et l'appui appliqué sur une zone de lividité ne peut plus déplacer le sang. À ce stade, les lividités sont dites fixes.

Les lividités offrent encore d'autres renseignements pour la police, notamment, si le cadavre a été déplacé, les lividités ne correspondent pas à son emplacement. On peut également savoir la cause du décès lorsque les lividités indiquent une couleur bien rouge correspondant à une intoxication au monoxyde de carbone. C'est une couleur bleue due à une asphyxie ou un malaise cardiaque ou pulmonaire. Les lividités cadavériques se répartissent de manière caractéristique sur le cadavre.

Elles apparaissent d'abord sur le cou et s'étendent ensuite à d'autres régions de l'organisme vers la quinzième heure après le décès, en épargnant les points de pression. Subséquemment, sous l'effet de la gravitation, le sang d'une victime allongée s'accumule, s'immobilise et devient persistant sous la peau non comprimée des parties les plus basses. En général, la vitesse de formation des lividités est variable. Elles sont visibles à partir de la deuxième heure après la mort et deviennent progressivement de plus en plus marquées pour atteindre le maximum de leur intensité à la douzième heure.

Au niveau de ces zones, la peau prend une couleur violacée. Les lividités évoluent au fil du temps, elles permettent aussi de déterminer si le cadavre a été déplacé. En cas de mort suspecte, les lividités peuvent donc indiquer un éventuel changement de position du cadavre, si leur emplacement constaté ne correspond pas à celui attendu. La teinte des lividités cadavériques peut donner des renseignements sur la cause de la mort.

Lorsqu'une tache verte apparaît au niveau de l'abdomen, la victime est morte depuis environ 48heures. Cette tache verte indique que la putréfaction a déjà commencé. Par ailleurs, la mobilité des lividités est également intéressante : elles sont dans un premier temps effaçables à la pression. Un appui appliqué sur une zone de lividités chasse le sang des vaisseaux et la peau prend une teinte plus pâle par rapport aux zones avoisinantes. Les lividités de teinte rouge-carmin sont typiques d'une intoxication au monoxyde de carbone (CO), alors que des lividités cyanosées orientent généralement vers une cause asphyxique, ou vers un décès secondaire dû a une pathologie cardiaque ou pulmonaire.

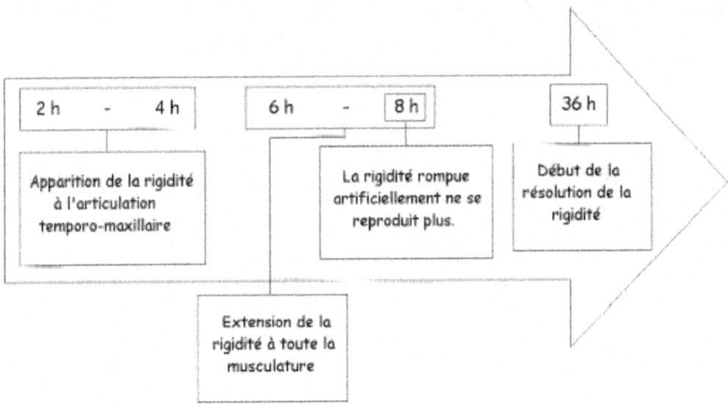


**Figure 24** : Schéma de l'extension des lividités cadavériques

## 7. Chronologie *Post-Mortem*

*Les lividités cadavériques* autrement appelées *livor mortis* constituent un autre indice pour remonter le temps de la mort. Elles apparaissent quelques minutes après la mort. Les vaisseaux sanguins se dilatent et perdent de leur étanchéité, le sang s'en échappe alors et descend par gravité. 4h plus tard, le sang commence à s'accumuler dans les zones les plus basses du corps et soumises à aucune pression, c'est-à-dire au niveau de la nuque, à l'arrière du bassin ou des genoux.

Les lividités cadavériques sont une coloration rouge ou violacée de la peau, liée à un déplacement passif de la masse sanguine vers les parties déclives du cadavre, qui débute dès l'arrêt de l'écoulement du sang. Elle est provoquée par une ouverture des vaisseaux sanguins qui larguent le sang dans l'organisme. Autrement dit, ce sont des traces rouges violacées qui apparaissent sous le cadavre, là où s'accumule le sang. Elles permettent de dater le moment de la mort si elle est survenue dans les heures précédentes, mais surtout de déterminer si le cadavre a été déplacé

Comme dans le cas de la rigidité, la chronologie des lividités cadavériques est soumise à de très importantes variations interindividuelles, pour cette raison ce marqueur ne doit pas non plus être utilisé isolément pour tenter de déterminer le délai *post-mortem.*

Pour dater le corps par cette méthode, certains éléments doivent être pris en compte :

- l'absence ou la présence de lividités : si elles sont absentes, cela signifie que la mort date de moins de deux heures.

- leur coloration : plus le temps passe, plus les lividités (qui sont donc colorées par les globules rouges) seront visibles. Après 12 heures, elles auront atteint leur niveau maximum.

- leur fixation : selon la date de la mort, elles réagissent différemment à la pression digitale :

- si la mort date de moins de 12 heures, il y a disparition totale de la pression digitale : les lividités sont non fixées ;
- entre 12 et 24 heures, la disparition est partielle : les lividités sont partiellement fixées ;
- après 24 heures, la pression n'a pas d'effet : la fixation des lividités est totale.

Les lividités débutent en moyenne entre 2 et 4 heures après la mort. Elles sont complètes *(ineffaçables)* en moyenne entre 6 et 15 heures après la mort ;

Elles sont immuables entre 12 et 24 heures. Leur disparition à la vitropression se situe en moyenne avant 12 heures ;

La disparition complète des lividités après retournement du cadavre se situe en moyenne entre 4 et 6 heures ;

La disparition incomplète des lividités *(zones mixtes)* après retournement du cadavre se situe en moyenne entre 6 et 15 heures ;

L'immuabilité des lividités après retournement du cadavre se situe entre 12 et 30 heures.

Ceci permet de savoir si un corps a été déplacé *post-mortem* ou une orientation vers certaines intoxications telles que le monoxyde de carbone (lividités très rosées)

D'autres critères permettent d'évaluer la date de la mort de la victime. C'est le cas de l'opacification de la cornée, ou l'apparition d'une tache verte sur l'abdomen de la victime. Ce signe montre que la victime est décédée il y a plus de quarante-huit heures. Cette méthode permet de déterminer approximativement le temps qui s'est écoulé depuis la mort de la victime, en appliquant la relation : t=3,23.K-8,2, où t est en heure (temps depuis lequel la victime est décédée) et k en mmol/L (concentration en ions potassium). Cette concentration augmente au fur et à mesure que le temps passe après la mort et est valable pendant environ une semaine.

En revanche, si la mort remonte à plus de 48 h et que la tache verte de décomposition des organes apparaît sur l'abdomen, gagnant ensuite tout le corps, le médecin légiste fait appel à un entomologiste (scientifique qui étudie les insectes qui dévorent petit à petit les chairs) s'il reste des tissus. La sixième méthode que le médecin légiste va utiliser est l'entomologie.

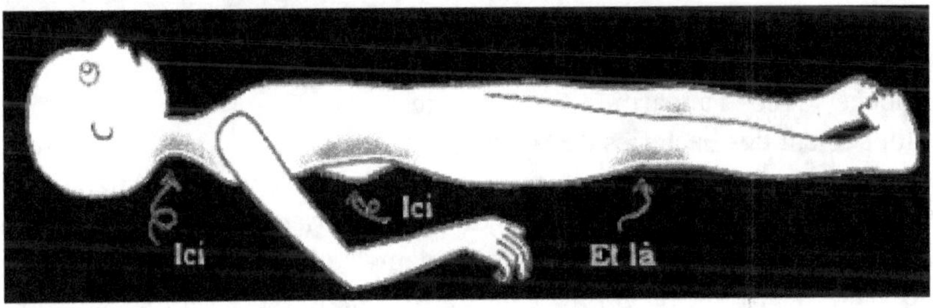


**Figure 25** : Accumulation du sang dans les parties basses du corps

*Effet des lividités liées à un retournement d'un corps initialement sur le ventre*

Dans certains cas d'empoisonnement, les lividités prennent une autre couleur. Leur couleur peut varier selon les causes du décès : une intoxication au monoxyde de carbone ou au cyanure par exemple entraînera des lividités rouge cerise. Dans le cas de frigorification, elles seront rosées. Enfin, dans les cas d'anémie, celles-ci seront pâles.

***Cas concret*** :

On a :

Un cadavre qui ne présente pas de lividités = une mort récente, qui remonte à moins de 3 heures ;

Un cadavre qui présente des lividités mixtes, tant sur la face postérieure et antérieure alors que la personne est décédée en décubitus = une manipulation du cadavre entre l'installation des lividités et la 12ème heure environ ;

Un cadavre découvert face contre terre et qui présente uniquement des lividités sur la face postérieure = une victime décédée sur le dos et manipulée après immuabilité des lividités, au-delà de la 12ème heures environ ou personne décédée sur le ventre et dont le corps a été retourné dans les premières heures suivant le décès *(- de 6 heures)*, puis à nouveau placé sur le ventre à l'issue de l'immuabilité des lividités *(+ de 12 heures)*.

## VII. LES PHÉNOMÈNES DE PUTRÉFACTION

La putréfaction est la décomposition des tissus organiques sous l'influence prépondérante des bactéries hébergées par l'individu, surtout celles de la flore intestinale, des mycètes saprophytes et des bactéries minéralisantes qui envahissent le cadavre.

La putréfaction a lieu après une mort de plus de deux à trois jours. La putréfaction du cadavre est difficile à dater avec précision à cause des influences venant soit de l'extérieur ou alors de l'individualité même du cadavre. Ces modifications peuvent accélérer ou ralentir la putréfaction.

La putréfaction du cadavre permet de déterminer le moment du décès au-delà de trois jours. Elle est due au développement des bactéries dans le cadavre. Elle commence avec l'apparition de la tache verte sur l'abdomen, due au développement des bactéries de la flore intestinale, et qui va s'étendre peu à peu sur tout l'abdomen. La putréfaction se déroule en trois phases pendant lesquelles vont se succéder différentes espèces de bactéries et de champignons : la putréfaction colliquative et gazeuse pendant laquelle l'abdomen va gonfler à cause d'un dégagement gazeux, la transformation des graisses et enfin la réduction squelettique.

Les circonstances extérieures (l'air atmosphérique, l'humidité et la chaleur) ont une influence bien plus grande dans le retard ou dans l'avancement de la putréfaction.

La multiplication bactérienne, en particulier d'origine colique, est responsable des phénomènes de putréfaction. Le premier signe est la tache verte abdominale cutanée en regard du *caecum*, qui survient en général au bout de 48 h. Puis, le cadavre devient complètement vert, gonfle et apparaît une circulation posthume en quelques jours, classiquement 8 jours. En fait, ces phénomènes de putréfaction sont très dépendants des conditions extérieures, plus rapides en cas de chaleur, plus lents en cas de température basse.

### 1. Les facteurs pouvant modifier la putréfaction

Plusieurs modifications individuelles influent sur la progression de la putréfaction.

- L'âge est l'un de ces facteurs, plus le cadavre est âgé, plus la putréfaction va se faire lentement.

- Les cadavres de femmes mortes directement après l'accouchement se putréfient également plus vite, quel que soit leur genre de mort.

- La constitution a une très grande influence sur le phénomène de putréfaction : les corps obèses et lymphatiques se putréfient plus vite parce que l'absorbance de liquide dans l'organisme favorise la décomposition.

- Le genre de mort modifie aussi le progrès de la putréfaction. En effet, après une mort subite, la putréfaction est plus lente qu'après une longue maladie accompagnée d'une décomposition du sang.

- les personnes mortes en état d'ivresse se conservent plus longtemps car leur corps baigne dans l'alcool et dans le cas d'un empoisonnement à l'acide, la putréfaction est retardée par l'acide qui empêche la formation d'ammoniaque dans le corps ou que celui-ci le neutralise aussitôt qu'il se forme.

Au total, pris ensemble, ces signes constituent la triade de Vibert, qui permet d'évaluer grossièrement la datation de la mort dans les premières 48 heures.

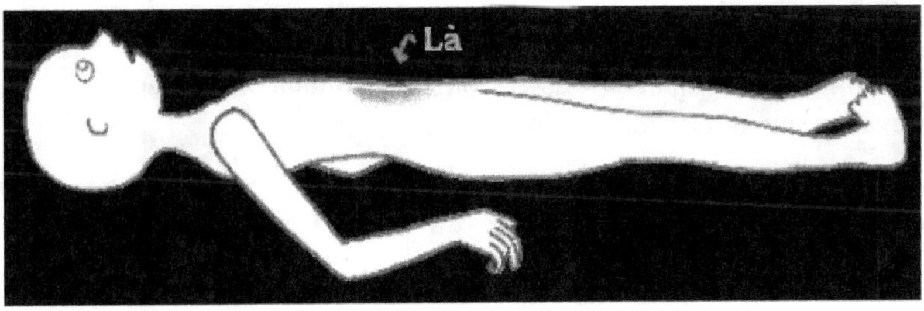


**Figure 26** : Début de la putréfaction

### 2. Chronologie de la putréfaction externe

Ce phénomène se déroule ainsi qu'il suit :

- de 24 à 72 h : il y a coloration des tissus recouvrant les organes du ventre en vert, le globe de l'œil devient mou, cède à la pression du doigt et l'odeur de putréfaction apparaît.

Il y a également des taches qui envahissent le cou, les parties latérales de la poitrine, le dos et les extrémités inférieures.

- de 8 à 12 jours : toutes les tâches s'élargissent, se réunissent et couvrent tout le corps en devenant plus foncées en exhalant au fur et à mesure, une odeur plus forte. Le sang décomposé est épanché dans les tissus cellulaires, une couleur verte et rouge apparaît.

Le gaz produit fait gonfler le ventre, la cornée s'affaisse et devient concave. Le sphincter et l'anus sont ouverts. À travers la peau restée plus claire (les extrémités, la poitrine…), les sillons sont d'une couleur rouge sale et renferment des bulles d'air. Si la température avoisine 16 à 20 °C, les téguments du crâne sont décollés au bout de 8 à 20 jours.

- de 14 à 20 jours : une couleur vert-grenouille et rouge brun est uniformément étendue sur tout le corps. L'épiderme est en partie soulevé par des bulles et des vers recouvrant tout le corps. Il y'a une très forte production de gaz, qui engendre un très gros gonflement du ventre et de la poitrine, tous le tissu cellulaire est soufflé, les traits de la figure ne sont plus reconnaissables. L'œil a désormais une couleur uniforme rouge sale. Chez les hommes le pénis et le scrotum ont gonflé et ont une dimension colossale. Les ongles sont déchaussés et facilement déracinables.

À ce stade de la putréfaction, on peut dire que la mort a eu lieu au moins depuis 14 jours, mais on ne peut pas estimer la date maximum du décès, puisque cette période peut durer des semaines voire des années.

- de 1 à 4 mois : cette période est très dure à déterminer, l'évolution de la putréfaction avance peu.

- de 4 à 6 mois (ou plus tôt pour les cadavres qui ont séjourné dans les milieux chauds et humides) : il y'a

- Une phase de colliquation putride, où les téguments des cavités sont crevés par le développement continuel de gaz ;

- Les cavités thoraciques et abdominales sont ouvertes, la structure du crâne cède à la pression, le cerveau coule et les cavités de l'orbite sont vides ;

- Les os du crâne et les extrémités sont à nus ;

- Les os sont détachés des articulations à cause de la destruction des ligaments ;

- Il y'a aponévrose, on ne peut plus discerner le sexe du cadavre.

- il y a la soponication : il s'agit de l'affaissement sous la pression du doigt de l'adipocire (le gras du cadavre blanc ou blanc jaunâtre qui est formé par la combinaison de l'acide oléique et de l'ammoniaque). Cette étape peut constituer le facteur final de la putréfaction colliquative qui devient mou et fond à la chaleur.

### 3. Chronologie de la putréfaction des organes internes

Les organes internes ne subissent pas la putréfaction au même moment ni au même degré. La quantité de sang, de fluides changent les conditions d'inhibition. On peut alors dater la mort avec plus de certitudes grâce aux phénomènes de putréfaction des organes internes plutôt qu'au moyen des phénomènes de putréfaction externes.

Au bout de 3 à 5 jours quand il fait chaud et 6 à 7 jours quand il fait froid après la mort, la trachée et le larynx subissent la putréfaction :

- La trachée passe d'une couleur blanche à une couleur rouge cerise ou rouge brun sale et devient vert-olive.

- Les cartilages du canal se séparent mais tous les autres organes sont intacts. Le cerveau se putréfie par la suite.

- L'estomac se putréfie très vite selon les personnes, à cause de sa forte capacité à absorber les substances telles que le vin ou les médicaments. Il est difficile de distinguer les changements de couleurs et donc le stade de putréfaction de cet organe.

- Toutefois, au bout de 4 à 6 jours, des taches isolées, plus ou moins grandes d'un rouge sale apparaissent sur l'estomac. Au fur et à mesure, le rouge sale est remplacé par une couleur noire grise et le tissu de l'organe se ramollit. Puis les intestins se putréfient de la même façon que l'estomac, les réactions se répandent alors au reste du tube digestif. La rate devient molle puis ressemble à de la pâte d'une couleur vert bleu.

- L'épiploon et le mésentère résistent quelques semaines après la mort, la putréfaction, les fait virer au gris vert et sec.

- La décomposition du foie commence à la surface convexe, il apparaît sous une couleur verte qui devient noire et le sang diminue par évaporation.

- À la mort le cerveau s'affaisse et plus la putréfaction avance, plus l'affaissement augmente. Au bout de deux à trois semaines, le cerveau d'un adulte subit la putrescence.

- Les colonnes charnues et les parois du cœur se ramollissent et deviennent molles, verdâtres, puis grises et enfin noires.

- La liqueur du péricarde s'évapore et devient sèche après plusieurs mois.

- Les poumons laissent apparaître de petites vésicules, la plèvre se soulève et devient d'une couleur vert bouteille puis noire.

- Le parenchyme devient mou, s'affaisse et se décompose.

- La putréfaction du rein fait apparaître une couleur chocolat qui devient verte et noirâtre. Il se ramollit puis devient pâteux et facile à déchirer.

- La vessie va ensuite subir la putréfaction, comme l'œsophage qui devient gris vert sale.

- Le pancréas devient rouge sale et va se détruite complètement.

- Le diaphragme commence à se putréfier la première semaine après la mort, en présentant des taches vertes, qui durent entre 4 à 6 mois.

- Le système vasculaire et l'utérus se putréfient en dernier stade.

## VIII. L'ENTOMOLOGIE MÉDICO-LÉGALE

Dans le cadre d'une enquête judiciaire, ce travail de datation n'est parfois pas suffisant. Il est nécessaire quelquefois de réaliser au préalable une identification pour pouvoir replacer la victime dans le cadre de l'enquête (c'est-à-dire ne pas s'appuyer sur des preuves fausses pour juger un suspect).

L'expérience de l'entomologie médico-légale vient de la Chine qui, depuis le XIII$^{e}$ siècle avait déjà commencé à élucider certaines affaires criminelles avec l'aide des insectes. Mais les bases de l'entomologie criminelle moderne ont été posées à la fin du dix-neuvième siècle en France par le vétérinaire Jean Pierre Mégnin (1828-1905) qui publia en 1894 *La faune des cadavres*. Dans cet ouvrage, l'auteur décrit les huit vagues d'insectes qui se succèdent sur les cadavres en décomposition et dont l'étude permet de dater précisément la mort. Mais c'est en 1850 qu'elle fait sa première application connue en France.

L'entomologie criminelle est l'étude des insectes qui se trouvent sur le cadavre. Le fait que les insectes réagissent spécifiquement aux conditions climatiques (température, humidité), fait qu'ils deviennent des indicateurs privilégiés de l'estimation de l'intervalle *post mortem* et servent parfois à la datation du cadavre au jour près.

Même si le crime remonte à plusieurs jours, semaines, voire plusieurs mois en amont, certains indices supplémentaires peuvent encore être récoltés sur la victime et utilisés pour dater la mort, c'est le cas de l'entomologie criminelle, une science basée sur l'étude des insectes qui se nourrissent du cadavre permettant ainsi de déterminer le moment de la mort, quelques mois ou quelques années après sa survenue.

L'étude des insectes qui envahissent les cadavres peut aider à démasquer certains criminels, car les insectes agissent souvent selon une chronologie bien définie. Sans le savoir, leur présence indique le déroulement de l'action et l'heure de la mort. L'entomologie médico-légale ou *forensique* est la technique d'étude des insectes qui permet de dater la mort d'un sujet à un jour près. Elle consiste à étudier l'ordre d'arrivée et le stade de développement des espèces d'insectes retrouvées sur le cadavre.

En effet, dans les heures qui suivent le décès, la température corporelle devient progressivement similaire à la température ambiante. En ce moment, la détermination de la date de la mort de l'individu devient difficile, voire impossible. Lorsque le cadavre est déjà en décomposition, il n'est plus possible de déterminer l'heure exacte de la mort. En ce moment, ce qui intéresse les enquêteurs, c'est de déterminer, le plus précisément possible, le jour de la mort, puisque la dépouille est en état de putréfaction, due à la dégradation des tissus par des micro-organismes anaérobies (qui vivent en absence de dioxygène).

Les premiers à engager la dégradation sont ceux de la flore intestinale qui interviennent trois jours après la mort. Les espèces bactériennes et fongiques se succèdent ensuite pour dégrader les tissus, puis les graisses et enfin pour minéraliser les os. La putréfaction conduit le cadavre à dégager une odeur forte. Ce processus de putréfaction est affecté par les conditions environnementales telles que l'air ambiant, l'eau, etc.

L'étude des insectes sur un corps à l'air libre a prouvé qu'une fois mort, le corps humain constitue une énorme réserve en nutriments pour les bactéries ainsi que pour les insectes, car les cellules du corps ne sont plus protégées par le système immunitaire. Le corps devient alors la proie d'insectes nécrophages voraces, qui s'en servent alors pour se nourrir, ou de nourrir leurs progénitures.

On a ainsi observé que quelques minutes après la mort de l'organisme, il se produit des réactions d'autolyse ou des transformations fermentatives (qui s'observent sans l'action de bactéries ou d'agents étrangers à l'organisme). Les substrats produits lors de ces réactions dégagent des odeurs spécifiques (pas forcément perceptibles par l'Homme), qui attirent les premiers insectes qui vont pondre leurs œufs dans les orifices naturels (sphincters, pores de la peau) et dans les blessures. La ponte se fait le plus souvent de jour et ne survient habituellement pas en dessous de 4 °C. L'apparition des larves peut se faire en moins d'un quart d'heure après la ponte.

Avec le temps, l'altération du cadavre se traduit par le dégagement d'odeurs, spécifiques à une période donnée. À mesure que la décomposition progresse, les réactions d'autolyse changent, ainsi que les substrats produits qui dégagent les odeurs nauséabondes très fortes. Ces nouvelles odeurs vont repousser les femelles attirées par les premières odeurs. D'autres femelles viennent ensuite, sélectivement, coloniser le cadavre, et constituent des *escouades*. L'insecte est attiré uniquement par ce qui lui convient.

Pour déterminer à quelle espèce appartiennent les insectes recueillis, on doit s'adresser à un entomologiste. Car sur une mouche, un poil peut traduire une différence d'âge d'une vingtaine d'heures.

Pour qu'une espèce nécrophage puisse se développer de l'œuf à l'insecte parfait, il lui faut une somme de température spécifique. Cette somme est calculée en additionnant les moyennes de température par jour, moins l'indice spécifique à l'espèce. Lorsque la somme est atteinte, elle correspond au jour de la ponte de ladite espèce.

Pour connaître l'heure exacte d'un décès, il faut une concordance entre plusieurs résultats apportés par des méthodes de datation distinctes. Ces méthodes font à la fois appel à l'examen du corps en lui-même, mais aussi à la constatation de l'action de la faune sur celui-ci. Seule la mise en commun des dates apportées par les différents types de datation permet de faire ressortir une datation plus précise. Cette précision dépend de deux facteurs à savoir : le temps et le lieu de séjour du corps.

Lorsque l'on découvre le cadavre, les enquêteurs doivent récupérer les insectes trouvés dessus, mais aussi ceux aux abords, même s'ils sont déjà morts. Ils utilisent pour cela des papiers adhésifs attrape-mouche et des pinces ou des pinceaux. Ils prennent aussi la précaution de mesurer les conditions environnementales (la température, l'hygrométrie …) puisque le développement des arthropodes en dépend.

On conserve une moitié d'entre eux dans du formol, et l'autre moitié est mise en culture au laboratoire. Il faut alors réussir à identifier les insectes et déterminer leur stade de développement afin de pouvoir dater le cadavre (avec plus ou moins de précisions) en fonction des connaissances entomologiques et des conditions climatiques.

**1. Protocole**

Pour réaliser une enquête entomologique, il faut :

i)- récolter un maximum de représentants de la faune que l'on trouve sur le cadavre et autour de celui-ci, qu'ils soient vivants ou morts. Récolter également celles qui sont à différents stades de développement.

ii)- préciser l'emplacement, la date, l'heure des prélèvements, l'état du cadavre et les conditions de prélèvement.

iii)- séparer les échantillons ainsi prélevés en deux : une partie sera conservée dans l'alcool et l'autre destinée à l'élevage dans des conditions similaires à celles de l'environnement (température et humidité) du cadavre et de son voisinage.

iv)- identifier les insectes que l'on trouve et déterminer les éléments suivants :

- l'âge des stades larvaires ;
- la durée d'incubation des œufs ;
- le temps d'arrivée de ces insectes sur le cadavre.

En tenant compte des conditions environnementales, on peut ainsi estimer le délai *post mortem* du cadavre.

## 2. Les types d'arthropodes qu'on trouve sur les cadavres et leur utilité

L'examen de la faune du cadavre permet d'avoir une estimation du délai *post mortem*. Une éventuelle mobilisation du corps ainsi qu'une identification du lieu du décès. Les meilleurs indicateurs parmi les arthropodes[168] sont les diptères[169]. Parmi les types d'arthropodes qui peuvent se trouver sur un cadavre, il y a :

- des arthropodes nécrophages qui se nourrissent du cadavre ;

- des arthropodes nécrophiles qui se nourrissent des autres espèces animales précédentes, c'est-à-dire les arthropodes nécrophages ;

- des arthropodes omnivores qui se nourrissent à la fois du cadavre et de la faune présente sur le cadavre, comme c'est le cas de certains hyménoptères et de certains coléoptères ;

- des arthropodes opportunistes dont la présence n'est pas systématique pour tous les cadavres mais due au hasard comme les araignées par exemple. Ceux-ci ne sont donc pas utiles pour l'estimation du délai *post mortem* ;

- opportunistes (utilisent le cadavre comme refuge).

## 3. La faune des cadavres trouvés à l'air libre

Sur les corps abandonnés à l'air libre on peut dénombrer au total sept ou huit escouades différentes. Parmi celles-ci, seules les trois premières permettent une datation précise de l'heure de la mort. On a remarqué que la ponte se fait le plus souvent de jour et ne survient habituellement pas en dessous de 4 °C.

***La première escouade*** : elle comprend exclusivement les insectes qui attaquent les cadavres frais. Ces insectes arrivent quelques heures à peine après la mort, avant qu'il y ait d'odeur de décomposition et à 20 °C, les larves implantées dans le cadavre peuvent atteindre l'âge adulte en 2 semaines. Elle est essentiellement constituée de diptères les Calliphoridae (mouches vertes, à damiers, bleues ou mouche à viande et les Muscidae ou mouches domestiques communes …).

---

[168]Les *arthropodes (Arthropoda)* — du grec *arthron* « articulation » et *podos* « pied », aussi appelés « articulés » — forment un embranchement d'animaux invertébrés. Le corps des arthropodes est formé de segments (ou métamères) articulés, recouverts d'une cuticule rigide, qui constitue leur squelette externe, dans la plupart des cas il est constitué de chitine.

[169] Les *diptères* sont un ordre d'insectes, classe des ptérygotes, section des néoptères, division des holométaboles, super-ordre des mécoptéroïdés. Cet ordre regroupe, entre autres, des espèces principalement désignées par les noms vernaculaires de mouches, moustiques, taons.

Ces insectes peuvent parfois arriver justes avant la mort, pendant l'agonie. D'un bleu sombre brillant, leurs larves aspirent les liquides produits par la transformation des tissus organiques.

***La deuxième escouade :*** elle arrive lorsque l'odeur cadavérique du corps exposé à l'air commence à se faire sentir, après un mois, attirée par la décomposition des matières fécales, dès que le corps dégage les odeurs cadavériques, aux alentours du troisième mois après la mort. Elle est composée de sarcophages noirs et blancs qui pondent des larves qui viennent réduire les tissus en bouillie et disparaître au 6e mois.

***La troisième escouade*** : elle apparaît entre le 3e et le 9e mois et est constituée de dermestes (petits coléoptères) et parfois de lépidoptères attirés par l'odeur de graisse rance, car il y a libération des acides gras volatiles qui attirent les insectes de cette catégorie.

***La quatrième escouade :*** elle apparaît lors de la fermentation de la caséine entre quatre et huit mois et est constituée de mouches piophilidae ou mouches du fromage, d'un noir luisant.

***La cinquième escouade ou escouade silphienne***[170] : le dégagement d'ammoniac donne ensuite le signal de la cinquième vague composée de coléoptères, dont Histeridae.

***La sixième escouade ou escouade coryétienne***[171] : elle survient une fois les fermentations arrêtées ; surviennent alors les acariens, arachnides microscopiques qui nettoient les dernières humeurs du cadavre, entre six et douze mois après le décès.

***La septième escouade :*** les coléoptères et les lépidoptères de la septième vague interviennent lorsque le cadavre est complètement desséché, entre un et trois ans. Les coléoptères raclent les ligaments et les tendons du cadavre.

***La huitième escouade :*** elle est composée de coléoptères Tenebrionidae, de scarabées, et Ptinidae qui interviennent trois ans après la mort et éliminent tous les restes des escouades précédentes (pupes, excréments, insectes morts). Lorsque

---

[170]Environ deux ans après le décès, le cadavre se trouve complètement desséché et la cinquième escouade, ou escouade silphienne, peut désormais faire son apparition. Les insectes de cette escouade, se nourrissant de tendons, de ligaments et de cheveux, sont pour la plupart des dermestes, des coléoptères de la famille des scarabaeidae et des mites de la famille des tineidae.

[171]Cette escouade apparaît au cours du dixième mois. Elle se nomme escouade coryétienne. Par la suite, soit entre le septième et le douzième mois suivant le décès, le cadavre sèche progressivement. Les silphides, insectes faisant partie du genre Silpha sont alors attirés par le cadavre, tandis que certaines espèces d'acariens peuvent être observées dans le sol près du corps.

le corps n'est plus que poussière, après 2 ou 3 ans, les septième et huitième escouades achèvent le travail de leurs prédécesseurs.

| | | | |
|---|---|---|---|
| 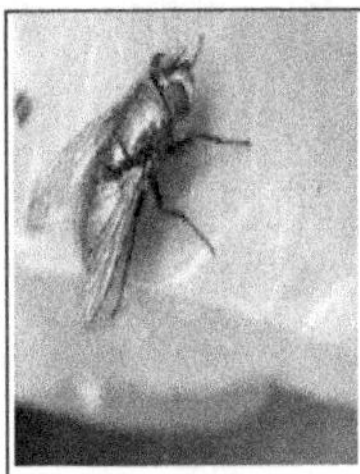 *Première escouade* |  *Deuxième escouade* | 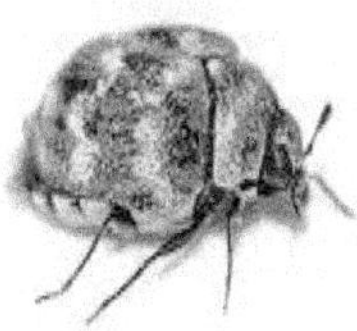 *Troisième escouade* |  *Quatrième escouade* |
|  *Cinquième escouade* | 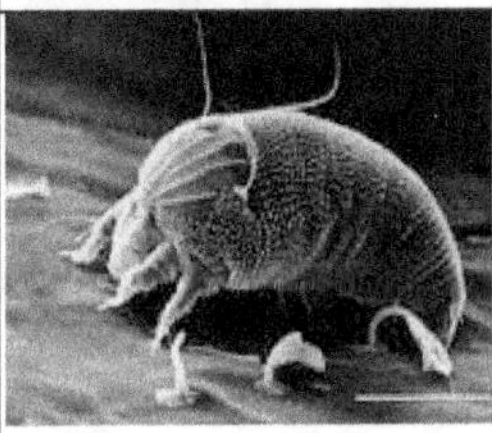 *Sixième escouade* |  *Septième escouade* |  *Huitième escouade* |

**Tableau 10** : Les 8 escouades qui servent à dater la mort

**4. La faune des cadavres inhumés**

Lorsqu'un cadavre a été inhumé, sa faune est beaucoup moins abondante que celle d'un cadavre laissé à l'air libre, car les mouches ne peuvent y pondre facilement leurs œufs. Dans ce cas, seules se développeront *des larves* ayant pu entrer en contact avec le cadavre avant son inhumation. Il y a ainsi trois cas possibles :

- soit les larves ont été pondues dans la chambre mortuaire de l'individu ;

- soit les larves ont été pondues dans une région proche de celle dans laquelle repose le cadavre ;

- soit les larves proviennent de la surface du sol, dans le cas où le cadavre a été enterré à même le sol, ou du cercueil en bois dans lequel repose la dépouille.

L'apparition de larves sur le corps de la victime dépend également d'autres circonstances :

- l'intervalle de temps entre la mort et l'enterrement ;
- la durée d'exposition du cadavre dans la chambre mortuaire ;
- la présence d'un cercueil ;
- la nature du cercueil (plomb ou bois) ;
- la profondeur de l'enfouissement.

La faune présente sur un cadavre inhumé est constituée de quatre diptères, deux coléoptères et quelques autres espèces peut-être accidentelles. Ces travailleurs arrivent successivement : les premiers proviennent sans doute des œufs pondus dans les ouvertures naturelles avant l'ensevelissement. Les autres arrivent de la surface et gagnent le cadavre à travers les fentes du cercueil, démoli partiellement par l'humidité et la poussée des terres. Les larves de Calliphora et de Curtonevra marquent tout à fait le début ; celles de *Phora*et de*Rhizophagus* sont très abondantes après un et deux ans d'inhumation. Ils apparaissent là aussi successivement sur le cadavre, ce qui permet de dater la mort.

| | |
|---|---|
| 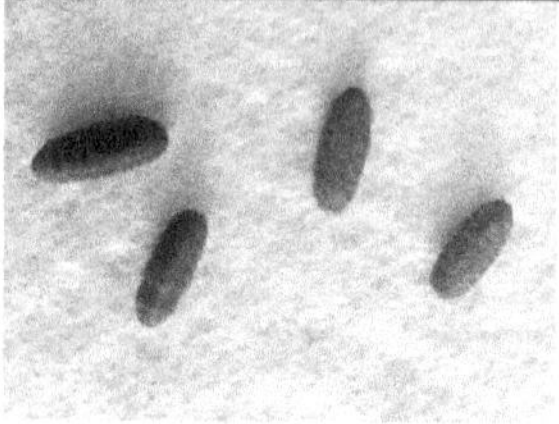 |  |
| *Larves d'insectes* | *Larves de mouches* |

**Tableau 11** : Évolution des larves

### 5. La faune des cadavres immergés

On peut déterminer approximativement le délai *post mortem* d'un corps immergé grâce à la présence de certaines espèces aquatiques et de certaines espèces présentes habituellement sur le corps d'un cadavre trouvé à l'air libre. Elle est composée des insectes aquatiques, ainsi que leurs larves à l'exemple des larves de trichoptères.

D'après une étude expérimentale faite aux États-Unis et portant sur la succession des insectes sur la décomposition des cadavres de porcs immergés, l'eau limite le nombre d'espèces présentes sur le cadavre ainsi que les arthropodes nécrophages sur le cadavre. On trouve globalement un tiers des espèces présentes sur un cadavre à l'air libre.

Remarque : la région et sa zone géographique, le type de localité (ville ou campagne), le type d'emplacement (intérieur/extérieur), les données climatiques et météorologiques, les conditions de stockage du corps, l'état du corps, ainsi que le volume du corps sont autant de paramètres qui ont une influence considérable sur le développement des insectes. La composition des escouades, ainsi que leur « durée de travail » varient suivant les facteurs qui influencent la faune entomologique locale et les processus d'altération du cadavre.

La décomposition d'un cadavre réunit une faune très diverse d'insectes. Qu'on classe généralement en quatre catégories :

- *les insectes nécrophages* : diptères, coléoptère, lépidoptères, larves et acariens ;

- *les insectes nécrophiles* : des insectes prédateurs qui se nourrissent des nécrophages et des insectes parasitant les nécrophages ;

- *les insectes omnivores :* qui attaquent les tissus (hyménoptères) ;

- *les insectes opportunistes* qui utilisent le cadavre comme un refuge (collemboles, araignées).

Cette méthode de datation pour de nombreux entomologistes comme Claude Wyss doit être utilisée avec précaution. En effet, selon l'endroit où une personne meurt, les insectes présents ne seront pas les mêmes et une espèce d'insectes pourra très bien être présente dans la première escouade alors qu'elle n'est censée apparaître qu'à la quatrième. Cela s'explique par le fait que le cadavre les aura trouvées sur les lieux.

Remarque : l'incubation des œufs dure entre 12 heures et 24 heures lorsque la température ambiante avoisine 25 °C ; elle est inférieure à 12 h si elle vaut environ 15 °C.

Si un cadavre froid est découvert sans faune dans un lieu où des arthropodes sont présents, cela indique que le corps a été conservé dans un lieu isolé, surtout s'il se trouve en début d'autolyse avant d'être transporté là.

Si un cadavre ne comporte que des œufs, alors on peut en déduire que la phase *post mortem* est inférieure à 48 heures.

Si le cadavre est en voie d'altération et comporte seulement des œufs, alors le corps a été transporté ou déposé sur les lieux depuis moins de 48 h.

Si un cadavre comporte des pupes vides, cela est une conséquence de l'arrivée d'au moins un cycle de diptère dont la durée est de plus de 12 jours à 22 °C, de plus de 14 jours à plus de 20 °C et de plus de 19 jours à 18 °C.

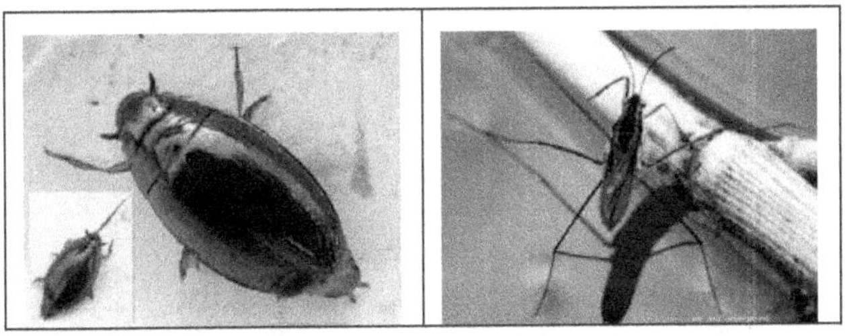

**Tableau 12** : Faune des cadavres immergés

### 6. Méthode et conditions de prélèvement d'insectes sur les cadavres

Pour prélever les différents types d'insectes sur le cadavre, les enquêteurs doivent se munir du matériel suivant :

- un filet et du papier adhésif de type « attrape-mouche » pour les insectes volants ;
- une pince à raquette ;
- une pince souple d'entomologie ;
- un pinceau doux ;
- des flacons ;
- des étiquettes ;
- des crayons ;
- un thermomètre et un hygromètre ;
- des conservateurs.

En plus de ce matériel spécifique, l'on doit disposer du matériel de protection et de photographie. Sachant que le développement des arthropodes dépend en grande partie des conditions du milieu dans lequel on les trouve, on doit alors mesurer l'état du corps, la température, l'hygrométrie, l'exposition. On devra également étudier le microclimat et l'environnement local.

### 7. Comment déterminer la température dans l'évaluation de l'âge des insectes

Pour procéder à la détermination de l'âge des larves trouvées sur le cadavre et par conséquent à la détermination de l'heure de la mort, il faut tout d'abord connaître la température moyenne quotidienne du site sur lequel elles ont été trouvées. Un relevé des températures est donc nécessaire, si possible sur plusieurs stations météorologiques voisines du site. Mais cela ne suffit toujours pas pour avoir une température moyenne du site, celle-ci pouvant être différente de celle donnée par les stations : aussi prendra-t-on soin de calculer la différence de température en comparant celle du site et les données météorologiques durant une vingtaine de jours.

| | Mouche domestique (Muscadomestica) | Mouche bleue (Calliphorevicina) | Mouche verte (Luciliacaesar) | Mouche noire (Sarcophagacarnaria) |
|---|---|---|---|---|
| 0 (ponte) | Œufs | Œufs | Œufs | Larves |
| 2 jours | Éclosion (2 mm) | Éclosion (2 mm) | Éclosion (2 mm) | Éclosion (2 mm) |
| 3 jours | Larve (3 mm) | Larve (5 mm) | Larve (3 mm) | Larve (5 mm) |
| 4 jours | Larve (4 mm) | Larve (7 mm) | Larve (3 mm) | Larve (8 mm) |
| 5 jours | Larve (6 mm) | Larve (10 mm) | Larve (3 mm) | Larve (10 mm) |
| 6 jours | Larve (7 mm) | Larve (13 mm) | Larve (3 mm) | Larve (13 mm) |
| 7 jours | Larve (8 mm) | Larve (13 mm) | Larve (3 mm) | Larve (15 mm) |

| | | | | |
|---|---|---|---|---|
| 8 jours | Pupaison (5 mm) | Pupaison (9 mm) | Pupaison (6 mm) | |
| 10 jours | | | | Pupaison (10 mm) |
| 14 jours | Adulte | | | |
| 18 jours | | | | Adulte |

**Tableau 13** : récapitulatif du développement des larves de quelques mouches en fonction du temps

### 8. Comment déterminer la date de ponte ?

Pour résoudre le problème de la datation du décès, il faut réussir une concordance entre plusieurs résultats apportés par des méthodes de datation distinctes. Ces méthodes font à la fois appel à l'examen du corps en lui-même, mais aussi à la constatation de l'action de la faune sur celui-ci. C'est la mise en commun des dates apportées par les différents types de datation qui permettra une datation précise. Cette datation et sa précision dépendent du facteur temps et le lieu de séjour du corps. Cependant, dans le cadre d'une enquête judiciaire, ce travail de datation n'est pas suffisant. Une identification devra être réalisée avant pour pouvoir rassembler des preuves objectives afin de pouvoir replacer la victime dans le cadre de l'enquête (c'est-à-dire ne pas s'appuyer sur des preuves fausses pour juger un suspect).

Pour qu'une espèce nécrophage puisse se développer de l'œuf à l'insecte adulte, il lui faut une somme de température spécifique à l'espèce. Cette somme est calculée en additionnant les moyennes de température par jour, moins l'indice également spécifique à l'espèce. Lorsque la somme est atteinte, elle correspond au jour de ponte de l'espèce.

*L'étude des yeux* est aussi très utile : dans les minutes qui suivent la mort, une fine membrane se forme sur l'œil et le globe oculaire se ramollit à mesure que la pression interne diminue. Si l'œil est resté ouvert, le cristallin s'opacifie en moins de trois heures. Le fond de l'œil peut aussi révéler un autre changement : les globules rouges continuent à bouger pendant quelques heures dans les capillaires rétiniens, leur teneur en potassium augmente. Si le décès remonte à plusieurs mois voire années et qu'il ne reste plus que les os, le légiste fait appel à un paléoanthropologue ou à un anthropologue.

## IX. L'ANTHROPOLOGIE JUDICIAIRE

La mission de l'anthropologie judiciaire est d'examiner les traces pouvant apporter des informations sur les circonstances du décès de l'individu, à partir de l'analyse des traumatismes du squelette et la différenciation des lésions causées par des balles d'armes à feu, des objets tranchants, ou contondants, etc.

## 1. Les types de traumatismes

Les traumatismes liés à l'utilisation d'objets tranchants sont en général circonscrits à une petite zone visible sur le squelette.

Les coups de couteau, les balafres et les coupures pénètrent souvent suffisamment les chairs pour laisser des traces dans l'os.

Les traumatismes liés à l'utilisation d'un objet contondant affectent au contraire une plus grande surface de l'os. Ils peuvent causer des fractures des os des bras et des jambes, mais aussi un écrasement, voire un éclatement des os de la voûte crânienne.

Les traumatismes impliqués par des projectiles sont caractérisés par l'application d'une force importante sur une toute petite surface. Ils sont causés par les balles d'armes à feu, des flèches, des lances ou tout autre petit objet projeté à haute vitesse.

En cas d'homicide par arme à feu, les dégâts causés par ces armes sur l'os peuvent permettre de déterminer la direction selon laquelle le projectile a été lancé. Il existe plusieurs autres formes de traumatismes que les anthropologues peuvent observer sur le squelette, par exemple des traces de strangulation, d'électrocution, de blessures causées par des produits chimiques ou par la chaleur, des explosions, etc.

En plus de l'observation détaillée de chaque traumatisme du squelette, l'étude du schéma global des lésions présentes peut apporter des informations importantes sur les circonstances de la mort. Des blessures multiples causées par des objets contondants sur tout le corps pourraient par exemple révéler une longue chute ou un accident de voiture.

De la même manière, des blessures causées par des objets tranchants sur les mains et les bras pourraient indiquer une situation ou l'individu était en position de défense. La direction des projectiles dans le corps de la victime peut être utilisée afin de confirmer ou de réfuter la version des faits des suspects.

L'anthropologue doit donc enregistrer de manière exhaustive tous ces traumatismes en précisant leur type, leur position sur le corps de la victime et leur nombre afin de permettre la reconstitution des évènements qui ont conduit au décès. Bien qu'ils ne soient pas légalement responsables de déterminer la cause du décès, les anthropologues collectent des informations qui aident l'enquêteur et le légiste à se faire une idée nette sur l'affaire en cours.

## 2. Comment déterminer la date de la mort ?

Qu'il s'agisse d'un accident ou d'un crime, la date de la mort est un aspect important pour l'enquête. Afin de déterminer le temps écoulé depuis le décès de la victime, les anthropologues utilisent la taphonomie[172] pour comprendre le contexte du lieu et les facteurs qui ont altéré les restes humains. La taphonomie inclut tous les processus biologiques et non biologiques qui contribuent à la décomposition, à la disparition des tissus mous et aux changements du sol associé aux restes humains.

Les facteurs biologiques de cette décomposition peuvent avoir pour origine l'action de l'homme, des animaux, des plantes, des insectes ou des invertébrés. Les carnivores charognards à la recherche de restes frais, et les rongeurs qui grugent les os séchés, sont aussi responsables des changements taphonomiques du corps. Les racines des plantes peuvent altérer la surface des os, tandis que les insectes et les vers peuvent déplacer les restes lorsqu'ils creusent le sol ou font leur nid. Les éléments non biologiques tels qu'un ph du sol faible, le vent, l'eau et le sable peuvent aussi éroder la surface des os.

Il y a également des périodes répétées de froid et de hausse de températures qui peuvent fragmenter les os alors que la chaleur intense et le soleil peuvent les faire craquer et les écailler. Ainsi, à partir des éléments sur les processus taphonomiques, les anthropologues peuvent estimer la durée depuis laquelle une dépouille a été inhumée ou exposée aux éléments, et déterminer si un ensemble de restes humains a été déplacé ou non. Lorsque les enquêteurs réussissent à établir l'identité de la victime, les circonstances et la date de la mort, ils peuvent maintenant procéder par l'enquête environnementale et les appels à témoins pour identifier le ou les coupables.

### 3. Le rapport médico-légal

Le rapport médico-légal doit expliquer tout ce que les enquêteurs ont réalisé, de quelle manière ils l'ont réalisé, et ce qu'ils pensent être les meilleures interprétations possibles. Il doit être en mesure d'expliquer les résultats de l'enquête à un juge, surtout que ces personnes n'ont ni assisté au crime, ni à l'enquête. Il n'existe pas de protocole précis pour la rédaction d'un rapport médico-légal. Toutefois, le rapport médico-légal doit obligatoirement aborder les points suivants :

- Le résumé du rapport ;

- le contexte de l'enquête (comment l'auteur s'est retrouvé impliqué dans l'enquête) ;

- les qualifications de l'auteur (ce qui lui permet d'être considéré comme une autorité sur le sujet) ;

[172]La taphonomie (du grec τάφος*taphos*, « enfouissement », et νόμος*nomos*, « loi ») est la discipline de la paléontologie qui étudie tous les processus qui interviennent après la mort d'un organisme jusqu'à sa fossilisation ainsi que la formation des gisements fossiles.

- les matériels, méthodes et limites (quel travail a été réalisé, comment et pourquoi, et les problèmes rencontrés pour approfondir l'enquête et/ou l'analyse) ;

- les résultats (ce que les indices impliquent) ;

- l'interprétation des résultats (ce que les indices signifient) ;

- les conclusions (un deuxième court résumé du rapport qui rappelle les découvertes et leur importance).

En réunissant toutes ces techniques, le médecin légiste peut donner une fourche assez précise de l'heure du décès.

## X. L'ARCHÉOLOGIE MÉDICO-LÉGALE (DATATION PAR RADIOCARBONE)

Comme dans l'identification, il s'agit d'une méthode qui se base sur la mesure de deux isotopes (formes atomiques) de carbone présents dans une plante ou un animal à savoir : le carbone-14, radioactif (assez rare), et le carbone-12 (le plus commun) de qualité stable.

On part du principe selon lequel tant qu'une plante ou qu'un animal est vivant, son taux de C-14 et C-12 correspond à celui de l'atmosphère dans lequel il vit. Cette relation se produit parce que les deux formes de carbone sont constamment remplacées au fur et à mesure que les plantes absorbent le carbone pendant la photosynthèse[173]. Le même taux C-14/C-12 est préservé lorsque les animaux mangent les plantes. Cependant, après la mort, le C-14 se détériore sans être remplacé.

Le taux C-14/C-12 change à un taux prévisible : la moitié du C-14 disparaît après une demi-vie de 5700 ans. Autrement dit, parce que le C-14 se décompose, on peut estimer le temps écoulé depuis la mort de l'organisme en se basant sur le changement de taux C-14/C-12.

S'il est d'un demi le taux de l'atmosphère, on peut conclure que l'organisme est mort il y a environ 5700 ans.

Pour trouver l'âge d'un squelette par exemple, on envoie une des vertèbres (une pièce de la colonne vertébrale) à un laboratoire spécialisé en datation par le radiocarbone. Le résultat va dater la mort de l'individu recherché. La méthode est fiable à près de 95%. C'est-à-dire que 95% des échantillons testés feront partie du temps estimé par le laboratoire.

---

[173]Processus qui permet de produire de la nourriture à partir de la lumière du soleil et du dioxyde de carbone.

# CHAPTRE XII

# IDENTIFICATION DES CORPS EN PHASE DE DÉCOMPOSITION PRÉCOCE

L'intérêt de ce thème résulte du fait que parfois, on a affaire à un décès suspect, ou qui semble découler d'une situation violente et la mort est survenue depuis plus de 48 heures. Dans ce cas, un médecin généraliste ne peut plus intervenir, ni signer légalement le certificat de décès. Il reviendra au médecin légiste qui va d'abord déterminer la cause du décès, la façon dont il est survenu et confirmer l'identité du défunt. Une fois que des réponses ont été convenablement apportées à ces questions, il pourra signer le certificat de décès et le décès officiellement enregistré avant que le permis d'inhumer soit délivré.

Identifier un cadavre implique diverses étapes. Il faut d'abord dégager ses caractéristiques morphologiques et les comparer à des documents *ante mortem* : photographies, radiographies, comptes rendus opératoires, traces chirurgicales et d'autres renseignements utiles à la reconnaissance de la personne. L'identification d'un cadavre consiste à mettre un nom sur une dépouille inconnue, c'est-à-dire retrouver les références sociales, et administratives qui puissent permettre d'identifier le sujet de son vivant au sein du groupe auquel il appartenait. Cette intervention est faite sur demande de la justice, de la police ou de la gendarmerie. En cas de découverte de cadavre, l'identification est d'une importance capitale, surtout avant l'analyse des causes de la mort. Pour identifier un corps anonyme découvert dans la nature (maisons abandonnées, bois, canaux, rivières) et dont l'état de décomposition est tel que l'autopsie classique s'avère impossible. L'identification peut alors se faire de plusieurs manières :

- l'identification visuelle ;
- l'identification sur la base de cinq groupes de données ;
- l'identification à base de la crâniophotométrie comparative ;
- l'identification à base de l'odontologie médico-légale ;
- l'identification comparative ;
- l'identification reconstructive ;
- l'identification à base de l'origine ethnique ;
- l'identification à base de la profession ou des habitudes ;

## I. L'IDENTIFICATION VISUELLE

Elle consiste à faire voir le corps ou une partie (le visage) à une personne crédible connaissant bien la victime. Elle est utilisée dans la majorité des cas. Mais cette méthode devrait toujours être confirmée par une autre méthode (papiers d'identité, marques anatomiques distinctives, etc.). L'identification d'un corps fait partie des attributions du médecin légiste, qui procédera par de nombreuses étapes, afin de statuer sur l'état réel du défunt. Il s'agit d'une identification exacte et précise.

Lors de l'identification d'un corps, le médecin légiste devra ainsi procéder à une identification visuelle. Cette étape se fait généralement en présence des membres de la famille ou des connaissances du défunt. Ensuite, on passe à l'identification des effets personnels. Cette deuxième étape se concrétise par l'enregistrement de tout ce qui se trouve dans les poches du défunt, de ses vêtements et éventuellement de ses bijoux.

Pour de plus amples informations concernant le défunt, des examens internes et externes sont réalisés sur le plan physique. Le coroner doit veiller à ce que ce processus soit réalisé avec rigueur, compte tenu des conséquences importantes qu'entraînerait une erreur d'identification sur les plans humain, juridique ou même économique.

## II. L'IDENTIFICATION SUR LA BASE DE CINQ GROUPES DE DONNÉES

Cette identification se base notamment sur les données suivantes :

*Les données policières :* elles sont basées sur les papiers d'identité de la victime, la description détaillée de ses vêtements, des bijoux et de tous les autres objets trouvés sur le corps (par ex. des tatouages, des piercings…). Ces éléments soutiennent le processus d'identification mais ne donnent pas de réponse définitive. Elle est complétée par les empreintes digitales qui permettent une identification sûre de la victime.

*Les données médico-légales* **:** elles sont rassemblées aussi bien d'un point de vue interne qu'externe par le médecin légiste, qui doit examiner son empreinte dentaire, les cicatrices, le dossier médical de la victime pour voir si celle-ci a eu à subir une intervention chirurgicale, ou certaines maladies liées aux troubles cardiaques…

*Les données anthropologiques* : elles concernent les quatre éléments d'ordre biologique de la victime (son phénotype cutané ou race, son sexe, son âge et sa taille). Il y a également le fait d'être droitier ou gaucher, ou encore des activités professionnelles particulières, sans omettre les marques extérieures comme les tatouages, les taches de vin, ou encore les cicatrices qui sont également prises en compte.

*Les données dentaires* qui se composent d'une description complète de la dentition de la victime. Elle se fait par des prothèses, des radios prises de sa dentition. En effet, en cas de catastrophes aériennes ou ferroviaires, d'incendies, s'il ne reste que des os éclatés, des fragments rétractés, il faut voir comment vérifier si les cadavres considérés peuvent correspondre aux personnes déclarées disparues.

Or la carbonisation épargne souvent les dents. Outre leur insensibilité à l'action microbienne, elles résistent aux chocs et aux températures élevées. Les couronnes peuvent se fissurer vers 2300 C. Elles peuvent éclater aux alentours de 4000 C et restent ainsi les seuls vestiges utilisables par les enquêteurs.

*L'analyse ADN* : dans ce cas précis, l'ADN de la victime est comparé avec les profils ADN de parents. Si le corps est méconnaissable, les identificateurs, le médecin légiste et le dentiste médico-légal doivent se retrouver pour former une commission d'identification dont le rôle principal sera de comparer toutes les données disponibles entre elles. Ce n'est que lorsqu'il y aura la certitude absolue sur la concordance de toutes ces données, que l'identité sera clairement déterminée. C'est après cela que les restes humains pourront alors être transmis à la famille pour les obsèques et inhumations.

Si le visage est encore quelque peu reconnaissable, un dessinateur peut réaliser le portrait du défunt. Et si le processus de décomposition est déjà trop avancé, le crâne est dépouillé de tout tissu mou restant pour être reconstitué sur la base de certaines caractéristiques anthropométriques.

## III. IDENTIFICATION D'UN CORPS À BASE DE LA CRANIOPHOTOMETRIE COMPARATIVE

La crâniophotométrie comparative consiste à comparer les paramètres métriques et angulaires du splanchnocrâne et leur équivalent au niveau facial. Le crâne facial et le visage sont pris en compte et un certain nombre de points métriques, de paramètres et de valeurs angulaires.

Cela se passe généralement lorsque les vestiges humains sont retrouvés dans la nature. Ces indices peuvent permettre d'identifier un sujet dont l'identité est connue, mais qui a disparu sans laisser de traces grâce à la *crâniophotométrie comparative.* En effet, cette discipline consiste à comparer des paramètres métriques et angulaires du splanchnocrâne[174] et leur équivalent au niveau facial.

[174]Le splanchnocrâne, viscérocrâne ou crâne facial, forme, avec le neurocrâne, le crâne. Ce splanchnocrâne est constitué de paires d'arc viscéraux (ou branchiaux), reliés au niveau ventral. Au cours de l'évolution, ces arcs se transforment. Le premier arc branchial donnera l'arc mandibulaire, le second l'arc hyoïde. Les cinq arcs suivants s'associeront au deuxième arc.

On utilise généralement la photographie d'identité ou tout autre document permettant de voir correctement le visage du disparu.

En général, la comparaison se fait sur la base des éléments relevant de l'aspect extérieur. Lorsque les informations *ante mortem* ont été rassemblées ainsi que les données concernant les restes humains retrouvés, l'étape suivante du processus d'identification est la comparaison de deux séries d'informations, afin de trouver des caractéristiques correspondantes.

Cette comparaison peut être faite par un coroner, un médecin médico-légal ou un agent du maintien de l'ordre. Dans plusieurs cas, les différentes institutions combinent leurs efforts. Si une possible correspondance est trouvée, toutes les informations concordantes doivent être vérifiées pour leur exactitude et leur cohérence. Par exemple, si le vêtement retrouvé sur le corps concorde avec la description retrouvée dans les informations *ante mortem*, il s'agit seulement d'une présumée identification, et non d'une identification positive. Car des objets communs, comme les vêtements, ne peuvent fournir d'identification positive parce que plusieurs individus peuvent posséder les mêmes vêtements.

D'autre part, si les empreintes digitales prises sur le corps correspondent à celles prises lorsque la personne était vivante, il s'agit d'une *identification positive* parce que la probabilité que deux individus différents possèdent les mêmes empreintes est très basse.

Les identifications positives peuvent être faites à travers des comparaisons *ante mortem* et *post mortem* d'ADN, des radiographies dentaires ou médicales, des fractures distinctes, des tatouages ou des maladies particulières. Dans les cas où il y a plus d'un individu impliqué, une identification positive peut nécessiter l'utilisation de plusieurs techniques et de multiples échantillons parce que les corps peuvent avoir été mélangés. Dans ce cas, les preuves associées peuvent être utilisées pour corroborer l'identité de la personne. Une fois l'individu identifié, le corps est ensuite remis à la famille.

Dans le cas d'un cadavre de noyé devenu méconnaissable par la putréfaction, les enquêteurs ainsi que le médecin légiste auront des difficultés pour l'identification formelle de la victime. L'autopsie devra donc s'attacher à recueillir un maximum de renseignements ou de prélèvements pour permettre cette identification. Il faudra pour cela faire l'inventaire et la description détaillés des effets vestimentaires, objets et documents découverts sur le corps, faire la radiologie ou scanner (présence et identification de prothèses, fractures, opérations chirurgicales), voir les critères anthropologiques (sexe, âge, taille, ethnie, morphologie ...), les tatouages, les cicatrices, faire l'examen ou comparaison odontologique (déterminer les caractéristiques d'un individu à partir de ses dents ou effectuer une comparaison avec le dossier dentaire d'une victime supposée), comparer les empreintes digitales et palmaires dans le Fichier Automatisé des Empreintes Digitales (FAED) pour les personnes connues des services de police et de gendarmerie, isoler l'ADN (Acide Désoxyribo Nucléique) soit par comparaison avec un membre de la famille de la victime ou avec celui de la victime supposée (brosse à dents, à cheveux, vêtements …), ou encore introduire les données dans la banque des données si elle existe.

## IV. IDENTIFICATION A BASE DE L'ODONTOLOGIE MÉDICO-LÉGALE

C'est le Dr AMODEO qui a mis au point pour la première fois, l'odonto-stomatologie légale. Dans son ouvrage intitulé : « Art Dentaire en Médecine Légale » paru en 1898, il met en évidence les techniques d'identification par la dentition.

En effet, dès 1477 déjà, il y a eu l'identification de Charles le Téméraire (par l'absence d'incisives inférieures perdues lors d'une chute de cheval). En 1880, les restes du fils de Napoléon III tué dans le Zoulouland ont pu être identifiés par son dentiste.

Les incendies du Ringtheater[175] à Vienne en 1878, de l'Opéra-Comique en 1887 et du Bazar de la Charité le 4 mai 1897, ont été à l'origine des techniques d'identification odontologique. De même, la Duchesse d'Alençon, victime de l'incendie du Bazar de la Charité, fut identifiée grâce à son dossier dentaire.

*L'odontologie* (aussi appelée *dentisterie* ou médecine dentaire) est la science médicale qui concerne l'étude de la dent en tant qu'organe de la cavité buccale et de ses tissus de soutien, des articulations temporo-mandibulaires et des pathologies buccales. Elle consiste à la comparaison de la dentition d'un cadavre avec une fiche dentaire et des radiographics de référence. Les experts partent du fait qu'il ne peut exister deux bouches rigoureusement identiques et qu'il est important pour l'identificateur odontologiste de découvrir des caractères communs et une absence de caractères d'élimination pour établir une relation qualitative valable.

Sur le terrain, le rôle de l'odontologiste est particulièrement important, surtout s'il s'agit d'identifier les corps plus ou moins mutilés ou carbonisés. Seul un odonto-stomatologiste qualifié peut procéder à la collection minutieuse des débris et fragments dispersés sur le terrain.

Tandis que l'odontologie médico-légale est une branche de la médecine légale qui s'intéresse à l'étude des dents et des maxillaires. L'expert odontologiste est un auxiliaire de justice. Car, il participe à l'identification des sujets découverts morts et dont l'identité est ignorée, ou de ceux pour lesquels une identification par les proches ou par les empreintes digitales est impossible. Il intervient lorsque la cause de la mort est naturelle ou suspecte, lorsque le sujet a été découvert

---

175 L'incendie du ring-theater à vienne, soirée du 6 décembre 1881.

individuellement ou lors d'une catastrophe de masse. Elle consiste à observer les dents pour les faire parler et intervient pour identifier les dents des morts ou même parfois celles des vivants à des fins juridiques et judiciaires.

Elle se base sur le principe selon lequel la dent présente des qualités de résistance extrême, avec l'émail qui est le tissu plus dur de l'organisme. Elle résiste aux agents de destruction que sont la carbonisation, l'immersion, la putréfaction, les traumatismes par agents physiques ou chimiques. Elles peuvent résister jusqu'à 8000 °C et ne fondent qu'à 12000 °C, alors que l'os résiste à 5000 °C. C'est donc un marqueur individuel, qui conserve ses caractéristiques individuelles tout au long de la vie, contrairement à l'os qui subit des transformations. L'étude des tissus dentaires permet de déterminer si des fragments isolés proviennent d'un même individu ou non. Son étude histologique permet d'apporter des indices discriminants et d'établir une fourchette d'âge dentaire. C'est également une source d'ADN utilisable lors des identifications par empreintes génétiques.

Ainsi l'identification par le système dentaire peut permettre d'obtenir des résultats édifiants lors des enquêtes. Pour cela, deux méthodes d'identification peuvent être employées à savoir : l'identification comparative et l'identification reconstructive.

## V. L'IDENTIFICATION COMPARATIVE

Elle consiste en une analyse des documents *ante mortem* recueillis par les enquêteurs à partir des dossiers dentaires (manuscrits ou informatisés), des radiographies dentaires, les rétros alvéolaires, les radiographies crâniennes et le « portrait parlé ». Les experts partent du fait qu'il ne peut exister deux bouches rigoureusement identiques et qu'il est important pour l'identificateur odontologiste de découvrir des caractères communs et une absence de caractères d'élimination pour établir une relation qualitative valable.

L'identification comparative permet l'identification positive d'un individu par comparaison de tout ou partie de son corps avec des renseignements précis amassés antérieurement. Cette identification nécessite une présomption quant à l'identité de la victime et l'existence de documents recueillis *ante mortem.*

On compare les dents de la victime avec les documents fiables *ante mortem* (recueillis auprès des proches du défunt) et post mortem relatifs à la denture du sujet. L'exploitation de ces indices maxillo-dentaires est en mesure de donner des indications sur l'identité de la victime. C'est une comparaison entre éléments dentaires *post mortem* et *ante mortem* qui vise les points de concordance, les points de discordance et les points d'exclusion. Elle utilise : *la fiche dentaire et la carte d'identité dentaire.*

- *La fiche dentaire ou odontogramme :* elle peut revêtir plusieurs formes, mais elle est parfois incomplète et le plus souvent utilisée dans un but de suivi clinique. Pour chaque dent le dentiste doit noter : la présence ou l'absence d'anomalie de forme, la position, la teinte, le degré d'usure, la fracture, fêlures, diastème, la mylolyse[176], l'état du parodonte, les caractéristiques ethniques ou professionnelles, l'état de restauration (amalgames, composites, résines ...), les prothèses.

- *Les radiographies :* ils peuvent être de quelque utilité à condition que les incidences soient identiques *ante* et *post mortem*. L'emploi actuel de techniques d'imagerie médicale favorise la comparaison de ces états *ante* et *post mortem*.

- *Les moulages dentaires :* elles sont difficiles à réaliser et à archiver. Ils sont donc peu utilisés et trouvent une importance primordiale dans l'étude des morsures. Dans ce cas en effet, le modèle positif en plâtre est comparé non pas avec un éventuel modèle précédent ayant subi différentes modifications, mais avec l'empreinte des morsures étudiées.

- *Le marquage des prothèses :* il est limité du fait même de la nécessité de porter de telles prothèses. Mais également par les difficultés éthiques que soulève un marquage, quel qu'il soit. Un système de code induirait de plus une centralisation de toutes les données. La mise en place d'un cube d'alumine marqué sous un amalgame de la première molaire pallierait partiellement ces difficultés.

- *Les photographies :* il s'agit des comparaisons difficiles qui tendent à ressembler aux photographies anthropométriques dont Bertillon fut le promoteur il y a un siècle.

- *Les empreintes rugoscopiques*[177] : les empreintes rugoscopiques et chéiloscopiques[178] sont des procédés difficilement utilisables.

Tous ces procédés permettent d'étudier et comparer la forme générale des arcades et leur taille, le nombre des dents et leur variété, la forme et la taille des dents, les anomalies anatomiques, la position respective de chaque dent, les particularités professionnelles, pathologiques et culturelles, la forme et le relief du palais, les thérapeutiques dentaires et prothétiques. Mais ces conclusions dentaires doivent toujours être confrontées aux autres éléments d'identification avant de pouvoir conclure à une identification positive.

---

[176] La mylolyse est une usure de la dent au niveau du collet, elle est essentiellement due au bruxisme (grincement des dents). Le bruxisme exerce des forces latérales sur les dents ; ce qui provoque quand le parodonte (tissus de soutien de la dent) est solide des décollements des prismes d'émail à la jonction couronne- racine.

[177] Étude des traces de morsures

[178] La *chéiloscopie* consiste à faire parler ces traces et à les comparer aux dessins labiaux. C'est une des facettes les moins connues de l'odontologie médico-légale.

L'un des succès de l'odontologie médico-légale a été enregistré lors de la mission d'identification organisée en Thaïlande au lendemain de la catastrophe du Tsunami en 2005. Les résultats d'identification des corps des victimes ont été particulièrement satisfaisants, surtout pour les victimes occidentales qui ont régulièrement recours à des soins dentaires.

Cette mission d'identification a pu mettre à la disposition des autorités les éléments nécessaires à l'établissement formel de l'identité des personnes décédées dans la catastrophe.

## VI. L'IDENTIFICATION RECONSTRUCTIVE

L'expert odontologiste qui est un auxiliaire de justice du fait qu'il participe à l'identification des sujets découverts morts et dont l'identité est inconnue, ou de ceux pour lesquels une identification par les proches ou par les empreintes digitales est impossible, joue un rôle primordial. Il intervient indifféremment, que la cause de la mort soit naturelle ou suspecte, que le sujet ait été découvert individuellement ou qu'il s'agisse d'une catastrophe de masse, des accidents, etc.

Il peut également intervenir pour une étude des traces de morsures portées par une victime, vivante ou décédée, surtout dans les cas d'agressions ou de maltraitance à enfant. Des informations sont rapportées par les proches et concernent les caractéristiques telles que le diastème[179], l'agénésie[180], l'absence d'une dent antérieure, la dysplasie[181] de l'émail ou autre pathologie, les prothèses, les photographies et les moulages dentaires.

L'identification reconstructive a pour but de rassembler, sur la base de pièces anatomiques, le plus de renseignements possibles et de déterminer avec le plus de précisions possible, l'âge, le sexe, l'origine ethnique, la profession et les habitudes du sujet. Tous ces éléments issus du relevé dentaire *ante mortem*, plus l'autopsie et le relevé dentaire *post mortem*, permettent l'identification d'un corps en état de décomposition. Cette identification se fait en neuf points :

- observations sur le cadavre ;

---

179 Un diastème ou *diastema* (du grec διάστημα, « intervalle ») est, en odontologie, un écartement entre deux dents normalement adjacentes. Il est plus fréquemment rencontré entre les deux incisives de la mâchoire supérieure. Il peut être congénital ou acquis.

180 L'agénésie est l'absence de formation d'un organe lors de l'embryogenèse. De nombreux organes sont susceptibles d'être touchés par une agénésie : dents, poumons, reins, membres, corps calleux (agénésie du corps calleux), cerveau (anencéphalie), oreille, thyroïde, etc.

181 Une dysplasie est une malformation ou déformation résultant d'une anomalie du développement d'un tissu ou d'un organe, qui survient au cours de la période embryonnaire ou après la naissance, elle se traduit généralement par une hyperlaxité des articulations concernées, elle peut aussi se situer sur n'importe quelle articulation.

- relevé dentaire *post mortem* ;

- photographies ;

- radiographies ;

- prélèvement des maxillaires ;

- identification reconstructive permettant d'orienter les recherches du dossier dentaire *ante mortem* : fiche dentaire, radiographie dentaire, radiographie crânienne ;

- analyse du dossier *ante mortem* ;

- étude comparative *post mortem*/*ante mortem* ;

- exclusion probabilité identification positive.

En conclusion, il est difficile d'avoir deux bouches rigoureusement identiques et qu'il est important pour l'identificateur odontologiste de découvrir des caractères communs et une absence de caractères d'élimination pour établir une relation qualitative valable. Que ce soit aux fins d'identification comparative ou d'identification reconstructive, le travail de collecte des éléments sur le terrain et d'analyse en laboratoire sont deux étapes indissociables.

Après le repérage métrique, les photographies et la collecte des indices, certains examens *post mortem* peuvent être effectués à savoir : l'autopsie buccale, la recherche de structures manquantes, le nettoyage, la reconstitution des maxillaires fragmentés, l'examen des maxillaires, la détermination de l'âge, du sexe, de l'origine ethnique, les examens histopathologiques[182] et le rapport final *post mortem*.

Lorsque l'étude des dents vise à déterminer le sexe de la victime, elle s'effectue par l'étude de différents critères dentaires ou osseux tels que l'indice incisif, les paramètres osseux de Pennaforte, les mesures des racines des canines supérieures, le volume de la mandibule, la forme du palais. Mais ces différentes techniques sont peu fiables isolément et nécessitent une étude multifactorielle afin de donner le résultat escompté. Ces différentes techniques sont peu fiables isolément et nécessitent une étude multifactorielle. Dans cette recherche, le rôle de l'Équipe *ante mortem* est assez déterminant. Cette équipe est composée essentiellement d'experts chirurgiens-dentistes. Son rôle est de prendre contact avec les familles et les proches des victimes supposées disparues pour recueillir le maximum d'informations (description physique, cicatrices, tatouages, vêtements, bijoux, bagages…) sur les victimes potentielles.

[182] L'histopathologie est la discipline botanique ou médicale destinée à faire un diagnostic par l'étude microscopique des tissus (vivants ou morts).

Ce contact avec les familles vise aussi à obtenir les identités et coordonnées téléphoniques du médecin et du dentiste traitants de façon à récupérer toutes les informations médicales. Elle est également chargée de recueillir directement sur les lieux de la catastrophe (à partir des corps et objets découverts), le maximum de renseignements pouvant aider à l'identification. Le procédé le plus courant de ce type d'enquête est le *matching*[183]. Il correspond à la phase finale du rapprochement des données *post mortem* et *ante mortem*. C'est une synthèse comparative qui permet d'établir l'identité formelle de la victime. Autrement appelé « réconciliation », le matching a été mis au point par l'IMC (Information Management Center) dont le rôle principal était de gérer le *logiciel Plass Data,* un outil permettant de transcrire de façon informatique les données *ante* et *post mortem*.

Le dossier ainsi ouvert par l'équipe *ante mortem* renferme toutes les informations concernant la victime. L'ensemble des éléments *ante mortem* doit être consigné dans un formulaire Interpol, qui intègre les éléments fournis par les dossiers des praticiens et constitue le document fondamental à partir duquel les données sont introduites dans la base informatique (logiciel Plass Data) en vue de leur confrontation avec les informations *post mortem*.

L'identification formelle est prononcée par une commission d'identification regroupant les experts médico-légaux et les responsables des équipes *ante* et *post mortem*. Quand la personne est déclarée identifiée, un certificat de décès est établi. Le corps peut être rendu à la famille avec l'accord des autorités compétentes.

Ce travail incombe au médecin légiste dont l'expertise est requise en cas d'accident d'avion, accident ferroviaire. Les accidents de la voie publique, incendie dans un tunnel, attentat à l'explosif, catastrophe naturelle, mais aussi en cas d'agressions (études de trace de morsures), amnésie (perte d'identité), grand banditisme (substitution d'identités) et les autres cas de carbonisation du corps sont autant d'événements ou de cas particuliers pour lesquels le recours à l'identification par les dents est incontournable. L'expert odontologiste aura alors pour mission d'apporter au magistrat des éléments techniques qui lui seront nécessaires pour rendre son jugement. Il peut également répondre à une mission concernant l'étude de traces de morsures portées par une victime, vivante ou décédée, dans les cas d'agressions ou de maltraitance à enfant.

Les accidents de la voie publique, les agressions, les accidents survenant au cours de soins dentaires, font l'objet de demandes auprès de la justice pour obtenir la réparation du préjudice subi. L'expert odontologiste aura alors pour mission

[183] Le terme anglais *matching* peut se traduire par « correspondance » ou « complémentarité. Il désigne la notion de couplage en français.

d'apporter au magistrat des éléments techniques qui lui seront nécessaires pour rendre son jugement.

## VII. D'AUTRES TECHNIQUES D'IDENTIFICATION DES CORPS

### 1. Identification d'un corps immergé ou pendu

Pour identifier un corps immergé ou pendu, on se sert des dents retrouvées sur des cadavres. Ces dents peuvent aussi permettre aux enquêteurs de conclure à un homicide ou à une noyade grâce au rosissement. Car le rosissement des dents est un phénomène non spécifique dû au séjour du corps dans un milieu humide ou aqueux. Il survient au cours du phénomène de putréfaction en milieu humide ou celui de formation d'adipocires.

La coloration des dents est due au passage d'hémoglobine ou de dérivés de l'hémoglobine à travers la dentine circumpolaire. On sait déjà qu'une atmosphère riche en C02 maintient la coloration rose mais le phénomène de rosissement n'intervient que quelques jours après la mort. Toutefois un effet d'optique peut être visible dans les premières 24 heures.

Selon le Pr Leconte, expert en odontologie médico-légale, des expérimentations sont actuellement en cours au Laboratoire d'odontologie légale de l'Université de Paris V et à celui de l'Institut médico-légal de Paris pour tenter de préciser la dynamique du rosissement en fonction de différents facteurs comme le temps d'hémolyse, la température, les pathologies, la position de la tête ou la présence de tissus de soutien.

L'odontologie devient ainsi dans sa composante légale, une discipline indispensable à l'identification, particulièrement dans ses limites extrêmes, lorsque les autres approches médicales ont échoué. Dès lors, les structures ostéo-dentaires et crânio-faciales deviennent de véritables réservoirs de données essentielles que l'on peut conserver et archiver.

Mais cette discipline nécessite la présence d'un odontostomatologiste possédant les compétences requises, que ce soit sur le terrain pour la collecte des indices ou au laboratoire pour y mener les analyses.

Avant de conclure à une identité, les enquêteurs doivent vérifier la concordance avec les autres techniques de datation d'âges. Car chacune des techniques employées a une marge d'erreur qui lui est propre, ce qui implique que la synthèse des différents résultats et réponses est présentée sous forme d'une fourchette d'âges et non d'un âge précis (il indique la marge d'erreur pour chaque technique employée).

### 2. Identification sur la base de l'origine ethnique

Les enquêteurs peuvent se fonder sur des mesures anthropométriques crânio-faciales et dentaires pour déterminer l'origine ethnique d'un individu, s'il existe des documents relatifs à l'étude des caractères morphologiques de cet individu. On sait par exemple qu'en général, les pygmées et les originaires de plusieurs villages du département de l'océan sont de petite taille, mais les résultats sont à envisager avec circonspection. On sait aussi que les femmes Mbamoises sont souvent très grandes de taille et que celles de l'Ouest sont corpulentes, tout comme les ressortissants du Nord Cameroun ont les visages décorés de balafres.

### 3. Identification sur la base de la profession ou des habitudes

Une étude minutieuse des dents, des gencives, des dépôts tartriques et tabagiques, une analyse par microsonde des matériaux de restauration dentaire ou prothétique peut permettre la détermination d'une profession ou de certaines habitudes. On sait par exemple que les ressortissants de certaines régions du Nord ont les dents jaunies à cause de la consommation du cola (goro).

## VIII. IDENTIFICATION D'UN CRIMINEL PAR LA MORSURE

La morsure est une blessure circulaire ou ovale (en forme de beignet ou d'anneau) formée de deux arcades en forme de U, opposées systématiquement et séparées à leur base par des espaces ouverts. Si un corps présente des traces de morsure, il est important de les identifier dans le but de savoir si ces morsures sont d'origine humaine ou animale. En suivant le pourtour de l'arcade, on voit des abrasions individuelles, contusions et/ou lacérations reflétant la taille, la forme et la distribution de strates caractéristiques des surfaces de contact des dents humaines. On peut ainsi identifier le sujet à base de son dossier médical lorsqu'il existe, comparer les traces prélevées avec la dentition suspecte.

Les types de lésions produites par une morsure sont variables selon l'épaisseur des maxillaires, l'épaisseur des tissus et l'interposition de vêtements. Les contusions quant à elles varient selon la pression dentaire, le bord incisif, la pointe canine, la cuspide prémolaire et la pression de la langue, tandis que les excoriations sont constituées de l'aspérité ou ébrèchement des dents, les plaies, les avulsions pédiculées, les pertes de substance.

La morsure humaine a un aspect médico-légal. Dans les pays comme la France, une morsure représente un élément de preuve depuis 1994. Il faut observer et enregistrer cette preuve qui peut être une empreinte de la morsure, des moulages, et les photographies des dents. Les traces de morsure sur la peau de la victime évoluent avec le temps et leurs caractéristiques dimensionnelles sont exploitables environ pendant 48 heures.

L'étude d'une morsure comporte les points tels que l'observation et enregistrement de la trace de morsure sur la victime, l'étude de dentitions suspectes et la comparaison entre les deux dentitions. Les actes à poser pendant cette phase sont les suivants :

- description des effets personnels (vêtements examinés avec soin, bijoux, documents d'identité…) ;

- examen externe des corps (âge, sexe, groupe ethnique, tatouages, piercings, cicatrices particularités anatomiques) ;

- l'autopsie pour rechercher des pathologies, des séquelles d'interventions chirurgicales, les prothèses, les stimulateurs cardiaques… ;

- l'examen dentaire qui dépose de la mandibule, nettoyage des structures dentaires ;

- les photographies dentaires, radiographies ;

- les prélèvements pour empreintes génétiques (deux dents saines, un fragment de fémur).

Le Phénomène d'hématodontie *post mortem* renvoie à une teinte rose allant du rose clair au rouge foncé tirant au violet lie de vin qui apparaît dans certains cas sur des dents de cadavres. Un tel phénomène se produit uniquement dans la dentine et jamais dans l'émail ou le cément. Seule la racine paraissait colorée dans ce cas précis.

# CHAPITRE XIII

## IDENTIFICATION D'UN CORPS EN ÉTAT DE DÉCOMPOSITION AVANCÉE : L'ANTHROPOLOGIE MÉDICO-LÉGALE

L'importance de ce thème réside du fait que les cadavres non identifiés causent souvent un trouble à l'ordre public (cadavre non identifié = mort suspecte) parce qu'ils comportent un obstacle médico-légal. Cette difficulté à caractère judiciaire est la cause de plusieurs désagréments au sein des familles à savoir :

- *les douleurs psychologiques* : les proches vivent un deuil difficile, voire impossible, en l'absence du « vrai » corps de l'être aimé qui a disparu ;

- *les problèmes financiers* : ils sont souvent liés au blocage des salaires ou de la pension, le non-paiement des assurances décès du disparu ;

- *les problèmes administratifs* : ils sont liés au partage de l'héritage laissé par le défunt, le remariage du conjoint survivant, etc.

L'anthropologie médico-légale est l'application de l'anthropologie aux enquêtes criminelles. Elle utilise les concepts et les méthodes de l'anthropologie biologique (l'étude des caractéristiques physiques des humains). Elle a pour but l'identification d'individus en état de décomposition avancée et consiste pour les anthropologues à établir en premier lieu un profil biologique. Cette étape consiste à estimer l'âge, le sexe, la taille et l'origine ethnique de l'individu, en plus de relever toutes les caractéristiques qui lui sont particulières telles que les maladies ou les blessures. Par la suite, l'anthropologue analyse les blessures subies par l'individu dans la période de temps qui a précédé son décès, ce qui peut éventuellement permettre de déterminer les causes de la mort.

Ainsi, la présence d'un spécialiste sur les lieux de la levée de corps est nécessaire, même lorsqu'il s'agit des restes fragmentés et squelettiques, car leurs conditions d'inhumation, leurs positions, leur examen sur place sont riches d'enseignement sur les causes du décès, le délai *post mortem*, et permettent de minimiser l'oubli de petits fragments, la destruction des ossements calcinés durant le transport vers la salle d'autopsie, etc.

Si l'enquête piétine et que le Procureur de la République délivre le permis d'inhumer, il appartiendra au légiste de les conseiller quant à la nécessité de conserver tout ou parties du corps pour permettre une identification ultérieure.

En effet, même lorsque le corps se trouve dans une phase de putréfaction avancée, il est toujours possible d'identifier le décujus, lorsque son identité est inconnue ou incertaine, à cause de documents manquants ou inappropriés, ou parce que le corps est devenu méconnaissable suite à un traumatisme ou aux processus de décomposition. Tous les efforts doivent être mis en œuvre pour identifier la personne afin de remplir les obligations sociales et légales associées à ce décès.

Notons qu'à ce stade, le visage n'existe plus, même certaines parties du corps facilement identifiables ont disparu. Mais l'anthropologie médico-légale permet résoudre l'affaire.

Depuis le début des années quatre-vingt, les techniques pouvant aider à identifier les cadavres en décomposition avancée se sont développées dans les pays occidentaux, essentiellement aux USA. À ce jour, il en existe de nouvelles, plus simples et plus rapides et plus précises, qui sont mis à la disposition des utilisateurs, qui sont magistrats et officiers de police judiciaire qui doivent y faire appel systématiquement, plutôt que de se contenter de données circonstancielles et visuelles très discutables, qui suffisent certes la plupart du temps, mais qui sont en fin de compte sujettes à des erreurs.

## *L'ENQUÊTE ENTROPOMETRIQUE*

Lorsque les os d'un squelette humain sont découverts sur une scène de crime, on fait appel à l'anthropologue médico-légal. L'enquête doit alors se dérouler suivant un processus constitué de douze (12) étapes.

### 1. Les informations *ante mortem*

Elles sont basées sur les éléments suivants :

- de qui s'agit-il ?

- le lieu et la date du décès ;

- le mode opératoire et le mobile du criminel.

Dans certains cas, le processus d'identification peut débuter avant même que le cadavre ne soit découvert. C'est le cas lorsqu'une personne ou un groupe de personnes sont portés disparus ou présumés morts.

Dans ce cas précis, l'enquête consiste à :

- récolter des données *ante mortem* qui font référence à toutes les informations ou documents d'une personne au cours de sa vie et par lesquelles on peut l'identifier après sa mort.

- la description physique :

* l'âge ;

*le sexe ;

*la couleur des cheveux ;

*la stature, etc. ;

*les dossiers dentaires et médicaux (incluant les radiographies) ;

*des caractéristiques individuelles comme les tatouages ;

*des photographies récentes.

- interroger les membres de la famille, les amis ou les collègues proches pour avoir des informations entourant la disparition ou le décès de la victime.

- faire appel au public pour retrouver la dernière personne à avoir vu l'individu disparu.

- les médecins traitants ou les dentistes doivent également être sollicités, car ils peuvent fournir les dossiers médicaux avec des informations de la victime.

Une fois que les informations *ante mortem* sont obtenues, leur accès est strictement réservé aux personnes chargées de l'identification à savoir les médecins légistes et les agents de forces de maintien de l'ordre qui prennent part à l'enquête.

Ces informations *ante mortem* peuvent aussi inclure les détails de l'habillement de la personne au moment de sa disparition et les objets personnels qu'elle transportait. Bref, tout élément pouvant aider à identifier la victime est utile. Une fois qu'elles sont collectées, ces données peuvent être comparées à des informations similaires obtenues à partir de cadavres non identifiés dans le but de trouver une correspondance.

**2. La manière dont le corps est retrouvé**

Lorsqu'un corps est retrouvé, les policiers sont souvent les premiers arrivés sur les lieux, suivis du médecin légiste à qui revient la responsabilité de s'occuper du cadavre. Des protocoles stricts régissent la façon dont les restes doivent être manipulés et récoltés. Selon les circonstances, d'autres spécialistes tels que les archéologues ou les anthropologues peuvent être appelés à intervenir dans la récupération du corps et la collecte de preuves sur la scène de crime.

À cet égard, l'archéologie et l'anthropologie offrent des moyens efficaces et précis pour récolter des indices sur une possible scène de crime et peuvent aider les enquêteurs à résoudre l'affaire.

Sur les lieux, chaque élément lié aux restes de la victime est localisé sur une carte (à l'endroit exact où il a été retrouvé), photographié, récolté et emballé à titre de preuve susceptible à aider à résoudre l'affaire.

Toutes les preuves récoltées sont ensuite transportées vers des installations où elles sont décrites, photographiées et étiquetées dans des conditions sécuritaires et confidentielles, pendant que les restes humains seront dirigés vers des installations médicales, généralement à la morgue, pour subir une autopsie. Plusieurs disciplines pourront alors intervenir pour examiner les restes.

### 3. Déterminer l'origine et l'âge des os

Il convient de noter que la forme des os ainsi que la manière dont ils sont reliés entre eux, la taille, la forme et la structure permettent à l'anthropologue de déterminer s'il s'agit ou non d'un os humain.

Une fois l'origine des os établie, l'enquêteur doit déterminer de quels os (ou fragments d'os) il s'agit. En général, cette étape débute en plaçant tous les os sur une table de manière à ce qu'ils reflètent l'organisation physique normale du squelette humain. Il s'agit de la « position anatomique ». Cette étape apporte de nombreux éléments à l'analyse à savoir :

- l'établissement d'un inventaire visuel du squelette de l'individu qui amène à identifier rapidement les parties manquantes ;

- l'étude des os de manière systématique par un inventaire détaillé pendant lequel on observe également la présence de traumatismes, de pathologies, ou de traits particuliers qui reflètent la vie de l'individu ;

- l'examen de chaque os permet de considérer le squelette en entier et de déceler d'éventuelles incohérences entre les éléments ou bien de comprendre la relation entre plusieurs traumatismes qui touchent l'ensemble des os et relever s'il y a un os qui manque ;

Ce premier inventaire permet d'un point de vue criminologique de savoir à la fois les os présents et ceux qui manquent. L'absence de certains éléments peut fournir des informations sur les évènements *peri mortem*, de la taphonomie *post mortem* et des actes qu'a réalisés le criminel.

### 4. Déterminer le nombre de personnes représentées dans les restes retrouvés

Les enquêteurs recherchent les éléments qui apparaissent en double, par exemple deux fémurs droits (os de la cuisse), mais aussi des différences de taille ou de conservation des os. Si les éléments ne concordent pas entre eux, cela peut signifier que deux individus sont représentés. Lorsque les os de deux ou plusieurs individus sont mélangés, on doit départager les squelettes pour pouvoir les étudier séparément.

En cas de crime, le fait d'établir le nombre d'individus représentés est très important, car plusieurs individus peuvent être tués au même moment et laissés tous au même endroit, ou bien avoir été tués sur une plus longue période tout en étant déposés à chaque fois au même endroit. Parfois les criminels enterrent leurs victimes dans une fosse commune afin de dissimuler leur crime. C'est la raison pour laquelle il est important pour les enquêteurs d'être très précis dans leur travail de détermination du nombre de victimes.

### 5. Déterminer l'âge des restes humains retrouvés

Les enquêteurs doivent pouvoir déterminer si les os qu'ils étudient sont d'origine ancienne ou nouvelle. Cette classification se fait à partir de leur contexte de déposition, qui comprend des informations sur l'emplacement, la position et la conservation des restes, ainsi que sur les évènements qui ont conduit à inhumer la victime.

La quatrième côte peut également être utilisée pour dater la mort d'une personne, car son extrémité qui la relie au sternum s'ossifie constamment avec l'âge.

Le crâne permet aussi de réaliser une estimation de la date de la mort de la victime. En effet, même si le crâne paraît n'être qu'un seul bloc, il est en réalité constitué de multiples os reliés entre eux par ce que l'on appelle les sutures crâniennes. Ces sutures sont plus « ouvertes » chez les jeunes et fusionnent jusqu'à devenir quasiment invisibles chez les individus âgés.

Les matériaux associés à l'arme de crime peuvent également renseigner sur l'époque du décès.

Les habillements et les gadgets peuvent également renseigner les enquêteurs sur l'époque de décès : si l'individu porte des vêtements modernes, et que l'on retrouve sur lui des gadgets tels que le téléphone portable ou un lecteur mp3 et d'autres gadgets récents, on peut déduire que la personne est décédée récemment et si les restes sont récents, ils peuvent être pris en charge par le médecin légiste.

### 6. Déterminer ensuite le sexe de la victime

La première étape dans l'établissement du profil biologique d'une victime est la détermination de son sexe. Le sexe est l'aspect biologique de la personne, déterminé par les gènes et exprimé par des caractéristiques sexuelles primaires (organes reproductifs, hormones) et secondaires (musculature, pilosité, etc.). Des effets personnels peuvent aussi parfois orienter les enquêteurs.

Les différences hormonales et visuelles qui distinguent les hommes des femmes créent également des différences visibles au niveau du squelette. Cela est observable sur les os du bassin et du crâne. Les différences sexuelles qui caractérisent le bassin sont surtout le résultat de contraintes évolutives et fonctionnelles. Ces différences structurelles du bassin entre les sexes peuvent être utilisées pour distinguer les hommes des femmes par leur squelette. Tous les humains sont adaptés à la marche bipède, mais les femmes ont la particularité de donner naissance à des bébés qui ont des têtes relativement grosses.

Le crâne peut également permettre de distinguer le squelette d'un homme de celui d'une femme. En effet, les hommes ont tendance à avoir des crânes plus gros que les femmes. De plus, ils ont un développement musculaire plus important qui implique des attaches musculaires plus en relief. Ces différences de taille et de robustesse du crâne peuvent également être utiles pour déterminer le sexe des individus.

D'autres éléments du squelette peuvent renseigner sur ces différences de taille et de robustesse. Si le crâne et le bassin manquent, il est possible de prendre des mesures sur d'autres os qui peuvent aider à déterminer le sexe de la victime. Cependant, il faut rester prudent avec ce genre de résultats car il existe un chevauchement considérable des mesures entre les hommes et les femmes.

**7. Déterminer l'âge de la victime**

L'estimation de l'âge d'une personne au moment de son décès repose sur les processus fondamentaux :

- la croissance et la dégénérescence ;

- les changements liés au développement basé sur le degré de croissance de chaque os,

- la formation et l'éruption des dents chez les individus immatures.

- la croissance des articulations ;

- les os du bassin.

- les côtes ;

*Explication du phénomène*

À la naissance, l'os humain est principalement composé de cartilage souple, et au fur et à mesure que l'individu grandit, ce cartilage est remplacé par l'os solide à partir des centres d'ossification.

Les enfants disposent de plus de 300 centres d'ossification qui, par leur fusion, vont finir par former les 206 os du squelette d'un adulte.

Étant donné que ces centres d'ossification croissent et fusionnent, il est possible de déterminer, à partir de leur observation, l'âge de l'enfant étudié. De la même manière, les dents se développent et sortent de la gencive en suivant un schéma temporel régulier, permettant une détermination précise de l'âge des juvéniles.

Avant trente ans, la croissance des os se termine et l'âge du décès doit par conséquent être évalué à partir des changements liés aux processus dégénératifs de l'organisme.

Les articulations sont très sujettes à la détérioration, et le bassin constitue une partie anatomique de choix pour estimer l'âge au décès. Sur la partie avant du bassin, au niveau de la jointure entre les deux os coxaux et au-dessus de la région pubienne, se trouve ce que l'on appelle la symphyse pubienne. Cette articulation subit des changements continus au cours de la vie d'une personne et peut être utilisée pour déterminer l'âge physiologique.

### 8. Déterminer la taille de la victime

L'estimation de la taille de l'individu lorsqu'il était en vie peut aussi aider à son identification. On mesure alors la longueur des os des membres pour estimer la taille de l'individu.

Les anthropologues prennent les mesures de ces os et les répertorient dans des formules mathématiques qui tiennent compte du sexe et de l'origine de l'individu. Pour avoir un intervalle de tailles dans lequel se trouve la personne décédée, on peut alors exclure certains individus qui sont plus grands ou plus petits lors de l'identification.

### 9. Relever les signes particuliers de la victime

Les caractéristiques physiques particulières aux individus peuvent aussi être utiles pour son identification.

Toutefois, des problèmes génétiques ou nutritionnels, ainsi que certaines maladies, infections et fractures guéries peuvent marquer l'os d'une manière unique.

La comparaison de ces données aux registres médicaux réalisés *ante mortem* ou le témoignage des proches peuvent apporter des renseignements sur les signes particuliers utiles à l'identification de la victime. Ces signes sont liés aux facteurs génétiques, aux problèmes de nutrition, aux maladies néoplasiques et aux maladies infectieuses.

Les facteurs génétiques peuvent être à l'origine de la présence de caractéristiques particulières aux individus. C'est le cas de la « maladie des os de verre » qui peut être à l'origine des fractures osseuses répétées que l'on peut observer à divers endroits sur le squelette, selon divers degrés de guérison. Les individus affectés disposent généralement d'un dossier médical *ante mortem* qui pourrait aider à leur identification.

Les problèmes nutritionnels peuvent également laisser des traces sur les os. C'est le cas *des anémies* (carences en fer) liées à l'alimentation qui entraînent un gonflement de l'espace réservé à la moelle dans les os, surtout au niveau de la voûte crânienne. De plus, les carences en vitamines C et D peuvent être identifiées à l'aide du squelette. Elles entraînent respectivement *le scorbut* et *le rachitisme*, et impliquent une mauvaise minéralisation des os qui deviennent plus mous et qui peuvent même se déformer sous le poids des individus.

Les maladies néoplasiques comme les cancers peuvent aussi affecter le squelette de deux manières. Les cancers qui touchent les tissus mous peuvent engendrer de la pression sur les os environnants qui montrent alors des lésions, voire des trous. D'autres types de cancers impliquent la croissance de tumeurs à l'intérieur même des os. Qu'elles soient d'origine bénigne ou maligne, ces tumeurs peuvent produire des changements osseux importants qui peuvent être identifiés longtemps après la décomposition des tissus mous.

Les maladies infectieuses peuvent également fournir des informations sur la vie de la victime. C'est le cas de la tuberculose qui cause des lésions des os, notamment sur la colonne vertébrale, les côtes et le bassin. De même, la syphilis, une infection sexuellement transmissible, forme des porosités dégénératives sur la surface des os, et dans les cas les plus avancés, une dégradation des os du nez et du menton. La maladie de Hansen ou lèpre attaque en premier lieu les tissus mous qui se nécrosent et peuvent entraîner l'atrophie et la dégénérescence des os avoisinants.

D'autres fractures peuvent aussi aider à l'identification. C'est le cas des os fracturés et qui guérissent en gardant des traces du traumatisme, à la manière d'une cicatrice sur la peau. Si la fracture était importante et a requis une intervention médicale, il est possible que des plaques de métal ou de vis soient retrouvées sur les os. Certaines de ces pièces possèdent un numéro de série qui peut permettre de retracer le manufacturier. Il en est de même des prothèses telles que les dentiers, les yeux de verre, les pacemakers et les membres artificiels qui sont tous spécifiques aux individus qui les portent. Elles sont relativement rares, mais lorsqu'elles sont présentes, elles se révèlent très utiles.

### 10. Déterminer l'origine de la victime

L'identification de l'origine de la victime fait partie intégrante de la réalisation du profil biologique de la victime. On peut utiliser le terme « race », en référence aux différences entre les populations.

Cependant, du point de vue biologique, le concept de race n'existe pas. Raison pour laquelle, on doit utiliser le terme « origine ». On détermine aussi l'origine grâce aux traits anatomiques visibles sur le squelette et qui ont tendance à être plus ou moins présents selon les populations.

Même si l'état de décomposition empêche d'avoir des informations sur la couleur de la peau ou celle des yeux, il est possible de classer la personne parmi trois grandes catégories géographiques : européen, africain ou asiatique. Lors des enquêtes médico-légales visant l'identification des personnes décédées, l'origine que l'on essaie de déterminer s'oriente vers la reconstitution de l'apparence de la personne plutôt qu'à la détermination de son héritage biologique. Dans ces conditions, l'origine est estimée à l'aide de mesures, d'observations et d'analyses sur les os du visage et du crâne.

### 11. L'identification de la victime

Les enquêteurs doivent identifier les victimes en établissant un profil biologique. Cette identification est basée sur : l'âge, le sexe, la taille et l'origine ethnique à partir du squelette.

Des caractéristiques spécifiques à la personne peuvent aussi faire partie du profil biologique comme des maladies ou des traumatismes qui ont affecté les os.

Une fois le profil biologique de la victime établi, et que l'on ne dispose plus que d'une personne portée disparue pouvant correspondre aux restes retrouvés, les enquêteurs doivent alors s'assurer qu'il s'agit bien de la même personne.

On compare alors les dossiers médicaux *ante mortem* avec l'observation des restes. Par exemple, des radiographies prises durant la vie de la personne peuvent être comparées à celles des os retrouvés.

Les concordances au niveau de la taille, de la forme et de toutes les caractéristiques possibles permettent de déterminer si les radiographies *ante mortem* et *post mortem* représentent ou non le même individu.

Les dossiers médicaux des personnes porteuses d'implants chirurgicaux tels que des pacemakers, des implants mammaires, des vis orthopédiques, etc. peuvent être reliés à la présence d'objets similaires parmi les restes.

Toutefois, même si l'enquête anthropologique apporte des informations utiles, elle ne peut pas permettre d'identifier officiellement une victime. Les médecins légistes sont les seules personnes à pouvoir le faire de manière irréfutable. Si les dossiers médicaux *ante mortem*, les preuves matérielles, et l'étude des restes humains concordent, l'identification est considérée comme « présomptive ». C'est-à-dire que les enquêteurs présument que la personne décédée correspond bien à la personne portée disparue. On peut alors rechercher une preuve supplémentaire, souvent en proposant aux membres de la famille de fournir des échantillons pour réaliser une analyse d'ADN. Si l'ADN de la victime concorde avec celui de la famille, alors l'identification est considérée comme « positive ».

### 12. Les obstacles liés à l'identification

Il existe des obstacles à l'identification des victimes. Dans les sociétés africaines notamment, on relève que :

- le respect dû aux morts est très répandu. Mais il peut arriver que les efforts médico-légaux fournis pour identifier un individu entrent en conflit avec les croyances et les pratiques de leurs familles.

Par exemple, la famille de la personne décédée peut ne pas souhaiter que certaines procédures médicales soient effectuées sur l'être cher ou être en accord avec les méthodes utilisées pour l'identification.

Sur le plan religieux, des exigences spécifiques pour la manipulation et le traitement du corps après la mort peuvent fortement influencer la réaction de la famille sur la nécessité d'effectuer une autopsie.

C'est le cas de certaines religions, comme l'islam et le judaïsme, qui enseignent que le corps doit être enterré peu de temps après la mort et ne permettent pas les autopsies volontaires. Ces religions interdisent aussi l'inhumation d'un corps incomplet. Car d'après leurs croyances, si le corps n'est pas totalement inhumé, l'inhumation n'est pas valide. Or, en cas de mort suspecte, les enquêteurs doivent prélever un échantillon de tissu pour d'éventuelles analyses.

Cependant, certains dirigeants religieux admettent qu'il y a des exceptions, dans le cas où les informations reçues pourraient sauver des vies. Lorsqu'un acte criminel est suspecté, une autopsie est autorisée afin d'aider la police à résoudre le crime.

En général, les enquêteurs sur les décès s'efforcent de respecter les recommandations religieuses et de traiter les restes humains avec respect et dignité. De plus, ils font tout ce qu'ils peuvent pour accomplir leur tâche le plus efficacement possible, afin de remplir leurs missions régaliennes. Ainsi en cas de nécessité, ils sont obligés de passer outre certaines croyances afin de comprendre ce qui s'est passé. À cet égard, le premier devoir de l'enquêteur est de résoudre ces crimes par l'identification de la victime et les conditions qui ont provoqué la mort.

# CHAPITRE XIV

# IDENTIFICATION D'UN CORPS EN ÉTAT DE DÉCOMPOSITION AVANCÉE (SUITE) : LA RECONSTITUTION FACIALE OU FORENSIC FACIAL IMAGING

La reconstitution faciale est un procédé qui consiste à reconstituer le visage d'une personne à partir de son crâne. Ce procédé est né du désir ardent de certaines personnes de connaître le visage des personnages célèbres dont on avait conservé le squelette crânien et des portraits, ainsi que celui de voir à quoi ressemblaient les hommes fossiles d'autre fois.

Cette activité permet de retrouver les personnes disparues ou assassinées dont les corps n'ont jamais été retrouvés. Elle se pratique lorsque les vestiges humains retrouvés ne se réclament d'aucun sujet à l'identité connue et ayant disparu sans laisser de traces.

## I. HISTORIQUE

Les toutes premières reconstitutions faciales furent réalisées par Schiller Raphaël en 1894 et Kant (1888). Quelques années plus tard en 1895, Hiss inaugura une autre méthode basée sur des mesures de l'épaisseur de la peau de cadavres de 24 hommes et de 4 femmes, pour reconstituer le visage de J.S. Bach.

En 1898, les Allemands Kolmann et Buchly ont amélioré ladite méthode, pour mettre au point la première méthode scientifique de reconstitution faciale, qui consistait à « habiller » un crâne, établir des mesures précises, donner les repères osseux nécessaires, indiquer les corrélations crânio-faciales et décrire les différentes étapes permettant de reconstituer un visage à partir de n'importe quel crâne.

De ce fait, cette technique révolutionnaire mais encore rudimentaire ne permettait pas d'individualiser la face reconstituée. Une vingtaine d'années plus tard le russe Michaïl M. Gerasimov, Directeur de l'institut d'Ethnologie de l'URSS, chef du laboratoire de Reconstitution Plastique, invente une méthode de reconstitution faciale plus fiable et précise, basée sur une mesure des tissus mous. Il publie le résultat de ses recherches en 1949 et plus particulièrement en 1955 sous le titre « La reconstitution du visage d'après le crâne ».

En même temps, les chercheurs américains Krogman en 1962 Rhine et Campbell en 1980 Rhine et Moore en 1982 et Gatliff en 1984, publient les résultats de leurs travaux, inspirés de la méthode de Kollmann et Buchly, avant de développer la leur, plus précise.

Les méthodes visant à reconstituer un visage ont évolué jusqu'en 1986, avec la création par le laboratoire d'anthropologie de Lyon, qui utilisa une méthodologie de reconstitution faciale plus fiable dénommée la méthode DMP, dont les initiales, constituent le nom des trois membres de l'équipe de reconstitution faciale : Desbois, Mallet et Perrot.

En effet, Raoul Perrot qui avait travaillé pendant de nombreuses années comme expert en anthropologie médico-légale près la Cour d'Appel de Lyon, avait réussi à déterminer les quatre principaux paramètres de l'identification à savoir : le sexe, l'âge, la morphophénotype cutanée ou « race » et la taille des personnes disparues à partir des vestiges osseux inconnus. Mais cette œuvre est demeurée incomplète car, plusieurs individus peuvent correspondre au même signalement sans qu'il soit possible de savoir lequel est le bon.

En 1985, Claire Desbois, étudiante en chirurgie dentaire publie une thèse dont le sujet porte sur les problèmes de reconstitution faciale sous la supervision de Paul Libourel, Professeur à l'UFR d'odontologie de Lyon et expert en odontologie légale près la Cour d'Appel de Lyon 1.

En 1986, Claude Mallet, anthropologue associé depuis de longues dates au laboratoire, s'intéresse lui aussi à ces problèmes de reconstitution des traits du visage, en créant la myostéonomie[184], une nouvelle branche dont le but est d'établir les liens entre l'importance fonctionnelle d'un muscle, ses insertions osseuses et les traits du visage.

Kolmann et Buchly ont réalisé une expérience sur un échantillon de 45 hommes et 8 femmes (âgés entre 17 et 72 ans et décrits comme étant modérément nourris) dont les mesures avaient été effectuées moins de 24 heures après la mort. Ils ont utilisé une aiguille traversant une pièce en caoutchouc qu'ils introduisent dans la chair jusqu'au contact avec les os, il déplaçait alors le disque en caoutchouc jusqu'à ce qu'il touche la peau, puis il retire l'aiguille. La distance entre son extrémité et le disque indique alors l'épaisseur des tissus mous à cet endroit. Cette opération est répétée autant de fois qu'il est nécessaire, en des lieux différents et bien précis. Cette nouvelle méthode prenait en compte la « variation éventuelle de l'épaisseur des tissus mous selon que la personne était très mince ou grasse.

[184]La science permettant, à partir d'un crâne, de retrouver le visage qui correspondait à l'individu de son vivant.

Keiser Nielsen a mis au point, une technique qui permet de conserver intactes les pièces, d'en permettre l'étude anthropométrique et de restituer au sujet l'aspect général des traits du visage. Pour restituer le nez, on peut utiliser la pointe de la base de l'ouverture nasale, la reporter trois fois et avoir ainsi la longueur du nez. La courbure est donnée par la pointe supérieure de la cavité en la reliant à la longueur trouvée précédemment.

Gerasimov et ses étudiants ont également mis au point une méthode qui permet de calculer la forme du nez en reportant l'ouverture nasale en positif. Les ailes du nez sont, en moyenne, de six millimètres de chaque côté pour les Européens et les Asiatiques, elle est de huit millimètres pour les Africains ou 1,67 fois la largeur de l'ouverture nasale.

Les recherches se sont poursuivies dans ce domaine jusqu'en 2003, date à laquelle il est désormais possible d'identifier un corps dans un état de putréfaction avancé, grâce à la reconstitution faciale ou *forensic facial imaging*.

## II. COMMENT RÉALISER UNE RECONSTITUTION FACIALE ?

Un cadavre dont tout le sommet de la tête manquant est découvert dans les bois. L'autopsie pratiquée ne permet pas d'identifier le sujet.

Un squelette desséché par le soleil et en grande partie nettoyé par les rongeurs est découvert dans une broussaille, on peut supposer que la mort remonte à six mois environ ou plus et on peut logiquement penser que le meurtre a eu lieu ailleurs et le corps a été jeté là. Dans ce cas de figure, l'identification de la victime est toujours possible, mais assez difficile.

En effet, les enquêteurs peuvent reconstituer le squelette d'une victime et les premiers éléments de l'enquête, vont leur révéler s'il s'agit d'un individu féminin ou masculin, l'âge, la taille et la couleur des cheveux de celui-ci. Cette phase révèle aussi si la victime a subi une opération d'ostéosynthèse sur la colonne lombaire et si elle portait une prothèse, ou une patte de lapin porte-bonheur autour du cou.

Mais aucun de ces éléments ne peut encore permettre aux enquêteurs d'identifier le défunt. Le squelette doit être enlevé et bien conservé au laboratoire où une équipe d'identification médico-légale va réaliser une reconstitution faciale grâce au crâne.

Avant toute reconstitution faciale, il est nécessaire de noter les caractéristiques anatomiques de la tête du cadavre. Dans le cas présent, on a retenu les éléments suivants : tégument cutané qui est de type leucoderme mat, oreilles grandes, nez tordu sur la gauche, moustache très brune, barbe foncée mal rasée depuis un jour ou deux, cheveux bruns courts, apparemment bien coiffés. Cet ensemble de caractères évoque un phénotype méditerranoïde. En effet, la reconstitution faciale se déroule en sept étapes :

i. - préparation de la tête ;
ii. dessins du crâne au diaptrographe cubique ;
iii. anthropologie du crâne ;
iv. établissement des contours du visage en respectant les standards d'épaisseur ;
v. influence de l'anatomie du crâne sur l'épaisseur des tissus mous ;
vi. influence de la corpulence sur l'épaisseur des tissus mous ;
vii. influence de l'âge sur l'épaisseur des tissus mous.

L'expert, à la manière du sculpteur, reconstitue, à l'aide d'une pâte, les muscles et la peau. Il se fonde sur ce qui témoigne de l'orientation des muscles et de leur puissance (profondeur, largeur des sillons laissés par leurs insertions). Cet « habillage » du crâne peut aider à une identification visuelle du cadavre.

En fonction de ces caractéristiques et en utilisant des tableaux reprenant des milliers de mesurages, l'épaisseur moyenne du tissu mou peut aussi être déterminée. Ensuite, le visage peut être reconstruit avec de l'argile par approximation ou des éléments tels que la forme des lèvres, la couleur des yeux, la coupe des cheveux. Ces reconstitutions dépendent toutefois de l'inspiration de celui qui a la charge de dresser le portrait du défunt. C'est une reproduction tridimensionnelle de la personne et sur la base de ce visage, un dessin (en deux dimensions) est réalisé et diffusé au public via les médias, dans l'espoir que quelqu'un reconnaisse la victime.

On peut aussi faire recours à la *myostéonomique,* qui est un procédé consistant à l'examen des modifications osseuses, des insertions des muscles du visage, en rapport avec leur activité dans la mimique faciale, ainsi qu'à l'établissement des rides du visage permettant d'individualiser la reconstitution faciale.

Pour réussir une reconstitution, on doit prendre en compte le plus possible de renseignements annexes comme les vêtements pour connaître le poids et la taille du sujet, le bassin indique si c'est une femme ou un homme (on peut même déterminer si elle a été enceinte, combien de fois et à quel âge.

L'ouverture de la bouche utilise l'espace entre les canines, l'épaisseur de la lèvre supérieure et les plis de la peau.

Sans le squelette complet, on peut cependant trouver le sexe par les dents, la forme des orbites et l'âge grâce à l'aspect des sutures crâniennes de la fontanelle.

NB : Il faut toujours être sûr à 100% avant de donner un nom à un défunt, même lorsqu'il existe déjà une forte présomption de cette identité. Pour l'identification des restes humains, il existe quelques principes de base, définis par l'OIPC- Interpol, qui sont suivis au niveau international. Il est très important que ceux-ci soient toujours utilisés. Autrement dit, des fautes fortement préjudiciables aux proches peuvent être commises.

NB : il n'est pas recommandé de faire identifier de manière visuelle un corps en phase de putréfaction par les proches, à cause de l'émotion. D'une part, il y en a qui voudront à tout prix identifier le corps comme celui de leur proche pour mettre un terme à leur propre incertitude. D'autres ne veulent pas souvent accepter le décès de leur être cher et donc ne voudront pas admettre qu'il s'agit bien de lui.

Ceci arrive souvent dans les morgues lors de la mise en bière, lorsque le morguier conserve les corps sans les marquer. Le jour de la mise en bière, les membres de famille sont incapables d'identifier leur parent décédé. D'où de nombreuses confusions de corps dans les morgues, préjudiciables aux deux familles. C'est donc après l'identification formelle et scientifique de la dépouille que les proches doivent voir le corps et lui rendre un dernier hommage.

Il faut cependant relever qu'une reconstitution faciale est toujours une extrapolation d'indices et de données objectives, ainsi que des variations possibles, selon l'interprétation de l'artiste, de la forme du nez et l'épaisseur des lèvres en particulier.

D'autres techniques peuvent être utilisées pour se rapprocher le plus possible de ce qu'a pu être le visage du sujet étudié. Plusieurs logiciels ont été conçus, qui permettent de placer des couches de glaise sur un crâne modélisé par scannage laser. Les résultats de ce logiciel sont fiables à 40 %, avec la méthode manuelle (glaise placée directement sur le crâne) et 70 % grâce à la méthode informatique.

Il existe un logiciel mis au point par le Max Planck Institute[185]. Il permet de donner différentes expressions à un visage et de le faire varier selon la prise ou la perte de poids.

En cas de complication, on peut faire appel à la photographie. Dans ce cas, l'expert superpose une photographie de la tête de la personne recherchée à celle de la boîte crânienne, prise sous un même angle, afin de relever une possible compatibilité d'identité.

La comparaison entre le crâne facial et le visage photographié repose sur la comparaison des valeurs indiciaires et non sur celle des paramètres eux-mêmes, ce qui évite l'obligation de travailler sur un dessin et une photo à la même échelle.

Les photographies du visage obtenues sont diffusées dans tous les services de police et de gendarmerie, à l'échelle nationale. Une personne va certainement reconnaître la personne sur la photo et va forcément se présenter au service de

---

[185]L'institut Max-Planck de chimie ou institut Otto-Hahn est un institut de recherche scientifique faisant partie de la société Max-Planck, situé à Mayence en Allemagne sur le site de l'Université Johannes Gutenberg de Mayence, spécialisé dans les recherches en chimie qui y sont menées dans les quatre départements qui composent l'institut.

police pour révéler le nom de la victime et les suites de l'enquête vont confirmer cette identité et permettre l'arrestation du suspect.

Il faut noter que cette étude mathématique se complète systématiquement par la prise en compte des éléments morphologiques du splanchnocrâne comparés à ceux de la face photographiée et, en plus par la mise en place, sur le dessin de face squelettique, des globes oculaires dans les cavités orbitaires, éléments incontournables de la reconstitution faciale.

En l'absence de toute la calotte, on fait appel à la méthode 3D pour restituer cette calotte crânienne dans l'espace, au-dessus de la base crânienne vestigiale. On positionne un double système d'arceaux métalliques : dimension et courbure étant déterminées à partir de cette base anatomique. On remplit l'espace ainsi réalisé de pâte. On restitue l'ouverture nasale en fonction de la base de l'ouverture, encore présente et de la zone glabellaire associée aux os propres du nez.

La distance et le positionnement entre les deux ayant été estimés directement sur le cadavre, les ouvertures orbitaires, de même, ont été établies en fonction de leur base osseuse résiduelle.

| **Points faciaux** | **Points sur le profil** |
|---|---|
| 1- Milieu du frontal | 14 - Bosses frontales |
| 2 - Glabelle | 15 - Zone supra orbitaire |
| 3 - Racine du nez | 16-Zone infra orbitaire |
| 4- Extrémité des os du nez | 17 - Bord inférieur malaire droit |
| 5 - Épine nasale | 18 - Bord inférieur malaire gauche |
| 6 - Épaisseur lèvres | 19 - Rebord orbitaire latéral |
| 7 - Limite lèvre supérieure | 20 - Milieu arcade zygomatique |
| 8 - Limite lèvre inférieure | 21 - Au-dessus cavité glénoïde |
| 9 - Milieu philtrum | 22 - Ligne occlusale |
| 10 - Hauteur lèvres | 23 - Gonion droit |
| 11 - Sillon mentonnier | 24 - Gonion gauche |
| 12 - Saillie mentonnière | 25 - Au-dessus de la molaire M2 |
| 13 - Sous le menton | 26 - Au-dessous de la molaire M2 |

**Tableau 14 :** Liste des 26 points retenus par la méthode DMP pour identifier un visage

## III. L'IDENTIFICATION DE LA VICTIME

Une fois l'étude anthropométrique et morphologique réalisée, on fait un dessin à partir du crâne de face et du profil de l'individu. La reconstitution faciale qui permet ainsi d'identifier le sujet s'appelle le *forensic facial imaging*.

Pour confirmer une identification, on tient compte du fait que le portrait facial se réalise autour de 6 points principaux : l'œil, les paupières, le nez, la bouche, le menton et les oreilles. Certains nombres de points métriques sont pris en compte au niveau du crâne facial et le visage, de paramètres et de valeurs angulaires (par exemple A et B sont les points pupillaires et la ligne AB définit donc le plan du regard, etc.). Lorsque ces points correspondent, on déduit qu'il s'agit de la même personne.

Après la reconstitution faciale, le portrait doit être diffusé et un appel à témoins lancé afin de recevoir des témoignages des gens qui pourraient apporter des renseignements sur l'identité de la personne disparue.

Lorsque le disparu est identifié, l'enquête peut commencer à déterminer dans un premier temps les circonstances de la mort de la victime, ensuite les causes de la mort et l'auteur du meurtre. Les règles de cette enquête sont les mêmes que celles d'une enquête criminelle normale. Rappelons que dans une enquête criminelle, le corps de la victime revêt une importance capitale. Tant que le corps n'est pas retrouvé, on ne peut parler d'homicide, sinon de disparation et on est privé d'un nombre important d'indices matériels.

Un exemple de reconstitution faciale réalisée par Joe Mullins du Centre National pour les enfants disparus et exploités, Université de Floride du Sud.

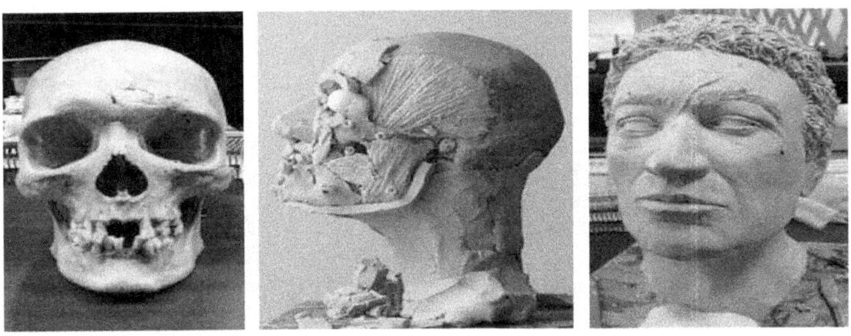

# CHAPITRE XV

# IDENTIFICATION D'UN CORPS EN ÉTAT DE DÉCOMPOSITION AVANCÉE (SUITE ET FIN) : L'ANALYSE ISOTOPIQUE

Le domaine de l'identification forensique a connu surtout en Europe et aux USA depuis quinze ans, un fort développement avec l'importation de nouvelles techniques, un nombre croissant de publications et de projets de recherche suite à une demande en hausse tant pour des raisons qualitatives (augmentation des exigences quant aux critères d'identification acceptables) que quantitatives (mobilité des populations, isolement des individus), à laquelle il a pu être donné satisfaction par un accroissement de la formation en ce domaine depuis 1990. Le but est de fournir des techniques simples, rapides et les moins onéreuses possible (car c'est à ce « prix » que les magistrats y feront appel), tout en augmentant leur précision.

L'identification nécessite aussi une approche multidisciplinaire, associant médecins légistes, chirurgiens-dentistes, anthropologues, radiologues, histologistes et biologistes, voire ingénieurs.

Les isotopes sont les différentes formes d'un élément qui partagent les mêmes propriétés chimiques mais qui diffèrent par leur masse et par leur nombre de neutrons[186]. Le carbone, l'oxygène, l'hydrogène et l'azote sont des éléments chimiques courants qui possèdent différents isotopes. Chacun de ces éléments est identifié par un sigle, par exemple C pour le carbone, et le numéro placé devant ce sigle identifie l'isotope (ex. : 13C et 12C).

Il existe deux types d'isotopes : les *isotopes stables* et les *isotopes radioactifs*. Les isotopes stables ne changent pas au cours du temps, alors que les isotopes radioactifs se désintègrent en suivant un rythme bien déterminé. Pour distinguer les différents isotopes, on utilise généralement le spectromètre de masse.

Il faut relever que les isotopes se trouvent partout dans la nature. Ils sont incorporés dans les plantes par l'intermédiaire des sédiments et de l'eau, et dans les tissus animaux par l'alimentation, la boisson et la respiration. Un organisme absorbe les isotopes tout au long de sa vie et les remplace au fur et à mesure que ses tissus (ex. : peau, cheveux, os) se renouvellent.

---

[186] Le neutron est une particule subatomique de charge électrique nulle.

Les tissus de l'organisme se renouvellent à des vitesses différentes, mais après le décès, ils n'absorbent plus d'isotopes en raison de l'arrêt complet de leur fonctionnement. À partir de ce moment, les isotopes radioactifs commencent à se désintégrer, alors que les isotopes stables restent tels qu'ils étaient au moment du décès.

## I. ÉLÉMENTS CHIMIQUES UTILISÉS POUR LES ANALYSES ISOTOPIQUES

Les éléments chimiques les plus fréquemment employés pour les analyses isotopiques sont le carbone, l'azote, l'hydrogène, l'oxygène et le strontium. Le carbone (C) est présent dans l'air, l'eau et la terre et est absorbé par les plantes lors de la photosynthèse, ou lors de la transformation de la lumière du soleil en énergie utilisable. Les plantes absorbent le carbone en fonction de leurs caractéristiques spécifiques et du climat dans lequel elles vivent. Par exemple, les cellules des plantes tropicales ont des ratios isotopiques différents de celles des plantes du climat équatorial humide.

Le carbone peut donc être utilisé pour déterminer le type d'environnement dans lequel une personne a vécu, ainsi que son régime alimentaire.

L'azote (N) est aussi présent dans l'atmosphère, mais il est absorbé par les plantes par fixation, un processus qui transforme l'azote en ammoniaque, essentiel dans la synthèse de l'ADN. Le ratio isotopique de l'azote change avec la chaîne alimentaire, c'est-à-dire entre les plantes et les animaux qui les consomment, puis entre ces derniers et les autres animaux qui les mangent. Les ratios isotopiques d'azote peuvent aussi être utilisés pour déterminer la place d'un organisme dans la chaîne alimentaire : herbivore, carnivore ou omnivore.

L'hydrogène (H) et l'oxygène (O) sont les composants de l'eau et sont présents dans l'environnement sous diverses formes. Pour ces deux éléments, les ratios isotopiques varient en fonction de la température et du climat. Ils déterminent par comparaison, les différentes régions géographiques où un individu a vécu au cours de sa vie, ou si plusieurs individus proviennent du même endroit (et ont consommé la même eau). Bien que l'hydrogène et l'oxygène soient très utiles pour les études isotopiques, les techniques d'analyse sont toujours en cours de développement et les résultats doivent être interprétés prudemment.

Le strontium (Sr) quant à lui est un métal qui regroupe plusieurs isotopes stables et radioactifs. Il est abondant dans la nature et se trouve surtout dans les roches et les sédiments volcaniques. Avec l'érosion des sédiments et leur dispersion dans l'eau et dans les ressources alimentaires, il est absorbé par l'organisme qui l'incorpore dans les tissus osseux, de la même manière que le calcium. Le ratio isotopique du strontium varie d'une région géographique à l'autre.

L'analyse des ratios isotopiques du strontium des os peut aider à déterminer l'origine géographique d'une personne ou à distinguer des squelettes retrouvés ensemble, mais qui ont appartenu à des individus d'origines géographiques différentes.

## II. LES TISSUS UTILISÉS POUR LES ANALYSES ISOTOPIQUES

Les os et les dents sont les tissus les plus fréquemment analysés, car ils sont durs et se conservent longtemps. L'os étant formé de deux composants dont une matrice organique composée majoritairement de collagène, et une matrice minérale inorganique composée surtout de phosphates de calcium, c'est un tissu vivant qui se renouvelle en permanence lorsque l'homme grandit et vieillit. Cependant, ce processus est très lent, et l'os cortical[187] dense reflète approximativement les 10 à 15 dernières années de la vie d'une personne.

Les dents sont aussi composées de matériaux organiques et minéraux, mais contrairement à l'os, l'émail dentaire ne se renouvelle pas. Les dents sont très utiles dans la détermination de l'environnement des premières années de vie d'un individu (au moment où ses dents se sont formées). De plus, la comparaison des dents et des os d'un même individu permet de savoir si cet individu a migré d'une région à l'autre depuis son enfance. Car elles montrent le lieu de vie pendant l'enfance, tandis que les os montrent le lieu de vie pendant les années qui ont précédé le décès.

Les cheveux et les ongles peuvent aussi être utiles dans les analyses isotopiques. Bien qu'ils soient plus fragiles que les os, ils se forment à un rythme connu et reflètent le passé récent des individus. Ils peuvent donc être utiles pour déterminer si un individu s'est déplacé d'une région à l'autre récemment, ou pour étudier des changements alimentaires saisonniers.

Le sang et les tissus mous peuvent aussi être utilisés pour les analyses isotopiques. Cependant, ils se décomposent rapidement et sont facilement sujets à la contamination. L'abondance de l'isotope lourd du carbone et de l'azote, respectivement 13C et 15N, reflète l'alimentation des individus, dont l'analyse isotopique peut montrer si la personne est végétarienne ou si elle consomme beaucoup de viande. De la même manière, l'abondance des isotopes lourds

[187] L'os compact ou os lamellaire ou Haversien constitue les parois de la diaphyse ou corticales. Cet os est composé de systèmes de Havers. Chaque système ou ostéon est formé :
- d'un canal central (canal de Havers) contenant du tissu conjonctif vascularisé, des ostéoblastes et des ostéoclastes ;
- de lamelles osseuses concentriques dans et entre lesquelles se disposent les ostéocytes.
Chez l'adulte on trouve des systèmes de Havers incomplets : les ostéoclastes digèrent la matrice osseuse tandis que les ostéoblastes synthétisent une nouvelle matrice. L'os est en perpétuel remaniement.

d'hydrogène et d'oxygène dans les tissus, 2H et 18O respectivement, reflète l'eau consommée par les individus (par le biais de boissons et d'aliments comme les fruits et les légumes).

L'alimentation des temps anciens peut ainsi être facile à analyser étant donné que les sources d'eau et de nourriture des humains étaient plus locales qu'elles ne le sont aujourd'hui.

## III. APPLICATIONS DES ANALYSES ISOTOPIQUES

Comme évoqué en amont, il existe diverses applications des analyses isotopiques qui sont utiles aux archéologues et aux enquêteurs sur le plan médico-légal. À partir de la quantité relative d'un isotope par rapport à un autre dans les tissus d'un organisme, on est à mesure de déterminer les différents aspects de la vie de cet organisme. Par exemple, on peut dater un organisme, étudier les habitudes alimentaires d'un individu ou d'un groupe d'individus, ou déterminer l'endroit dans lequel une personne a grandi ou a vécu les 20 à 25 dernières années de sa vie. On peut aussi utiliser les isotopes pour obtenir des informations sur la vie d'une personne ou pour identifier une personne portée disparue par les restes humains retrouvés.

Toutefois, il faut souligner que les isotopes ne peuvent pas identifier directement la personne, mais peuvent guider l'enquête et permettre d'économiser les ressources humaines et financières à bon escient. Ils sont très importants lorsque les ressources sont limitées et qu'il n'y a pas assez de moyens pour explorer toutes les pistes possibles. Tout au moins, ils permettent d'ouvrir l'enquête.

Au niveau de l'individu, les isotopes du carbone et de l'azote peuvent être utilisés pour déterminer la *signature isotopique de l'alimentation*, ou l'origine géographique de produits spécifiques tels que des drogues ou des animaux.

Les isotopes du strontium peuvent être utilisés pour déterminer *la région d'origine d'un individu non identifié ou de différents individus dont les restes sont mélangés,* délibérément ou par accident comme lors d'un crash d'avion.

Les isotopes d'hydrogène et d'oxygène peuvent fournir des précieuses informations sur le climat et la région de vie des individus. Ces isotopes sont également étudiés pour leur capacité à démontrer l'origine et les déplacements de drogues ou d'animaux issus du commerce illégal.

Les études isotopiques peuvent aussi aider à répondre à des questions plus larges, au niveau des populations. Par exemple, elles ont été utilisées pour documenter l'apparition de l'agriculture dans diverses parties du monde, ainsi que les changements économiques et sociaux qui y sont liés. Les isotopes sont aussi utiles pour quantifier la variété des ressources consommées par les populations (ex. : le poisson et le gibier), ou pour constater des changements dans leur stratégie de subsistance. Par exemple, les isotopes ont permis de démontrer que les hommes de Neandertal étaient des chasseurs accomplis et non des « sous-humains » tels qu'ils étaient parfois décrits auparavant.

Finalement, les isotopes du carbone et de l'azote ont été très utiles aux archéologues pour déterminer l'âge auquel on sevrait les enfants dans le passé, ainsi que pour mieux connaître les types d'aliments solides qui remplaçaient graduellement le lait maternel.

## IV. LES LIMITES DES ANALYSES ISOTOPIQUES

Bien que les études isotopiques soient très utiles dans l'identification des personnes mortes ou disparues, elles sont aussi limitées par certains facteurs notamment :

- la *diagenèse* qui est l'ensemble des changements chimiques et structurels qui affectent les matériaux lorsqu'ils sont exposés à l'environnement et qu'ils commencent à se décomposer.

- l'état de départ des matériaux (par exemple s'ils sont cassés ou brûlés) ainsi que leur exposition aux différentes conditions environnementales peuvent influer sur la présence des divers isotopes et modifier les ratios isotopiques.

- les différents isotopes et tissus sont affectés de diverses manières par l'environnement, et les chercheurs doivent être conscients des changements qui peuvent en résulter au niveau des signatures isotopiques.

- la contamination constitue également une limite aux analyses isotopiques. Même si la présence des isotopes dans l'environnement rend toujours possible la signature isotopique, les échantillons de tissus prélevés peuvent provenir d'une autre source que le cadavre ; soit par l'infiltration d'eau, soit par l'exposition aux sédiments, voire l'environnement du laboratoire. Bien qu'il existe des techniques qui permettent de diminuer les effets de la contamination et que les chercheurs soient constamment en train d'améliorer leurs méthodes et leurs protocoles, la contamination reste une limite pour les études isotopiques.

Par conséquent, les études isotopiques ne fournissent pas toujours de résultats probants. Par exemple, les valeurs isotopiques du carbone et de l'azote de différents régimes alimentaires peuvent se chevaucher. Il est parfois impossible d'affirmer avec certitude qu'un individu ou un groupe a suivi un régime alimentaire spécifique, surtout si ce dernier était relativement varié. De même, il est parfois impossible de distinguer deux populations qui vivaient dans des climats similaires, ou qui avaient le même régime alimentaire. Même si ces populations sont culturellement distinctes, leurs signatures isotopiques peuvent se rapprocher. De plus, une signature isotopique indiquant la consommation d'aliments exotiques peut simplement signifier qu'un groupe importait la nourriture et non qu'il a migré dans un environnement différent.

Malgré tout, les études isotopiques fournissent des pistes supplémentaires pour comprendre les populations et les individus dans leur passé et dans leur présent, et constituent de bonnes opportunités pour de nouvelles recherches. Grâce à ce procédé, les enquêteurs peuvent identifier un corps à travers les os retrouvé dans la nature ou enfoui dans le sol. Car une enquête de mort suspecte ou de cause inconnue implique forcément l'examen de la dépouille et à l'identification de la cause de la mort par le médecin légiste. Après avoir ainsi identifié la victime, on procède à la recherche des causes de la mort. Lors du constat de la mort, le médecin légiste doit réaliser plusieurs expertises. Dès l'ouverture de l'enquête, la levée de corps, l'autopsie médico-légale, la virtopsie, l'étude balistique et l'analyse des éclaboussures de sang sont deux points clés de la résolution de l'affaire.

# CONCLUSION

Les enquêtes criminelles appliquent une démarche scientifique et des méthodes techniques dans l'étude des traces qui prennent leur origine dans une activité criminelle, ou litigieuse en matière civile, réglementaire ou administrative. Elles aident la justice à mieux se déterminer sur les causes et les circonstances de cette activité. Ces techniques englobent pour la plupart les méthodes de police scientifique, de médecine légale (analyse physiologique et psychiatrique) et de renseignement criminel.

Les OPJ et les magistrats, sont donc condamnés à évoluer en se recentrant sur son fondement historique et originel : la trace, afin de réduire la fracture qui est largement observée dans la pratique entre la scène d'infraction et le laboratoire.

En effet, ces nouvelles méthodes de travail visent la nécessité pour les OPJ et les experts de se déplacer sur les scènes d'infraction, de travailler en collaboration avec les acteurs locaux et de savoir observer, constater, prendre en compte et prélever, afin de réaliser des expertises dont les résultats sont interprétés de façon plus pertinente car corrélées aux constatations faites par les experts eux-mêmes et aux hypothèses apportées par les enquêteurs.

Cette alternance entre le laboratoire ou le service de renseignement et la responsabilité des enquêtes sur le terrain est fondamentale dans l'appréhension de l'importance de la trace et des rapports qui doivent exister entre les enquêteurs, les premiers intervenants, les experts et les spécialistes du renseignement judiciaire.

L'application des nouvelles techniques d'enquêtes a fini par rendre possible un procès pénal plus juste et plus crédible. Elles tirent leur origine dans le principe de Locard selon lequel « tout contact laisse les traces ». Mais ce principe n'est pas totalement fiable s'il est utilisé seul. Il exige également la prise en compte du principe de l'individualité, selon lequel « deux objets ne sont jamais identiques ». Ces deux principes appliqués ensemble pour l'OPJ et l'accusation. Ces progrès ont su modifier le travail de chacun de ses intervenants dans le processus de l'enquête, remettant radicalement en cause, les classifications séculaires des différents modes de preuve, qui apparaissent aujourd'hui obsolètes et inadaptés.

Grâce à cette introduction des procédés scientifique au sein du procès pénal, le droit a fini par épouser la science. Dans cette union, le droit est comme irrésistiblement attiré par la fiabilité des procédés que la science met à sa disposition. À son tour, la science s'introduit dans la sphère juridique et constitue désormais un gage d'impartialité, d'efficacité, de probation, de célérité, de certitude et de perfection. Enfin, dans ces nouvelles noces, la science se trouve façonnée et modelée, pour se mettre résolument au service du procès pénal, ce qui fait de lui un instrument de régulation de la science.

Si les enquêteurs peuvent parfois faire fausse piste, ils finissent toujours par viser juste et mettre hors d'état de nuire les plus grands criminels, à partir des traces papillaires (empreintes digitales), les traces biologiques (sang, sperme, salive cheveux, poils, ongles, fragments de la peau, les mégots de cigarette et de chewing-gum) procurent l'ADN. En outre, les fibres synthétiques, les fibres végétales, les fibres animales, les traces de dents, les taches de sang, les traces de chaussures ou de pneus de voiture, etc.

Ces indices prélevés sur la scène de crime favorisent la compréhension de ce qui s'est passé pendant le crime et les criminels échapperont de moins en moins à la Police après leur forfait. En conséquence, les criminels voient chaque jour leur champ d'action se rétrécir, même s'il est vrai que ceux utilisent des méthodes de plus en plus sophistiquées pour commettre leurs forfaits et échapper à la justice.

Les techniques d'enquêtes criminelles offrent cette opportunité d'appréhender la preuve scientifique en matière pénale à travers un prisme universel, en concevant sa qualité et sa fiabilité depuis le recueil de l'indice sur la scène de crime, jusqu'au procès pénal à travers toutes les étapes de la procédure pénale.

La preuve scientifique est difficilement contestable et paraît souvent déterminante dans la décision des juges : c'est en fait le véritable trait d'union entre le droit et la science. Ce mode de preuve est sans conteste rassurant et les juges y voient désormais le moyen d'accéder à la sécurité juridique et intellectuelle.

Les nouvelles techniques d'enquête criminelle permettent aux magistrats de bien dire le droit, à la lumière des preuves probantes et convaincantes, qui établissent la culpabilité tant de l'acte que de l'intention du criminel.

Toutefois, si l'enquête a vocation à éclairer le juge, celle-ci ne doit aucunement l'éblouir. Car, la valeur probatoire des développements technologiques ne peut se prévaloir de l'absolue, une petite marge d'erreur doit toujours être prise en considération.

Cette nouvelle manière d'établir la responsabilité criminelle de l'auteur partant des renseignements obtenus par l'intuition, l'intelligence, les techniques, des auditions et les témoignages garantie les libertés et les droits de l'homme.

Cependant, si la recherche de la vérité anime tous les intervenants au procès pénal, ceux-ci ne doivent toutefois pas oublier des principes fondamentaux de droit humain, qui sont : la présomption d'innocence, l'inviolabilité du corps humain, la proportionnalité et la loyauté de la preuve ou le droit pour tout individu de ne pas contribuer à sa propre incrimination.

Pour accomplir les actes d'enquête, les procédés humains basés sur des échanges entre les services, le rapprochement des institutions judiciaires et des institutions scientifiques doivent également être explorés. Il s'agit notamment de la collaboration entre le corps médical, celui des magistrats et celui de la police judiciaire.

Cette nécessité du rapprochement des acteurs constitue un gage de transparence dans la procédure, dans laquelle le médecin joue un rôle central, au même titre que le Procureur de la République et ses OPJ.

L'apport des autres experts (anthropologues, géologues, mathématiciens, physiciens, biologistes, botanistes, entomologistes, informaticiens, toxicologues, balisticiens, etc.) aussi nécessaire.

Toutefois, le rapport de l'expert ne doit pas être considéré comme une vérité absolue, mais comme un élément soumis à l'appréciation des autorités judiciaires, à qui il appartient, in fine, d'interpréter les résultats de l'expertise, de multiplier les connaissances dans un domaine donné et de limiter ainsi les risques d'erreur inhérents à ce type de preuve. La liste des experts doit être dressée chaque année par les Cours d'Appel et communiquée aux Procureurs des différentes juridictions, ainsi qu'aux OPJ.

Pour finir, de nombreux criminels ont été condamnés parce que les techniques d'enquêtes criminelles ont pu prouver hors de tout doute raisonnable que les fibres, les emprunts digitaux ou génétiques, les traces de pas etc., trouvés chez les victimes correspondent à celles prélevées sur la scène de crime. En mettant en application les deux principes : principe de Locard et principe d'individualité, les techniques d'enquêtes criminelles vont apporter énormément de preuves dans une affaire criminelle. Ainsi tous les évènements, avant, pendant et après le crime peuvent être recréés.

# BIBLIOGRAPHIE

- About, I., Les fondations d'un système national d'identification policière en France (1893-1914). Anthropométrie, signalements et fichiers, *Genèses*, 2004 ;

- Alain Buquet, Manuel de criminalistique moderne et de police scientifique, PUF, Coll. Criminalité internationale, 4ème édition, Paris, 2008. (ISBN 978-2130571483)

- Alain Buquet, *Manuel de criminalistique moderne et de police scientifique*, PUF, Coll. Criminalité internationale, 5ème édition, Paris, 2011. (ISBN 978-213059096)

- Alain Macaigne, *La Clé du code-barres*, A. Macaigne, Paris, 1989, 117 p.

- Aulsebrook WA, Iscan MY, Slabbert JH & Becker P (1995). Superimposition and reconstruction in forensic facial identification: a survey. Forensic Sci Int, 75:101-120.

- Austin-Smith D (1999). Video superimposition at the C.A. Pound Laboratory 1987 to 1992. J Forensic Sci, 44, 4 (abstract).

- B. Dussart, *Limnologie – L'étude des eaux continentales*, Paris, Gauthier-Villars, 1966 (réimpr. 1992, éd. Boubée).

- Balan, B., *L'ordre et le temps. L'anatomie comparée et l'histoire des vivants au XIXe siècle,* Paris, Vrin, 1979.

- Balzac, H. de, Avant-propos à *La Comédie humaine*, *in* Balzac, H. de, *La Comédie humaine*, Paris, Gallimard, coll. « Bibliothèque de la Pléiade », 1976.

- Berlière, J.-M., *Le monde des polices en France*, Bruxelles, Éd. Complexe, 1996.

- Berlière, J.-M., *Le préfet Lépine. Vers la naissance de la police moderne*, Paris, Denoël, 1993.

- Bertillon A., *Identification anthropométrique. Instructions signalétiques*, Melun, Imprimerie administrative, 1893

- Bertrand Marquer (dir.), *Cesare Lombroso e la fine del secolo: la verità dei corpi. Atti del Convegno di Genova 24-25 Settembre 2004.*

- Blanckaert, C., Des sauvages en pays civilisé. L'anthropologie des criminels (1850-1900), *in* Mucchielli, L. (dir.), *Histoire de la criminologie française*, Paris, L'Harmattan, 1994.

- Blanckaert, C., L'*anthropologie* en France, le mot et l'histoire, *Bulletins et mémoires de la Société d'Anthropologie de Paris*, 1989, n.s., I, 3-4.

- BLOCK R. (1986), *Homicide in Chicago*, Loyola University Press, Chicago.

- BOISVERT R., CUSSON M. (1994), « Une typologie des homicides commis à Montréal de 1985 à 1989 », *Revue internationale de criminologie et de police scientifique*, n°3, p. 282-297.

- Boiteau H.L. : *Toxicologie médico-légale*, Compte rendu du Séminaire de Nantes, 20-21 mai 1985. Cahier de Toxicologie Clinique et Expérimentale. Lyon : Ed. Alexandre Lacassagne, 1988, 1, 4 ;

- BOUDOURIS J. (1974), « A classification of homicides », *Criminology*, n°4, p. 525-540.

- Briegel, F., Porret, M. (dir.), *Le criminel endurci. Récidive et récidivistes du Moyen-Âge au XX*[e] *siècle*, Genève, Droz, 2006.

- Camille SIMONIN, PRÉCIS DE MÉDECINE LÉGALE JUDICIAIRE, Librairie MALOINE 1956,

- Carine Hutsebaut (Auteur), *Entretiens avec une profileuse*, S. Mesquin Paru en juin 2007 Entretien (broché) éditions de l'arbre, 2007, Bruxelles.

- Carine Hutsebaut, *Il rôde encore parmi nous... une profileuse sur les traces d'un tueur en série* Essais. Ed le Seuil. Date de publication 10/2004 Collection H.C. ESSAISEAN13 9782020686488, ISBN 978-2-02-068648-8

- Carine Hutsebaut, *Profession profileuse sur la piste des criminels sexuels.* Éditeur : Éditions 84 (15 octobre 2003) Collection : J'ai lu Document ISBN-10 : 2290323861, ISBN-13 : 978-2290323861

- Champod, C., *Reconnaissance automatique et analyse statistique des minuties sur les empreintes digitales*, thèse de doctorat, Institut de Police Scientifique et de Criminologie, Lausanne, 1996

- CHESNAIS J.-C., (1976), *Les morts violentes en France depuis 1926*, INED-PUF, Paris.

- Claude Jeay, « Pour une histoire de la signature : Du sceau à la signature, histoire des signes de validation en France (XIIIe-XVIe siècle) », dans *Labyrinthe*, n° 7, 2000, p. 155-156

- Claude Wyss, Daniel Cherix, *Traité d'entomologie forensique. Les insectes sur la scène de crime*, Presses Polytechniques et Universitaires Romandes. 2e édition, 2006

- Claudine Segala, *Labinal : implantation du code-barres*, CNAM, Toulouse, 1994 (Mémoire de diplôme d'ingénieur en Informatique)

- *collection Science et vie junior* N° 226, pages 44 à 55

- *collection Science et vie junior* N°244, pages 60 à 64

- Crispino, F. (2006), *Le principe de Locard est-il scientifique ? Ou analyse de la scientificité des principes fondamentaux de la criminalistique.* Thèse de doctorat, Institut de police scientifique. École de sciences criminelles. Faculté de droit et des sciences criminelles, Université de Lausanne : Lausanne

- Crispino, F., *Modélisation de la gestion de la scène de crime*, travail de diplôme postgrade, Institut de Police Scientifique et de Criminologie, Lausanne, 1997

- Damien CHARABIDZE, *Entomologie Medico-Legale : Recherche Et Expertises*, Editions Universitaires (2010).

- Damien Charabidzé, *Entomologie Medico-Legale: Recherche Et Expertises*, Editions Universitaires Européennes, paru en 1992

- Darmon, P., Présentation de Lombroso, C., *La femme criminelle et la prostituée*, Grenoble, Jérôme Millon, coll. « Mémoires du corps », 1991.

- Daudin, H., *De Linné à Lamarck. Méthodes de la classification et idée de série en botanique et en zoologie (1740-1790)*, Paris, Félix Alcan, 1926-1927 (réimprimé par les Éditions des Archives Contemporaines en 1983).

- Delphine Majdanski, *La signature et les mentions manuscrites dans les contrats*, Presses Univ de Bordeaux, 2000, p. 26

- Delphine Majdanski, *La signature et les9 mentions manuscrites dans les contrats*, Presses Universitaire de Bordeaux, 2000, p. 26

- Denis Darya Vassigh, « Les experts judiciaires face à la parole de l'enfant maltraité. Le cas des médecins légistes de la fin du XIXe siècle », dans *Revue d'histoire de l'enfance « irrégulière »*, 1999, p. 97-111

- Denis Robert, *Au cœur de l'affaire Villemin : mémoires d'un rat*, Paris, Hugo doc, 2006, 439 p. (ISBN 978-2-7556-0112-1)

- Dussart B., 2004, « *Limnologie* ». Encyclopaedia Universalis, CD-ROM Version 10

- Edmond Locard, *Traité de criminalistique* (T III et IV), *Les Preuves de l'identité*, Lyon, Desvigne, 1932

- Edmond Locard, *La Criminalistique à l'usage des gens du monde et des auteurs de romans policiers*, Lyon, Desvigne et Cie, 1937.

- Edmond Locard, *La défense contre le crime*, Paris, Payot, 1951.

- Edmond Locard, *Le crime et les criminels*, Editions La Renaissance Du Livre, Paris Paris, 1925.

- Edmond Locard, *Manuel du philatéliste*, Paris, Payot, 1942.

- Edmond Locard, *Mystères de Lyon*, Lyon, Édition Pierre Bissuel, 1967.

- Edmond Locard, Préface de l'ouvrage de Félix Benoit, *L'épuration à travers les âges*, 1945.

- Edmond Locard, *Traité de criminalistique* (T I et II), *Les Empreintes et les traces dans l'enquête criminelle*, Lyon, Desvigne, 1931.

- Edmond Locard, *Traité de criminalistique* (T III et IV), *Les Preuves de l'identité*, Lyon, Desvigne, 1932.

- Edmond Locard, *Traité de criminalistique* (T V et VI), *L'Expertise des documents écrits*, Lyon, Desvigne, 1933.

- Edmond Locard, *Note sur l'identification des suspects*, Revue Internationale de criminalistique, 1935.

- Edmond LOCARDLOCARD : *La défense contre le crime*, Paris, Payot, 1951.

- EISNER M. (2001), "Modernization, self-control and lethal violence. The long-term dynamics of european homicide rates", *British Journal of Criminology*, n°41.

- Étienne Sesmat, *Les Deux Affaires Grégory*, Paris, Pocket, 2008, 435 p. (ISBN 978-2-266-17818-1)

- Everingham M & Zisserman A (2005). Automated detection and identification of persons in video using a coarse 3D head model and multiple texture maps. Vision, Image and Signal Processing, IEE Proceedings, 152, 6 : 902-910.

- Evett, I. W., G. R. Jackson et J. A. Lambert (2000) 'More on the Hierarchy of Propositions: Exploring the Distinction Between Explanations and Propositions',

- FATTAH E. (1971), *La victime est-elle coupable ? Le rôle de la victime dans le meurtre en vue du vol*, Presses de l'Université de Montréal, Montréal. (1971)

- Flowe, H.D., & Humphries, J.E. (2011). An examination of criminal face bias in a random sample of police lineups. *Applied Cognitive Psychology, 25*(2), 265-273.

- Frédéric Chauvaud, « Le théâtre de la preuve. Les médecins légistes dans les prétoires (1880-1940) », dans *Revue d'Histoire des Sciences Humaines*, vol. 22, n° 1, 2010 ;

- Frédéric Chauvaud, « Le théâtre de la preuve. Les médecins légistes dans les prétoires (1880-1940) », dans *Revue d'Histoire des Sciences Humaines*, vol. 22, n° 1, 2010, p. 79

- Gaëlle Ulmer, *Les problèmes juridiques posés par l'utilisation du code-barres en droit français*, Université de Limoges, 1999, 65 p. (Mémoire de DEA de Droit privé général et européen)

- GASTIL R. (1971), "Homicide as a regional culture of violence", *American Sociological Review*, n°36, p. 412-427.

- Gemelli Agostino, « L'œuvre scientifique et philosophique de César Lombroso », in *Revue néo-scolastique de philosophie*, 17 ° année, n° 65, 1910, p. 73-93, Luigi Guarnieri, *L'atlante criminale. Vita scriteriata di Cesare Lombroso*, Mondadori, Prix Bagutta 2001.

- Ginzburg, C., Signes, traces, pistes. Racines d'un paradigme de l'indice, *Le Débat*, novembre 1980, 6, pp. 3-45.

- Goldman C.R. & Horne A.J., *Limnology*. Mc Graw-Hill, 1983,465 p.

- Goos MIM, Alberink I V & Ruifrok ACC (2006). 2D/3D image (facial) comparison using camera matching. Forenscic Sc Int , 163 :10-17.

- Gremaud, J.-L. (2010), *Processus de reconnaissance et d'identification de personnes décédées*. Thèse de doctorat, Ecole des sciences criminelles, Université de Lausanne : Lausanne

- GRENIER S. (1993), « L'évolution des divers types d'homicides au Québec de 1954 à 1989 », *Criminologie*, n°1, p. 63-83.

- Gross, H. (1893) *Handbuch für Untersuchungsrichter als System der Kriminalistik* Graz: Leuschnen und Lubensky.

- Guéniat, O., Lock, E., Margot, P., *La comparaison des saisies d'héroïne et de cocaïne : la valeur probante des liens en termes de preuve*, 11ème symposium de sciences forensiques de l'Interpol, Lyon, 21-24 novembre 1995

- Guillo, D., *À la recherche des signes de l'identité*. Balzac et l'histoire naturelle, *Politix*, 2006, 74, pp. 49-74.

- Guillo, D., *Les figures de l'organisation. Sciences de la vie et sciences sociales au XIXe siècle*, Paris, PUF, 2003.

- Guy Bechtel, *Délires racistes et savants fous*, Paris, Plon, 14 février 2002, p. 13 à 78 (Chap. 1)

- Halberstein RA (2001). The application of anthropometric indices in forensic photography: three cases studies. J Forensic Sc, 46, 6 (abstract).

- Heeringen K. *The neurobiology of suicide and suicidability* The Canadian journal of Psychiatry, juin 2003.

- Hutchinson G. E., 1957, *A treatise on limnology*. Volume 1. Geography, physics and chemistry. New York, John Wiley and Sons, 1015 p.

- Hyam Maccoby (trad. Elsa Rooke), *L'exécuteur sacré, Le sacrifice humain et le legs de la culpabilité*, Paris, Les Éditions du Cerf, 1999, 254 p. (ISBN 9782204058223)

- *Ilsen* Aboutdu : « Les fondations d'un système national d'identification policière en France (1893-1914). Anthropométrie, signalements et fichiers », in *Genèses. Sciences sociales et histoire*, n° 54, mars 2004, Éditions Belin, p. 28-52.

- INSERM, *La Crise suicidaire*, Conférence de consensus. 2001 John Libbey Eurotext.

- Jackson, G., S. Jones, G. Booth, C. Champod et I. W. Evett (2006) 'The nature of forensic science opinion - A possible framework to guide thinking and practice in investigations and in court proceedings', *Science and Justice Journal of the Forensic Science Society*, 46(1): 33-44

- Jacques Corazzi, *Le Secret de la Vologne : L'Affaire Grégory vue par la PJ*, Haroué, Gérard Louis, 2003, 237 p. (ISBN 978-2-914554-29-9)

- James *Boudouris :* (1974), articles universitaires *« A classification of homicides », Criminology.*

- Jean-Marc Berlière, *« Aux origines d'une double généalogie policière »,* in Pierre Birnbaum (dir.), *La France de l'affaire Dreyfus*, Gallimard, collection « Bibliothèque des Histoires », 1993, p. 194-196.

- Jean-Marc Berlière, « L'affaire Scheffer : une victoire de la science contre le crime ? (octobre 1902) », *Criminocorpus, revue hypermédia*, Histoire de la police, Articles, mis en ligne le 01 janvier 2007.

- Jean-Marc Berlière, « Police réelle et police fictive », in *Romantisme*, Volume 23, n° 79, 1993, p. 73-90.

- Jean-Pierre Albert, Béatrix Midant-Reynes (ed) : *Le sacrifice humain, en Égypte ancienne et ailleurs*, éd. Soleb, Paris, 2005, (ISBN 2-9523726-0-8)

- Jean-Pierre Bouchard, Jean-Christian Petitfils. *Henri IV un mythe français : L'énigme Ravaillac.* Le Figaro Magazine, 7 mai 2010.

- Jean-Pierre Gutton, *Établir l'identité : l'identification des Français du Moyen-Âge à nos jours*, Presses universitaires de Lyon, 2010,

- Jean-Pierre Gutton, *Établir l'identité : l'identification des Français du Moyen-Âge à nos jours*, Presses universitaires de Lyon, 2010, p. 20

- John E. Douglas, *Agent Spécial du FBI : Enquêtes sur les serial killers* (1999).

- John E. Douglas, *Agent Spécial du FBI : J'ai Traqué des serial killers* (1997).

- John E. Douglas, *Agent Spécial du FBI : Prédateurs et Victimes* (2005).

- Jourdan Ph. Éléments de balistique lésionnelle. Cours de l'EASSA, Edit Val-de-Grâce, Paris, 1995

- *Journal Le Monde* 18867, article intitulé *La guerre de l'ADN*

- Journal Le Monde : Dossiers et document. Sciences 10. *Méthodologie* Vocable 535 *DNA evidence,* 2007

- Journal Monde. Dossiers et document. Sciences 10. *Méthodologie* Vocable 535 *DNA evidence*

- Kaluszynski M., Alphonse Bertillon et l'anthropométrie, *in* Faure, A., Vigier, P. (dir.), *Maintien de l'ordre et police en France au XIX^e siècle, 1800 1920*, Paris, Créaphis, 1987, pp. 269-286.

- Kaluszynski, M., *La République à l'épreuve du crime. La construction du crime comme objet politique*, Paris, LGDJ, 2002.

- Keilp JG, Sackeim HA, Brodsky BS. And al., *Neuropsychological dysfunction in depressed suicide attempters*, Am J Psychiatry, 2001, 158: 735-741.

- Kind, S. S. (1987) *The Scientific Investigation of Crime*. Harrogate: Forensic Science Services Ltd.

- Kleinberg KF, Vanezis P & Burton AM. (2007). Failure of anthropometry as a facial identification technique using high-quality photographs. J Forensic Sci.; 52(4):779-83 ;

- Koelmeyer TD (1982). Videocamera superimposition and facial reconstruction as an aid to identification. Am J Forensic Med Pathol, 3,45 ;

- L'Heuillet, H., *Basse politique, haute police. Une approche historique et philosophique de la police*, Paris, Fayard, 2001.

- Lamarck, J.-B. de, *Flore française ou description succincte de toutes les plantes qui croissent en France*, Paris, Imprimerie Royale, 1778, t. 1, « Discours préliminaire ».

- LANE R. (1997), *Murder in America : a History*, Ohio State University Press, Colombus.

- Laurence Lacour, *Le Bûcher des innocents*, Paris, les Arènes, 2006, 652 p. (ISBN 978-2-35204-011-8)

- Laurence Lacour, *Le Bûcher des innocents*, Paris, les Arènes, 2006, 652 p. (ISBN 978-2-35204-011-8)

- Laurent Mucchielli et Pieter Spierenburg (dir), *Histoire de l'homicide en Europe. De la fin du Moyen Âge à nos jours*, La Découverte, 2009.

- Laurent Mucchielli et Pieter Spierenburg (dir), *Histoire de l'homicide en Europe. De la fin du Moyen Âge à nos jours*, La Découverte, 2009.

- Laurent Touchart, *Limnologie physique et dynamique : Une géographie des lacs et des étangs*, L'Harmattan, 2002, 395 p. (ISBN 2-7475-3463-4)

- Lauvergne, H., *Les forçats considérés sous le rapport physiologique, moral et intellectuel, observés au bagne de Toulon*, publié sous le titre *Les forçats*, Grenoble, Jérôme Millon, coll. « Mémoires du corps », 1991

- Le Breton D & Grosbois Ph (1993). *Le visage, symbole de notre identité*. Le journal des Psychologu es, n° 105 :14-18.

- Lemmin U., 1995, "*Limnologie physique*" in Pourriot R. & Meybeck M., 1995, Ed, Limnologie générale. Paris, Masson, 956 p.: 60-114

- Léon DEROBERT, MÉDECINE LÉGALE, édition Flammarion. 1974,

- Locard Edmond (1935) — Traité de criminalistique : L'expertise des documents écrits; Les correspondances secrètes; Les falsifications, Lyon: Joannès Desvigne, vol. 5, p. 11.

- Locard Edmond *Manuel de technique policière*, 2e éd., 1934 ; 3e éd., 1939 Paris, Payot, 1923

- Locard Edmond : *Confidences (Souvenirs d'un policier)*, Lyon, *Les éditions Lugdunum*, 1942

- Locard Edmond : *La police. Ce qu'elle est, ce qu'elle devrait être*, Paris, Payot, 1919

- Locard Edmond : *L'identification des récidivistes*, Paris, Maloine, 1909

- Locard Edmond : *Manuel de technique policière*, Paris, Payot, 1923

- Locard Edmond : *Policiers de romans et policiers de laboratoire*, Paris, Payot, 1924

- Locard Edmond, 1877-1966 : *L'Enquête criminelle et les méthodes scientifiques*, Paris, E. Flammarion, 1920

- Locard, Edmond. (1909) *L'identification des récidivistes*. Paris: Maloine

- Locard, Edmond. (1912) 'Chronique latine', *Archives d'anthropologie criminelle, de médecine légale et de psychologie normale et pathologique*, 27 : 59-66.

- Locard, Edmond., *L'enquête criminelle et les méthodes scientifiques*, Flammarion, Paris, 1920

- Lombroso, C., Esistenza di una fossa occipitale mediana nel cranio di un delinquente, *Rendiconto del R. Istituto Lombardo di Scienze e Lettere*, 1871, 2e série, IV, pp. 37-41.

- Lombroso, C., Ferrero, G., *La femme criminelle et la prostituée*, Paris, Félix Alcan, 1896.

- Lombroso, C., *L'uomo delinquente studiato in rapporto alla antropologia, alla medicina legale e alle discipline carcerarie*, Milan, Hoepli, 1876.

- Louis Marchesseau, *Le Portrait parlé et les recherches judiciaires, avec dessins et planches*, Marchal et Godde, Paris, 1911. Traité complet d'investigation judiciaire basé sur la méthode Bertillon.

- Lucien Petit, *Systèmes informatiques d'identification automatique par codes-barres*, CNAM, Versailles, 1995, 169 p. (Mémoire de diplôme d'ingénieur en Informatique)

- LUNDSGAARDE H. (1977), *Murder in Space City : a Cultural Analysis of Houston Homicide Patterns*, Oxford University Press, New York.

- Mann JJ, Waternaux C., Haas GL., and al., *Toward a clinical model of suicidal behavior in psychiatric patients*, *Am J Psychiatry*, 1999, 156: 181-189.

- Marc Renneville : « Entre nature et culture : la médecine du crime dans la première moitié du XIXe siècle », in Laurent Mucchielli (dir.), *Histoire de la criminologie française*, L'Harmattan, collection « Histoire des sciences humaines », 1995, p. 29-53,

- Marc Renneville : *« Lumière sur un crâne ? La découverte de l'atavisme criminel »,* in Jacqueline Carrouy et Nathalie Richard (dir.), *La découverte et ses récits (Champollion, Freud et les autres)*, L'Harmattan, collection « Histoire des sciences humaines », 1998, p. 15-36,

- Marc Renneville: *« Le criminel-né : imposture ou réalité ? »*, *Criminocorpus, revue hypermédia*, Histoire de la criminologie, 2. Thématiques et théories, mis en ligne le 01 janvier 2005,

- Marcel Leclercq (1978), *Entomologie et Médecine légale. Datation de la mort.* Masson (Paris), *Collection de médecine légale et de toxicologie médicale* : 100 p.

- Marcel Leclercq (1978). Entomologie et Médecine légale. Datation de la mort. Masson (Paris), Collection de médecine légale et de toxicologie médicale.

- Marcel Leclercq *Entomologie et Médecine légale. Datation de la mort.* Masson (Paris), *Collection de médecine légale et de toxicologie médicale* (1978) ;

- Margot, P. (1999) 'Un changement de nom dans la continuité', *Revue internationale de criminologie et de police technique et scientifique*, 52(1) : 6-8

- Maria A. Oquendo, Hanga Galfalvy, Stefani Russo, Steven P. Ellis, Michael F. Grunebaum, Ainsley Burke, and J. John Mann, *Prospective Study of Clinical Predictors of Suicidal Acts After a Major Depressive Episode in Patients With Major Depressive Disorder or Bipolar Disorder, Am J Psychiatry*, Aug 2004; 161: 1433 - 1441.

- Marie Claude Guigue, *De l'origine de la signature et de son emploi au Moyen Âge*, 1863 [lire en ligne [archive], p. 8

- Marie-Ange Laroche et Pascal Giovanelli, *Les Larmes oubliées de la Vologne*, Paris, L'Archipel, 2009, 250 p. (ISBN 978-2-8098-0231-3)

- Martin, J.-C., *La cause d'un incendie analysée en criminalistique*, thèse de doctorat, Institut de Police Scientifique et de Criminologie, Lausanne, 1991

- Martine Kaluszynski, « Alphonse Bertillon et l'anthropométrie judiciaire. L'identification au cœur de l'ordre républicain », in Pierre Piazza (dir.), *Aux origines de la police scientifique. Alphonse Bertillon, précurseur de la science du crime*, Paris, Karthala, 2011, sur le site HAL-SHS (Hyper Article en Ligne - Sciences de l'Homme et de la Société).

- Martine Kaluszynski, « Le criminel à la fin du XIX^e siècle : Autour du récidiviste et de la loi du 27 mai 1885. Un paradoxe républicain », in André Gueslin et Dominique Kalifa (dir.), *Les exclus en Europe, vers 1830-vers 1930*, Paris, Les Éditions de l'Atelier, 1999, p. 253-266.

- MASSONNET G., WAGNER R., KUHN A. (1990), « Les homicides dans les cantons de Zurich et de Vaud », *Kriminologisches Bulletin, Bulletin de criminologie*, n °1-2.

- Massonnet, G., *Les peintures automobiles en criminalistique*, thèse de doctorat, Institut de Police Scientifique et de Criminologie, Lausanne, 1996

- Matthieu Frachon, *Histoire de la crim' : 100 ans de crimes, d'enquêtes et d'aveux*, Jean-Claude Gawsewitch, 2011, (ISBN 9782350132914)

- MAXFIELD M. (1989), "Circumstances in supplementary homicide reports: variety and validity", *Criminology*, n°4,

- Médecine légale à usage judiciaire P. FCECCALDI - M. DURIGON Paris : Éditions Cujas, 1979 ;

- Michel Frizot, Serge July, Christian Phéline, Jean Sagne, *Identités : de Disderi au photomaton*, éditions Photo Copies - Centre National de la Photographie, Paris, 1985.

- Michel Graulich, *Le sacrifice humain chez les Aztèques*, Paris, Fayard, 2005, 415 p. (ISBN 978-2-213-62234-7)

- Mnookin, J. L., S. A. Cole, I. E. Dror, B. A. J. Fisher, M. Houck, K. Inman, D. H. Kaye, J. J. Koehler G. Langenburg, D. M. Risinger, N. Rudin, J. Siegel et D. A. Stoney (2011) 'The Need for a Research Culture in the Forensic Science', *UCLA Law Review*, 58: 725-779

- Mucchielli L. (2002), *Approche sociologique de l'homicide. Étude exploratoire*, CESDIP, Études et données pénales, Guyancourt.

- Mucchielli, L. (dir.), *Histoire de la criminologie française*, Paris, L'Harmattan, 1994.

- MUCHEMBLED R. (1989), *La violence au village. Sociabilité et comportements populaires en Artois du XVe au XVIIe siècle*, Brepols, Bruxelles.

- NAS (2009) *Strengthening Forensic Science in the United States: a Path forward.* National Research Council of the National Academies, Washington D.C.

- Ngaire E. Genge, *Police scientifique : Le dossier - Quand la science traque le crime*, J'ai lu, Paris, 2003. (ISBN 978-2290329405)

- Olivier Bosc, *La foule criminelle : Politique et criminalité dans l'Europe du tournant du XIXe siècle*, Paris, Fayard, coll. « Divers Histoire », 26 septembre 2007, 502 p.

- Patricia Cornwell, *Portrait d'un tueur : Jack l'Éventreur affaire classée.* livre-documentaire policier publié en 2002

- Paul Prompt, *L'Affaire Grégory : la justice a-t-elle dit son dernier mot ? : Pour la première fois l'avocat de Laroche parle*, Paris, Balland, 2007, 280 p. (ISBN 978-2-35315-013-7)

- Perrot R (1996). *Use of anthropological methods in the identification of unknown individuals.* 14 th Meeting of the International Association of Forensic Sciences, August 26-30, Tokyo, Japan

- Pesce Delfino V, Colonna M, Potente E, V acca E & Introna F Jr (1986). Computer aided skull-face superimposition. Am J Forensic Med Pathol , VII,201.

- Piazza, P., *Histoire de la carte nationale d'identité*, Paris, Odile Jacob, 2004.

- Pierre Piazza (dir.), *Aux origines de la police scientifique. Alphonse Bertillon, précurseur de la science du crime*, Paris, Karthala, 2011.

- Pierre Piazza, « La fabrique « bertillonienne » de l'identité », *Labyrinthe*, 6 | 2000, Thèmes (n° 6), mis en ligne le 23 mars 2005.

- Pons J. Mécanisme des lésions par balle. Def Arm 1986; 50:49-52.

- Pourriot R. & Meybeck M., 1995, Ed, *Limnologie générale*. Paris, Masson, 956 p.

- Professeur Dominique Lecomte, directeur de l'Institut Médico-Légal de Paris, « La médecine légale », émission *Avec ou sans rendez-vous* par Olivier Lyon-Caen sur France Culture 20 mars 2012

- Quinche Nicolas, *Crime, Science et Identité. Anthologie des textes fondateurs de la criminalistique européenne (1860-1930)*. Genève: Slatkine, 2006.

- R Boisvert - 1996 : COLLECTIF (1994), « L'homicide conjugal à Montréal », *Criminologie*, n°2.

- Reiss R. A. (1911) *Manuel de police scientifique (technique). Vols et homicides*. Lausanne : Payot Alcan.

- Renneville, M., *La médecine du crime. Essai sur l'émergence d'un regard médical sur la criminalité en France (1785-1885)*, Lille, Presses Universitaires du Septentrion, 1997.

- Renneville, M., *La médecine du crime. Essai sur l'émergence d'un regard médical sur la criminalité en France (1785-1885)*, Lille, Presses Universitaires du Septentrion, 1997.

- *Revue Science et vie junior* N° 226, pages 44 à 55

- *Revue Science et vie junior* N°244, pages 60 à 64

- *Richard Platt : L'encyclopédie de la police scientifique* de PLATT Richard, éditions Tournon en 2003.

- Ribaux, O., *La recherche et la gestion des liens dans l'investigation criminelle : le cas particulier du cambriolage*, thèse de doctorat, Institut de Police Scientifique et de Criminologie, Lausanne, 1997

- Ribaux, O.; Lennard, C.; Dugerdil, P.; Margot, P., *Goldfinger: An Expert Computer System for the Determination of Fingerprint Detection Sequences*, Journal of Forensic Identification, Vol.43, 1993, pp 468-480

- Solomon, Berg, Martin, & Villee. *Biology*, 3rd edition. Saunders College Publishing, Fort Worth, 1993.

- *Richard Platt : L'encyclopédie de la police scientifique* de PLATT Richard ISBN 10 : 2894287100 / ISBN 13: 9782894287101. Edité par Éditions Hurtubise HMH Ltée, Montréal, 2004

- Robertson, B., Vignaux, G.A., *Interpreting Evidence*, John Wiley & Sons, Chichester, 1995

- Schnapper, B., La récidive, une obsession créatrice au XIXe siècle, *in* Collectif, *XXIe congrès de l'Association française de criminologie : le récidivisme*, Paris, PUF, 1983

- Site internet de l'Association Européenne d'entomologie Médico Légale (EAFE) : http://www.eafe.org/

- Site internet du projet ForenSeek (outil informatique dédié à l'entomologie médico-légale) : http://www.forenseek.org

- Sophie Clerc, *L'information et sa maîtrise : le cas du code-barres*, Université de Paris 1, 1991, 104 p. (Mémoire de DEA d'Économie de l'industrie et des services)

- Stéphane Bourgoin, *Le Livre Noir des Serial Killers : Dans la tête des tueurs en série*, réédition 2010.

- Suzanne Bertillon, *Vie d'Alphonse Bertillon, inventeur de l'anthropométrie*, Paris, Gallimard, 1941.

- Taroni, F., *La recherche et la gestion des liens dans l'investigation criminelle : une étape vers l'exploitation systématique des données de police*, thèse de doctorat, Institut de Police Scientifique et de Criminologie, Lausanne, 1997.

- Va Heeringen K. *The neurobiology of suicide and suicidability*. The Canadian journal of Psychiatry, juin 2003.

- Vanezis P & Brierkey C (1996). Facial image comparison of crime suspects using video superimposition. J Forensic Sci Soc, 36:27-33.

- Ventura F, Zacheo A, Ventura A & Pala A (2004). Computerised anthropomorphometric analysis of images: case report. Forenscic Sc Int, 146S : S211-S213.

- Weesner Cl, Hargarten SW, Aprahamian C, Nelson DR. Fatal childhood injury patterns in an urban setting. Ann Emerg Med 1994 ; 23:231-6

- Wetzel R.G., 2001, *Limnology*. Lake and river ecosystems. San Diego, Academic Press, 3e édition,

- WOLFGANG M. (1958), *Patterns in Criminal Homicide*, University of Pennsylvania Press, Philadelphia.

# TABLE DES MATIÈRES

# L'armée et la défense aux éditions L'Harmattan

**DISSUASION (LA) NUCLÉAIRE**
**Les terrifiants outils de la paix**
*Valensi Edouard*
Aujourd'hui encore, 12 000 têtes nucléaires sont dans le monde, prêtes à l'emploi. Un potentiel de mort suffisant pour liquider un quart de l'humanité. Pourtant, il n'y a jamais eu de risque d'apocalypse. Pendant 50 ans, conscients de l'horreur nucléaire, les présidents des États-Unis et les Premiers secrétaires du parti communiste de l'URSS ont tenu tête aux partisans de la guerre. Voici l'incroyable saga de cette dissuasion.
*(27.50 euros, 276 p.)* *ISBN : 978-2-296-96599-7*

**DISSUASION (LA) NUCLÉAIRE**
**Mode d'emploi**
*Valensi Edouard*
A la fin de la Guerre froide, 7000 armes nucléaires - missiles, bombes, mines - étaient prêtes à l'emploi en Europe. Mais à quoi de telles armes sont-elles destinées ? Pour donner une réponse, ce livre s'appuie sur une base documentaire de plus de 350 documents originaux américains, russes et chinois. Les engins nucléaires et leurs effets sont présentés ; le mode d'élaboration des plans de tir et de leur mise en oeuvre est analysé
*(23.00 euros, 224 p.)* *ISBN : 978-2-296-96598-0*

**DICTIONNAIRE DE LOGISTIQUE CIVILE ET MILITAIRE (Tome 1)**
**Approvisionnement, Stockage, Transport, Dépannage, Entretien, Réparation, Soutien – Français / anglais**
*Laloire Jean-Claude - Préfaces de Daniel Texier et du Commissaire Général de Brigade Claude Cuq*
Ce dictionnaire de logistique est un ouvrage qui contient tous les aspects de la logistique, à la fois dans le domaine civil et dans le domaine militaire : Approvisionnement, Stockage, Transport, Dépannage, Entretien, Réparation, mais aussi Soutien de l'Homme (Alimentation, Habillement, Paiement).
*(48.50 euros, 514 p.)* *ISBN : 978-2-296-99123-1*

**COMMERCIAL AND MILITARY LOGISTICS DICTIONARY (Book 2)**
**Supplies, Storage, Transport/Transportation, Recovery, Maintenance, Repairs, Support – English / French**
*Laloire Jean-Claude - Forewords by Daniel Tixier and Brigadier General Claude Cuq*
This logistics dictionary is a book that includes all logistics aspects, both in the commercial and the military fields: Supplies, storage, transport/transportatin, recovery, Maintenance, Repairs, support (food, clothing and Pay). This dictionary aims to civilian and military people, as both of them are very deeply concerned with the implementation of assets that enables experts to be fully operational, whatever the prevailing conditions are.
*(49.00 euros, 518 p.)* *ISBN : 978-2-296-99124-8*

**L'HARMATTAN ITALIA**
Via Degli Artisti 15; 10124 Torino
harmattan.italia@gmail.com

**L'HARMATTAN HONGRIE**
Könyvesbolt ; Kossuth L. u. 14-16
1053 Budapest

**L'HARMATTAN KINSHASA**
185, avenue Nyangwe
Commune de Lingwala
Kinshasa, R.D. Congo
(00243) 998697603 ou (00243) 999229662

**L'HARMATTAN CONGO**
67, av. E. P. Lumumba
Bât. – Congo Pharmacie (Bib. Nat.)
BP2874 Brazzaville
harmattan.congo@yahoo.fr

**L'HARMATTAN GUINÉE**
Almamya Rue KA 028, en face
du restaurant Le Cèdre
OKB agency BP 3470 Conakry
(00224) 657 20 85 08 / 664 28 91 96
harmattanguinee@yahoo.fr

**L'HARMATTAN MALI**
Rue 73, Porte 536, Niamakoro,
Cité Unicef, Bamako
Tél. 00 (223) 20205724 / +(223) 76378082
poudiougopaul@yahoo.fr
pp.harmattan@gmail.com

**L'HARMATTAN CAMEROUN**
TSINGA/FECAFOOT
BP 11486 Yaoundé
699198028/675441949
harmattancam@yahoo.com

**L'HARMATTAN CÔTE D'IVOIRE**
Résidence Karl / cité des arts
Abidjan-Cocody 03 BP 1588 Abidjan 03
(00225) 05 77 87 31
etien_nda@yahoo.fr

**L'HARMATTAN BURKINA**
Penou Achille Some
Ouagadougou
(+226) 70 26 88 27

**L'HARMATTAN SÉNÉGAL**
10 VDN en face Mermoz, après le pont de Fann
BP 45034 Dakar Fann
33 825 98 58 / 33 860 9858
senharmattan@gmail.com / senlibraire@gmail.com
www.harmattansenegal.com

www.ingramcontent.com/pod-product-compliance
Lightning Source LLC
LaVergne TN
LVHW021136061026
849535LV00002B/263
* 9 7 8 2 3 4 3 1 3 1 2 6 9 *